LIED VOOR DE VERMISTEN

ANDER WERK VAN PIERRE JARAWAN

De zoon van de verhalenverteller

PIERRE JARAWAN

LIED VOOR DE VERMISTEN

Vertaling Lilian Caris

HarperCollins

MIX
Paper from responsible sources
FSC® C021394

Voor het papieren boek is papier gebruikt dat onafhankelijk is gecertificeerd door FSC®
om verantwoord bosbeheer te waarborgen.
Kijk voor meer informatie op www.harpercollins.co.uk/green.

HarperCollins is een imprint van Uitgeverij HarperCollins Holland, Amsterdam.

Oorspronkelijke titel: *Ein Lied für die Vermissten*

Vertaling: Lilian Caris
Omslagontwerp: Karin van der Meer
Omslagbeeld: © Led/Getty Images (man); © James Walker/Trevillion Images (steeg/stad)
Foto auteur: Marvin Ruppert
Zetwerk: Mat-Zet B.V., Huizen
Druk: ScandBook UAB, Lithuania

Het gedicht 'Die Erwartung' op p.48 is geschreven door Friedrich Schiller, de Nederlandse vertaling is van Lau Kanen.

ISBN 978 94 027 0848 6
ISBN 978 94 027 5937 2 (e-book)
NUR 302
Eerste druk mei 2020
Tweede druk juni 2021

Originele uitgave verschenen bij Berlin Verlag, München, Duitsland.
Dit werk kwam tot stand met behulp van een werkbeurs van de Vrijstaat Beieren (2018).

HarperCollins Holland is een divisie van Harlequin Enterprises ULC.

www.harpercollins.nl

Voor Kathleen

Yeki boed. Yeki naboed

De beste, oudste verhalen van de wereld beginnen altijd op deze manier: 'Het was zo. En het was niet zo.' Een enkel Perzisch zinnetje uit een schatkist vol Perzische zinnen, maar dit is de basis. De ziel van het verhalen vertellen. Het begin van elk sprookje.

Er was eens iemand. En er was eens niemand.
Er was eens een tijd, en er was geen tijd.

Yeki boed. Yeki naboed. Je fantasie is een scheefgezakt huis. Of een geheime troonzaal. Hoor hoe het gonst van berichten en beelden. Kijk rond. Adem in. Van hars doordesemde lucht en olijfgaarden. Iets in de geur van dat moment roept je op: *habibi ya albi*, sluit je ogen en denk aan een witte stad. De stad van bronnen en zacht licht, de orchidee van de Middellandse Zee. Sluit je ogen en denk aan Beiroet. Want het was zo, en het was niet zoals de oude mensen het vertellen, het Beiroet van toen. Ze kunnen het zich nog goed herinneren.

Het Beiroet van voor de oorlog? *Habibi ya eini*, dat waren zon, vrijheid en levenslust! En zwoele zomernachten in Pepe Abeds taverne direct aan zee, waar de kreeft zo'n fantastische kleur had en de aangelegde jachten 's nachts wiegden op de golven – het Saint-Tropez van de Levant. Het was het aroma van hibiscus in mei, van goudsbloemen in augustus en zoete sinaasappels in november. Van de kleden van de families op het strand steeg het hele jaar door de geur op van de mezze die je bij Abu Naim in de Rue Duraffourd kon kopen, waar je ook dadelkoekjes voor de kinderen kon krijgen, die ze op de rotsen bij de zee oppeuzelden. Onder hen: schaduwen op de azuurblauwe zee – laag overvliegende toestellen van Middle East Airlines die steeds nieuwe toeristen naar het Parijs van het Nabije Oosten brachten. Het oude Beiroet, dat was het licht dat 's ochtends boven de bergen uit kwam om de stad met alle kleuren te besprenkelen. Of 's nachts de vlammende neonreclames van Cinema Montreal, waar jongeren stiekem door een tralievenster naar binnen gluurden om Amerikaanse films te zien, en het schemerdonker in de jazzbars en clubs, waar het licht van de schijnwerpers zich liet vangen in de buikdansmuziek wanneer Jamela Omar danste en zong. Daar in de buurt, op een steenworp afstand, stond het eerbiedwaardige St. Georges Hotel, waar zware tapijten de geluiden dempten en geheimen bewaarden die spionnen bij de balie fluisterden, louche figuren op het schaakbord van de stad. Beiroet, dat waren de straathonden die door de nauwe stegen zwierven, en soms bracht Maurice, de jonge kelner uit Mar Elias, gemarineerde kippenlever voor ze mee, die hij stiekem uit de keuken stal. Want Beiroet, dat was overdaad, dat was naastenliefde en elkaar respecteren wanneer de halve stad voor het vrijdaggebed in de moskeeën leegstroomde en even later weer volliep terwijl dan de galmende kerkklokken vanuit het oosten de christenen voor de avondmis uitnodigden. Het Beiroet van voor de oorlog, dat waren de klanken van de stad. Stad van liederen en melodieën! Voorbijgangers zongen, de muezzin zong en de nonnen in de kerken zongen met de gemeentes. Er klonk het geroep van geldwisselaars op de Place des Martyrs, het gelach van verliefden op de Corniche, het gesjacher van handelaren in de soek rond de klokkentoren aan de Place de l'Étoile en het gemurmel van Achmed Aziz, de schoenpoetser voor het Moonlight Hotel die Marlon Brando en Brigitte Bardot een fijne dag wenste. In die bruisende, bonte stad waarin de Armeense juwelier met de maronitische kapper en de sjiitische fruitventer damde, in de koffiehuizen in de voorhallen van de bazaars, waar men een pijp deelde en naar de gezondheid van de familie vroeg, maar nooit naar het geloof. Want de feesten, die vierde je gezamenlijk, en een stad die vele geloven kent, kent vele feestdagen. Beiroet, dat waren de liederen van Dikran Najarian, de luitspeler aan de Rue Monot, die onder de spitsboogvensters zijn liederen zong, die de vrouwen in de kamers lieten blozen. Het was het gelach van de kinderen die in de achtertuinen speelden en het gegiechel van de moeders die op de balkons met elkaar kletsten. En het was het voortdurende gezeur van Hussein Badir, de souvenirverkoper aan de Rue Hamra, die zich zorgen maakte omdat de mensen zich gewoon te weinig zorgen maakten, waardoor hij steeds minder zorgenkettinkjes verkocht.

Er is vertellen en er is zwijgen. En daartussenin is er het vragen. Hoe zat het met het wantrouwen? Met de angsten, de twijfels? Hoe kon dat wat later kwam gebeuren en waarom? Maar waar antwoorden zouden moeten zijn, stuit je alleen op zwijgen. Zand en woestijn. De aardrijkskundeboeken zeggen: Libanon is het enige Arabische land zonder woestijn. Maar dat klopt niet. De woestijn is overal. En daarin bestaat geen herinneren dat zich in taal laat vatten. Geen taal voor het herinnerde. Het zwijgen waarnaar je vraagt, is dieper dan stilte. Omdat stilte nooit echt alles opslokt. Zelfs in de kleinste ruimte blijft het tikken van een klok of het gebrom van een koelkast hoorbaar. Verder buiten voor het raam gedempte geluiden, het leven van alledag. Rust, geluidloosheid, stilte; er zijn veel verkeerde woorden.

Maar het zwijgen is anders. Het breidt zich uit naar alle horizonten en slokt op wat het aanraakt. Elke zekerheid die je hoopte te vinden, sluipt weg als een gehandschoende dief.

De vertellers uit vroeger tijden in de koffiehuizen en op de open pleinen van Isfahan, Cairo, Damascus en Beiroet wisten al dat er in de woestijn meer is dan leegte. Dat zich onder het zand hele steden bevinden, beschavingen die ooit zijn verzonken.

‘Eén zandkorrel is al genoeg.’ Dat zei, toen ik nog een kind was, een oude leermeester tegen me. We waren door een storm verrast en hadden de nacht in het huis van een vreemde doorgebracht. ‘Eén zandkorrel is genoeg om er een groot verhaal van te maken.’

EERSTE STROFE

Een huis met veel kamers

Een verhaal komt afhankelijk van waar je het begint te vertellen in een ander licht te staan. Dit verhaal kun je openen met de twee doodskisten, die eigenlijk eenvoudige houten kisten waren en die voor iedereen zichtbaar een bouwplaats af werden gedragen. Of met de neervallende as in een straat toen kort daarop de eerste huizen brandden, toen te vrezen viel dat alles zich zou herhalen. Het zou ook met een beeld kunnen beginnen: mijn oma en ik voor een overwoekerde muur, en zij zegt: 'Hier. Hier is het gebeurd.' Of met een ander beeld, een tekening die een man die later beroemd is geworden me gaf toen ik dertien was. Het zou er ook mee kunnen beginnen dat ik me bewust werd van de lijn waarlangs het meisje zich over de vlooienmarkt en later van het spookhuis wegbewoog voor ze uit mijn leven verdween. Of met de blik op een hand die een mantel in ontvangst neemt in een mooi, oud theater. Of, en dat lijkt me juist, precies in het midden. Met een dag vijf jaar geleden. Want alles hangt met alles samen. En voor zover ik weet en zeggen kan, was dat een dag die tegelijkertijd naar de toekomst en naar het verleden wees.

2006

Er waren duizend bommen op Beiroet gevallen, en ik was eindelijk gearriveerd. Zelfs in de afzondering van het huis waarin ik me had teruggetrokken, kon je ze horen: vliegtuigen die ver weg door de lucht joegen en dan, vertraagd en afgezwakt, het gerommel van ontploffingen. De geluidsgolven legden de afstand tussen de stad en het gebergte binnen een paar seconden af. Ze stegen op uit het dal, rolden omhoog over de eenzame hellingen en de muren van mijn huis. Trillende lucht. De hoge cipressen voor het raam zwaaiden heen en weer. Vogels stoven uit de takken. Als het geen zomer was geweest, klaarlichte dag met slechts hier en daar een wolkje aan de hemel, had ik het voor donder gehouden. Een zomeronweer.

Ik stond bij het keukenraam en keek naar de vogels, hoe ze in zwermen langs de hemel trokken. Ze lagen scheef in de wind, dicht opeen als een gevlochten lint, stoven boven de heuvels uit elkaar en verdwenen uit beeld. Ik legde mijn keukengerei weg en liep naar buiten. Het was augustus. De lucht vol warmte en vocht. Een geur van hout, hars en bladeren in de tuin. Het huis lag, omgeven door twee heuvels, in een dal, en een smal weggetje, dat makkelijk over het hoofd werd gezien, leidde van het einde van het terrein in een rechte lijn naar een doorgangsweg een paar honderd meter verder. Ik liep door de tuin, stapte in huisschoenen over het pad en wierp een blik in de brievenbus. Ik had hem blauw geverfd, zodat je hem niet over het hoofd kon zien, want het huis lag verborgen achter bomen. De brievenbus was leeg. Weer een ontploffing. Zwak, zacht en ver weg.

Ik ging naar binnen, zette een kan koffie en liep weer naar buiten, waar ik op een gammele stoel ging zitten die lange tijd aan weer en wind was blootgesteld en die verdacht kraakte onder mijn gewicht. Een hagedis schoot onder een steen vandaan, om zich twee armlengten verder in een vierkant van zonlicht te koesteren.

'Maak je geen zorgen,' zei ik, 'hier zijn we veilig.'

Wat me aan nieuws uit Beiroet bereikte, waren korte, dwaallichtachtige anekdotes, die ik opving als ik tweemaal per week mijn erf verliet. Ongeveer een kwartier lopen van de toegangsweg lag een grotere kruising. Een man met de naam Walid kwam daar regelmatig met zijn pick-up naartoe. Vanaf het laadvlak verkocht hij brood, rijst, groente en medicijnen die mensen uit de omgeving bij hem bestelden. De huizen hierboven lagen zo ver van elkaar dat het hem uren zou kosten om overal langs te gaan, en voor mijn tijd waren ze het erover eens geworden dat dit punt zo ongeveer in het midden lag.

De dagen dat ik naar de kruising ging, waren feitelijk de enige waarop ik mijn buren zag. Velen van hen waren hier geboren. Ze groetten me, we praatten met elkaar. Meer dan eens nodigden ze me uit. Een avondmaal, een koel drankje in de zomerhitte, beleefde conversatie. Ik geloof dat ze me wantrouwden. Hierboven in de huizen uit de tijd van rond de eeuwwisseling woonde verder niemand van onder de dertig. Alleen een zonderling kon dus dat huis in de bergen hebben gekocht. Dat huis dat omgeven was door verwilderd land.

Terwijl Walid zijn waren uitreikte, stond de radio aan. Daardoor drongen sinds een aantal weken de nieuwsberichten de gesprekken binnen: een luchtaanval op Kana. In Beiroet werden de wijken van Hezbollah-aanhangers beschoten, die zich in woonhuizen onder de burgers verschansten. De oliegestookte warmtekrachtcentrale in Jiyé was door gevechten beschadigd, duizenden tonnen olie stroomden sindsdien de zee in.

'De zee bij Byblos is helemaal zwart,' vulde Walid aan, die net twee zakken aardappelen van de laadvloer tilde om ze een vrouw met een steekwagen aan te reiken, 'een zwart tapijt, en wat de vissers in hun netten krijgen, is dood.'

Ik stond daar en probeerde me het zwaaien van vlaggen, het juichen en dansen te herinneren. Dat was allemaal net een jaar geleden. Vreugdetranen waren in alle openheid vergoten toen het Syrische leger na dertig jaar militaire aanwezigheid de aftocht blies. Na weken van protesten en publieke druk waren de laatste tanks de grens over gegaan, terug naar waar ze vandaan kwamen. Ik was die dag door Beiroet gelopen. De stad gehuld in het laatste daglicht, donkerblauw, bijna nacht, de lange schaduwen van de huizen en daarin de schaduwen van mensen, gedrang, een gevoel van statisch geknetter. Ik zag de mensen elkaar omhelzen, hoorde hen roepen: 'Eindelijk! Eindelijk kunnen we zelf regeren over ons land!' Het was als een lied, vrolijk en hoopvol, en ik weet nog dat ik dacht: misschien, misschien is dit het begin van iets goeds, ook voor mij.

'"We zullen Hezbollah vernietigen en Libanon zo'n twintig jaar in de tijd terugzetten,"' citeerde Walid een Israëlische generaal. 'Dat zeiden ze. Twintig jaar. De luchthaven, de grote wegen en bruggen hebben ze verwoest. Zelfs de zee is versperd.' Walids gestalte stak af tegen de hemel. Vanaf de laadvloer keek hij op ons neer, onze bode uit de stad.

In de korte tijd dat ik hierboven woonde, was mijn ongerustheid afgenomen. Steeds vaker waren er momenten vol vertrouwen, opgeroepen door bijzaken: dwalend licht op de muur in de woonkamer dat precies om twaalf uur het schilderij belichtte dat ik daar had opgehangen. Of de stille aanblik van het landschap dat ruimhartig verlaten onder een stralend blauwe hemel over heuvels, dalplooien en bergketens trok. Of wanneer ik onverwachts aan een vergeten lied moest denken dat me ineens weer met tekst en melodie te binnen schoot. Ik werd 's nachts nog maar zelden wakker, voelde me zelfs meestal uitgerust, en ik kon me nog maar nauwelijks voorstellen hoe het was toen ik dacht dat de bodem onder mijn voeten elk moment kon wegzakken en me zou meesleuren in een diepte waarin ik nooit zou ophouden met vallen.

Het had vast ook te maken met de vele dingen die er in en om het huis te doen waren. Ik bracht mijn dagen door met het afschuren van het hout van de vensterbanken, die vroeger ooit blauw waren geverfd, inspecteerde dakpannen, draaide schroeven in deurposten en stellingkasten aan, veegde stof van meubels, van elke vensterbank, van elk scheef raamkozijn en viel 's avonds uitgeput in bed. Het huis veranderde me zoals het zelf veranderde. Vroeger was het terrein uitgestrekt en verzorgd geweest, maar in de loop der jaren was de natuur verder opgerukt, hadden onkruid en dicht gras de heerschappij over het toegangspad en de weg naar de straat overgenomen, groeide er klimop op de oude muren en vensterbanken, woekerden hagen en bomen alle kanten op.

Op sommige avonden, als ik voor het huis zat terwijl de cipressen als schaduwdansers in de schemering bewogen, had ik het bevrijdende gevoel dat niets – noch de muskieten, noch de verre oorlogsgeluiden – de afzondering die ik hier gevonden had, kon verstoren.

Die dag in augustus 2006 zat ik in de tuin te wachten tot het middag werd. Walid kwam altijd redelijk stipt naar het kruispunt, en ook ik had weer een paar dingen bij hem besteld. Aangezien de Israëli's het land op grote schaal onder vuur namen om, zoals ze zeiden, wraak te nemen voor de ontvoering van twee soldaten, had hij ons gevraagd grotere hoeveelheden tegelijk te bestellen omdat hij niet wist of de route de komende tijd nog toegankelijk zou zijn.

Toen ik opschrok uit mijn gedachten, zag ik tot mijn verrassing een donkere vlek. Hij zat op de stenen plaat naast me en er zwermden vliegen omheen. Hoelang had ik zitten mijmeren over Walid en zijn sombere verhalen? De hagedis had zich daar net nog in de zon liggen koesteren. Nu was hij verdwenen, en alleen de vlek en de vliegen verraadden dat er iets gebeurd moest zijn. Ik kon niets ontdekken wat op strijd wees, niets wat de afwezigheid van de hagedis verklaarde. Alleen die lege plek in een vierkant van licht.

De vogel zag ik omdat hij me verblindde. Hij zat op de bovenste tak van de appelboom, zijn veren reflecteerden het zonlicht. Een shikra. Wat was hij mooi! En zo groot! Hij had iets fiers. Een houding die hem afstandelijk en waardig tegelijk deed lijken, als een oude koning. Hij zat daar op die tak in zijn felle verenkleed, dat nauwelijks waarneembaar trilde in de wind die door de bladeren ging. Scherpe klauwen, een sterke grijze snavel en ogen met de kleur van zwarte parels die verte uitstraalden. De rust in zijn blik bevreemdde me, want ik wist dat die ogen alles opnamen, alles zagen: de dansende lichtpuntjes op de daken van huizen honderden meters verder, het wegschieten van een muis tussen de stenen, Walids zwarte pick-up, die nog kilometers verwijderd was en die vandaag een andere route nam dan anders. En mij. Natuurlijk zag hij mij. Hij bekeek me met een onverschilligheid die me kwetste, zoals ik geïrriteerd constateerde. Hij had een arrogantie waardoor ik me klein en onbetekenend voelde, terwijl hij onbenaderbaar en onaantastbaar leek. Ik weet zeker dat hij mijn onbehaaglijke gevoel bespeurde toen ik naar hem keek en besefte dat hij hier was geweest, in mijn tuin, en dat hij iets had weggegraaid zonder dat ik het had kunnen waarnemen. Zijn imposante verschijning stond in grof contrast met de geluidloosheid waarmee hij te werk moest zijn gegaan. Zelfs zijn schaduw had ik niet opgemerkt.

De rover moest de windvlaag gevoeld hebben voor die kwam. Een weersomslag in een oogwenk. In één enkele, vloeiende beweging spreidde hij zijn vleugels uit, doorkliefde de lucht en verdween in de verte. Toen voelde ik hem ook, de wind die over de heuvel kwam.

Toen ik jonger was, na onze terugkeer uit Duitsland, had ik met mijn oma in een klein huis in een wijk in Oost-Beiroet gewoond. Toen hield ik van die momenten – de droomachtige vluchtigheid van de stilte voor de storm. Dan leek alles stil te staan, de omgeving elektrisch geladen, oude kranten wervelden over stoepranden, verwelkte appelbloesemblaadjes dansten in de goten, moederhanden sloten zich om kindervingers, trokken de kinderen naar binnen, en Jafar, die niet ver weg woonde, rende door de straat naar mijn raam en riep: 'Amin, we moeten de tekenaar vinden voor de wereld ten onder gaat!'

Met de aanwakkerende wind kwamen er wolken aan de hemel die het blauw omsingelden. Verdrongen, vergeten gewaande beelden doemden op in mijn herinnering: Jafar en ik voor een afbrokkelende lemen muur op de vlooienmarkt, hoe we geld zaten te tellen dat we bijeengezwendeld hadden. Jafar, die aan één oog blind was en toch een geboren privédetective was, want hij kon mensen opsporen die niet gevonden wilden worden. En mijn oma. Zoals ze het raam dichtdeed, in bed ging liggen en de deken over haar hoofd trok wanneer er een storm door de straten en haar brein raasde.

Ze kwamen even later. Ik was al zo aan de stilte gewend dat ik opsprong bij het motorgeronk. Toen ik naar buiten stapte in de regen, stopte Walids zwarte auto net bij de toegang naar de weg. Mijn eerste gedachte was dat het slechte weer hem ertoe had gebracht de huizen ditmaal afzonderlijk langs te rijden. Maar toen ging het portier aan de passagierskant open en stapte er een vrouw uit. Onder haar jas droeg ze een zwart gewaad waarvan de zoom de grond raakte toen ze gebukt door de regen liep. Ze had een buidel in haar hand. Ik herkende haar. Ze was oud geworden.

'Hallo, Amin,' zei Umm Jamil.

Terwijl ze haar kletsnatte jas aan de haak naast de deur hing en in de woonkamer ging zitten, deponeerde ik de bij Walid bestelde spullen in de keuken, zette theewater op, ging op zoek naar koekjes, noten of iets anders wat ik haar zou kunnen aanbieden. De regen kletterde tegen de ruiten.

Later, toen we tegenover elkaar zaten en Umm Jamil me het bericht van de dood van mijn oma had overgebracht, keek ze me over de dampende thee aan. Misschien had ik wezenloos of afwezig gekeken, want ze vroeg, zachtjes en zonder aan te dringen: 'Heb je begrepen wat ik zei?'

'Ja.'

'Het kwam voor ons allemaal totaal onverwacht,' zei Umm Jamil. 'Niemand hield er rekening mee.'

'Heeft ze in het ziekenhuis gelegen? Was ze... ziek?'

'Nee. Ze is vredig ingeslapen. Ze was thuis. Yara en ik hadden afgesproken samen te ontbijten. Ik heb haar gevonden.'

Yara. Ik had haar nooit bij haar voornaam genoemd. Voor mij was ze altijd alleen *teta*, oma, geweest.

Ik voelde dat Umm Jamil op mijn gezicht een gemoedsbeweging zocht, een begrijpelijke emotie achter de starheid die ik in haar ogen uitstraalde.

'Hoe gaat het, Amin? Kan ik iets voor je doen?'

'Dank u,' zei ik zachtjes, 'ik red me wel.' En na een korte pauze voegde ik eraan toe: 'Bedankt dat jullie er altijd voor haar waren.'

Ze nam me zwijgend op. Mogelijk met het stille verwijt: in tegenstelling tot jou. Maar toen zei ze: 'Wat gebeurd is, is gebeurd. Ik ben niet gekomen om daarover te oordelen. Jij had je redenen om je van haar af te keren.' Ze gaf die uitspraak de ruimte, alsof stilte hem meer geloofwaardigheid verleende, boog zich naar voren, nam een slok van haar thee en voegde eraan toe: 'Maar ik wil dat je weet dat je teta je altijd heeft beschermd. Haar leven lang. Ze was ervan overtuigd dat de weg die ze daarbij koos de juiste was.'

Ik herinner me nog de geur van het parfum dat Umm Jamil die dag ophad. Muskus en een vleugje jasmijn. Alleen al die lucht riep honderden herinneringen op. Haar hier zien zitten was verwarrend. Alsof mijn huis de foyer van een theater was en zij, vele jaren ouder, na afloop van de voorstelling onopgemaakt uit de kleedkamer was gekomen.

'Ik moet je de groeten doen van Abbas,' zei ze. 'Van hem en de anderen. Abu Amar, Nadja, Fida, ze betuigen allemaal hun medeleven.'

In deze ruimte, die me tot dan toe een warm hol had toegeschenen, veroorzaakte de klank van die namen kippenvel op mijn armen. Umm Jamil merkte het. Ze boog zich over de tafel en raakte mijn hand aan. Blauwe aderen onder een gerimpelde huid. Ouderdomsvlekken op de rug van haar hand. Ik durfde haar niet in de ogen te kijken.

Het geruis van de afnemende storm scheerde langs het huis. Umm Jamils hand lag op de mijne, en ik zorgde ervoor dat ik hem daar liet, geen afstand van haar nam en niet ging trillen.

'Weet je zeker dat dit huis de juiste plaats voor je is?' vroeg ze na een tijdje.

Toen ik haar eindelijk aankeek, glimlachte ze. Het was een gepijnigd lachje. Meevoelend en meelijdend tegelijk. Zoals een ouder iemand glimlacht om een ander die op het punt staat dezelfde fout te maken als hij. Niet hoogmoedig, maar teder.

'Dit is de enige plaats,' zei ik.

's Nachts, lang nadat Umm Jamil was weggegaan en met Walid was teruggereden naar de stad, stond ik in de deuropening van mijn slaapkamer naar mijn onbeslapen bed te kijken. Ik vond geen rust. Ik wilde zelfs niet een poosje mijn ogen dichtdoen. Ik weet niet of ik bang was voor dromen of vreesde lang wakker te liggen en me van mijn ene zij op de andere te draaien. Ik was gewoon te onrustig. Nu nog zie ik mezelf daar staan. En ik moet denken aan de dagen dat mijn oma in de regen onder de linden voor de poort van de school stond om me op te halen. 'Zullen we samen lopen?' vroeg ze dan, en ik begrijp dat ze me op die momenten haar angst had laten merken.

We hadden elkaar meer dan een jaar niet gesproken. Maar op een of andere ondoorgrondelijke manier was ze altijd deel van mijn dagelijks leven gebleven, ondanks de stilte die ik had verkozen en die zij gerespecteerd had. Ook zonder direct contact kwam ik haar in mijn dromen tegen, hoorde ik haar in mijn dromen nog tegen me praten. En ondanks alles wat ze in die dromen en herinneringen zei, werd mijn leven beheerst door wat mijn teta níét gezegd had, me níét verteld had.

Umm Jamil was ongeveer een uur gebleven. Zij en de anderen zouden overal voor zorgen, had ze gezegd, de begrafenis vond over drie dagen plaats en als ik het wilde, zouden ze het me nog preciezer laten weten. Ik denk dat ik toen pas echt besefte dat dat groepje mensen rond mijn oma altijd meer geweest was dan een door het lot verbonden gemeenschap. Ze waren als familie voor elkaar geweest.

Daarna hadden Umm Jamil en ik afscheid genomen. Maar nog geen tien tellen later werd er nog een keer op de deur geklopt.

'Heb je geen telefoon hierboven?'

'Natuurlijk wel. Waarom?'

'Daarom.' Ze grabbelde in haar handtas. 'Hier, dat had ik bijna weer meegenomen.' Ze haalde een blaadje tevoorschijn. Daar stond een nummer op. Geen naam.

'Een vrouw uit Canada belde Yara toen ik in haar huis was. Je moet haar terugbellen. Ze zei dat het dringend was.'

Een tijdlang had ik het blaadje tussen mijn vingers rondgedraaid, en het vervolgens eerst op de vitrine in de woonkamer en daarna naast de telefoon gelegd, echter zonder het nummer te bellen. Als het hier avond was, hoe laat was het dan in Canada? Vroeg in de ochtend? Lang had ik op een telefoontje daarvandaan gehoopt. Maar nu, in de doffe stilte van mijn huis, waarin zo plotsklaps roofvogels en geesten uit vervlogen jaren waren verschenen, durfde ik niet terug te bellen. Ik vreesde nog meer slecht nieuws. Na een poosje ging ik weg bij de telefoon, liep de trap af en het huis uit.

De lucht was door de storm gezuiverd. Een nacht met een heldere sterrenhemel. Alleen eenzame wolken, grijs en vormeloos als stofvlokken, trokken langs de maan. De laatste regendruppels op de grashalmen. Zelfs de vlek op de stenen plaat, waar ik de hagedis gezien had, was verdwenen. Ik liep de tuin door en simpelweg almaar verder. Algauw werd de zoom van mijn broek donker, het vocht drong door schoenen en sokken heen. Een hele tijd liep ik zo, met mijn blik naar voren gericht, en ik probeerde het gevoel dat ik had, verdriet of schaamte of allebei, van me af te zetten. En op een gegeven moment stond ik op een heuvel het dal in te kijken. Maanlicht viel op de cipressen en de muren van het huis. Twaalf jaar eerder had ik samen met mijn oma op deze plek gestaan. We waren de bergen in gegaan om fruit te oogsten en vanuit een stemming die ik nu niet meer kan volgen, had ze me het oude huis gewezen. De tuin had toen al betoverd geleken en de blauwe vensterluiken straalden in de laatzomerzon.

'Waarom wonen we niet hier, in dit huis, als het van u is?' had ik gevraagd.

Ze had mijn hand gepakt en hem iets te stevig gedrukt. 'Omdat ik het verkocht heb, Amin. Het is niet meer van mij. We hebben het geld nodig voor het café, voor jouw school en voor de nieuwe start in de stad.'

De beslistheid in haar stem en de druk van haar vingers hadden me ervan weerhouden door te vragen.

Later op de avond, terug in Beiroet, had ik vol indrukken van die dag bij het raam naar de stad staan kijken – naar de contouren van de bouwkranen en de flats die in de verte ontstonden.

‘Wat denkt u, wie gaat daarboven wonen als al die torens klaar zijn?’ had ik gevraagd.

Wellicht zonder het te beseffen had ze met het antwoord meer over zichzelf verraden dan met al haar eerdere en latere antwoorden. Maar dat kon ik toen nog niet weten. Ik kan de bitterheid in haar stem niet oproepen. Misschien zei ze de zin ook spottend. Het had allebei bij haar gepast.

‘Ons land is een huis met veel kamers, Amin,’ zei ze tegen me. ‘In sommige vertrekken wonen zij die zich niets willen herinneren. In andere kamers huizen zij die niet kunnen vergeten. En boven wonen altijd de moordenaars.’

Camera obscura

Juli 1994

De man was dreigend voor Jafar gaan staan. Op zijn voorhoofd verschenen donkere aderen. Zweetdruppels liepen langs zijn hals naar beneden en verdwenen onder een opstaande overhemdkraag. Zijn hand rustte op de schouder van een jongen, blijkbaar zijn zoon, die spoog en elk moment op Jafar leek te willen afstormen. Als zich rondom ons niet zoveel kijklustigen hadden verzameld, hadden de twee allang hun zelfbeheersing verloren. Met zijn identieke houding met gebalde vuisten en strijdlustig naar voren gestoken hoofd zag de kleine er als een nagenoeg perfecte kopie van de grotere uit. De man staarde woedend naar het stripblad in de hand van zijn zoon en toen naar Jafar, die met zijn rug naar de muur stond en geen mogelijkheid tot vluchten zag.

Eigenlijk was alles al gezegd, maar om zijn ergernis lucht te geven haalde de man diep adem en herhaalde: 'Je hebt me een oor aangenaaid. Je hebt mij en mijn zoon beledigd. Dat zal ik je betaald zetten!'

Ik stond een paar meter verderop als aan de grond genageld, met onder beide armen een beker popcorn. Jafar zag me. Met een nauwelijks waarneembaar hoofdschudden gaf hij me te kennen dat ik niet dichterbij moest komen.

*

In die dagen hingen Jafar en ik rond bij een circus, waar in het weekend op het voorplein een vlooienmarkt was. We klommen op knoestige populieren die het terrein omzoomden en probeerden een blik op te vangen van de wagens die als dommelende dieren achter de circustent geparkeerd stonden. Ze herbergden een ons onbekende wereld en wekten een verlangen naar verre oorden op. Niet omdat het circus uit Frankrijk kwam, maar vanwege de vele wonderlijke wezens die we vanaf onze hoge schuilplaats achter de ondoorzichtige schermen konden ontwaren. Als tussen de afzonderlijke circusnummers het applaus in de tent losbarstte, konden we hen zien in het afgescheiden gedeelte achter de uitgang: feeërieke gevleugelde vrouwen en getatoeëerde dwergen die druk in gesprek waren of geconcentreerd hun rekoefeningen deden. Met ijzeren kettingen behangen boeienkoningen deden de bovenste knopen van hun vest dicht en maakten met draaiende bewegingen hun polsen los, en reusachtige, roodbaardige vuurspuwers krabden met fakkels hun rug. Er was ook een danseres. Ze sprong op het koord dat voor de wagens was gespannen en repeteerde met gespreide armen. Allemaal schenen ze me vergeten figuren uit een verzonnen verhaal toe. Alsof hun schepper van zijn schrijftafel was opgestaan en niet was teruggekeerd, zodat ze zonder toezicht de tijd konden verdrijven. Een paar wagens waren met dikke sloten vergrendeld. Jafar en ik vermoedden roofdieren achter de deuren.

Ver achter de circustent schoven de flats van Beiroet als grijze kooien voor de hemel. Uit de afgronden van de stad rezen kranen als dinosaurushalzen omhoog en langs de smalle grens tussen de huizen en de horizon zinderde de zomerlucht.

De wereld rondom de tent waarop we vanuit onze schuilplaats neerzagen, leek ons een daarvan afgescheiden, volkomen eigen universum.

We zaten op de tak van de populier, gluurden over de muur en aten gedroogde abrikozen die we van een straatventer in de buurt hadden gejat. Met bungelende benen droomden wij ervan ten minste eenmaal in het donker van de piste te zitten voor die vreemde, in velerlei opzicht rijke wereld weer zou verdwijnen. Het enige wat ons daartoe ontbrak waren wat bankbiljetten.

‘We moeten zeker tien dollar hebben,’ zei Jafar.

‘Zitten we dan achterin of verder naar voren?’

‘Dat kunnen we zelf bepalen. De plaatsen zijn vrij. Vijftien dollar hebben we nodig als we popcorn halen om samen te delen.’

‘We moeten in elk geval popcorn hebben. Maar ik wil graag mijn eigen popcorn.’

‘Dan achttien of twintig. Ongeveer.’ Jafar hield het stripboek voor zijn gezonde oog en bekeek voor de zoveelste keer de cover.

Het was warm die dag in juli. De vlooienmarkt voor de circustent lag in de zon. Binnen was de voorlaatste voorstelling van die dag bezig en een vrolijke melodie waaide het plein over.

Jafar had de strip een halfuur eerder op de vlooienmarkt uit een kist met stripboeken gehaald. Voor tien cent had hij hem gekocht en schokschouderend ‘laten we het proberen’ gezegd.

Toen waren we in de populier geklommen.

Om zijn evenwicht niet te verliezen steunde hij met zijn ene hand op de tak; met de andere hand gaf hij me het stripboek aan. ‘Hiermee gaat het ons lukken,’ zei hij. ‘Dat moet twintig dollar opleveren. Wat denk jij?’

Op het eerste gezicht leek het omslag overvol. Maar iets eraan zorgde er tegelijk voor dat ik niet zo makkelijk weg kon kijken. In rode letters prijkte daarop de titel:

GIANT-SIZE X-MEN

Linksonder in de hoek stond:

DEADLY GENESIS!

Tussen de twee opschriften buitelden fascinerende figuren over elkaar heen: een man met ijzeren klauwen, een Afrikaanse godin met een zwart met gouden schoudermantel, een reusachtige kerel van metaal en een monster met een harig blauw gezicht. De helden leken uit het blad te komen stormen, uit een gat dat in de cover was opengegaan, recht op je af. En achter hen, dat zag ik pas op het tweede gezicht, waren nog meer figuren verborgen. Hun houding was anders. Ze hadden van schrik hun ogen opengesperd en hielden hun handen beschermend voor zich, alsof ze door een aanval waren verrast.

'Hij is van 1975,' zei Jafar met een blik op de datum. 'En er staat een één naast. Denk je dat dat eerste druk betekent?'

'Geen idee,' zei ik. 'Het zou ook januari kunnen betekenen. Maar we kunnen beweren dat het de eerste druk is.'

'Wat zou hij dan waard zijn?'

'Weet ik niet. Zijn eerste drukken dan iets waard?'

'Het klinkt in elk geval goed. Daar kunnen we iets mee doen.'

'Hoeveel stripboeken lagen er nog in die kist?'

'Ik schat meer dan honderd.'

'Dan is hij waarschijnlijk niet eens de tien cent waard die wij ervoor betaald hebben.

'Nog niet,' zei Jafar.

Het boek was afgezien van een paar vouwen in goede staat. Ik vermoedde dat het een tijdje in de zon had gelegen, want de kleuren aan de bovenkant waren verbleekt. Maar toen ik het opensloeg, schitterden de kleuren me tegemoet.

'We moeten in elk geval een overtuigend verhaal hebben.' Jafar rolde het servet op zijn schoot helemaal open, nam de laatste abrikoos eruit en stak die in zijn mond. 'Een verhaal dat ook iemand aanspreekt die eigenlijk helemaal niet in stripverhalen geïnteresseerd is.' Hij slikte zonder goed gekauwd te hebben, likte zijn vingers af en benadrukte nog eens onze gouden regel: 'Het moet niet gaan om het boek op zich. Iets anders moet het waardevol maken. Net zoals we het met die lelijke schilderijlijst hebben gedaan. Of met dat porseleinen mopshondje dat die vrouw van ons heeft gekocht.'

'Of met die gebarsten spiegel.'

'Of het bedlampje.'

'Of de typemachine.'

'Of die vreselijk lelijke vaas.'

'Klopt,' zei ik, 'dat waren goede verhalen.'

Het was tot nog toe onze beste dag geweest. Twee weken geleden. Zes verkopen in nog geen vier uur. Tachtig dollar, veertig per persoon. Toen was het circus er nog niet, maar een affiche had de komst ervan al aangekondigd. We waren met de taxi terug naar de stad gegaan, hadden de raampjes omlaaggedraaid en ons koningen gevoeld. 'Koetsier, zet de muziek eens harder,' had Jafar tegen de chauffeur geroepen, en we hadden wat al te hysterisch gelachen. Bij de kermis waren we uitgestapt om in het reuzenrad te gaan, hadden we sigaretten, chocobananen en loten gekocht, onverstandig veel ijs gegeten en laat in de avond waren we met lege zakken en buikpijn weer naar huis gegaan. Ik weet niet meer wie het plan het eerst had bedacht, maar eigenlijk was het telkens hetzelfde: Jafar zocht iets goedkoops op de vlooienmarkt uit en wij verzonnen er een verhaal bij dat het een door onszelf bepaalde waarde verleende. Daarna hield ik me op de achtergrond terwijl Jafar eropuit trok om de 'waar aan de man te brengen', zoals hij het altijd noemde.

Drie dollar hadden we voor de lelijke schilderijlijst betaald en we hadden hem voor dertig verkocht. Jafar was eigenlijk geen rekenwonder, hij struikelde al over simpele aftreksommen. Maar de waardestijging van een object kon hij slapend uitrekenen: 'Negenhonderd procent,' verkondigde hij met glinsterende ogen toen we het geld in onze zak staken. De lijst had in de bovenste eetzaal van het Holiday Inn Hotel gehangen, hadden we beweerd. Bij de slag om de hotels tijdens de burgeroorlog was hij net als andere kunstwerken in de kelder in veiligheid gebracht, en met hem ook het schilderij *Het geheim van de jeneverbesstruik*, een van de eerste stillevens uit de oosterse schilderkunst. Later, toen het hotel was veroverd, was het kunstwerk echter ontdekt en gestolen – het begin van een ongelofelijke odyssee door de onderwereld van Beiroet, waarbij het schilderij ooit als onderpand diende bij een gijzelaarsruil en een jaar lang boven het bureau van een officier hing tot het tijdens een bombardement opnieuw verdween, om maanden later in Marseille op te duiken. Daar ging het door talloze obscure handen – nachtelijke ontmoetingen onder bruggen en in ondergrondse parkeergarages, geldkoffers, handjeklap – tot het ten slotte in de schemerige wereld van geheime kunstmarkten verdween, terwijl de lijst in zijn eentje in Beiroet bleef, waar hij jaren later door een expert in een antiquariaat werd herkend en voor tweehonderd dollar verkocht. 'Die expert was mijn oom,' zei Jafar dan, 'en nu moeten we de lijst van hem verkopen, ik en mijn vader, maar die is vandaag helaas ziek. Mijn oom? Die is vlak voor het einde van de oorlog naar Canada geëmigreerd. Hij heeft ons gevraagd alle voorwerpen onder de duizend dollar te verkopen, het is niet lonend ze hem na te sturen. We hadden nog andere lijsten, deze is helaas de laatste.' Zonder met zijn ogen te knipperen had Jafar honderd dollar gevraagd. Uiteindelijk kregen we er dertig voor en konden we een regel bevestigd zien: hoe absurder het verhaal, hoe waarschijnlijker het was dat iemand zich liet overhalen.

Wat wekten die eerste ervaringen met verhalen vertellen destijds bij me op? Wanneer ik terugdenk aan die momenten waarop Jafar en ik ons het hoofd braken over personages en wendingen en net als bij het maken van een puzzel scènes heen en weer schoven tot ze op de juiste plaats zaten, voel ik een vlaag van warmte, een vluchtig geluk en de overtuiging dat die verhalen toen al meer waren dan kattenkwaad. Ze verleenden ons betekenis.

We beraamden onze schelmenstreken met grote ernst. Voor verhalen als met de schilderijlijst deden we zelfs regelmatig onderzoek. We keken videocassettes met illegale kopieën van gangsterfilms en snuffelden de kisten door op zoek naar boeken over kunstwerken. Of we ondervroegen verveelde handelaren, die dan meestal niet meer wilden ophouden met doceren.

'Op sommige schilderijen van Johannes Vermeer valt een gedifferentieerd gebruik van licht en schaduw op dat lijkt op dat van moderne foto's, maar niet overeenkomt met wat voor een schilder met het blote oog te zien kan zijn geweest.' Dat vertelde een handelaar ons een keer in een poging ons te waarschuwen. Hij zei dat Vermeer een camera obscura als hulpmiddel had gebruikt, zoals veel van zijn collega's. Hij was dus helemaal geen genie, beweerde hij. Waarheid in de kunst was natuurlijk een illusie, maar alle bedrog kwam ooit aan het licht. Daarbij verloor de handelaar ons niet uit het oog en hij sprak met een ondertoon alsof het onze schuld was. Jafar en ik kenden Vermeer niet. Maar het idee van een donkere kamer waarin een afbeelding van de werkelijkheid zich liet vangen en op zijn kop zetten, beviel ons. We namen de uitdrukking in onze woordenschat op alsof het om een code ging. Als we 's avonds op een lemen muurtje het geld telden, keken we elkaar aan en spraken het om de beurt uit: camera obscura.

Om op ideeën te komen bladerden we soms ook door de geschiedenisboeken en stadsplattegronden die ik voor mezelf kocht. Het waren verfomfaaide boeken over historische figuren, vondsten op de vlooienmarkt of in slecht gesorteerde boekwinkels, die ik met stapels tegelijk naar huis bracht. Ik verzamelde postkaarten van historische plaatsen en kaarten van Beiroet, afbeeldingen van de toen nog ongeschonden oude stad, op schaal 1:5000, die ik in een boek uit 1977 vond en waarin de namen van reeds lang verdwenen straten stonden. In een ordner borg ik zwart-witfoto's uit de jaren vijftig en zestig op – de soek met zijn stenen arcades, de haven, het intacte Martelaarsplein. 's Avonds spreidde ik alles op de vloer van mijn kamer uit. Het was een verzameling van verloren gegane huizen, straten en pleinen.

Op een bepaalde manier probeerde ik me daarmee een leven te verschaffen waarin ik me geborgen kon voelen. Ik denk dat die boeken me een gevoel van zekerheid gaven over die stad waarin ik pas een paar maanden woonde. Hier lagen weliswaar mijn wortels, maar ik had mijn leven tot dan toe in Duitsland doorgebracht. Al die onbekende straten en wijken oefenden na onze terugkeer een grote aantrekkingskracht op me uit, maar ik moet bekennen dat ik ze af en toe griezelig vond. Het was een tijd van lege plekken. Hele gebouwen en fabrieks- tonden er ongebruikt bij, werden slechts door de spaarzame lampen van daklozen, plunderaars of stiekeme liefdespaartjes verlicht; achter woonhuizen gaapten onverwachts braakliggende omheinde pleinen en soms liepen Jafar en ik als we naar huis gingen door de uitgestorven stadsdelen, gearceerde rasters van onverlichte straten en stegen vol puin waarin we maar weinig mensen, meestal kinderen, zagen die in donkere hoekjes zaten en weigerden iets te zeggen.

Jafar kende veel van de ruïnes en wist hoe je erin kon komen. Op een nacht nam hij me mee naar een verlaten hal aan een overwoekerde spoorlijn, die, zo vertelde hij me, voor de oorlog naar Damascus had geleid, maar inmiddels was stilgelegd. We klommen door een gekanteld raam. Jafar leidde me door een gang langs voormalige kantoorruimtes waarin afdrukken op de vloerbedekking de plaatsen verraadden waar dossierkasten hadden gestaan. In een enorme hal liet hij me roestige hendels en bedieningspanelen, werkbanken en lege dieseltanks zien waarin de echo van onze voetstappen weergalmde toen we erin klommen. Aan het einde van de hal bevond zich een ruimte vanwaaruit je door een glazen façade het hele industrieterrein kon overzien. Aan de muur hing een kaart met het spoornet. In de knooppunten staken pinnetjes. Onder de glazen façade bevond zich een bedieningspaneel. We drukten op knoppen en zetten schakelaars om, maar de lampjes gingen niet aan en de ruimte bleef net zo donker als de punten aan de muur die verre oorden markeerden waar vroeger de treinen doorheen hadden gereden.

Later zaten we in de maneschijn op de rails en keken naar het oosten, richting Syrië.

''s Ochtends word je wakker van niets anders dan het zingen van de vogels, en op de binnenplaatsen van de huizen bloeien bittersinaasappelbomen.' Jafar zei het zachtjes, alsof ik er niet was. 'Dat heb ik in een brief gelezen.'

'Wat voor brief dan?'

Hij haalde een verfrommeld blaadje tevoorschijn en gaf het aan me.

'Lieve Samira, lieve kinderen,' stond er in de eerste regel.

'Gewoon een brief,' zei hij.

Andere nachten gingen we verlaten gebouwen in waaruit gezinnen ten tijde van de oorlog waren gevlucht. We slopen door woon- en slaapkamers en keukens naar de bovenste etages en keken uit over de stad – grijze watertanks op honderden daken en duizenden lichtjes. Ik stond me meestal bij de ramen te verbazen. Jafar liep rond. Hij keek in laden, kasten en commodes op zoek naar achtergelaten brieven.

Als iemand me nu zou vragen wat me van mijn jeugd het eerst te binnen schiet, zouden het die donkere huizen zijn tijdens onze nachtelijke uren in mijn eerste zomer in Beiroet. Ik was dol op die tochten. De geheime plaatsen en de geluiden die ze voortbrachten – krakende vloerplanken, opvliegende duiven, het geknars van glasscherven op de vloer en vaak, als het huis groot en hoog was met een wirwar van vertrekken, beperkte al het hoorbare zich tot dat repertoire.

Ik weet nog hoe Jafar op onze zwerftochten soms veranderde. Er gebeurden dan dingen tussen ons die onbesproken bleven. Het beeld van de stad vanaf grote hoogte met haar nu eens verduisterde, dan weer felverlichte ramen is me waarschijnlijk ook bijgebleven omdat er ook momenten met Jafar waren die net zo wisselden tussen licht en schaduw. Het was alsof die ruimtes in die gebouwen ertoe leidden dat hij zich bewust werd van de grenzen tussen ons en voelde dat er dingen waren, alledaagse ervaringen die we wel of niet hadden opgedaan, waardoor er een verwijdering tussen ons ontstond.

Eens verdween hij in een van die huizen, en toen ik hem terugvond, zat hij in kleermakerszit voor een groot gat in de muur, tig meter boven de straat, met zijn rug naar me toe.

Hij hoorde me aankomen. ‘Kom, Amin, ik zal je iets laten zien.’

Ik ging naast hem op de vloer zitten.

‘Hier.’

Hij legde iets zwaars in mijn hand. De granaat had een grijsblauwe, zacht glanzende kleur. Hij glom als marmer.

‘Waar heb je die vandaan?’

‘Hij lag daar naast de bank. Ik heb hem opgeraapt.’

Stilte.

'Waarom laat iemand zoiets daar liggen?'

Hij keek naar me alsof hij met de beste wil van de wereld niet kon begrijpen hoe je dat kon vragen.

'De huizen liggen er vol mee. En de tuinen ook. In de ruïnes liggen springkoppen van raketten die door daken heen zijn gegaan maar nooit zijn geëxplodeerd. Hetzelfde geldt voor granaten. Of ze worden opzettelijk achtergelaten. Milities moesten zich soms halsoverkop terugtrekken. Dan legden ze de gebouwen die ze verloren hadden vol met explosieven, en soms vergaten ze hun munitie ook gewoon.'

'Hoe weet je dat?'

Hij zweeg.

Tot dat moment hadden onze tochtjes me eerder betoverend dan gevaarlijk geleken. Jafar was maar een paar maanden jonger dan ik, maar ik weet nog dat hij me op dat ogenblik veel ouder en ervarener toescheen. De flikkerende lichtjes van de stad beschenen zijn gezicht van opzij. Het zag eruit alsof het brandde.

'Hij is zwaar,' zei ik. 'Zwaarder dan ik dacht.'

Jafar bleef zitten zoals hij zat, alsof hij precies wist dat hij weer in het donker zou zijn als hij achteroverleunde. Hij zei niets.

'Wat ben je ermee van plan?'

'Hoe bedoel je?'

'Omdat hij gevaarlijk is.'

'Vind je hem mooi?'

'Ja... dat wel.'

'Hij ziet eruit als een borst, vind je ook niet?'

Ik knikte onzeker.

'Je krijgt hem van me cadeau.'

Eerst reageerde ik niet. Maar toen waagde ik toch te zeggen: 'Ik wil hem niet hebben.' Ik gaf hem de granaat terug.

Jafars vingers volgden de rondingen, gleden langzaam over de pin op de kroon.

'Jammer.'

Hij leunde naar achteren. Toen drukte hij op de knop van de ontsteker.

'En het is nog wel zo'n goede aansteker,' zei hij en hij keek in de vlam die eruit sprong en die zijn gezicht van onderen verlichtte.

Een andere keer vond ik een radio in een kamer, waar in het midden verkoolde houtblokken lagen. De tapijten zagen zwart van het roet en er hing een brandgeur. Ik zette de radio aan, we hoorden een lied van Majida El Roumi. Ik keek uit het raam en genoot van het uitzicht. Op een gegeven moment werd het lied onderbroken en kondigde een melodietje het journaal aan. De omroeper las het nieuws van de dag voor: 'Het hoofdkwartier van de Palestijnse bevrijdingsorganisatie PLO is van Tunesië naar Gaza verplaatst... De boot van walvisbeschermer Paul Watson is door een Noors kustschip aangevaren... In het belegerde Sarajevo hebben sluipschutters...' Pas toen ik glasscherven hoorde knarsen, merkte ik dat Jafar niet meer naast me stond. In plaats daarvan zat hij in de achterste hoek van de kamer, met zijn ogen dicht, een vertrokken gezicht en zijn handen op zijn oren. Zo had ik hem nog nooit meegemaakt. Pas toen ik de radio uitzette, kalmeerde hij weer. Een hele tijd later kwam ik te weten dat de herkenningsmelodie van het journaal sinds de oorlog niet veranderd was. Wie die hoorde, associeerde haar met aankondigingen van ophanden zijnde bombardementen of waarschuwingen om bepaalde straten te mijden. Jafar vertelde me daar toen niets over. Pas toen ik hem het huis uit had gebracht ontspande hij, en later, toen ik hem er voorzichtig op aansprak, zei hij alleen maar: 'Maak je geen zorgen, het was de camera obscura,' om me duidelijk te maken wat er ergens in hem verborgen zat: een donkere kamer waarin een deel van de wereld op zijn kop stond.

Er zijn veel van die fragmentarisch bewaarde, door grillig licht beschenen ogenblikken waarvan ik niet weet waarom ik ze me nu herinner. Veel van wat er later die zomer gebeurde was crucialer, liet een diepere indruk achter en leidde mijn leven veel sterker in bepaalde banen dan die fragmenten uit maanverlichte nachten.

Toen de wederopbouw vorderde en er steeds meer ruïnes en bouwvallige huizen verdwenen, begon ik aantekeningen te maken en ik maakte een lijst met de door sloop bedreigde schuilplaatsen. Ik legde hun locatie en bepaalde architectonische bijzonderheden vast: schuin dak, groene deur, tweeëntwintig balkons. Of dat de contouren van de raketinslag in de noordelijke gevel aan Groenland deden denken, en de uitschotkant aan de zuidkant aan Alaska. Alles om me heen leek vergankelijk en misschien – omdat ik dacht dat mijn wereld fragieler was geworden, net zoals de muren en mensen fragiel waren geworden en net zoals de mensen in de oorlog verdwenen waren – dacht ik toch dat ik iets aan de vergetelheid kon onttrekken als ik het op lijsten en in verhalen bewaarde.

Nu, op die tak in de populier, zei Jafar ineens: 'Ik heb een idee.'

Hij legde het stripboek op zijn schoot en haalde een blikje cola uit zijn rugzak, die hij op de gevorkte tak had afgedaan. 'Die is toch al warm geworden.'

Hij drukte het blikje tegen mijn voorhoofd alsof hij het wilde bewijzen. Toen maakte hij het open en hield het stripboek voor zich uit. Hij sloeg het open en liet de inhoud van het blikje over het titelblad lopen, als een kunstenaar die verf over een doek uitgiet.

De volgende circusvoorstelling zou over twee uur beginnen. Ik wilde erheen vanwege de koorddanseressen, Jafar vanwege de roofdieren. We wachtten nog een poosje tot de bladzijde was opgedroogd en schaafden intussen aan het bijpassende verhaal. Toen verlieten we ons uitkijkpunt in de boom.

*

Met de popcornbekers onder mijn armen probeerde ik een verklaring te vinden voor wat er misgegaan kon zijn. De vijandigheid hing duidelijk voelbaar in de lucht en leek op alle omstanders, voornamelijk jonge en oudere mannen, over te slaan. Ze hadden een halve cirkel om het tafereel gevormd, die zich als een strop toetrok. Tussen de dicht opeenstaande lijven door kon ik vader en zoon zien, die nog steeds schuimbekten van woede. Met zijn opgeslagen kraag, opgerolde mouwen en zelfingenomen gezicht zag de jongen eruit als zo'n onbeschofte puber die je in Amerikaanse highschoolfilms leeftijdgenoten in bezemkasten ziet stoppen of van de trap af ziet duwen, alleen omdat het kan.

Jafar deed zichtbaar zijn best vader en zoon te kalmeren. Voor anderen kon hij rustig lijken, maar ik kende hem goed genoeg om te zien dat hij nerveus was. Het was een onmiskenbaar teken: het ooglid boven zijn glazen oog begon te trillen.

In gedachten liep ik ons verhaal nog eens door. Het was niet slechter dan al die andere verhalen die zo goed gewerkt hadden. En ook hiermee hadden we in eerste instantie succes gehad. Zodra de strip verkocht was, had Jafar me het geld in de hand gedrukt en was ik weggerend om popcorn te halen, terwijl hij de toegangskaarten voor het circus zou kopen. Ik had hem nog gevraagd hoe het gegaan was, en hij had zijn duimen opgestoken en 'Het was kinderspel' gezegd.

Ik mocht dan een meer uitgesproken fantasie hebben, Jafar was veruit de betere verteller. Als ik hem ideeën aan de hand deed, maakte hij er levendige verhalen van, verfraaide ze, vlocht er stemmingen en beschrijvingen doorheen. En hij had beslist ook deze keer een wereld van beelden laten ontstaan waardoor het blad, zoals we besproken hadden, ooit had toebehoord aan een jonge kelner in het legendarische St. Georges Hotel, die het stripboek uit pure verveling op een busstation had gekocht en naar zijn werk had meegenomen, waar hij op de avond dat hij bardienst had tegenover Peter O'Toole kwam te staan, de ster uit *Lawrence of Arabia*. We hadden de film een paar dagen daarvoor gezien. Ik stelde me voor hoe Jafar de fameuze acteur beschreef – met de lijdzame trek om zijn mond, zijn asblonde haar, de fijne lijntjes rond zijn ogen, O'Tooles beroemde ogen, die hij vermoedelijk vol verve met blauwe hyacinten vergeleek zodat de man gestalte kreeg, daar aan de bar van het St. Georges Hotel, eenzaam en zwaar beschonken.

'Jij daar, geef me nog een gin.'

‘Weet u zeker dat u er nog een wilt hebben, sir?’

‘Absoluut zeker, knul.’

‘We hebben ook heel lekker water,’ imiteerde Jafar de kelner, die zich zorgen maakte om het welzijn van de prominente gast. Die reageerde eerst verontwaardigd, maar vertelde toen een anekdote die Jafar als kleine versiering had bedacht. Ik kon me levendig voorstellen hoe hij lallend in de rol van de dronken wereldster kroop, die voor de kelner zijn anekdote ten beste gaf: ‘Ik ben ooit in Dublin geweest. Daar was een kleine bar. Ik ging naar binnen om een afzakkertje te nemen. Op een gegeven moment zei de waard: “Ik denk dat u wel genoeg hebt gehad, sir!” Waarop ik zei: “Nee, nee! Ik wil nog veel, veel meer drinken.” Maar hij wilde me de deur uit zetten. Dus heb ik de bar gewoon maar gekocht.’ De jonge kelner, zo hadden we bedacht, gaf de gast dus zijn gin, zodat die niet het St. Georges Hotel zou kopen, en toen O’Toole nog beschonkener was, vroeg de kelner hem om zijn handtekening. De wereldster zette zijn autogram op de cover van het stripboek, en bij de laatste haal stootte hij per ongeluk zijn ginglas om, zodat de inkt op het blad meteen vervaagde. De kelner nam het desondanks mee naar huis en borg het weg, want voor hem had het dubbele waarde: een fractie van een seconde had de handtekening van een legendarische acteur erop gestaan, en de gin die de handtekening weer had uitgewist, was de tot vlek geworden levenslange vermaning dat alcohol gevaarlijk en roem vergankelijk was. Jafars verhaal was daarna vast zoals gebruikelijk afgelopen: ‘Die kelner was toevallig mijn oom. Die is vlak voor het einde van de oorlog naar Canada geëmigreerd. Hij heeft nog meer dingen achtergelaten, maar de meeste hebben mijn vader, die vandaag ziek is, en ik voor hem verkocht.’

Wat was er dan misgegaan? Ik probeerde dichterbij te komen.

‘Dertig dollar!’ siste de vader nu. ‘Dertig dollar heb je me afgetroggeld met je belachelijke verhaal! Ik geloofde er van begin af aan geen woord van. Als mijn zoon dat verdomde boek van jou niet absoluut had willen hebben, had ik je acuut weggejaagd.’ Hij zweeg even en klopte zijn spruit op de schouder. ‘Pech voor jou, en niet voor ons, dat we de kraam met stripboeken ontdekt hebben. Je hebt ons belazerd.'

'Ja, bedrieger.' De zoon spuugde opnieuw naar Jafar. 'Pech voor jou!'

Om me heen klonk gemompel.

Te dichtbij. Jafar was te dicht in de buurt van de handelaar gebleven bij wie we het stripboek gekocht hadden. Als hij de strip aan de andere kant van de vlooienmarkt had doorverkocht, waren we al lang en breed verdwenen.

Jafar probeerde de zaak nog te redden. Hij zei iets wat ik niet verstond.

'Wat?' brulde de man. 'Wat moet dat betekenen?'

Ik baande me een weg door de menigte, stootte met de popcornbekers tegen mijn ribben en heupen.

'Nou ja...' Jafar stak kalmerend zijn handen omhoog, wist een glimlachje te produceren en zette voorzichtig een stap naar voren. 'Natuurlijk is die kraam er, die kent iedereen hier. De bladen zijn prima, in goede staat en zo, en je kunt ze daar duidelijk voor minder geld krijgen. Er zijn daar stripboeken als zand bij de zee, maar zoals ik al zei, geen daarvan is zoveel waard als het speciale exemplaar dat ik u heb verkocht. Ik heb het u toch uitgelegd...'

Onze blikken ontmoetten elkaar. Ik knikte hem toe. En toen benadrukte Jafar nog eens de waarheid van ons verhaal en verduidelijkte dat de vlek op het boek die de wereldster had veroorzaakt en die mogelijk nog diens speekselresten bevatte de dertig dollar volkomen waard was. Maar dat hoorde ik nauwelijks, want ik had net dat meisje weer gezien. En zij had ook naar mij gekeken. We hadden elkaar in de rij voor de popcorn gezien, of beter: ze had op een afstandje als aan de grond genageld in de mensenstroom naar het popcornstalletje staan kijken alsof daar iets geheimzinnigs te ontdekken viel, en dus was het niet zozeer zijzelf als wel haar onbeweeglijkheid die me was opgevallen. Toen ik even later de popcorn had betaald en nog eens keek, was ze verdwenen. Nu had ik haar weer ontdekt en na haar nog eens wat nauwkeuriger te hebben bekeken, kon ik mijn blik niet meer van haar afhouden. Ze stond midden in de geagiteerde menigte, ongeveer tien meter van me af, en bekeek de woordenwisseling met ingetogen nieuwsgierigheid, bijna beschroomd en met haar armen over elkaar, alsof ze niet gewend was door veel mensen omringd te zijn en alsof het idee tegen vreemde lijven aan te stoten haar angst aanjoeg. En nu keek zij ook telkens weer heimelijk naar mij. Onder de zwarte jurk kon ik haar gestalte alleen vermoeden. Haar haar was onder een zwarte hidjab verborgen. Ik had niet eens kunnen zeggen wat ik zo fascinerend aan haar vond. En toch was er iets waardoor het in mijn buik begon te kriebelen, en die voorzichtig onderzoekende blik die ze over me heen liet gaan, maakte me nerveus. Waar kwam ze vandaan? Was ze alleen? Als om die vraag te beantwoorden wierp het meisje een zijdelingse blik op de woedende man en zijn zoon die zich voor Jafar breed hadden gemaakt – haar vader en broer.

De man had Jafars vertwijfelde weerwoord eerst met een minachtende, bijna geamuseerde gezichtsuitdrukking gevolgd, maar toen werd hij steeds verontwaardigder. En toen Jafar klaar was, keek hij neer op mijn vriend en ging hij nog een stapje dichterbij staan.

Om me heen begonnen de mensen te discussiëren. Sommigen vonden de dertig dollar voor het blad gerechtvaardigd, vooropgesteld dat het verhaal waar was. Anderen eisten dat de kleine bedrieger meteen werd aangegeven.

'Hij liegt!' riep de jongen ertussendoor. 'Het blad is helemaal niets waard, het is lelijk en smerig, en de andere strips daar verderop niet.' Hij stapte naar Jafar toe, zodat hun voorhoofden elkaar raakten. 'Neem dat achterlijke boek van je terug, anders...' Hij maakte het gebaar van een kopstoot. Jafar deinsde achteruit, struikelde en viel. De jongen begon gemeen te lachen.

De vader liet zijn arm zakken naar waar hij de schouder van zijn dochter vermoedde, maar het meisje was teruggeweken. Toen ze zijn arm in het luchtledige zag hangen, zette ze een stap naar voren om het contact dat hij van haar verlangde te herstellen. Hij boog zich naar haar toe en fluisterde iets in haar oor. Ze verdween met hangende schouders tussen de omstanders, die een doorgang vormden. Even later kwam ze terug met de stripverkoper.

Even stond mijn hart stil, toen begon het zo hevig te bonzen dat ik vreesde dat iedereen het kon horen.

Hoe vaak halen we die momenten naar boven die we achteraf als keerpunten herkennen? Hoe vaak leggen we met die ogenblikken een fundering en bouwen we daarop een huis van herinneringen, lopen we rond in de kamers en zeggen: hier is geluk in ellende of ellende in geluk omgeslagen? Ervaren we op die manier de waarheid over hoe we tot de mens geworden zijn die we zijn?

Ik weet nog dat ik indertijd bang was dat ze ons in de gevangenis zouden gooien of ons geweld zouden aandoen, en dat ik aan de gebeurtenis in de verlaten woning terugdacht, toen de radio aanstond terwijl Jafars donkere kamer even op een kiertje was opengegaan, en dat ik er zeker van was dat dit mijn heel persoonlijke donkere uur zou worden: een deur, daarachter een vertrek met daarin een op zijn kop staande wereld.

Toen ik de man van wie we de strip gekocht hadden naar ons toe zag komen, besefte ik dat het over was. Ik heb me die scène zo vaak voor de geest gehaald dat ik hem als een film kan stopzetten en de afzonderlijke beelden kan bekijken.

De vader van het meisje liet de stripboekenverkoper voor alle mensen bezweren dat Jafar het blad bij hem had gekocht en dat de omineuze vlek er een paar uur eerder nog helemaal niet op had gezeten. ‘Hij sluipt hier vaker tussen de kramen rond,’ zei de verkoper, en de menigte om me heen kwam dreigend dichterbij. Ik had het gevoel tussen de lijven ingeklemd te worden. Mijn zicht op Jafar werd belemmerd, maar ik stelde me voor hoe hij verder achteruitdeinsde en met zijn rug tegen de muur kwam te staan. Ik zag het meisje. Ze liet haar hoofd hangen, had haar ogen dichtgedaan, alsof ze onzichtbaar wenste te zijn. Iets aan haar houding irriteerde me, en pas later, toen alles voorbij was, werd me duidelijk dat ze op dat moment wist wat er ging gebeuren. Ze had het zelf meegemaakt.

Toen stapte iemand opzij en was het zicht vrij. Jafar zat gehurkt op de grond, de broer van het meisje trapte in het stof, schopte zand in zijn gezicht, bespotte hem en vernederde hem als een straathond. De vader stond er met zijn armen over elkaar bij, keek toe hoe de jongen een man werd. Hij lachte. Niemand riep: 'Ophouden!' In plaats daarvan klonk opgezweept gejoel en gekrijs als van roofvogels. Ik merkte niet dat ik de popcornbekers liet vallen, maar dat moet wel het geval geweest zijn, want toen ik naar voren rende, waren mijn handen vrij. Ik boog me over Jafars trillende lijf, ook ik kreeg stof en kiezelsteentjes in mijn gezicht en deed mijn ogen dicht, hield rekening met een trap in mijn rug, spande al mijn spieren. Maar er gebeurde niets. Een eeuwigheid lang niets. Toen ik mijn ogen opendeed en mijn hoofd omdraaide, was zowel de jongen als de man verdwenen. Een gedaante had zich tussen ons in geschoven.

'Houd alstublieft op,' zei de man. 'U weet op het moment niet wat u doet.'

Ik krabbelde op, klopte het stof van mijn kleren en keek om me heen. Nog steeds ging mijn hart als een razende tekeer. De menigte was verstomd. Alle ogen waren gericht op de jonge man die uit het niets was komen opdagen.

Ik hield er rekening mee dat vader of zoon hem opzij zou duwen en op ons af zou stormen, maar ze leken te zeer perplex te staan en deden niets van dat alles.

De zon stond al laag aan de hemel. Bomen goten hun schaduw als water over het asfalt, daartussen eilandjes van licht en de verstomde menigte. De jonge man boog naar het in het stof liggende blad. Hij streek met zijn vingers over de cover, voorzichtig, alsof het een duur, in leer gebonden boek was.

'U weet echt niet wat u doet,' zei hij nog eens, zachtjes.

De vader stroopte de mouwen van zijn overhemd nog wat verder op. Toen stak hij zijn handen naar voren en liet zijn vingers knakken.

'Dit gaat u niets aan,' zei hij bars. 'Die knullen hebben me bedrogen, ze hebben de spot gedreven met mijn zoon en ons voor dom aangezien, ik weet heel goed wat ik doe.'

Achter me krabbelde Jafar overeind en hij ging naast me staan. Uit mijn ooghoeken zag ik hoe hij zichzelf vluchtig op verwondingen onderzocht en dat hij iets van zijn wangen veegde. Tranen of stof.

De jonge man verwaardigde ons geen blik.

'Ik heb het niet over de jongen,' zei hij en hij gaf de vader het blad aan. 'U weet blijkbaar niet wat u daar in handen hebt.'

'Wat moet dat? Hoort u soms bij hen? Peter O'Toole, het St. Georges Hotel, was dat uw idee?' De vader zette een stap naar voren, maar de ander week geen millimeter. 'De strip is hooguit tien cent waard. Die jongens hebben hem beschadigd, ze moeten mijn zoon om genade smeken. En mij zijn ze de dertig dollar schuldig die ik ervoor betaald heb, plus honderd dollar wegens gekrenkte eer.'

Jafar kwam dichter naar me toe. Het begrip 'gekrenkte eer' hing als een zwaard van Damocles boven ons.

De jonge man schudde zijn hoofd.

'Ik ken die twee niet. Wat ze gedaan hebben, gaat mij niet aan. Maar u moet weten dat het blad dat u gekocht hebt bijzonder gewild is,' zei hij, en in de adempauze die hij nam klonken zijn woorden na. 'Bovendien was het oorspronkelijk slechts een soort proefballon. Hebt u weleens van Stan Lee en Jack Kirby gehoord? *The Incredible Hulk, Iron Man* of *Thor*? Die zijn allemaal uit hun pen afkomstig.' Hij sprak de namen van de superhelden uit met een ondertoon alsof het zijn vrienden waren. Alsof ze echt bestonden en ergens rondliepen. 'Zij tweeën bedachten de *x-Men*-serie oorspronkelijk in 1963. Het idee was destijds volkomen nieuw. Weet u, tot die tijd waren superhelden simpelweg buitengewone mensen die een pak aantrokken of die door externe invloeden superkrachten kregen.'

Hij leek die woorden tot niemand in het bijzonder te richten, sprak niet eens extreem luid, wat ertoe leidde dat de omstanders nog dichterbij kwamen om hem te kunnen verstaan. Maar hij nam die aandacht niet waar ofwel stoorde die hem niet. De kalmte die van hem uitging, kwam me uitzonderlijk voor.

'De X-men waren de eersten die met zulke krachten geboren werden. Ze waren dus al vanaf hun geboorte anders en werden daarom, in tegenstelling tot alle andere helden, gevreesd en uitgestoten.' Heel even draaide hij zijn hoofd om en keek naar Jafar en mij, terwijl we met stof bedekt achter hem stonden. Toen richtte hij zich weer tot de vader. 'De serie was geliefd bij tekenaars en auteurs, maar commercieel gezien niet erg succesvol. Zes jaar later werd hij stopgezet.'

'Dus dat blad is een vervalsing?' vroeg de vader terwijl hij op het jaartal links boven in de hoek tikte. 'Daar staat 1975. Volgens wat u zegt, is dat niet logisch.'

De jonge man glimlachte. Niet minachtend, eerder alsof hij die vraag had verwacht.

'Wat u daar in handen hebt, behoort tot de meest legendarische strips die er bestaan,' zei hij toen.

Ik merkte dat Jafar op slag zijn hoofd naar me toe draaide, maar ik kon mijn blik niet van het tafereel afhouden. In het al afnemende daglicht probeerde ik onze redder nader te bekijken, maar ik kon in het tegenlicht alleen zijn silhouet ontwaren.

'In 1975 pakte Len Wein het concept nog een keer op en produceerde dit boek als test. *Giant-Size-X-Men* #1. Daarbij voerde hij een belangrijke verandering door. Kijkt u maar eens naar de figuren op de cover.' Hij richtte de blik van de vader met een vingerwijzing op de strip. 'De oude X-men werden vervangen door een groep die voor het eerst multinationaal, multi-etnisch en daarmee ook multiconfessioneel was.'

Nu was er helemaal niemand meer die niet luisterde, en ik vroeg me af of hij het woord 'multiconfessioneel' bewust aan het einde van zijn opsomming had gezet om het extra gewicht te geven. Wie was die man en hoe wist hij dat allemaal? Stilte was over het plein neergedaald. Iedereen die daarnet nog op escalatie had gehoopt, keek bedremmeld naar de grond, met de handen in de zak.

'De boodschap van die serie was van het begin af aan politiek.' De jonge man keek ook naar de grond, alsof zich daar de juiste woorden bevonden. 'Het was een verhaal over mensen die door de maatschappij uitgestoten, gehaat en verjaagd werden, alleen maar omdat ze anders waren – en die desondanks weigerden het geloof in het vreedzaam samenleven van alle mensen op te geven. Begrijpt u?'

Niemand antwoordde. De broer van het meisje beet op zijn lip. Hun vader woog het boek op zijn hand, alsof het mogelijk was de waarde ervan te bepalen op basis van het gewicht. 'Dus,' zei hij uiteindelijk, 'hoeveel?'

'Dat is lastig te zeggen, mag ik?' Onze beschermer pakte de strip. Hij draaide hem zorgvuldig om en wat hij zei, leek weloverwogen. 'Vouwen zijn relatief onbelangrijk, het zijn er in dit geval ook maar weinig. Vergeelde plekken doen er meer toe.' Hij sloeg een paar bladzijden om. 'Maar die zijn bij dit exemplaar beperkt tot de cover. Er lijken ook geen pagina's te ontbreken.' Hij dacht even na en zei toen: 'Als het blad in perfecte staat zou zijn gelamineerd, had het wel een paar duizend dollar kunnen opbrengen.'

Ik hoorde Jafar krachtig lucht binnenzuigen en merkte dat hij mijn pols vastgreep.

'Het probleem is de vlek,' vervolgde de jonge man. 'Koffie-, thee- of colavlekken verminderen de waarde enorm.'

'Het is gin,' zei Jafar met schorre stem.

'Ook gin,' zei hij zonder zich naar ons om te draaien. Hij gaf de vader het boek terug. 'De vlek zit alleen op het omslag, de bladzijden zijn ongeschonden. Als u een gretige koper vindt of een echt fervente fan, zou ik me kunnen voorstellen dat u er tweehonderd dollar voor krijgt. Het zou echter ook lonend kunnen zijn de strip nog een paar jaar te bewaren.'

Iemand floot tussen zijn tanden.

'Tweehonderd dollar,' fluisterde Jafar.

Toen we later in de circustent zaten, waar het groen en rood van de schijnwerpers van de piste tot op de balkons gleed, was ik steeds afgeleid. Koorddanseressen balanceerden op grote hoogte boven ons, het gedreun van trommels liet de zitbanken trillen, maar ik dacht telkens weer aan het meisje. De menigte had zich na de laatste woorden van de jonge man algauw verspreid. De stripverkoper had een hand op zijn bovenarm gelegd en hem vijftig dollar geboden om al zijn uitgestalde stripboeken apart te bekijken. De vader van het meisje werd omringd door mannen die hem op de schouder klopten en hem met zijn aankoop feliciteerden, en sommigen stonden bij haar broer en wisselden lachend boksstoten uit alsof ze hem wilden eren vanwege zijn overwinning.

'Ben je gewond?' had ze me op dat onbewaakte moment gevraagd.

'Nee,' zei ik en ik staarde verlegen naar mijn besmeurde kleren.

Ik schaamde me een beetje, maar had tegelijkertijd het gevoel dat elke seconde dat ik haar niet aankeek onherroepelijk verloren tijd was. Haar hidjab was een beetje afgegleden en daar kwam de aanzet van haar zwarte haar onder tevoorschijn. Nu ik voor het eerst dicht bij haar stond, zag ik haar pas echt goed. Ze was mooi, er was iets bijzonders aan haar, een wakkere gloed, een oprechte belangstelling. Tussen de haartjes bij haar hals, evenals op haar wangen, ontdekte ik talloze pigmentvlekjes, haar lichte huid was ermee bezaaid. Alsof degene die haar gezicht had getekend, wie dat ook was, eerst niet had geweten wat hij met het zwart aan zijn penseel aan moest en toen een heel goede ingeving had gekregen. Op een niet in woorden te vatten manier was ik door haar gefascineerd.

Toen ik haar weer in de ogen keek, zag ik iets flikkeren, wat een verborgen deel in me raakte waarvan ik het bestaan niet eens had vermoed.

'Waar waren de roofdieren?' vroeg Jafar gedesillusioneerd toen we later de tent verlieten. Inmiddels was het donker geworden. In de verte schitterden de lichtjes van de stad.

'Wacht eens,' zei ik en ik pakte zijn arm vast.

We waren al een eindje van de tent verwijderd toen ik onder een van de bomen onze redder zag zitten. Hij merkte ons op, leek even na te denken en wenkte ons toen. Jafar en ik wisselden een blik. Hij was misschien begin twintig, zeven of acht jaar ouder dan wij. Jonge mannen van die leeftijd verjoegen ons normaal gesproken van overschaduwde banken of uit de achtertuinen waarin we rondhingen, en we liepen met een boogje om hen heen.

Hij zat op een klapstoel voor een schildersezel waarop hij een groot blad papier had vastgeklemd, Vanaf zijn plaats kon hij de hele vlooienmarkt met aan het einde de circustent overzien.

'Hoe was de voorstelling?' vroeg hij toen we voor hem stonden.

'Mooi,' zei ik.

'Gaat wel,' gaf Jafar te kennen.

Hij had de circustent getekend. Indrukwekkend gedetailleerd en bijna driedimensionaal, met donkere arceringen waar het complex schaduwen wierp, en de rode en witte banen van het tentzeil, die in het midden samenkwamen, waren in zwart-witnuances zo accuraat weergegeven dat het leek of hij een foto had nagetekend. Alleen het voorplein met de vlooienmarkt had hij anders weergegeven. Hij had de hele mise-en-scène in een sprookjesbazaar veranderd: elfjes vlogen boven de kramen, waarvoor getatoeëerde dwergen stonden te marchanderen; een boeienkoning op een podium deed zijn keurslijf uit, een vuurspuwer ontstak een laaiende vlam en koorddanseressen balanceerden op de achtergrond op tussen elektriciteitsmasten gespannen touwen.

'Helaas zal het gauw weg zijn,' zei hij. 'Over een paar dagen trekt het circus verder.'

Daar wisten we niets op te zeggen.

Nog nooit had ik iemand gezien die zo'n bijzondere manier van tekenen had. Zo plastisch, zo met oog voor detail. Al bij de eerste blik op het kunstwerk wist ik dat ik het moest hebben. Ik wilde het hebben voor mijn verzameling van verdwenen plaatsen.

'Verkoop je die tekening?' vroeg ik zonder er nog over na te denken.

Jafar keek me van opzij aan. Hij wist net zo goed als ik dat we geen cent meer te makken hadden.

'Nee,' zei de jonge man. 'Die is niet voor de verkoop bedoeld.'

'Omdat het een eerste druk is?'

Hij begon te lachen, maar dat leek me geforceerd. 'Nee. Omdat de waarde gering is.' Hij staarde even in de leegte, perste zijn lippen op elkaar, glimlachte ten slotte en zei: 'Ik geef jullie deze tekening cadeau. Als herinnering aan het circus en aan jullie schelmenstreek.'

We keken beschaamd naar de grond.

Op de straten werd het verkeer drukker vanwege de avondspits, en stadsgeluiden kwamen vanuit de verte aanwaaien.

'Wil je hem signeren?' vroeg ik.

'Ja, alsjeblieft,' viel Jafar me bij, 'want als je eenmaal beroemd bent, is hij bijzonder waardevol.'

Ik gaf hem een por in zijn zij.

Veel van de boeken en foto's die ik indertijd heb verzameld, heb ik op een gegeven moment weggegeven of ben ik gewoon kwijtgeraakt. Maar die tekening heb ik nog steeds. Die zit achter een passe-partout in een lijst en je moet hem eruit halen om de opdracht te zien:

VOOR DE VERHALENVERTELLER

staat er,

GETEKEND DOOR YOUNES ABBOUD.

Ze zei later dat het *das Dämmerlicht* was, het schemerlicht. Het schemerlicht in de stad. Dat was hier in Beiroet uniek. Ze hield van het woord – het Dämmerlicht tussen de huizen, het Dämmerlicht boven de zee terwijl de vissersboten terugkwamen, het Dämmerlicht in de kamers dat op vloertegels en meubels viel. Ze stopte dan vaak midden in een gesprek, zei 'Dämmerlicht' en probeerde het voor haar gesprekspartner in het Arabisch te vertalen door de nuances van het licht te beschrijven. *Sehnsucht*, verlangen, zei ze ook graag. 'Een mooi woord,' zei ze, 'omdat het zowel vreugde als verdriet kan uitdrukken.'

Gedankenwelt, gedachtewereld. *Fernweh*, het verlangen ver weg te zijn. *Habseligkeit*, hebben en houden.

In principe had ze niets anders uit Duitsland meegenomen dan een verzameling mooie woorden. In de bijna dertien jaar die ze daar met mij had doorgebracht, had ze nauwelijks aanstalten gemaakt de taal goed te leren. Wat ze nodig had voor het boodschappen doen of administratieve zaken, maakte ze zich eigen met een klein woordenboekje of leerde ze uit het hoofd. Of ze nam mij of een buurman mee om te vertalen bij de immigratiedienst en bij afspraken op mijn school.

Des Tages Flammenauge selber bricht
In süßem Tod, und ihre Farben blassen;
Kühn öffnen sich im holden Dämmerlicht
Die Kelche schon, die ihre Gluten hassen.

(Het vlammend oog der dagen zelf, dat zwicht
In zoete dood, het moet zijn kleuren laten;

Koen oop'nen zich in 't mooie schemerlicht
De kelken al, die 't warme daglicht haten.)

'Wat is dat voor woord?' had ze me gevraagd toen ik het gedicht van Schiller hardop had voorgelezen. Ik moest het voor school uit mijn hoofd leren.

'Welk woord bedoelt u?'

'Kun je het me nog eens helemaal voorlezen? Ja, dat, zeg het nog eens alsjeblieft.'

'Dämmerlicht.'

Ik herinner me haar verlegen lachje wanneer ik probeerde haar bepaalde woorden bij te brengen. Woorden waarvan ik dacht dat het goed was als ze die kende. En ik weet nog hoe ze me ooit bij mijn mouw pakte bij de plotselinge, bijna kinderlijke verrassing omdat ze het Duitse woord voor kat, *Katze*, foutloos had uitgesproken, en hoe ze aansluitend haar tong uitstak en hem verbaasd betastte alsof het een onbekend instrument was dat ze net had leren bespelen.

Voor haar lag de aantrekkingskracht van bepaalde woorden allereerst in hun klank. Soms vond ze de klank van een woord bijzonder mooi, maar als de betekenis ervan haar niet net zo fascineerde, vergat ze het weer. Zo ging het meestal. Soms kon ze echter een woord ook vanwege de betekenis niet vergeten. Ik weet nog dat een dokter haar ooit een crème tegen huiduitslag voorschreef en dat ik haar kort daarna in de badkamer hoorde lachen. Ze kon niet ophouden met lachen, en toen ik voorzichtig de deur opendeed, stond ze voor de spiegel, zei '*hautfarben*', huidkleurig, en wees naar haar arm, waar de crème, waarvan ze dacht dat die doorzichtig zou zijn, duidelijk lichter was dan haar huid en die van mij.

De Duitse woorden die ze voor zichzelf bewaarde en die ze ook na onze terugkeer in Libanon nog regelmatig gebruikte, discreet tussen haar Arabisch door gestrooid, stellen me in staat haar achteraf beter te begrijpen. Alsof ze een lexicon van haar ziel vormden. Aan de hand van die woorden en de manier waarop en wanneer ze ze gebruikte, was het mogelijk een inkijkje in haar gevoelsleven te krijgen.

Frühlingserwachen, Herzenswunsch, Tausendschön of *Sommerfrische* – voorjaarsontwaken, hartenwens, duizendschoon of zomervakantie – waren woorden op goede dagen.

Mutterseelenallein, moederziel alleen, **hasenherzig**, lafhartig, *Tautropfen*, dauwdruppels, en *Vergissmeinnicht*, vergeet-mij-nietje, op andere dagen.

Ana ashar hasenherzig alyom – ik voel me hasenherzig vandaag. Dat zei ze toen ik 's middags eens vroeger uit school kwam. Toen was ze nog in haar nachtpon, ze had ongekamde haren en zat achter gesloten gordijnen met opgetrokken benen op een stoel alsof er iets op de vloer of achter de kasten op de loer lag.

Een woord dat ons allebei beviel: *Antlitz*, gelaat.

Ik weet nog hoe de huid van haar gezicht aanvoelde. Ruw als perkament, en de vele groeven die zich diep in haar gelaatstrekken hadden gegrift, vertelden een min of meer duidelijk verhaal dat geen woorden meer nodig had. Ze zweeg, en ze piekerde veel. Soms veroorzaakten de gedachten in haar hoofd zoveel deining dat ze vanbinnen tegen haar voorhoofd drukten, waar ik ze als rimpels zag. De ruwheid van haar huid was echter nooit onaangenaam, en wanneer ze me 's avonds instopte, hoopte ik altijd dat de aanraking van onze wangen langer zou duren dan alleen voor een gefluisterd 'slaap lekker'.

Ze had iets afstandelijks. Niet dat ze ooit koud of tactloos was, ze was wel degelijk toegewijd en zorgzaam, maar het was altijd alsof momenten van intimiteit en tederheid haar grote zelfoverwinning kostten.

Mensen die mijn oma niet kenden, zagen haar markante jukbeenderen vaak ten onrechte als een teken van arrogantie. Vooral op foto's lijkt die vermeende karaktertrek wat al te sterk naar voren te komen; wat daarentegen niet zichtbaar wordt, is de breekbaarheid die zo plotseling over haar kon komen, bijvoorbeeld 's nachts, wanneer ik haar rusteloos door het huis hoorde lopen, of 's morgens, wanneer zelfs de kleinste dagtaken zo onoverkomelijk voor haar leken dat ze besloot gewoon maar te blijven liggen, waardoor ik zonder ontbijt naar school ging. Er waren situaties waarin de onschuldigste dingen haar hart aan het wankelen brachten.

Soms sloeg ik haar heimelijk gade en probeerde me voor te stellen hoe ze als jonge vrouw moest zijn geweest. Lang voor mijn geboorte en die van mijn moeder. Ze sprak daar met mij niet over. Woorden als 'vroeger', 'toentertijd' of 'ooit' hadden voor haar niets moois.

Er woonde een man in onze buurt die graag bij ons op de koffie kwam. Hij heette Abbas en kwam uit Zuid-Libanon, zo vertelde hij me. Voor de oorlog was hij zijderupsenteler geweest en had hij zijde aan tapijtwevers in het hele Nabije Oosten verkocht. Ik mocht hem, omdat hij graag praatte en steeds met brede gebaren sprak, alsof onze woning een theater was. Mijn oma moest hem al voor onze Duitse tijd gekend hebben, ze gingen vertrouwd met elkaar om en hadden het over mensen en verre oorden waaruit ik vage conclusies kon trekken over gemeenschappelijke bekenden of punten waarop hun levens elkaar ooit min of meer vluchtig moesten hebben gekruist. Zo hadden ze het eens over een theatervoorstelling die ze op dezelfde avond hadden bezocht. Er vielen namen als Nidal Achkar, Antoine Courbage en Raymound Gebara, beroemde acteurs, zoals de zijderupsenteler me verklaarde, en ze noemden plaatsen waarvan de klank me beviel – Le Grand Théâtre de Beirut – en terwijl Abbas vertelde, knikte mijn oma instemmend. Het weerzien in den vreemde, duizenden kilometers van die plaatsen verwijderd, leek de vluchtigheid van hun contact met terugwerkende kracht een solidere basis te geven die het verschijnen van de zijderupsenteler rechtvaardigde. Enkele keren per week klopte hij aan en werd hij binnengelaten. Ik was zeven of acht en probeerde hem te ontfutselen waarvan ze elkaar nou precies kenden.

Eens, in een weekend in de herfst, stond mijn oma in de keuken in een stoofpot te roeren terwijl Abbas met gevouwen handen in onze woonkamer zat te wachten. Eigenlijk had hij allang willen gaan, maar het regende hevig op die stormachtige dag. Ze vroeg hem dus te blijven eten. Terwijl wij tweeën op de bank zaten, vertelde hij dat hij ooit in Beiroet een expositie met tekeningen van mijn oma had gezien. Ik hoorde voor het eerst dat ze kunstenares was geweest. Abbas herinnerde zich zelfs de naam van de galerie nog – Galerie Joseph Matar – en hij noemde een paar namen van gasten en zelfs een paar van de titels op de expositie. Terwijl hij aan het vertellen was, zag ik haar aan de andere kant van de kamer voor het keukenblok staan. Ze luisterde mee, ze ging helemaal op in zijn woorden en bleef met de lepel in haar linkerhand stilstaan, tot de stoofschotel aanbrandde.

Mijn hele kindertijd was ik omringd geweest door ballingen die ons oude vaderland romantiseerden, zodat ik wel moest geloven dat 'onze zee' de mooiste, 'ons licht' het zachtste, 'onze bergen' de imposantste en 'onze cultuur' de rijkste van allemaal waren. Waarom geen van hen dan toch naar dat land terug wilde, kon niemand me uitleggen.

Mijn oma was in 1981 – een paar weken na de dood van mijn ouders – met mij naar Duitsland vertrokken. In de nachtdonkere stilte in de taxi naar Damascus, vandaar naar Istanboel, Athene en ten slotte München. Zo had ze het me verteld, omdat mijn klasgenoten ernaar vroegen en omdat we een fotowand met het onderwerp 'herkomst' in het klaslokaal hadden hangen en de lerares me vroeg die aan te vullen. Dus had ik mijn oma uitgehoord. Op school vertelde ik iedereen die het wilde horen over onze avontuurlijke reis, en misschien voegde ik in mijn enthousiasme ook het een of andere spectaculaire detail toe, want het was vrijwel het enige verhaal dat ik over mezelf op zo jonge leeftijd kende. Een verhaal, geen eigen herinnering. Ik was negen maanden toen we uit Libanon weggingen. Geen van mijn herinneringen aan het oude vaderland kon dus echt, laat staan betrouwbaar zijn. Ons leven in de sociale woning aan de rand van München waarin we gehuisvest waren, had vanaf dat moment iets provisorisch gehad. We bezaten een minimum aan vaatwerk en ook de verdere inrichting bleef twaalf jaar lang spartaans.

In het voorjaar van 1994 meldde mijn oma me af bij school. Onze weinige meubels werden geleidelijk door buren opgehaald. En op een gegeven moment gingen we naar een winkelcentrum om een koffer voor me te kopen.

'Hoe zal het daar zijn?' vroeg ik haar toen de vertrekdatum eindelijk vaststond. De koffer lag opengeklapt in het midden van mijn kamer en ik was begonnen links en rechts ervan kleding en persoonlijke voorwerpen te verzamelen, afhankelijk van de vraag of ik ze zou meenemen of achterlaten. 'Ik kan het me gewoon niet voorstellen. Wat staat ons daar te wachten?'

'Het komt allemaal goed,' zei ze. 'We zullen daar snel wennen, Amin.'

Toen al merkte ik – meer aan haar stem dan aan haar woorden en ook doordat ze zich half opzij draaide – dat ook zij onzeker was.

Twaalf jaar nadat ze Beiroet met mij had verlaten, gingen we dus terug. In mijn rugzak zat een briefkaart waar mijn klasgenoten ten afscheid hun naam en goede wensen op hadden geschreven. Toen zag ik vanuit het vliegtuigraampje het land voor het eerst. Ik voelde niets en kon ook niet zeggen of de zee daarbeneden de mooiste was. In de avondzon leek hij me door een roodachtige rand omgeven. Als een dichte wond, dacht ik. Een land met de kleur van pas geheelde huid.

*

Drie grote molens maalden verse koffiebonen in een zeef, en in een verlichte vitrine stonden bakplaten met verschillende soorten taart. In het schijnsel van de lampen aan het plafond glansde een zee van goudkleurig bestek, gebaksschotels met gouden rand en goudkleurige staande lampen in de hoeken. De hele ruimte was in een warme gloed gedompeld, die voorwerpen en gasten omhulde. Het café lag in het souterrain van een ongeschonden gebleven gebouw uit de tijd van het Franse mandaat en door de gezelligheid, de overzichtelijke omvang en het interieur – overdadig bewerkte eikenhouten tafels en stoelen, emaillen kannen met verse bloemen – deed het denken aan een café in Parijs of Berlijn in de jaren twintig. Sinds de gebeurtenissen op de vlooienmarkt waren er een paar dagen verstreken. Er waren niet bijzonder veel klanten. Toen ik naar binnen ging, heerste er een gespannen stilte – zuchten en hoorbaar uitademen als in een zaal vol met leerlingen tijdens een proefwerk – en ik zag vooral oudere vrouwen en mannen die zich voor de lijsten aan de muren verzamelden om de schilderijen te bekijken die mijn oma had opgehangen. Zijzelf stond een beetje afzijdig achter de toonbank en lette op de reacties. Ze leek nerveus. Het was haar eerste expositie sinds lange tijd.

Het café was mijn oma's droom geweest. Ik weet zeker dat ze die lang in stilte had gekoesterd en het plan had laten rijpen alvorens het in vervulling te laten gaan. Een paar weken na onze terugkeer had ze het huurcontract getekend en Café Yara geopend in een zijstraat waar het wemelde van de boetieks, galeries en rustzoekers. Het kwam me voor dat die nieuwe taak haar veranderde in iets wat een vroegere versie van haarzelf had kunnen zijn. Ineens werd ze gegrepen door een dadendrang die ik nog niet bij haar had gezien. Laat in de avond zat ze nog in het eilandje licht van haar bureaulamp in de woonkamer pakbonnen en rekeningen uit te zoeken, tekende ze op een blaadje de opstelling van interieuronderdelen die ze nog wilde kopen en belde ze met leveranciers. Of ze stond 's ochtends in alle vroegte op om meubels en accessoires in de rommelwinkels in de wijk op te snorren. Ineens deed ze dingen die ze nooit eerder had gedaan. Ze neuriede liedjes. Ze kuste me op mijn voorhoofd wanneer ik het huis uit ging. En het viel me op dat zich langzaamaan een laagje stof verzamelde op het flesje met het opschrift AMITRIPTYLINE, dat ze uit Duitsland had meegebracht en in de badkamerkast bewaarde.

Het waren vast ook het voor haar vertrouwde licht, de vertrouwde geuren en geluiden van de stad. In elk geval veranderde ze. En hoewel die verandering me moed had moeten inboezemen, ondervond ik aanvankelijk het tegendeel. Ik had niet het gevoel dat ik erbij werd betrokken, maar eerder dat ik werd afgedankt. Verloren in de wirwar van steegjes, overrompeld door de andersoortige nieuwe indrukken.

Het beeld van de stad bleef me tot in mijn dromen bij. In Duitsland hadden we nauwelijks de nieuwsberichten gevolgd. Mijn oma had er zorgvuldig op gelet de radio of tv uit te zetten zodra het wereldnieuws kwam. En als we toch een keer foto's zagen – in de krant of in een speciale reportage die ons overviel bij het aanzetten van de televisie – hadden die beelden uit Beiroet me zo vreemd en ver weg toegeschenen dat het niet moeilijk was ze te verdringen.

Maar nu, omgeven door ruïnes en puin, getuigenissen van het geweld dat hier had geheerst en de krachten die er aan het werk moesten zijn geweest om al die huizen te beschadigen, werd ik door grote onzekerheid bevangen. Tot op de dag van vandaag komt er bij de herinnering aan mijn eerste dagen in Beiroet een verstikkende angst bij me naar boven. 's Nachts, als de onbekendheid van die nieuwe omgeving me dreigde te overweldigen, bracht ik mezelf in slaap door aan de jaren in Duitsland te denken, vooral aan de geuren: naar chloor ruikend water in het buitenzwembad wanneer we op de stenen platen lagen op te drogen, rijp fruit dat in de late herfst door de wind uit de bomen in het gras was geschud, de harslucht van een vochtig bos in november. Of ik keek op de klok en stelde me voor wat mijn vroegere klasgenoten op dat moment deden – gymles, stoeien op het schoolplein, spelen aan de rand van het bos, van die dingen. Ik deed dat vaak, tot ik op mijn nieuwe school kwam en Jafar leerde kennen, die mijn angst voor de huizen en ruïnes wegnam doordat hij me ze vanbinnen leerde kennen.

In die tijd, toen ik het kwetsbaarst was, smachtte ik naar verklaringen, maar die kreeg ik niet. Ik durfde mijn oma niet naar haar vroegere leven in Beiroet te vragen, want ik vreesde dat haar nieuwe, levenslustige ik misschien te broos zou blijken.

Ik weet nog dat ik het idee had dat de mensen in dit land zich door de vrede verslagen voelden. Ze vonden geen woorden voor wat hen omgaf.

'Beiroet is nog steeds verdeeld... daarbinnen.' Dat zei een taxichauffeur eens, waarbij hij driemaal tegen zijn voorhoofd tikte. We waren langs de vroegere 'Groene Lijn' gereden, de grote straat die het oostelijke deel van de stad tijdens de oorlog had gescheiden van het westelijke, en ik weet nog hoe surrealistisch dat was, en hoe angstaanjagend mooi tegelijk: hier, op een van de grootste hoofdwegen van de stad, groeiden planten uit het asfalt en ontsproot onkruid aan de trottoirs. Alsof we in een schilderij van Jacek Yerka terecht waren gekomen waarin al het door de mens gemaakte zich voor de natuur terugtrekt. Als lianen wond het groen zich door uitgebrande autowrakken en door kogels doorzeefde gevels. De stad leek weggezonken of nog maar net herontdekt. 'Er zijn honderd Beiroets,' zei de taxichauffeur.

Mijn oma keek zwijgend uit het raampje naar de langstrekkende ruïnes.

Beiroet leek een eindeloze reparatiewerkplaats. Het lawaai van de heropbouw in de binnenstad waaide dag en nacht over naar de wijken: cementmolens en generatoren, hydraulische hamers en cirkelzagen, slagboren en lasapparaten, hun niet-aflatende bedrijvigheid werd door de wind door de straten geblazen. Daaroverheen klonk het geroep van de bouwvakkers als de tekst van een lied dat de terugkeer naar normaliteit bezong. Of in elk geval beweerde dat die kwam. Er waren dagen dat toegangswegen in het centrum voor korte tijd versperd waren. Dan denderden vrachtwagens in kolonnes rechtstreeks van de bouwplaatsen door onze wijk voor ze naar de kustweg afsloegen om puin in de zee te kiepen. Vaak stond ik dan de voertuigen na te kijken, waarvan op het laadvlak verbogen stalen balken uitstaken die bijna tegen de onderste balkons stootten, waarop vrouwen het lawaai stonden te vervloeken. De tegenstellingen van deze stad irriteerden me mateloos. Aan de andere kant had je de oogverblindende etalages van pas geopende modewinkels en juweliers, dure boetieks en bouwprojecten met reclameborden voor de appartementen van de toekomst. BEIROET – ANCIENT CITY OF THE FUTURE stond op een daarvan. Daaronder, in kleinere letters, de belofte dat de wereld in de nieuwe eeuw weer volmaakt zou zijn: VOLTOOIING NAAR VERWACHTING EIND 1999. Op een ander reclamebord stond: WOONCOMFORT EN EEN BRUISEND NACHT-

LEVEN HOEVEN GEEN DROMEN MEER TE BLIJVEN. Aan de bruggen hingen spandoeken van cosmetisch chirurgen. De inwoners van de stad leken het gevoel te hebben dat ze gelijke tred moesten houden met de voortrazende veranderingen. Huizen en lichamen werden gerenoveerd. Mensen liepen pas gefacelift over net geasfalteerde straten. Overal was het streven de verloren jeugdigheid te herwinnen merkbaar. Alsof elk middel gerechtvaardigd was om de sporen van het gewelddadige verleden – eigenlijk elk verleden – te verloochenen.

Het lukte me die eerste weken maar zelden dat allemaal te vergeten of te negeren. Meestal werd ik overspoeld door heimwee naar Duitsland.

Nu zeg ik graag tegen mezelf dat mijn oma mijn ellende op zeker moment opmerkte. Dat die niet verborgen bleef en dat ze daarom de noodzaak zag me in haar wereld toe te laten. Ze begon zich voor me open te stellen. In elk geval kwam ik meer te weten over haar vroegere leven. We gingen met de auto naar Tripoli. Daar was ze in 1934 geboren. Ze liet me een scheefstaand huis in een steeg zien, dat eruitzag als een afgedragen schoen.

'Hier had mijn vader zijn ververij,' vertelde ze. 'Vroeg in de ochtend kwamen mannen stukken leer uit de fabriek brengen, en zijn werknemers brachten ze naar de verfkuipen achter het huis. De hele dag lang kon ik ze daar zien staan stampen om de rode verf diep in de poriën van de huiden te laten doordringen. Mijn vader... wanneer hij 's avonds thuiskwam, rook hij naar de natte huiden van de 's ochtends geslachte dieren.'

Achter de verduisterde ramen was niets meer te zien wat wees op een voormalige ververij. Maar het beviel me om daar met mijn oma te staan, en tot mijn verrassing leken de stegen van de stad het effect te hebben dat ze zich nog meer blootgaf. 'De nachten in de oude stad van Tripoli waren stil,' zei ze toen we het huis achter ons lieten en langs kronkelweggetjes naar de zee slenterden. 'Tegen halfnegen, wanneer aan de bedrijvigheid op de straten plotseling een einde was gekomen, ging het leven in de huizen verder. In mijn kamer hoorde ik alleen nog de nachtwaker buiten fluiten en heel af en toe het getoeter van een schip dat voor de stad op de rede lag. Verder waagde zich na het vallen van de avond nog nauwelijks iemand op straat, want in de oude stad was het dan heel duister. Ons kinderen leek het er gevaarlijk, niet het minst vanwege de vele sprookjes over de nacht, die ons ervan moesten weerhouden stiekem uit het raam te klimmen. Het heette dat de nacht in de oude stad nog steeds leek op de nachten van honderd jaar geleden. Er was een lantaarnman, die de taak had olielampen in glazen flessen op bepaalde punten in de stad aan te steken. En een nachtwaker die met zijn hand op zijn wapenstok rondliep, de straten en markten bewaakte, de sloten aan de winkels controleerde en als erfgenaam van eerdere nachtwakers oeroude rituelen voortzette.'

'Zijn die er nu nog steeds?'

'Nee. Het is al lang geleden. Hier, kijk. Hier begint de nieuwe stad. Dit deel was helemaal door de Fransen gekolonialiseerd na het einde van de Eerste Wereldoorlog.'

Het stadsbeeld was inderdaad veranderd. De smalle straatjes waren overgegaan in brede boulevards, omzoomd door cipressen en populieren.

'Het leven was hier heel anders.'

'Hoe bedoelt u?'

'De nacht,' zei ze, 'de nacht in de nieuwe stad was anders. We noemden dat de "mandaatsnacht".' Ze vertelde over uitgelaten soldaten, dansende paartjes en witte neonlampen, die door de jaren heen sterk in aantal toenamen en die ook 's nachts de etalages verlichtten. De glans ervan scheen tot in de oude stad en lokte veel mensen, die heimelijk hun huis uit slopen om de magie van de mandaatsnacht te ervaren. 'Zelfs de nachtwaker deed in die moderne wijken zijn ronde, waarover wij ons erg vrolijk maakten, want hij liep net als alle anderen te slenteren, alsof hij zijn eigenlijke taak vergeten was.'

Toen we op een gegeven moment bij de zee stonden, zei mijn oma onverwachts: 'Hier ben ik begonnen met schilderen.'

De wind die over het water streek, deed haar haar en haar blouse wapperen.

'Uw eerste schilderij?'

Ze glimlachte. 'Ja, mijn eerste schilderij.'

'Wat hebt u geschilderd?'

Ze wees in de verte. 'Een paar schepen.'

'Hebt u dat schilderij nog?'

'Nee.'

'Waarom niet?'

'Omdat ik niet mócht schilderen.'

'Dat begrijp ik niet.'

'Het gold als zedeloos, Amin. Weet je, ik zat hier, waar we nu staan, en schilderde schepen of de mensen in de restaurants. Maar ik moest het stiekem doen. Er waren overal zedenwachters, of nog erger, kletsende buren, en wat ik deed – gewoon daar openlijk zitten met penseel en verf – hoorde niet. Mijn vader mocht het nooit te weten komen.'

'Wauw,' zei ik en ik merkte meteen hoe slap dat klonk, maar juist die kreet bracht mijn gevoel het best tot uitdrukking. 'En wat hebt u met die schilderijen gedaan?'

'Zodra ze af waren, gooide ik ze in de oude stad in een vuilnisemmer.'

'Echt waar? En uw vader, heeft die nooit iets gemerkt?'

'Jawel.' Ze aarzelde. 'Op een gegeven moment wel. Maar dat is een ander verhaal.'

Telkens wanneer ik dat verhaal in mijn herinnering oproep, komt het me voor als een parabel. Alsof oma op een onhandige manier had geprobeerd me iets mee te geven.

Net als de historische personages in de boeken die ik verzamel, werd ook zij door de optelsom van die flarden van herinneringen tot een persoon die ik in het verhaal kon plaatsen – een geboortejaar, een stad, een vaag beeld van haar als jonge vrouw die zich heimelijk tegen regels verzette. Dat ze mij daar deel aan liet hebben, verraste me. Want natuurlijk bleef het voor mij niet verborgen dat haar herinneringen zich voornamelijk tot haar jeugd beperkten. Er waren fasen in haar leven die ze behoedde als een nachtwaakster. De stegen en paden in haar herinnering die nooit door enig licht werden beschenen. Tijdens het spreken laste ze pauzes in en leek ze telkens weer af te wegen wat ze wilde prijsgeven. En toch hielp ze me daarmee. Het verhaal van de nacht in de oude stad van Tripoli liet in elk geval een onuitwisbare indruk bij me achter en ik stelde me voor dat de nieuwe stad die in Beiroet aan het ontstaan was net zulke lichte nachten zou brengen als de nieuwe stad in de kustplaats die de nachten in mijn oma's jeugdjaren had verlicht en dat daar alleen maar geduld en vertrouwen voor nodig waren.

*

In de eerste weken nadat we in de kleine woning in Beiroet waren getrokken, kwamen er slechts twee mensen op bezoek. De ene was Umm Jamil, die me tot mijn verrassing omhelsde en op mijn wangen kuste alsof we elkaar al jaren kenden. De andere was Abbas, de zijderupsenteler uit Sidon. Ik was heel verbaasd hem hier terug te zien. Dat hij ook naar Libanon was teruggekeerd, had oma nooit verteld. Hij begroette me door me zijn hand voor te houden om er een klap tegen te geven. Daarna liep hij naar de woonkamer en repte met geen woord van de reden van zijn verschijning. Met een zucht liet hij zich in een fauteuil zakken, alsof er niet inmiddels maanden waren verstreken sinds we op de luchthaven van München afscheid hadden genomen. Terwijl ik hem vanuit de deuropening verrast en verbijsterd opnam, vouwde hij zijn handen voor zijn buik en bekeek het schilderij aan de muur tegenover hem. Het was een olieverfschilderij dat altijd al van mijn oma was geweest. Ingelijst was het ongeveer zestig bij negentig centimeter, aan de rand van de afbeelding stond een deel van de muur van een huis en in het midden een appelboom in een wei, waartegen een jonge vrouw geleund zat. Ik wist dat mijn moeder dat schilderij had gemaakt. In Frankrijk. Jaren geleden. Zo had mijn oma het me verteld en ik had geknikt en niet doorgevraagd. In Duitsland had het eveneens boven de bank gehangen – het was het enige grotere voorwerp dat ze mee teruggenomen had en misschien herinnerde Abbas het zich nu terwijl hij wachtte tot ze een dienblad met koffie binnen kwam brengen.

'Alles oké, Amin?'

'Alles oké.'

'Vertel eens, hoe gaat het op school?'

'Het is nog paasvakantie.'

'Echt? Vroeger was er geen vakantie, we hadden het hele jaar door les.' Daarbij lachte hij schuddebuikend.

Er zouden nog talloze bezoeken volgen, maar dit was vrijwel de enige keer dat hij naar mijn leven en welzijn informeerde. In Duitsland had hij er altijd meteen op los gekletst, maar nu, na die korte uitwisseling, leek hij niet te weten waarover hij nog met me moest praten. Na een tijdje stond hij op en liep dichter naar het schilderij toe, alsof hem iets bijzonders was opgevallen. Toen mompelde hij een verontschuldiging, om vervolgens naar mijn oma in de keuken te verdwijnen.

In tegenstelling tot Umm Jamil, die meestal tot laat in de avond bleef, me met mijn huiswerk hielp of Franse woordjes overhoorde en wier rustige stem nog af en toe tot mijn kamer doordrong wanneer ik naar bed was gegaan, had de zijderupsenteler, die voortaan twee of drie keer per week bij onze Beiroetse woning aanklopte, iets rusteloos, wat ik niet van hem kende uit onze tijd in Duitsland. Wanneer hij bij ons in de fauteuil zat, tikte hij met zijn voet, alsof er een melodie binnenwaaide die alleen hij hoorde. Hij pakte telkens een of ander voorwerp op, schoof zijn glas of zijn vork op de tafel heen en weer terwijl hij praatte. Herhaaldelijk haalde hij een zakdoek uit zijn broekzak om zweet van zijn voorhoofd te vegen, hoewel de plafondventilator op de hoogste stand stond. Voortdurend streek hij met zijn hand over zijn baard en zijn ogen zwierven rusteloos rond, zodat ik de indruk kreeg dat hij zich elk hoekje van de woning, elk meubelstuk wilde inprenten.

Omdat Abbas doorgaans onaangekondigd verscheen, waren er altijd momenten dat mijn oma er nog niet was, zodat ik met hem alleen bleef tot ze terugkwam van het boodschappen doen of een andere bezigheid.

'Wat wil hij toch altijd hier?' vroeg ik haar op een dag toen hij weer weg was.

Ze stond in de keuken de boodschappen op te bergen en haalde haar schouders op.

'Zo gaat dat in Libanon,' zei ze alleen maar. 'Bezoek komt altijd net op de koffie als je honderden dingen te doen hebt.'

Een keer toen ik alleen met Abbas was, bleef zijn blik op drie linnen doeken rusten waaronder zich vierkante voorwerpen aftekenden. Ze stonden op de vloer tegen de muur geleund.

'Wat is dat?'

Ik haalde mijn schouders op. 'Dat zijn teta's schilderijen.'

'Schilderijen? Schildert Yara dan weer?'

Ik knikte. Ze was daar inderdaad weer mee begonnen en had er in de hoek van de woonkamer een plaatsje voor ingericht. Een week of twee daarvoor was ze kreunend met een ezel onder haar arm door de deur gekomen, en samen hadden we hem naast het raam neergezet – het enige raam in huis waar ook laat in de middag nog genoeg licht door naar binnen scheen. Ik kende de schilderijen niet, omdat oma ze 's avonds met doeken bedekte, en als ik ernaar vroeg, verwees ze naar de expositie die ze ging houden en waar ik alles zou zien.

Abbas fronste zijn voorhoofd.

'Dat is interessant,' zei hij. Toen leunde hij achterover, ademde diep uit en deed in onze fauteuil zijn ogen dicht, alsof hij vergat dat ik er ook nog was.

Toen de school weer begon, vertelde ik Jafar van de zijderupsenteler en diens opvallende gedrag. Ik liet weten dat hij zelden bleef eten en dat zijn bezoekjes meestal van korte duur waren. Bovendien vond ik dat hij mijn oma opvallend vaak vroeg hoe het in het café ging, maar dat kon natuurlijk ook oprechte belangstelling zijn, of een goede manier om een gesprek te beginnen. Er was me een moment bijgebleven dat hij tegenover haar de term 'zakelijke contacten' gebruikte en toen vlug naar mij keek. Ik zat met een boek op de bank en deed alsof ik het niet had gehoord.

Een paar dagen later schoof Jafar onder de les een briefje naar me toe met een lijstje met mogelijke verklaringen:

- je oma is een spion in ruste, A. een Israëlische agent met de opdracht haar weer aan het werk te zetten;
- A. heeft bij zijn terugkeer in Libanon zijn verstand verloren;
- 'zakelijke contacten': codewoord voor Napolitaanse zijderupsensmokkelaars (gewapend);
- A. is cocaïnedealer. Stopt zijn rupsen vol met drugs voor hij ze naar gebieden ten zuiden van de Nijl verscheept;
- het café van je oma dient als opslagplaats voor drugs;
- A. heeft geen vrienden;
- A. is verliefd op je oma;
- A. is in werkelijkheid je vader.

In de loop van het voorjaar kreeg ons leven meer structuur. En hoe meer tijd er verstreek, des te zakelijker ging het er bij ons aan toe. Na school hielp ik vaak in het café, waar ik bepaalde mensen beter begon te leren kennen die regelmatig langskwamen, om mijn oma te begroeten of om voor een kort gesprek met haar in een hoekje te gaan zitten. Soms verschenen mensen die ik eerst in Café Yara had gezien, een paar dagen later bij ons thuis. Op onverwachte momenten en ongewone tijden. Wanneer ik opendeed, knikten de nieuwe gasten vriendelijk of omhelsden me, waarna ze hun jas aan de kapstok hingen om vervolgens in de woonkamer te verdwijnen, waar ze werden begroet door anderen, die al zaten te wachten. Helpen in het café was net alsof ik in een toneelstuk was beland waarbij iemand aan de bar of aan een tafeltje in de hoek zit en je in eerste instantie niet weet of hij gewoon een klant is of deel uitmaakt van het gezelschap. In elk geval verdacht ik algauw alle bezoekers van het café ervan dat ze ooit ook bij ons thuis zouden aankloppen en ik prentte me voorzichtigheidshalve elk gezicht in.

Tijdens dat eerste voorjaar kwamen er zo'n twaalf personen regelmatig bij ons thuis. Die mannen en vrouwen stelden zich aan mij voor als kennissen van mijn oma, maar hun namen had ze tegenover mij nooit genoemd. Er was bijvoorbeeld ene Nadja, wier achternaam ik nooit te weten kwam en die naar men zei voor de oorlog in het Grand Théâtre de Beirut verantwoordelijk was geweest voor het maken van de kostuums, een bewering die ze met anekdotes ondersteunde. Ze had bijvoorbeeld ooit voor een rol van actrice Nidal Achkar een mantel gemaakt die haar zo goed beviel dat ze haar er tweeduizend dollar voor had geboden om hem ook in haar privéleven te kunnen dragen. En een keer – ze had net arak gedronken en haar rode lippenstift op de rand van het glas achtergelaten – vertelde ze hoe mijn oma als jonge vrouw op een avond door de catacomben van het Grand Théâtre langs de rokende toneelknechten was gelopen en had aangeklopt bij de artiestenkleedkamer om de jonge Dalida, die vlak daarvoor met haar stem de uitverkochte zaal uitzinnig had gemaakt, te bedanken voor haar optreden. Ze vertelde verder dat mijn oma bijna van haar stokje ging en zich aan een stoel moest vastgrijpen toen de beroemde diva opstond, haar handspiegel weglegde en vroeg: 'Bent u Yara Elmaalouf? Ik heb een schilderij van u gekocht!'

Ik zat in een hoekje in de televisiegids te bladeren, maar de manier waarop mijn oma naar me keek, was me opgevallen en ik besloot die anekdote te onthouden.

Er was ook een zekere Abu Amar, die zich aan me voorstelde als kunstenaar en me vertelde dat hij speelgoed, kleding en persoonlijke voorwerpen verzamelde die met vloed op het strand aanspoelden, om er sculpturen mee te maken of bomen mee te versieren. Abu Amar hinkte als een gehavend blikken figuurtje en een keer toen de anderen de koppen bij elkaar hadden gestoken om iets te bespreken, boog hij zich naar me toe en zei zachtjes, alsof het zijn geheim was: 'Mijn onderwerp is het verleden, snap je? Ik gebruik dingen die verloren zijn geraakt en weer zijn opgedoken, dingen die de zee terugbrengt. We kunnen het verleden niet ontlopen. Het haalt ons altijd weer in.' Hij knikte er vriendelijk bij. En ik deed alsof ik begreep wat hij wilde zeggen.

Wie waren die mensen? Had mijn oma hen in vroeger tijden leren kennen, toen ze zelf nog schilderde? Bij sommige bezoekers bekroop me het gevoel dat ze haar en alle andere gasten die avond voor het eerst zagen. Bijvoorbeeld een vrouw uit West-Beiroet die – misschien om een pijnlijke stilte te vermijden – met zwakke stem vertelde dat ze negentien jaar lang niet hier, in het oostelijke deel, was geweest. Ik weet nog dat mijn oma zich over de tafel heen boog en haar hand pakte en dat die vrouw later aan de arm van Umm Jamil ons huis verliet.

Bij de herinnering aan het café en de avonden bij ons thuis schijnt het me soms toe dat ik weer mijn eigen theaterstuk beleef, waarin weduwen, costumières en zijderupsentelers optreden en waarin een man met de naam Abu Amar verschijnt en cryptische zinnen over het verleden opzegt. Wat niet helemaal juist is: op de avonden dat alle anderen er waren, ontbrak Abbas. Doorgaans kwam hij rond het middaguur en verdween hij weer voor de anderen kwamen.

Terwijl ik meestal zwijgend in een hoekje zat, gingen de gespreksronden over de meest uiteenlopende onderwerpen, slechts zelden werden het verhitte discussies. Vaak werd er over de wederopbouw gesproken.

Vooral Abu Amar had een kritische kijk op de sanering van de verwoeste binnenstad. 'Hoe zit het met de herinneringen, met ons historisch erfgoed?' vroeg hij op een avond. 'Alles aan die nieuwe gebouwen is fout. Deze stad is zesduizend jaar oud. Onder de straten liggen scherven uit de bronstijd. Zeven aardbevingen en een veelvoud aan oorlogen heeft Beiroet doorstaan, maar tegenwoordig zijn investeerders en aannemers de nieuwe heersers over de stad. Ze rijden met hun graafmachines door de wijken en halen alles neer wat op kostbare bouwgrond staat. Neem nou de jaren vijftig, zestig. Toen was het centrum voor ons nog een plaats waar we ons graag ophielden. Wij allemaal.'

Op dat punt knikten zelfs de vrouwen uit West-Beiroet.

Abu Amar vervolgde: 'En nu? Armani? Rolex? Dior? Dat moet de nieuwe interpretatie van de oude markten zijn? Het is maar een vestzakfantasie over de Oriënt voor toeristen. Niemand van ons zal het zich ooit nog kunnen permitteren daar te winkelen, laat staan er te wonen. Het hele gebied, dat kan ik je zeggen, zal er algauw uitzien als een mooi opgemaakt lijk.'

Instemmend gemompel.

'Wij weten waarom zíj alles op alles zetten om de oude gebouwen snel neer te halen.'

Tot mijn verrassing zei mijn oma dat.

Niemand reageerde erop. Alsof ze het inderdaad allemaal wisten. Allemaal behalve ik.

Op de avond dat ik van onze zenuwslopende belevenis op de vlooienmarkt terugkwam, met de tekening van Younes Abboud onder mijn arm, zaten ze weer eens bij elkaar toen ik door een kier van de deur de woonkamer in gluurde. Ik schoof de tekening onder mijn bed, waste mijn handen en gezicht en ging toen een beetje afzijdig van de kring in een hoekje zitten.

Ze hadden het over een man die Samir Geagea heette, wiens verhaal me interesseerde. Zijn geval beheerste de krantenkoppen in die tijd. Blijkbaar was hij tijdens de oorlog een hoge pief bij de militie geweest. Een paar maanden geleden was hij gearresteerd en beschuldigd van een aanslag op een kerk, en nu, terwijl het proces tegen hem liep, zat hij in een cel van het ministerie van Defensie drie verdiepingen onder de grond.

'Die komt weer vrij,' zei Nadja, de costumière. 'Er hebben in de oorlog zoveel anderen misdaden gepleegd, en geen van die mannen heeft ooit iets hoeven vrezen.'

'Zolang de Syriërs in het land zijn, zullen zij die zich niet aan hun zijde scharen daar duur voor betalen, geloof me maar.' Abu Amar zette zijn glas neer en keek over de rand van zijn bril de kring rond. 'Jullie hebben toch over de arrestaties gelezen? Geagea staat nu terecht. Dat vind ik goed, want ongeacht of hij betrokken was bij de aanslag of niet, hij was, zoals je zegt, Nadja, een van de vele misdadigers, hij heeft net zo hard gemoord en voortdurend nieuwe fronten geopend als alle anderen. Maar voor degenen die hem tijdens de oorlog zijn gevolgd, betekent het niets goeds. Ik heb gehoord dat er al tientallen arrestaties zijn geweest, de meeste zonder enige basis. De Syriërs geven het land vorm zoals zij het willen hebben. Welkom in het nieuwe Libanon!' Abu Amar hief zijn glas, maar niemand deed hem na.

Helaas kwam er kort daarop voor mij abrupt een einde aan die avonden waarop ik vluchtige inkijkjes kreeg in het leven en denken van die onbekenden. De volgende dag zei mijn oma dat ze op dat moment mijn hulp in het café niet nodig had, maar dat ze een man had gesproken die ik 's avonds een paar uur kon helpen bij bepaald werk dat ik vast leuk zou vinden en dat zelfs wat geld zou opleveren. Ondanks mijn bezwaren werd dus besloten dat ik 's avonds niet meer thuis zou zijn maar in het nationaal museum moest werken, waar ik Saber Mounir trof, die, naar ik nu geloof, niet helemaal onschuldig was aan de reeks gebeurtenissen die zou volgen.

Zoals ik al heb vermeld, zijn sommige van de boeken die ik destijds heb gekocht en verzameld in de loop der jaren verloren gegaan. Ook de oude stadsplattegronden heb ik niet meer. Maar mijn notitieboeken heb ik nog wel. Het notitieboekje dat mijn oma me in Duitsland had gegeven, was het eerste in een lange reeks en het begin van een onregelmatige maar levenslange gewoonte om alles te noteren, alles wat me nachtenlang bezighield en waarop ik antwoord wilde hebben. Op sommige bladzijden is het schrift niet makkelijk te ontcijferen. Het zijn haastig neergekrabbelde schetsen, met steekwoorden waarvan het voor mij nu lastig is de samenhang te bepalen. Niet al mijn vroegere gedachten zijn voor mij nog te volgen. Op een paar bladzijden staan beschrijvingen van onze wijk. Voor een deel zijn die zo oppervlakkig dat ik me er nauwelijks een beeld van kan vormen. En dan zijn ze weer zo gedetailleerd dat ik het nog duidelijk voor me zie: de zanderige stukken tussen de ruïnes waarop we na schooltijd voetbalden. De smalle steegjes die als levensaders door de wijk liepen en waarin de huizen zo dicht op elkaar stonden dat we op elk moment van de dag wisten wie er televisiekeek en naar welk kanaal, wie aan het koken was of op het toilet zat, wie aanschoof om te gaan eten en wanneer echtparen ruziemaakten of de liefde bedreven. Andere notities bevatten het begin van verhalen waar ik weer mee ophield, of gedichten die ik niemand liet lezen. Er zijn dagboekaantekeningen over mijn werk in het nationaal museum en Saber Mounir, wiens lievelingszin 'Ik zie geweldige dingen!' was en over wie ik het nog zal hebben. Er zijn aantekeningen van ervaringen met mijn oma, bijvoorbeeld de dag in Tripoli, anekdotes of eigenaardigheden van haar die me opvielen en die ik vermeldenswaard achtte. En er staan in die notitieboeken ook veel gedachten over het meisje op de vlooienmarkt. Vragen die ik mezelf over haar stelde en zelfs een poging tot een potloodtekening van haar gezicht. Veel bladzijden bevatten ook notities over Jafar. Over onze gemeenschappelijke belevenissen, de nachten in de verlaten huizen of beschrijvingen van zonovergoten middagen op de rotsen bij de zee. En er zijn bladzijden die ik tot mijn ouders richtte: lange brieven vol beschrijvingen van het dagelijks leven en het weer, zoals je die schrijft aan mensen die nog leven. Ik schreef gedurende mijn hele jeugd in die boekjes en ging ook later door met schrijven, in 2006, toen ik in het huis in de bergen met de verwilderde tuin trok om aan de voortdurende maar altijd nieuwe chaos in Beiroet en andere demonen te ontkomen. Tegenwoordig zijn al die notities mijn houvast bij het vertellen over die jaren. Slechts weinig notities hebben een datum. Zo raken herinneringen door elkaar. De volgorde van gebeurtenissen vervaagt en er ontstaan verbanden waar ze nooit zijn geweest. Maar sommige aantekeningen zijn wel gedateerd. Bijvoorbeeld een die ik telkens opnieuw bekijk.

'14 juli 1994' staat er. Alsof het het begin is van een dagboekaantekening. Het is echter maar een notitie, omcirkeld en meermalen onderstreept.

'Jafar vragen: wie is of was G84/91?'

Marcel Duchamp stond erop dat zijn laatste kunstwerk, *Étant donnés*, uitsluitend kon worden bekeken door een deur met piepkleine gaatjes in de muur van de galerie. Door die vorm van verdieping moest het werk kinderlijke nieuwsgierigheid wekken. Op het moment van bekijken werd het een gedeeld geheim.

Wanneer ik door de notitieboekjes blader die hier voor me op de vloer van mijn werkkamer liggen, is het alsof ik ook door gaten in een deur gluur. Alleen bevindt zich daarachter geen kunstwerk maar een vermoeden van een sprookje zoals dat altijd ontstaat als we met jarenlange distantie op onze jeugd terugkijken en hem opnieuw interpreteren. Zoals bekend zit er een patroon in zulke verhalen. Iemand keert terug uit een ver land om een opdracht uit te voeren. Quasi-onbelangrijke personages verschijnen onaangekondigd en verdwijnen even plotseling, en pas na jaren wordt hun ware betekenis duidelijk. Er is een personage dat een geheim verbergt en iemand die het probeert te onthullen. Scrupuleuze regenten regeren het land en over alles ligt een vleugje magie.

Ik herinner me dat er in de voorstelling die Jafar en ik die dag in het circus zagen een act zat waarbij een goochelaar een vrouw uit het publiek in de piste uitnodigde. Hij liet haar in een kist klimmen waaruit het, zoals hij eerder had laten zien, onmogelijk was te ontsnappen. Geen valluik in de bodem, geen verborgen spiegel. Toen hij diezelfde kist even later weer openmaakte, was de vrouw verdwenen. Op de terugweg had ik me voorgesteld hoe ik mijn oma daarover zou vertellen. Maar toen ik thuiskwam, zat de woonkamer vol met mensen. Wat zou ze over mijn circusbelevenis hebben gezegd? Misschien had ze wantrouwig een wenkbrauw opgetrokken en me – nadat de gasten vertrokken waren – gevraagd hoe ik aan het geld voor de voorstelling was gekomen. Maar misschien had ze me ook wel apart genomen en me geduldig iets belangrijks uitgelegd: dat er duidelijk grotere raadsels in de wereld waren, waarbij niet het verdwijnen van een mens de illusie was, maar het idee dat deze werkelijk weer tevoorschijn zou komen. Een goochelaar, zou ze zeggen – en ook hier weet ik niet in welke stemming, op welke toon – een goochelaar kan ons doen geloven dat iets wat gebroken is door een spreuk of een beweging weer heel kan worden gemaakt. Maar wij weten, rationeel gezien, altijd dat we in werkelijkheid getuige van een illusie zijn. In feite blijft deze wereld namelijk kapot. En de eigenlijke magie zit hem in de truc van dingen en mensen die bij die kapotte wereld horen om zomaar op te lossen, zonder een spoor achter te laten.

Toen ik nu dus het café binnenkwam, was ik meteen in de ban van de sfeer van concentratie. Veel van de gasten die naar de openingsreceptie waren gekomen, kende ik inmiddels. Abu Amar was er. Nadja, de costumière. En ook een paar van de weduwen uit West-Beiroet. Umm Jamil bevond zich eveneens onder de aanwezigen. Ze zag me, hief haar hand op heuphoogte en zwaaide onopvallend naar me. Ik deed hetzelfde. Zelfs Abbas stond in het groepje mensen voor de muur waarop de schilderijen hingen. Hij hield zijn hoofd scheef, alsof er een gewicht aan zijn oor hing. Ik schoof behoedzaam tussen de lichamen door tot ik helemaal vooraan stond, en voelde mijn oma's ogen in mijn rug. Ik was echt verrast. Had ze niet verteld dat op haar vroegere schilderijen schepen stonden? Schepen en observaties van het leven van alledag? Deze schilderijen vertoonden niets concreets. Ze hadden iets chaotisch, ja, zelfs iets gewelddadigs. Wat oma geschilderd had, leek een veelvoud van stormen, verfklodders die ze in een aanval op het linnen geslingerd moest hebben. Wat me het meest verraste, waren echter de namen op de bordjes eronder. Die waren met spelden aan de muur bevestigd. Het waren namen van landen: ARGENTINIË. CYPRUS. TSJAAD. CHILI. GUATEMALA. EL SALVADOR. NEPAL. Die schilderijen waren gegroepeerd rondom een bepaald schilderij, dat in zekere zin het middelpunt vormde, als een zon waar alle andere schilderijen omheen draaiden. Daar stond niets op. Niets dan witte leegte.

Op het bordje eronder: G84/91.

Hakawati

De doorgang bij het nationaal museum was tijdens de oorlog lang het enige punt waar je van de ene sector van de opgesplitste stad naar de andere kon komen. Dat had mijn oma me verteld. Ze schilderde die plaats af als een aan beide kanten zwaarbewaakt gebied onder de controle van elkaar bestrijdende milities die met een wenk van hun geweerloop de hartslag van de stad konden laten versnellen of tot stilstand konden brengen. Na een bomaanslag werden daar hulpleveranties doorgesluisd, en ze wist te melden dat banken die in beide delen van de stad filialen hadden, hun medewerkers op gezette tijden naar de overgang stuurden om de interne post door te geven. Hier, in het hart van Beiroet, werden telkens weer chauffeurs uit hun auto gesleurd en verhoord. Het leidde tot aanslagen en schietpartijen. Het nationaal museum, voor de oorlog een van de belangrijkste musea van het Middellandse Zeegebied, lag vlak bij dit knelpunt en was in de loop der jaren meermaals zwaar beschadigd.

Toen ik op die nog lichte zomeravonden het uitnodigende duister van dat gebouw betrad, voelde ik me als in een hol: aardgeuren en gedempt licht, echo's en verborgen schatten. De verwoestingen waren nog steeds alomtegenwoordig, hier zag het eruit alsof er pas een paar dagen geleden een einde aan de oorlog was gekomen. Delen van ingestorte plafonds hoopten zich op in de centrale hal. Druppende buizen staken uit muren, en de deuren naar de keldergewelven waren als antieke graven door brokken steen versperd. Vlak na het begin van de oorlog had de directie veel belangrijke artefacten daar ondergebracht of ze ter plaatse van sarcofagen van gewapend beton voorzien om ze voor diefstal of verwoesting te behoeden. En dus was het toen ik daar aankwam in de gangen een drukte van belang. In een chaos van rijdende karretjes renden mannen in veiligheidsvesten alle kanten op, houwelen hakten in op beton, bevelen overstemden het geknars van puin, daartussen legden met kwasten gewapende arbeiders voorzichtig mozaïeken bloot of maakten ze bronzen bustes schoon met perslucht.

In tegenstelling tot wat mijn oma had gezegd, leek er voor mij geen duidelijk werk te zijn en ook geen direct aanspreekpunt. Ik wist niet wie de man was met wie ze blijkbaar een afspraak had gemaakt. Mijn naam stond alleen op een lijst met vrijwilligers, en de aanwezige ploegleider gaf me telkens nieuwe klussen. Op de eerste avond bracht mijn oma me nog naar de bus, die niet ver van onze woning vertrok. Ze had me brood meegegeven voor in de pauze en uitgelegd bij welke halte ik moest uitstappen. Niet veel later stond ik met een bezem in mijn handen op een ladder in de centrale hal vuil af te vegen van zuilen die de middelste verdieping ondersteunden.

Ineens verdiende ik geld. Niet veel, maar het was mijn eerste eigen geld zonder dat ik er zwendelverhalen voor hoefde te verzinnen. 'Financieel onafhankelijk,' noemde Jafar dat. Hij zei het heel vaak: 'Je bent nu financieel onafhankelijk.'

Aan het einde van mijn eerste week nam ik hem mee naar de kermis en kocht ik een heleboel zoetigheid. Daarna gingen we in het reuzenrad en we voelden ons de koning te rijk. Het museum was een nieuwe wereld voor me, alsof ik – net als dat personage uit een film van Jean Cocteau – door een toverspiegel in een onbekende ruimte was gestapt. Elke dag was het aftasten, ontdekken en vastleggen. En hoewel de opdrachten zelden fysiek inspannend waren, viel ik laat in de avond na een kattenwasje doodmoe in bed, waar de indrukken zich algauw in woeste dromen comprimeerden waarin ik heel belangrijke dingen deed.

Op een avond maakte de ploegleider een knarsende vleugeldeur voor me open. Voor me bevond zich, slechts door maanlicht beschenen, een bibliotheek. Daar waren na een granaatinslag zo'n zeventienduizend boeken verbrand. Negen uur lang had de brand gewoed. De metalen kasten waren tot groteske sculpturen gesmolten, roetdeeltjes tekenden schaduwwezens op de muur en tot in het verste hoekje, zo leek het, was alles met een laag as bedekt. De hele zaal leek vervormd, uit het lood geslagen. Die aanblik zal ik nooit vergeten. Toen ik de resten van verkoolde boeken bij elkaar veegde, merkte ik op een gegeven moment een man aan de andere kant van de ruimte op, half in duisternis gehuld. Een knokige gedaante. Zilverachtig haar. Een glimp van een benig gezicht. Ik zag zijn handen, de stof van zijn jas. Hij was op zijn knieën gezakt, veegde met zijn vingers door de as en liet die uit zijn holle vuist dwarrelen, alsof hij probeerde de restanten van een verloren schat op te vangen. Ik staarde in de duisternis. Liep in zijn richting. Hij leek me niet op te merken. Ik hoorde hem iets mompelen. Een gebed of een verhaal.

'Dat is Saber Mounir,' zei de ploegleider toen ik hem later naar de man vroeg. 'Tot het museum dicht moest, was hij verantwoordelijk voor de bibliotheek.'

In de pauzes praatten de werklui soms over de gijzelaars over wie de radio berichtte. Mensen die tijdens de oorlog waren ontvoerd, doken weer op. Ze waren gevangengehouden in gebouwen die leken op die waarin Jafar en ik 's nachts naar binnen klommen. Op de televisie zag ik hen uitgeput en verblind door flitslampen voor de journalisten verschijnen. Duizenden mensen waren door verschillende groeperingen ontvoerd, en net zoals de werklieden de standbeelden uit hun opgeblazen gewelven bevrijdden, zagen sommigen van de in de oorlog ontvoerde mensen na jaren van duisternis nu weer daglicht.

Op vrije momenten, tot iemand me riep die me nodig had, zwierf ik vaak zonder dat ijverige helpers het merkten tussen de talloze beeldhouwwerken door het gebouw. Stenen onbekenden met ontbrekende ledematen die ongeïnteresseerd afstandelijk op me neerkeken. Als ik me onbespied waande, stak ik mijn vingers uit en raakte ze aan. En als geen informatiebordje meer over hen vertelde, gaf ik ze de namen van bevrijde mensen uit het nieuws.

De avonden in het museum boden me een nieuwe vrijheid: ik kon door de zalen lopen als op een tijdbalk, die me door de eeuwen leidde. Op die manier werd ik me ervan bewust dat ook dit land een geschiedenis had. Tot dan toe had Beiroet me een stad zonder belangstelling voor haar verleden geleken. Een metropool waar niets anders telde dan de blik op de toekomst. Dat was te zien aan de kranen, de huizen die in de steigers stonden en de reclameborden. Alle geschiedenis stond echter ondanks de zichtbare sporen hoogstens langs de kant van de weg, als stomme bedelaars die beschaamd werden genegeerd. Maar in het nationaal museum zinderde het van het geconcentreerde verleden, waar het als een koningin verrees. Elke keer dat er weer een deel van haar oude rijk uit de kerkers bevrijd en aan het licht gebracht werd, was een heilig moment.

Mettertijd constateerde ik dat veel van de mannen zelfs een emmer puin wisten te lezen als een geheimzinnige, versleutelde tekst. Waar ik slechts vuil en scherven zag, ontwaarden zij vervlogen leven. 'Thermoluminescentiedatering', 'kalium-argonmethode', 'dendrochronologie' – de termen die ze bij hun werk gebruikten klonken voor mij als toverspreuken die hen in staat stelden uit een koperen haarspeld sociale processen af te leiden of in de stapeling van grijze brokken steen grafrituelen en offerplaatsen te zien. En tot mijn verbazing kwamen voorwerpen door wat die mannen erover te vertellen hadden voor mij tot leven. Wanneer ik toekeek terwijl ze over scherven en brokstukken gebogen theorieën over verzonken steden en culturen, jaartallen en namen noteerden, leken al die zalen van het museum te functioneren als onderdelen van een brein met herinneren als dringendste taak.

Er waren avonden dat ik me voorstelde dat ik zelf een befaamd archeoloog was. Wanneer de mannen na de pauze weer aan het werk gingen, ging ik op mijn beurt naar de plaats waar ze gezeten hadden om mijn vondsten te verzamelen. Sporen die ze achterlieten: drie lege koffiebekers, vier sigarettenpeuken, twee verfrommelde papieren zakdoekjes, het omhulsel van een pakje kauwgom, een Frans boek over de datering van oude keramieken vazen, een rubberhandschoen. Ik legde alles naast elkaar en vroeg me af wat die voorwerpen de wetenschappers van de toekomst zouden verraden over die kortstondige bijeenkomsten. De museumavonden stimuleerden beslist mijn fantasie.

Een andere keer toen ik even niet nodig was, maakte ik een lijstje met gissingen waar Jafars verloren oog zou kunnen zijn:

- op wereldreis, in de Andes;
- verdwenen bij het reizen in een baan om de aarde;
- op kruistocht met zijderupsensmokkelaars – met open oog in het verderf;
- aan de Copacabana, kijkend naar Braziliaanse schoonheden;
- drijvend in de glazen pot van een gestoorde professor;
- een potje schaak spelend in Helsinki – oog in oog met zijn tegenstander;
- nog steeds in de operatiekamer van het St. Georges-ziekenhuis.

'Heel grappig. Dat werk doet je blijkbaar geen goed,' zei hij toen ik hem de volgende dag op school de lijst liet zien.

Dat ik de avonden in het museum nooit beu werd, kwam mede doordat Jafar minder tijd had. Sinds onze leraar hem met een somber gezicht zijn rapport had overhandigd, moest hij 's avonds eerder thuis zijn. Maar het lag beslist ook aan dat wat ik al op mijn tweede werkdag had mogen meebeleven, toen er drie lijken in een van de kelders werden gevonden. Zes mannen droegen ze op brancards naar boven, naar de centrale hal. Toen verzamelden alle werklui zich rond de doden en namen uit respect hun helm af. Dat deed ik ook. Even dacht ik dat het om mensen ging die in de burgeroorlog waren vermoord, tot iemand meldde dat het gemummificeerde lichamen uit de dertiende eeuw waren, die in een speciaal geventileerde kamer hadden gelegen. Eigenlijk, zo vertelde diezelfde man me later, was er in Libanon geen sprake geweest van mummificeren. Maar de doden waren in Wadi Kadisha, het heilige dal in de bergen, gevonden, waar het droge klimaat tot hun conservering had bijgedragen. Ze waren in deze met zijdedraad doorweven katoenen kleding aangetroffen. Een vrouw en twee kinderen. De mummies werden weggedragen, alle werklui gingen terug naar hun plaats en sindsdien hield ik elke avond rekening met dergelijke opwindende ontdekkingen.

Toen ik na die tweede dienst tegen tienen weer naar huis ging, wilde ik mijn oma tot in de finesses vertellen wat ik had meegemaakt en gezien, maar ze was er niet en kwam pas thuis toen ik sliep. Alleen de onafgewassen glazen in de keuken verraadden dat er bezoek was geweest.

Nog steeds dacht ik vaak aan het meisje. Meestal wanneer ik uitgeput maar te opgewonden om te kunnen slapen in bed lag. Er waren avonden dat ik me voorstelde hoe ik haar over het museum vertelde. Over de werklieden of mijn ervaringen in de bibliotheek. Maar hoewel het moment dat we dicht bij elkaar waren geweest me telkens weer voor de geest kwam, moest ik constateren dat ik me haar gezicht nog maar nauwelijks herinnerde. Ik wist dat met de tijd details van herinneringen verloren gingen. Telkens weer dacht ik aan de huid in haar hals, de archipel van pigmentvlekjes en haar ogen. Als ik me voorstelde hoe ze me aankeek, was het alsof ik haar verloor. Ergens in mijn buik voelde ik het dan trekken, wat een eigenaardige onrust bij me veroorzaakte. Uit voorzorg nam ik dan een aspirine van mijn oma, omdat ik een beetje het gevoel had dat ik ziek zou worden.

Het lukte me het best om de dag van onze ontmoeting in mijn herinnering opnieuw te beleven wanneer ik de tekening onder mijn bed vandaan haalde en de afbeelding van de circustent op me liet inwerken. De precisie waarmee de jonge man hem had getekend, was verbazingwekkend. Hoewel in zwart-wit gehouden, was de afbeelding zo levendig. Het wemelde van de fascinerende figuren die in kleinere of grotere taferelen met elkaar rondhingen. Tot mijn verrassing ontdekte ik op onverwachte plaatsen steeds weer nieuwe details. Zo was er in de munten die de dwergen in hun vingers hielden een embleem geperst: een burcht met twee torens waarboven roofvogels rondcirkelden. Hetzelfde embleem vond ik op het borstzakje op het vest van de vuurspuwer, en op een andere plaats vertoonde dat motief zich ineens als tatoeage op de bovenarm van een handelaar. De tekening was een bron van niet-aflatende verrassingen en geheimen, vol codes en cijfers die net als de symbolen op de vazen en mozaïeken in het museum op ontsleuteling wachtten. Vaak nam ik de tekening mee in bed en stelde ik me voor dat ik daar via een poort weer kon komen, puur door ernaar te kijken. Op die plek op de markt op die bijzondere dag. In mijn heldhaftige dromen nam ik het meisje toen ze me aankeek bij de hand. We renden weg over de markt, een stofwolk achterlatend.

*

'Heb je hem bij je?' vroeg Jafar.

'Ja,' zei ik.

'Oké. Laat maar eens zien.'

We zaten op de bovenste etage van een ruïne en keken uit over de wijk. Eerder had ik in de winkel van Hamit Malik drie zakken chips, zoute stengels en vier blikjes Seven-Up gekocht, de zakken ritselden in de wind. In dwaze lichtzinnigheid lieten we onze benen boven de afgrond bungelen. Het was vroeg in de avond en het begon al te schemeren.

'Wat ben je ermee van plan?' vroeg ik terwijl ik Jafar de atlas aanreikte. Ik had het lijvige boek maanden geleden bij een uitdrager in de wijk gekocht, samen met een globe vol schimmelvlekken die licht gaf wanneer je hem op stroom aansloot.

Jafar pakte de atlas aan en bladerde erin.

'Coördinaten,' mompelde hij. Toen, luider: 'Het zouden coördinaten kunnen zijn, denk je ook niet?'

'Mogelijk. Maar waarvan? En hoe moeten de bezoekers van de tentoonstelling op het idee komen?'

‘Dat vinden we nog wel uit.’

Ver onder onze voeten was vroeger ooit een tuin geweest. Nu lag er vooral vuilnis: kapotte banken, beschadigde kasten en vlekkerige matrassen. Appelbomen verspreidden een geur van zoete verrotting.

Onder een voorwendsel waren Jafar en ik een paar dagen eerder nog in het café geweest. Tijdens het theedrinken hadden we stiekem op de muren gekeken. Jafar had de bijschriften op een blaadje genoteerd, dat hij nu op zijn schoot had liggen.

‘Ken jij ene Dalida?’ vroeg ik terwijl hij ijverig verder zocht, naar wat dan ook.

‘Die kent iedereen.’

‘Ik niet.’

‘Da’s een beroemde zangeres,’ bromde hij. ‘Vroeger heel mooi, nu al een tijdje dood.’

‘Ze heeft een schilderij van mijn teta gekocht.’

‘Echt? Een hiervan?’ Hij hield het blaadje met de landsnamen omhoog en zwaaide ermee voor mijn ogen.

‘Nee,’ zei ik. ‘Ooit in het verleden.’

‘Daar ben ik blij om,’ zei Jafar, maar het idee-fixe dat hem bezighield, had alweer zijn aandacht getrokken. ‘G84/91,’ mompelde hij ten slotte en daarbij ging hij met zijn vinger door het register van de atlas. De foliant bevatte kleurige hoogtekaarten, fysische en staatkundige afbeeldingen van continenten, zeekaarten met diepteaanduidingen, sociale statistieken over bepaalde wereldsteden, landschapszones op verschillende continenten en subcontinenten.

‘En wat zouden die landsnamen kunnen betekenen?’ vroeg ik na een poosje.

‘Hm?’

‘Die namen die ze aan haar schilderijen heeft gegeven.’

‘Misschien vakantielanden waar ze vroeger ooit is geweest?’

‘Mijn teta is nog nooit in Nepal geweest. Of in Guatemala.’

‘Zeker weten?’

Ik schudde mijn hoofd. Onder ons was de straatverlichting aangegaan, de steegjes glansden in het matoranje licht. Auto's reden rammelend door de kuilen in de straten, een raam ging open en een vuilniszak vloog met een hoge boog op de stoeprand.

'Nee.'

'Zijn het misschien plaatsen waar ze naartoe zou willen?'

'Niet waarschijnlijk,' zei ik.

'Of reisdoelen voor haar wittebroodsweken met de zijderupsenteler.'

'Houd je kop.'

'Of het zijn plaatsen waar "zakenrelaties" wonen?' Hij maakte aanhalingstekens in de lucht terwijl hij dat zei.

'Waar dienen die schilderijen eigenlijk voor?' vroeg ik gefrustreerd.

'Ik weet niet eens zeker of je dat gespat wel zo moet noemen,' zei Jafar. 'Ik wil je niet beledigen, maar ik denk dat je oma óf geen talent heeft, óf Dalida een vreselijke smaak had. Waarom vraag je haar niet gewoon wat het allemaal betekent?'

'Maar ik héb het gevraagd.' En dat had ik echt gedaan. Nog op de avond van de opening van de expositie, laat, nadat de genodigden vertrokken waren.

'En wat was haar antwoord?'

'Ze zegt: een kunstenares praat niet over haar werk. Dat is aan de toeschouwer.'

'Mensen die zoiets zeggen, vertrouw ik principieel niet,' zei Jafar, en toen richtte hij zijn gezonde oog weer op de atlas.

Een paar dagen daarvoor was het circus verder getrokken. De vlakte waarop de tenten hadden gestaan, lag als een leeg vierkant in de verte. De affiches die de komst hadden aangekondigd, hingen nog steeds bij verkeerslichten en aan bruggen.

'Ik heb het.' Jafar had een dubbele bladzijde midden in de atlas opengeslagen. Daar stond de hele wereld afgebeeld, helemaal omringd door lengte- en breedtegraden. Een wirwar van lijnen die me onoverzichtelijk leek. Maar Jafar ging er met een potlood langs en leek iets te zoeken. Hij was zo geconcentreerd bezig dat het puntje van zijn tong tussen zijn lippen uitstak.

'Ik denk dat we met een code te maken hebben,' zei hij uiteindelijk en hij klonk heel overtuigd. 'G84/91. Aangenomen dat G voor graad of graden staat, kunnen de getallen voor lengte- en breedtegraden staan.'

Ik keek hem niet-begrijpend aan, maar hij telde al de lijnen op het bovenste halfrond van links naar rechts af en markeerde een bepaald punt. Daarna deed hij dat nog eens met de lijnen aan de oostelijke kant, die van boven naar beneden liepen. '84 graden noorderbreedte en 91 graden oosterlengte,' zei hij ten slotte.

De plaats waar de lijnen elkaar kruisten, markeerde een punt in de Noordelijke IJszee.

'Misschien een gezonken schip?' zei Jafar schouderophalend.

'Of een eiland dat niet op de kaart staat?'

'Of een geheim waterlaboratorium voor het telen van zwemmende drugszijderupsen.'

'Waar heb je dat geleerd?'

'Scheepsspionage?'

'Nee, dit.' Ik wees op de atlas.

Hij keek naar het punt in de zee. Het duurde even voor hij antwoord gaf. Hij sprak zacht en keek niet op.

'Tijdens de bombardementen zat mijn moeder met ons zo boven een atlas. Met mijn zusje en mij. Als we snel moesten zijn, hadden we soms geen tijd om spelletjes of warme dekens naar de kelder mee te nemen. De atlas lag altijd binnen handbereik naast de deur. 'De wereld staat voor ons open,' zeiden we wanneer we hem opensloegen. In de kelder mochten we allebei een getal tussen nul en honderdtachtig noemen. En een windstreek. Zo zocht het toeval oorden voor ons uit waar we in gedachten naartoe reisden. We bedachten zoveel: de namen van de mensen die daar woonden. De namen van onze nieuwe school en van de leraren. Of we leerden de rivieren die door die gebieden liepen uit het hoofd. Usumacinta, Orinoco, Irrawaddy, Zambezi, Ganges, Kenai – ik ken ze nog steeds. "Ik maak een dierentuin aan de Zambezi." Dat zei mijn zusje Soraya bijvoorbeeld. "Ik maak een dierentuin aan de Zambezi, waar ik met mijn zwartvoetkat Zora zuurstokwantsen, zeepaardjes en zebrahaaien voer." Zo ging het spel verder. We speelden het urenlang. En als het ergste voorbij was, ging de atlas weer mee naar boven en legden we hem naast de deur.'

In de verte schitterden lichtjes achter de ramen van de nieuwe flats. Vermoedelijk werden daar op duizelingwekkende hoogte exclusieve feestmaaltijden gehouden. Met uitzicht op zee en een zacht windje. Ik kreeg het ineens koud, terwijl het toch nog steeds zomer was.

'Ik moet zo naar mijn werk,' zei ik.

Jafar kuchte.

'Momentje. Er is nog een mogelijkheid.' Hij keek op de wereldkaart terwijl hij het potlood tussen zijn vingers ronddraaide. '84 graden zuiderbreedte en 91 graden westerlengte.' Hij herhaalde het aftellen en de eerder gebruikte techniek, ditmaal met de coördinaten omgedraaid. Het punt waar hij op uitkwam, stak op het zuidelijk halfrond grijs af tegen de witte ondergrond. Wit als het schilderij dat mijn oma in het centrum van haar expositie had opgehangen.

Ik leunde naar hem toe en bekeek de markering en de ligging. Een sneeuwvlakte midden in Antarctica. In de wijde omtrek geen stad, geen nederzetting. Geen spoor van menselijk leven.

Ik zat op mijn kamer toen mijn oma 's avonds laat thuiskwam. Normaal gesproken kwam ze dan meteen naar me toe, maar deze keer hoorde ik haar een poosje bedrijvig allerhande dingen doen voordat ze op mijn deur klopte. Ze zei dat er in het café iets was voorgevallen.

'Heb je al gegeten?'

'Ja, dat heb ik.'

'Weet je dat wel zeker?' Ze trok een wenkbrauw op. 'Er lag helemaal niets in de ijskast.'

'Ik heb op de terugweg wat gekocht.'

Ze bleef in de deuropening staan, keek rond. Pennen en opengeslagen boeken lagen over de vloer verspreid. Toen knikte ze, alsof ze vergeten was dat ik aan het einde van de week loon kreeg uitbetaald.

Ik wachtte om haar de tijd te geven te vragen hoe het in het museum was geweest, maar ze leek in gedachten verzonken.

'Wat is er gebeurd?' vroeg ik ten slotte.

'Wat? O, niets ergs. Je kent Mara toch, dat meisje dat me helpt? Die heeft zich in haar vinger gesneden.'

'Echt? Was het diep?'

'Nogal, Amin. Gaat het goed met je? Je ziet er moe uit.'

'Het gaat goed,' antwoordde ik. Misschien had ik te vlug, te nors gereageerd, want nu nam ze me argwanend op.

'Met een mes?' Ik deed mijn best zo nonchalant mogelijk te klinken, maar mijn oma trok nu allebei haar wenkbrauwen op en leek geamuseerd. 'Waarom wil je dat weten?'

'U zei dat de wond nogal diep was, ging het om een groot mes?'

'Je doet vreemd vandaag,' zei ze.

'Moesten jullie een dokter laten komen?'

'Nee, we hebben in het café een verbandtrommel, dat weet je toch?'

'Hij hoefde dus niet gehecht te worden.'

'Nee... dat wil zeggen... misschien wel.' Ze maakte een gebaar alsof ze een vlieg wilde verjagen. 'Ik heb Mara naar de dokter gebracht, maar hoefde niet te blijven wachten. Wat is er met jou?'

Merkte ze dat ik haar verhaal op tegenstrijdigheden wilde controleren, zoals bij een vals alibi? Een fout vinden waarmee ik haar kon confronteren – wat dan ook? Zag ze mijn wantrouwen? Ik wist zeker dat dat zo was, en ergerde me aan mijn eigen doorzichtigheid.

Ze bleef nog een tijdje in de deuropening staan, alsof ze erover dacht de kamer binnen te gaan. Toen klopte ze op de deurpost en draaide ze zich om. Terwijl ze wegliep, zei ze: 'Ik maak wat te eten voor ons.'

De volgende dag ging ik naar het café en keek door het grote raam naar binnen. Er waren maar weinig mensen. De zijderupsenteler zat met een man aan de bar. Ze nipten van hun koffie. Oma kon ik nergens ontdekken, maar Mara bediende de bezoekers, en ik zag dat er een verband om haar ringvinger zat.

De weken verstreken en ik kon niet ontkennen dat we eerder langs elkaar heen leefden dan dat we samenleefden, ondanks de verhalen waarmee ze me af en toe een inkijkje in haar dagelijkse bestaan en haar gemoedstoestand gunde. Hoe beter mijn oma het in haar nieuwe leven redde, hoe minder ik haar zag. Die levenslust was ook een kant van haar die ik eerder niet had gekend. In Duitsland was ze het huis zelden uit gegaan. Vaak had ik na school het stuk van de bushalte naar huis overdreven langzaam afgelegd, had ik steentjes of kastanjes voor me uit geschopt, was met buren blijven praten. Want soms was ik bang om de deur open te doen en in een woning te komen die koud en stil was en waar mijn oma in haar nachtjapon met haar haar in de war in haar stoel opschrok alsof ze niet op me had gerekend. Opeens bevond ik me in een dilemma: voor niets ter wereld wilde ik die oude versie van haar terug, maar tegelijkertijd bezag ik haar nieuwe ik met wantrouwen, want ze leek een leven tegemoet te gaan waarin mijn aanwezigheid eerder een last betekende dan een zegen.

Vaak vond ik vuile vaat op het aanrecht in de keuken als ik 's avonds van het museum terugkwam – veel meer dan één persoon kon hebben gebruikt – of was er wel afgewassen, maar hing er nog de geur van een pas gedoofde shisha, die ze beslist niet zelf had gerookt. Soms ook lag er een briefje op de tafel – 'eten in de koelkast' – en als ik erin keek, stonden daar een heleboel schaaltjes met restjes eten dat oma's gasten moesten hebben meegebracht. Ik probeerde mijn ergernis te bagatelliseren. Ik zei tegen mezelf dat ik een belangrijke taak had, mijn eigen geld verdiende, zelfstandig was enzovoorts. Maar ik voelde me buitengesloten.

In ons dagelijks leven was altijd al meer ruimte voor vrijheid en er was veel minder structuur dan in andere gezinnen met ouders. Maar toen ik zeker wist dat ze iets voor me verborg, dat ze codes gebruikte, leken ook de laatste banden te verslappen. Dat had tot gevolg dat ik me wispelturig ging gedragen: nu eens was ik dwars of opvliegend en ging ik de discussie aan over alles wat ze zei, dan weer zocht ik haar nabijheid en was ik bijna aanhankelijk.

Nu denk ik dat ook mijn werk in het museum ertoe bijdroeg dat ik scherper begon te kijken. Dat ik zelfs naar antwoorden zocht waar eerst niet eens vragen waren. Waarbij ik er nog steeds niet uit ben of ze dat werk vooral voor me had geregeld om me 's avonds het huis uit te krijgen of dat ze me – zoals in haar aard lag – min of meer met zachte hand in die bepaalde richting wilde sturen, ervoor wilde zorgen dat ik te zien kreeg wat het betekende om in het verleden te graven.

*

'De mythe is de grootste van alle waarheden.'

Een van vele zinnen die Saber Mounir aan me doorgaf. Algauw na die avond waarop ik hem voor het eerst had gezien terwijl hij zich over de as boog, begon ik zijn gezelschap te zoeken. Ik wilde uitvinden wat hij dan deed. Waarom hij twee-, driemaal in de week in het museum verscheen, de drukke centrale hal door stapte en achter de zware vleugeldeur verdween. Ik haalde bezem en blik van de muur zodra ik hem zag komen, veegde oneindig langzaam door de gangen en bespiedde hem. Telkens weer zag ik dat hij de as in zijn handen nam en door zijn vingers liet glijden. Een eigenaardig ritueel. Daarna tuurde hij minutenlang naar zijn handpalmen, alsof daar een boodschap stond. Naar mij keek hij nooit. Hij bleef altijd op zijn hurken in de schaduw zitten. Soms nam ik alleen zijn gemurmel waar. Dat ging een hele tijd zo door zonder dat ik dichterbij durfde te komen. Het was alsof we allebei een eigen toegewezen gebied hadden, alsof er grenzen in die zaal waren die voor ons allebei voelbaar waren. We kwamen slechts langzaam nader tot elkaar, tot we op een avond in de middengang tegenover elkaar stonden. Het maanlicht was net een wig in de duisternis. Saber Mounir had iets zilverachtigs over zich. Zilvergrijs haar, een zilverachtige huid en een zilverige blik. Alsof de uren die hij in deze ruimte had doorgebracht hem deden glanzen. Eindelijk vatte ik moed om hem aan te spreken.

'Wat bent u aan het doen?'

'Ik lees.'

'Leest u? Alles is toch zo goed als verbrand.'

'Dat waren de omhulsels. De verhalen laten zich nog steeds vertellen.'

'Ik zie geen verhalen meer. Alleen as.'

'Je moet goed kijken.' Hij glimlachte. 'Ik zie prachtige dingen.'

Inderdaad leken in Saber Mounir verhalen en herinneringen op te leven. In zekere zin was die man zelf een schat aan geheimen. Wanneer hij sprak, werd het verleden tegenwoordige tijd. Hij liet de beelden opstijgen als de weerspiegeling van een oase. Zijn vertellingen veranderden de bibliotheek weer in een lichte, onbeschadigde ruimte, vormden bladzijden uit de as en uit de bladzijden hele boeken. Hij sprak over die plek alsof er weer leven was, en ineens kon je alle zintuiglijke indrukken weer ervaren: de kruidige geuren van papier en leer, de studieuze stilte vergezeld van paginageritsel, discreet gekuch en gefluister.

'Daar aan de muur hing vroeger een klok,' zei hij en hij wees op het gekartelde gat onder het gewelfde plafond waar de granaat was ingeslagen. Een open wond. Saber Mounir zei dat ik moest knielen. Daarna liet hij ook mij met mijn handen door de asresten gaan en gebood me te kijken naar wat er uiteindelijk op mijn handpalmen overbleef. Een handvol woorden. Ontelbare jaren geleden neergeschreven op papyrus of dierenvellen.

...geweven...
...visioen...
in al zijn zonen
sterfelijk
...ongetelde tijd...

Een of andere verstilde klacht.

'Het is een oude taal die na de brand voor een deel nog mooier is geworden,' zei Saber Mounir.

'Ik zie meer lege plekken dan woorden.'

'Dat bedoel ik.'

'Wat is er mooi aan, als woorden ontbreken?'

Hij zweeg en keek naar de asresten in mijn hand. Het licht dat door het gat in de muur viel, was een flink stuk verder gekomen op de vloer.

'Ongeschonden zouden die gedichten veel ontoegankelijker zijn,' zei hij. 'Ze kunnen dan wel ooit grote zeggingskracht hebben gehad, maar tegenwoordig zouden ze ons minder raken. Ze waren bijzonder vanwege hun ouderdom. Wie beweert dat het vuur de teksten heeft beschadigd, ziet alleen de oppervlakte. Zeker, in volledige gedaante zijn ze voor altijd verloren gegaan. Maar de waarheid is dat de leegte tussen de overgebleven woorden ons uitnodigt die met fantasie op te vullen.'

Ik hield van de avonden met Saber Mounir. Nooit eerder had ik iemand zo beeldend horen vertellen. Algauw vermoedde ik dat hij helemaal niet iets specifieks zocht, maar dat die ruïne voor hem de beste plek was om herinneringen te vinden. Eén ding had ik sinds onze terugkeer naar Libanon geleerd: voor de meeste mensen was er door de oorlog een kloof ontstaan. Voor hen was er een leven voor en een leven na. Maar voor Saber Mounir leek de bibliotheek een schakel te zijn die beide levens met elkaar verbond.

Hij vertelde me dat hij in Damascus was geboren en als adolescent naar Libanon was gekomen. Wat Saber Mounir van zijn jeugd was bijgebleven, was de herinnering aan de geur van brandende schoenen, die zijn ouders in hun woning aan de stadsrand van Damascus in de winter gebruikten om te stoken omdat ze zich geen hout of kolen konden permitteren. Met hem en zijn vijf zusjes schaarden ze zich dan om het vuur. Wat hij zich ook herinnerde, was de lucht na zomerstormen. Zwermen insecten en witte pollen die boven de tuinen zweefden. Als sneeuwvlokken dreven ze weg, en hij volgde ze nu eens hierheen, dan weer daarheen, vier of vijf jaar oud. Dan trad hij binnen in het goudglanzende universum van het café, waar het aroma van kardemom zich vermengde met de lichaamsgeuren van de mensen die zich daar tijdens een storm hadden samengepakt. Daar zat hij stil in een hoekje en luisterde naar de vertellers op hun verhoging.

Hakawati.

Toen Saber Mounir dat woord uitsprak, vond ik het een nieuw toverwoord lijken. Hij herinnerde zich dat hij als kind alles over die mannen had willen weten. Wie ze waren. Waar ze vandaan kwamen. Waar ze heen gingen wanneer ze hun verhalen hadden afgemaakt en waar ze die hadden gevonden. Hij vertelde dat hij dol was op die avonden en het vreselijk vond als zijn ouders hem ontdekten en mee naar huis namen terwijl de verhalen net hun hoogtepunt bereikten.

Hekaya, verhaal.

Wati, het beheersen van een straatkunst.

Hakawati. De straatkunstenaar die een verhaal vertelt.

'De traditie van de hakawati is heel oud,' vertelde hij me op een avond. Hij had de deur van de bibliotheek achter ons dichtgedaan, alsof het erom ging een geheim te bewaren. 'Vroeger, heel, heel lang geleden, was de hakawati de op een na belangrijkste man van het land, meteen na de koning of de president. En van Beiroet tot Damascus, van Cairo tot Isfahan kwamen de mensen in cafés, op markten en in openbare gelegenheden bij elkaar om te luisteren naar de avonturen waarover de hakawati vertelden. In oude tijden kwam het zelfs voor dat mensen zich met hun problemen tot een hakawati wendden. Hij vertelde hun dan een verhaal, een soort parabel.'

We zaten tegenover elkaar in het donker, met de rug tegen de resten van de rekken geleund, en ik zoog met verscherpte zintuigen zijn woorden stuk voor stuk op.

'Hakawati zijn meesters in het verleiden van hun toehoorders. Ze nemen de rol van verscheidene karakters aan, spelen met accenten en dialecten, brengen hun personages tot leven. En wanneer de spanning op het hoogtepunt is, houden ze op en gaan ze naar huis.'

'Zomaar ineens?'

'Zomaar ineens. Dat is een truc. Het werkt verslavend. Volgens de legende vertelde Ahmad al-Saidawi, een van de beroemdste hakawati van de achttiende eeuw, in een café in Aleppo een verhaal dat driehonderdtweeënzeventig avonden lang duurde en zo spannend was dat de gouverneur hem smeekte het te verkorten omdat hij eindelijk wilde weten hoe het afliep.'

'Driehonderdtweeënzeventig,' zei ik vol verbazing.

Wat ik aan de uren met Saber Mounir ook fijn vond, was dat hij me het gevoel gaf veel volwassener te zijn. Zijn herinneringen waren poorten waarachter zich complete rijken openden die ik nog moest ontdekken. Ik weet niet of hij zijn verhalen allemaal echt aan mij vertelde, of dat hij zich in mijn bijzijn zijn vroegere ik herinnerde. Misschien maakte het voor hem geen verschil. Ik zette in elk geval met zijn hulp een voet in de wijde wereld der volwassenen. Saber Mounir was op zijn achttiende naar Beiroet gekomen, met nauwelijks een cent op zak, zonder bezittingen. Hij wilde hakawati worden, en de stad in opkomst – toen was hij al in opkomst geweest! – met zijn cafés, jazz- en dansclubs, neonreclames en overdaad aan nieuwsgierigheid, geruchten en elkaar overlappende verhalen leek hem daarvoor de geschikte plaats. Wat herinnerde hij zich dat nog levendig! De geur van jasmijn die zijn eerste verovering omringde, in de stille tuin van een oud huis. De bleke huid van het meisje in het maanlicht, haar vlugge ademhaling vlak bij zijn oor, haar hand op zijn rug en hoe ze later haar jurk gladstreek en tussen de heggen verdween. Hij dwaalde door de straten. De dansende kleuren van de gebouwen in de haven. De liedjes van de pianisten in de hotelbars. Zoenende paartjes in de hoeken van de dansclubs, half belicht. Hij zag zijn spiegelbeeld in de ruiten van cafés. Hij liep met zijn vinger langs de personeelsadvertenties in de kranten, nam werk aan en verloor het weer omdat hij in de pauze over zijn boeken gebogen de tijd vergat. De tirades van zijn werkgevers die hem de laan uit stuurden herhaalde hij met brede gebaren en verschillende accenten, waarmee hij me aan het lachen maakte.

Saber Mounir kreeg naam. Hij werd verteller. Eerst traditiegetrouw in kleine cafés, later ook in de grote hotels, geboekt als oosterse attractie op bruiloften en verjaardagen. Het was hem eindelijk gelukt. De munten die na afloop in zijn hoed lagen, waren voor hem voldoende.

'Het werk in de museumbibliotheek,' zei hij terwijl hij naar me knipoogde, 'was maar een bonus.'

'Hoe is het met het meisje gegaan?' Ik had gloeiende wangen en hoopte dat het in het nachtvlindergrijs van de zaal niet opviel.

'Ze had iets wat ik nooit helemaal heb kunnen vatten.'

'Zoals pigmentvlekken in een niet te beschrijven patroon?'

'Ze had een klein litteken op haar sleutelbeen. Ze was zich altijd heel bewust van dat litteken en geloofde dat het de vorm van haar lichaam uit balans bracht als het onbedekt was. Daarom droeg ze zelfs in de zomer een omslagdoek.'

Ik zweeg bij het beeld dat nu bij me opkwam.

'Hoe is het haar vergaan?'

'We zijn elkaar uit het oog verloren.'

'Wij ook.'

Op een keer, ik was alleen in de gangen, verzamelde ik een handvol papiersnippers op de vloer en ordende de woorden. Het leek me de juiste methode om me het meisje te herinneren. Lege plekken. Onvervulde beloften. Ik kende niet eens haar naam.

nergens een
dwaallicht.
...zich ons
herinneren... tot
ik...
...je
of... verwaaide
...
stilleven
vind.

Toen ging ik aan het werk. Ik poetste met schrobber en dweil het achterste gedeelte van de bibliotheek, zeepvlokken schuimden en verdeelden zich over de vloer. Ik was van plan geweest het fragment aan Saber Mounir te laten zien, maar toen ik hem niet veel later de vleugeldeur door zag komen, gooide ik vlug de woorden weer door elkaar.

Nu vind ik het vreemd dat ik pas naderhand besefte welke belangrijke dingen ik leerde. Zoals je als kind puur door naar volwassenen te kijken en hen na te doen leert hoe je de straat oversteekt. In aanwezigheid van Saber Mounir voelde ik me prettig en veilig, maar tegelijkertijd ook geïntimideerd, waardoor ik veel van wat hij me vertelde met een zekere gereserveerdheid opnam. Ik herinner me momenten waarop we, ondanks lange gesprekken de avond ervoor, de daaropvolgende keer afstand bewaarden alsof we vreemden voor elkaar waren, en ik begrijp dat hij mijn gedistantieerdheid mogelijk verkeerd interpreteerde. Mijn zwijgzaamheid kwam niet voort uit de wens alleen te zijn, maar uit onzekerheid, het gevoel nietig te zijn ten aanzien van de woorden als hij erbij was.

'Wat deed u tijdens de oorlog?' Ik had al mijn moed bij elkaar geraapt om hem die vraag te stellen.

'Toen het museum vanwege de vele incidenten sloot, ben ik teruggegaan naar Damascus,' zei hij.

'Velen zijn naar Syrië gegaan, hebben ze me verteld.'

'Naar Syrië en waar dan ook ter wereld. Het was overal veiliger dan hier.'

Ik dacht aan de brief die Jafar in een huis had gevonden. Zangvogels en bittersinaasappelbomen.

'En waarom bent u teruggekomen? Naar Beiroet, bedoel ik.'

'Ik wilde het met eigen ogen zien.'

'De bibliotheek?'

'Alles. Alles wat ervan over was.'

Hij pakte een appel uit zijn tas en sneed hem in halfronde maantjes, die hij met me deelde. Zo zaten we daar naar elkaar te kijken.

'Beiroet was allang geen stad meer voor ons traditionele vertellers.' Hij schudde zijn hoofd, alsof hij zich van een gedachte wilde bevrijden. 'De oorlog schreef zijn eigen verhalen. De nieuwe hakawati droegen bivakmutsen en hadden geweren. Hun vertellingen gingen over invasies, over de macht van hun wapens, over martelaars en de kracht van valse informatie op het juiste moment. Er waren ook geen openbare gelegenheden meer die hadden kunnen dienen als locatie voor het ouderwetse vertellen. Het leven trok zich in de huizen terug. Maar het was niet alleen de oorlog. De neergang van de kunst van de ware hakawati was al eerder begonnen.'

Het woord 'neergang' deed me denken aan het langzaam verdwijnen van een hele beschaving.

'Toen eerst de radio zijn intrede deed, daarna de bioscoop en later de televisie, begon onze traditie langzaam uit te sterven. Al toen ik begon, was het niet meer zoals vroeger. Met de nieuwe media kwamen nieuwe mogelijkheden. Verhalen werden op velerlei manieren verteld, waren makkelijker beschikbaar en verspreidden zich sneller. Slechts weinigen dachten nog aan ons. We raakten een beetje uit de mode.'

Hij keek om zich heen. De ashoopjes in de hoeken. De bezem tegen de muur. De restanten van de rekken. Het maanlicht. Als had alles in de zaal betekenis.

'Het komt zo zelden voor dat iemand me over de oorlog vertelt,' zei ik.

'Omdat deze stad een schip is, Amin. Het oude schip Beiroet. Het principe dat het boven water houdt, heet verdringing.'

'Al die verwoeste huizen die nu worden afgebroken. Weldra zal niets meer aan de tijd van de oorlog herinneren.'

'Er zullen verhalen over zijn.'

'Die zijn er al.' Ik draaide een stukje appel tussen mijn vingers. 'Maar welke daarvan zijn waar?'

'Geen een,' zei hij. 'En allemaal.'

De huid van zijn gezicht was ruw en rimpelig als gekreukeld papier. Van buiten drongen stadsgeluiden gedempt tot ons door: auto's die weer ongehinderd tussen het westelijke en het oostelijke deel van Beiroet pendelden, onzichtbaar achter de hoge muur. Gedempte stemmen en geluiden van werktuigen uit de centrale hal. Saber Mounir had zijn ogen gesloten.

'Ze was de dochter van een luitbouwer.' Hij fluisterde het.

'Pardon?'

'Dat meisje. Je vroeg toch naar haar? Ik vond haar nog jarenlang nadat ik haar was verloren overal terug. Haar beeltenis in de weerspiegeling van plassen en vensterruiten. Haar schaduw op foto's van andere vrouwen En ik hoorde haar overal in de straten, zelfs op de radio. En in het gefluister van liefdespaartjes op de banken in het park. Altijd en overal. Soms bracht ze bij onze ontmoeting een luit mee. Dan zong ze. Zachtjes, zodat niemand het ontdekte. Haar vader had haar verboden luit te spelen. Ik stelde me voor hoe ze na ons treffen de werkplaats in sloop en het instrument heimelijk terug in de vitrine zette. We ontmoetten elkaar altijd op afgelegen plaatsen. Een stal, een uitgestrekt veld, een dijk langs de rivier. Ik kan me de melodieën niet meer herinneren, alleen dat ze me volkomen kalmeerden, en hoe haar jurk van haar schouder gleed wanneer ze de luit in haar armen nam. Ze hield het instrument verkeerd om, tokkelde op de snaren met haar linkerhand, alsof het voor haar belangrijk was te spelen op een manier waarop haar vader het nooit zou hebben gedaan. Ik wilde haar aanraken, maar ze liet het niet toe als ze speelde. Het litteken op haar schouder had de vorm van een grens als op een landkaart. Wanneer we elkaar troffen, was ze de ene keer verlegen, de andere keer ongeremd. Nu eens open, dan weer gesloten. Ze vroeg me nooit om een verhaal. Alsof ik haar met mijn vertellingen zou kunnen voorliegen. Daar leek ze voor te vrezen. Stiekeme kussen en gesprekken in de maneschijn. Een keer gingen we samen de rivier in, en ze had het erover hoe het zou zijn om samen weg te gaan. Ik zei dat ik nog maar net was aangekomen. Later lagen we op de oever. Ik herinner me hoe haar voet trilde, in dat smalle niemandsland tussen vermoeidheid en slaap. Ze viel altijd boven op me in slaap en wanneer ik wakker werd, was ze weg. Later lag ik bij het open raam in bed en probeerde me haar geur te herinneren, die even vluchtig was als haar liederen. Ik vroeg me af of ze de volgende keer wel zou komen, op de afgesproken plaats. Maar ze kwam altijd, tot ze op een gegeven moment niet meer kwam.'

Hij deed zijn ogen open en knipperde, alsof hij verrast was mij naast zich te vinden. Een tijdlang zeiden we niets. We keken elkaar alleen maar aan.

'Begrijp je waarom ik het je vertel, Amin?' vroeg hij ten slotte.

'Ik weet niet...'

'Vertellen,' zei hij, 'kan niets van wat verloren is gegaan, terughalen. Maar het kan het verlorene toegankelijk maken.'

*

Voor de havenstad Sasebo kapseist een Japanse torpedoboot bij een schietoefening tijdens een storm. Op Mount Washington, New Hampshire, wordt de hoogste op aarde nabij de bodem gemeten windsnelheid geregistreerd: 372 kilometer per uur. Tezelfdertijd voltrekt zich boven het Midden-Westen van de VS een ongewone verstoring van het windsysteem: een hogedrukgebied boven de Great Plains verhindert dat de jaarlijkse straalstroom zoals gebruikelijk de noordelijke delen van het land bereikt. In plaats daarvan treden daar zandstormen op, de ergste van de eeuw. Ze verdrijven boeren, doden hun vee, verplaatsen miljoenen tonnen aarde naar zee, veranderen enorme landbouwarealen in woestenijen. Dan wordt mijn oma in Tripoli, Noord-Libanon, geboren als dochter van een leerverver, met drie broers, een zus, een huis in de oude stad dat in de luwte staat.

De overlevering vermeldt geen wind in het jaar 1948, toen ze als veertienjarige stiekem haar eerste schilderij maakte. De wereld was als altijd onrustig, maar in de archieven bevinden zich geen berichten over rampen na stormen. Ik stel me voor dat de zee bij Tripoli die dag kalm was. Ergens achter de schepen die het meisje schilderde, moet er wind zijn geweest, ruw boven de golven. Wind die niemand zag en niemand noteerde.

'En uw vader heeft nooit iets gemerkt?'

'Jawel. Op een gegeven moment. Maar dat is een ander verhaal.'

In 1950, als ze zestien is, komt haar vader erachter dat ze schildert. Een verfvlek op haar schort die ze bij het wassen over het hoofd heeft gezien. Ze verzint een uitvlucht, dat ze met dat schort in de ververij is geweest om hem te zoeken, ze moet een van de huiden hebben geschampt, zegt ze, maar hij weet dat ze liegt. Hij is in Tripoli een man van aanzien, maar hij is niet de enige leerverver en ook niet de beste. Hij is betrouwbaar, levert stipt op tijd en heeft een onberispelijke reputatie, waar alles van afhangt. Hij slaat en schopt het meisje tot ze een rib breekt. Ze zakt tegen de muur in elkaar, hij doet de deur van haar kamer op slot, laat haar moeder niet eens bij haar. 'Ze wil kunstenares worden!' hoort ze hem tieren terwijl ze nauwelijks lucht kan krijgen. 'Kunstenares!'

Mijn oma noemde me ooit zijn naam: Soufjen, wat 'als de wind' betekent. Toen ik vele jaren later onderzoek deed voor een verhaal, ontdekte ik dat 1950 het eerste jaar was waarin er namen aan wervelstormen werden gegeven.

Ze vertelde me dit allemaal op een middag in augustus. Vlak daarvoor was er een stortbui geweest, en we liepen langs een laan met natte linden. Ik herinner me dat nog goed omdat ik haar helemaal niets gevraagd had. Ze vertelde het uit zichzelf, zomaar ineens. Daarbij vloog ze door de jaren. Een half leven in een paar zinnen. De commotie in haar jeugd. Ze trok zelfs, nadat ze op straat om zich heen had gekeken, de boord van haar trui op om me een verdikking van haar huid te laten zien waar de rib slecht geheeld was. 'Hij heette Soufjen.'

Voor haar vader was het de ergst denkbare ramp. De familie-eer was door zijn eigen dochter door het slijk gehaald. Ze had het gewaagd zonder geleide bij de zee te staan, zoals alleen hoeren deden. Hij had al een man voor haar uitgezocht, maar die wees haar nu af, waardoor de schande twee keer zo groot werd. Voortaan werd ze in haar kamer weggestopt als er bezoek kwam en mocht ze het huis alleen nog maar in gezelschap van een van haar broers verlaten.

Twee jaar later was de wanhoop zo groot dat ze van huis wegliep. Haar moeder overhandigde haar bij het ochtendgloren een envelop met geld en deed de deur achter haar dochter dicht. Ze ging naar Beiroet, de plaats waar ook Saber Mounir als jonge man zijn geluk had gezocht. Ze beschreef me de stad net zoals hij: mondain, chic, verdorven, bruisend. Een stroom waarop ze zich kon laten meedrijven. Het leven dat in haar jeugd in Tripoli voorbehouden was geweest aan de mandaatsnacht, strekte zich uit over de hele metropool, die geen onderscheid kende tussen dag en nacht. Van over de hele wereld stroomden de mensen naar het Parijs van het oosten toe. Als haar werd gevraagd waar ze vandaan kwam of waar ze woonde, verzon ze elke avond een andere versie van zichzelf, gaf ze zichzelf telkens een nieuwe naam of levensgeschiedenis. Ze sloot het verleden buiten. Niets was in de stad der zoekenden makkelijker dan tijdelijk werk vinden en mensen ontmoeten. De man die mijn grootvader zou worden, leerde ze kennen toen ze hem zijn mantel aangaf. Ze werkte sinds een paar weken 's avonds in het Grand Théâtre bij de garderobe, waar de welvarende gasten flinke fooien gaven. Ze beschreef Amin Elmaalouf als een gulle bloemengever, schrijver van hartstochtelijke brieven en galante verleider. Zes keer achtereen bezocht hij een voorstelling, alleen maar om haar steeds weer te ontmoeten. Op een keer, lang na het einde van de voorstelling, zat hij op de trap voor het theater toen ze naar huis wilde gaan. Na een paar korte, nog schuchtere gesprekken en een diner in een van de chique restaurants van de stad haalde hij haar naar de andere kant van de garderobe. Hij kocht ook voor haar een mantel, en zo volgden ze in een loge de uitvoering, een gelauwerde gastvoorstelling van de Comédie-Française. Plaatsen vlak onder de ronde glazen koepel. De verheven architectuur. De heldere akoestiek. Later nam hij haar mee achter de coulissen. Hij liet haar de machines zien waaruit nevel kwam, de pauken voor de donder, de decors en rekwisieten; allemaal werktuigen der illusie. Hij bevrijdde zijn Yara uit de wereld van de gewone theatergasten, die dat allemaal nooit te zien kregen, leidde haar onder kabels door naar smalle onderaardse gangen tot in de kleedkamers waar de acteurs stonden te roken en stelde haar aan hen voor. Amin Elmaalouf, mijn grootvader, de man aan wie ik mijn voornaam te danken heb, bekleedde een hoge positie bij de Intra Bank, het grootste financiële instituut in de regio, en was met de wereld der getallen even vertrouwd als met die der kunsten. Hij opende alle deuren voor haar. En hij hield van haar manier van schilderen. Hij faciliteerde een kleine expositie voor haar in Galerie Joseph Matar en nodigde journalisten en vrienden uit om te komen kijken. Hij maakte indruk op de jonge vrouw. En toen hij vroeg waar hij haar vader kon vinden, want hij wilde hem om haar hand vragen, zei ze dat hij dood was. Een paar maanden na de bruiloft kocht hij een huis in de bergen voor haar. Een huis met een verwilderde tuin.

'Gaat u me dat huis ooit laten zien?'

'Ooit zul je het zien.'

Ik ben die middag nooit vergeten. Niet alleen vanwege dat wat er een paar uur later gebeurde. Haar bondige, nuchter gebrachte zinnen. Alsof ze niet over een deel van haar eigen leven vertelde maar over dat van een vreemde. Als een soort zelfbescherming. Alsof ze vreesde dat zich in de pauzes tussen de woorden emoties konden nestelen die haar achter haar rug om zouden overweldigen of meer over haar zouden verraden dan haar lief was. Waarom vertelde ze me dat allemaal? Wat bewoog haar daartoe, na weken van zwijgen en raadsels? Vermoedde ze wat ons te wachten stond? Voorvoelde ze de weersomslag?

Er waren vederwolken opgekomen en de mensen die we op het trottoir tegenkwamen, keken omhoog naar de hemel en leken ineens haast te krijgen. Een straatmuzikant maakte voortijdig een einde aan zijn lied. Een bruiloftsgezelschap dat zich voor een vervallen kerk voor een groepsfoto had opgesteld, maande de fotograaf op te schieten. Moeders riepen hun kinderen bij zich. De kranten zouden later reppen van een bijzondere gebeurtenis. Sinds het begin van de weerregistratie zou er in de Levant niet zo'n storm zijn geweest.

Wind en innerlijke onrust. Misschien, ja, misschien voelde mijn grootmoeder het heel goed aan.

'Die mensen die 's avonds bij ons thuis komen, hebt u die ook daar leren kennen? In het Grand Théâtre?'

'Sommigen van hen, ja.'

'Wie?'

'Nadja, bijvoorbeeld. Abbas. En nog een paar.'

'Ook Umm Jamil?'

'Nee, haar kende ik toen nog niet.'

'En hoe zit het met die vrouwen uit West-Beiroet? De weduwen?'

'Hoe weet je dat het weduwen zijn?'

'Klopt dat dan niet?'

'Jawel. En nee, ze zijn nooit in het theater geweest.'

Ze versnelde haar pas. Haar haar zat nu onder de lichtspikkeltjes die door de boomkronen heen drongen. Het viel me op dat de hemel een gelige kleur had gekregen, als op een sepiakleurige foto.

'Vertelt u me nu waar we naartoe gaan?' vroeg ik.

'Nee, laat je maar verrassen.'

Ze pakte me bij mijn arm en bracht me tussen het tegemoetkomende verkeer door naar de overkant van de straat. De buurt daar had iets verlorens over zich. Oude huizen, tegen elkaar geleund als scheve filmdecors, met donkere gangen ertussen. Het viel me op hoe weinig hier werd gebouwd. Als ik omlaagkeek naar het centrum van de stad, dan flitsten er overal kranen op en grijze vlakten duidden op percelen die binnenkort bebouwd zouden worden. Maar dit deel van de wijk leek te zijn vergeten.

Na een paar minuten sloegen we een steegje in dat zo verborgen lag dat ik het in mijn eentje over het hoofd had gezien. Op het eerste gezicht zag het eruit als honderden andere steegjes: was wapperde aan lijnen boven ons hoofd en ontnam het zicht op de hemel, balkonnetjes staken zo ver uit dat ze elkaar bijna raakten. Pas op het tweede gezicht zag ik dat er tapijten op de grond lagen en na een bocht zag ik mensen op die tapijten zitten, ouders met kinderen, die etenswaren voor zich hadden uitgestald. Er brandden kaarsen en die verspreidden in het halfdonker een gezellig licht. De lucht gonsde; zachte gesprekken, gespannen verwachting.

'Hier stond vroeger café Hakawati,' fluisterde oma terwijl we tussen de lijven door drongen, steeds verder het steegje in. Ze wees op een vervuilde etalage rechts van ons. Daarachter lag een ruimte waarin ik de contouren van een toog kon onderscheiden, en boven de ingang hing een scheef bord met een verbleekte naam erop.

'Het moest in de burgeroorlog de deuren sluiten en is daarna niet meer opengegaan,' zei ze. 'Maar sinds kort zijn er weer vertelavonden, hier in het steegje. Ik dacht dat je dat wel leuk zou vinden.'

Terloops gaf ze me een kneepje in mijn hand. Hoewel ik de afgelopen weken heel sceptisch tegenover haar had gestaan en nog steeds het gevoel had dat er een kloof tussen ons lag, werd ik evengoed door genegenheid overspoeld nu ze me zo'n aanraking ten deel liet vallen. En elke keer was het de vluchtigheid ervan die me duidelijk maakte dat ik meteen bereid was elke misschien meer verklarende zin voor nog een moment van intimiteit te ruilen, omdat het die intimiteit was die me een thuis gaf.

Er was iets anders aan haar die dag. Ik had de naam van mijn grootvader leren kennen en er had zich in mijn hoofd een beeld gevormd van haar jongere jaren. Waar vroeger een leemte was geweest, was er ineens iets, het begin van een rode draad, een verhaal. Ik werd heen en weer geslingerd tussen verwondering en blijdschap, scepsis en genegenheid.

Mijn oma liet mijn hand los. Ze pakte haar rok op en ging op een vrij plekje zitten. Ik nam naast haar plaats. Boven ons liepen de muren van de huizen in elkaar over. Een klein jochie keek me over de rug van zijn vader stralend aan. Een paar ogenblikken later kwam Saber Mounir het steegje in. Hij droeg een beige gewaad en zijn zilveren haar wapperde in de opkomende wind. Ik was al niet meer verrast hem te zien.

'Ik heb iemand in het nationaal museum gesproken. Daar is werk voor je dat je vast leuk zult vinden.' Mijn oma's woorden een paar weken eerder.

Daar waar de rijen toehoorders ophielden en de vertelplaats begon, strekte de hakawati zich nu in volle glorie uit. Ouders maanden hun kinderen stil te zijn. Alle hoofden richtten zich naar voren. Gesprekken verstomden.

'Yeki boed. Yeki naboed.'

Voor zover ik weet, had mijn oma weinig op met verhalen. Ik denk dat ze ze wantrouwde. Als jonge vrouw had ze de wereld achter het theaterdoek leren kennen, ze wist hoe illusie werkte. Toen ik een paar weken na haar dood nog eenmaal haar woning binnenging, vond ik in haar kasten geen enkele roman. Ze had non-fictieboeken bezeten, boeken over schilderkunst, James Ballantines *The Life of David Roberts* en een dik, in bruin leer gebonden boek met de titel *Litography and Lithographers*, verschenen in 1915, Van Goghs brieven aan zijn broer, evenals een dun boekje van een Japanse auteur over de kunst van het tekenen met Oost-Indische inkt. Ze had ook een paar fotoboeken. Een waarvan ik aannam dat het bijzonder belangrijk voor haar was geweest, stond dwars in de kast en sprong als eerste in het oog: *Madres de Plaza de Mayo* stond op het omslag, waarop een groep vrouwen stond die spandoeken met Spaanse teksten voor de camera hielden.

Ik zeg graag tegen mezelf dat het een teken van genegenheid was dat ze me indertijd naar dat steegje meenam hoewel fictie niets voor haar betekende. Voor mij daarentegen zijn verhalen, boeken, tot op de dag van vandaag een toevluchtsoord. Zolang ik me kan herinneren, heb ik er altijd in en mee geleefd. Ik weet hoe vaak ik gelukkig was wanneer ambities van helden werden waargemaakt, wanneer geliefden elkaar uiteindelijk vonden, armen uit hun ellende werden verlost, alle opdrachten waren uitgevoerd, raadsels opgelost, vermisten opgespoord en boeven hun verdiende loon hadden gekregen. En ik moet aan een zin denken die me destijds werd toegefluisterd door

Saber Mounir: 'Het feit dat het ware leven een kwestie van willekeur is en niet volgens een bepaald plan verloopt, dat het een aaneenschakeling van toevalligheden is die vaak niets met elkaar te maken hebben, ontslaat de verteller niet van de verantwoordelijkheid een bouwplan voor zijn verhalen te ontwikkelen. Dat het ware leven chaotisch is, is geen verontschuldiging voor slechte kunst.' Mij heeft de ordening die ik in boeken vond steeds een veilig gevoel gegeven. Maar juist dat, zo vermoed ik nu, was wat oma's wantrouwen wekte. Want in het ware leven blijft menige zaak onopgelost. Moordenaars worden niet veroordeeld, ze komen ermee weg, worden minister of president. Alleen in verhalen ondergaan ze hun gerechte straf.

'Hij heette Soufjen, wat "als de wind" betekent.'

Het leven: een aaneenschakeling van toevalligheden die vaak niets met elkaar te maken hebben.

Stormen en zeldzame gebeurtenissen.

Het was alsof er een geest door het steegje waarde, want alle kaarsen werden in één zucht gedoofd. Niemand reageerde, we waren allemaal te zeer in de ban van wat we hoorden. Saber Mounir sprak met trillende stem en druk gebarend. Hier in het steegje, bezield door de sfeer van vroeger tijden, leek hij tot nieuwe hoogten te komen. Hij vertelde het verhaal van de jonge pottenbakkerszoon Omar van de bedoeïenenstam Banū Hilāl, de zoon van de maansikkel, die gescheiden van zijn ouders door de woestijn zwierf. De sterrenhemel. De eenzaamheid. Het knarsen van het zand onder stukgelopen voeten. Hij beschreef dat alles in zinnen die tot leven leken te komen, zocht onze blik met zijn ogen, trok ons mee in die oude wereld die hij voor ons liet herrijzen.

Toen kwam de storm. Wolken schoven als schetsen langs de hemel, door een onzichtbare hand daarheen gegooid. We hoorden geritsel als van miljarden sprinkhanen. De wind waaide over de daken, we hoorden hem voor we hem voelden – een ruisen en gieren en wervelen en zwiepen. De kracht ervan sleurde de was van de lijnen, deed muren van huizen kreunen, rukte pannen van de daken, en daarna kletterde Saharazand uit de lucht, het sloeg tegen de ramen en ketste van de muren in het steegje in ons gezicht. Het kwam me voor als een goochelaarsshow. Betovering opgeroepen door de oude meester. Ik zag Saber Mounir zijn arm heffen om zijn ogen te beschermen, zijn zilveren haren schitterden, en toen zag ik de schaduw van een jongen opspringen. Hij wees met gestrekte arm naar de donkere muur die voor ons opdoemde en riep met overslaande stem: 'Het is de kamsin, de kamsin is hier!'

Overal om me heen en boven mijn hoofd barstte de chaos los. Ik trok me aan vreemde armen omhoog. Mijn oma stond al overeind, ze pakte mijn hand en we drongen dicht tegen elkaar aan naar voren. Ik zag geen hand voor ogen. De zandkorrels beten als vlooien in mijn voorhoofd en nek, de wind floot boven ons hoofd en we wisten niet waar we heen moesten, tot ergens een deur openging en we ons hoestend en proestend ineens in een gang bevonden die zich, verlicht door een gaslamp, voor ons uitstrekte. Een bewoner had ons naar binnen gehaald.

'*Tíaddal,*' zei hij en hij wees naar een trap die naar een hogere etage leidde. Met *'ahlan wa sahlan'* heette hij ons welkom in zijn huis. Hij had een vriendelijk gezicht en glimlachte gelaten toen we – zo'n vijftien vreemden in zijn gang – het zand van onze jassen klopten en beschaamd naar de kleine zandhoopjes keken die we op de vloer achterlieten.

Bovenaan de trap rook het naar gebakken uien. Pas toen merkte ik hoe hongerig ik was. Toen ik de keuken in gluurde, zag ik een vrouw bij het fornuis in een pan roeren. Ze knikte me vriendelijk toe, maar ik werd al verder geduwd, langs andere vertrekken. Al naargelang waar ik stond, hoorde ik de wind buiten sterker of slechts gedempt. Er waren dichte deuren, waarvan het hout in de stijlen trilde. Daaraan merkte ik dat ook dit huis voor een deel een ruïne was. Achter de deuren waren geen kamers meer, maar ingestorte muren of op zijn minst grote gaten, door granaten in de oorlog geslagen, waar de wind nu doorheen floot, om eraan te rammelen als een buitengesloten gast.

We gingen in de woonkamer zitten. Onze gastheer kwam kort daarop met een dienblad vol met kopjes, waarin hij muntthee met suiker serveerde. Hij verontschuldigde zich dat hij geen generator op zijn dak had en stak kaarsen aan. Het schemerige licht had iets plechtigs. Even later kwam zijn vrouw kommen met linzensoep brengen. Plat brood werd doorgegeven, zodat iedereen er een stuk van af kon breken. Toen de heer des huizes zelf niet nam, begreep ik dat er niet genoeg van was. Maar hij leek gelukkig met onze aanwezigheid, glimlachte tegen iedereen en toen hoorde je even niets anders dan het geslurp van tevreden gasten, het grootste compliment. Mijn oma keek me over de rand van haar kom aan, maar ze leek onzeker en nam de onbekende gezichten op.

'Wat weet je allemaal over de kamsin?' Het was Saber Mounir die gesproken had. Hij zat aan de andere kant van de kamer op de vloer en wees naar de jongen die eerder opgesprongen was om de wind bij zijn naam te noemen.

De jongen keek naar zijn vader, die hem met een knikje aanmoedigde de hakawati antwoord te geven.

'Hij komt uit Egypte,' zei de jongen zachtjes, 'hij komt van over zee.'

Saber Mounir knikte. Hij zat in de schaduw naast onze gastheer, door het vertrek heen zag ik een zwakke fonkeling in zijn ogen.

'De oude Egyptenaren noemden hem *resetyu*,' zei hij. 'De resetyu was de negende plaag. En nu nog keert hij als kamsin terug wanneer er een lagedrukgebied over de Middellandse Zee trekt en een hogedrukgebied over Mesopotamië. Dan zwelt hij in Zuid-Egypte aan tot een stofwolk, volgens de overlevering sinds eeuwen warm, droog en gigantisch, tot de stofwolk een wind wordt die over het land trekt, over de regio, en als hij woedend is geworden en zich niet meer laat tegenhouden, komt hij naar ons.'

De stem van de oude man vulde het vertrek tot in de verste hoek. Zelfs de kat op de armleuning van de bank sliep niet, maar luisterde. Buiten kraste het zand op de ruiten.

'Waarom is de kamsin woedend? Is hij kwaad op ons?' fluisterde de jongen met zijn hoofd tegen de schouder van zijn vader geleund. Die legde zijn vinger op zijn lippen. 'Sst.'

Saber Mounir had de vraag gehoord.

'De kamsin is een oude wind,' zei hij. 'En oude winden zijn ijdel. De kamsin die je voor het raam hoort, voelt zich in zijn trots gekrenkt, want hij is niet de hoofdpersoon van het verhaal waaraan ik daarnet begonnen was. Het was in de achtste eeuw dat de stofwolk kwam. En de pottenbakkerszoon Omar woonde in Ifriqiya, waar de nomadenstam der Banū Hilāl, de zonen van de maansikkel, rust had gevonden...' En voor we het wisten, had Saber Mounir de draad opgepakt waar hij eerder opgehouden was, alsof het de gewoonste zaak van de wereld was. Hij vertelde in de stilte van de kamer hoe de woedende wind in de woestijnstad families uit elkaar rukte, vertelde over kinderen die wees werden, over ouders die hun kinderen kwijtraakten zonder enig spoor van hen te vinden. Hij weefde een ander verhaal door de hoofdhandeling, waarin een vrome gastheer de pottenbakkerszoon en een paar vreemden binnenliet terwijl de wind woedde, en ze vertelden in die kamer verhalen binnen het verhaal tot ze de volgende ochtend uit elkaar gingen om het spoor van de verlorenen te volgen. Terwijl het zand over Beiroet neerdaalde, vertelde Saber Mounir over de huizen van Ifriqiya die de wind begroef, net zo lang tot de naam van de stad vergeten werd, en ergens tussen de zinnen moet er bij mijn oma iets zijn geknapt. Onhoorbaar, onzichtbaar. Ik probeer telkens weer een beeld van haar op te roepen, maar afgezien van de rimpels in haar door flakkerende kaarsen verlichte gezicht was er niets wat verraadde welke storm er in haar woedde. Ze had haar ogen dichtgedaan, dat weet ik nog, maar ik geloof niet dat ze huilde.

De wind hield nog verscheidene uren aan. Algauw waren de kaarsen opgebrand, de was hing als druppels aan de kandelaars. Ver na middernacht deelde onze gastheer kussens uit en wie wilde, ging liggen slapen, terwijl de anderen op fluistertoon met elkaar praatten. Het was de duisternis. Het gezamenlijk wachten. Het waren de geluiden van buiten, het klapperen van de vensterluiken, het gieren en razen dat zich niet liet uitwissen en dat de mensen in het vertrek deed denken aan avonden die ze in hun herinnering hadden begraven. In die uren haalden ze die weer tevoorschijn en spraken ze zachtjes, om de kinderen niet te wekken, over de tijd die ik niet had meegemaakt. *Les évènements*. 'De gebeurtenissen.' Zo noemden ze de oorlog en de nachten die ze op vloeren als deze hadden doorgebracht, op plankenvloeren en zo mogelijk onder dragende muren of in de kelders van buren. Twee jongens, niet veel ouder dan ik, vertelden dat ze alleen al aan de verandering van toonhoogte hadden kunnen herkennen of een raket op hun wijk afkwam of er juist vandaan ging, en door welk wapen die was afgevuurd. Die leerschool van de oorlog, zo zeiden ze, was van levensbelang. Ze herinnerden zich de tactieken die ze hadden ontwikkeld om langs zandzakwallen en scherpschutters te komen – afwisselend sluipend, lopend en rennend, terwijl ze etalagepoppen om de hoek van huizen schoven om te kijken of er werd geschoten – en dat het op straat, wanneer ze uit de kelder kwamen, nog naar kruit rook. Ik keek naar oma. Ze staarde in haar handpalmen alsof daar antwoorden in stonden.

Ik moet op een gegeven moment in slaap zijn gevallen, want toen ik wakker werd, was de kamer in daglicht gehuld. De storm was eindelijk gaan liggen. Ik weet nog dat de stad in een warme, stoffige nevel was gehuld en dat ik de indruk had dat we door een of andere onverklaarbare gebeurtenis op een andere planeet of in het Beiroet van een verre toekomst waren beland. De stad leek ondergedompeld. De lucht zag geel. Auto's, straten, voortuinen en huizen waren door een dikke laag zand bedekt en de weinige mensen die we op de terugweg tegenkwamen, droegen voor het merendeel mondkapjes en haastten zich naar huis. Auto's bewogen zich met brandende koplampen in slakkengang over het netwerk van vreemd ogende wegen. Openbare gebouwen en instellingen bleven twee dagen dicht. En nog weken later werd gewaarschuwd voor uitstapjes naar het hoogland. Door de storm waren de borden weggewaaid die gebieden aangaven waar mijnen lagen.

Wat me echter vooral is bijgebleven, is de omhelzing tussen mijn oma en Saber Mounir toen we het huis van onze onbekende gastheer verlieten, en hoe Saber Mounir over haar schouder naar me keek toen hij haar tegen zich aan drukte.

Een verwilderde tuin

Mijn herinnering aan de herfst van 1994 brengt wisselende beelden naar boven, zoals de bonte glassteentjes in een caleidoscoop steeds nieuwe patronen vormen. De wereld draaide door, en ik had weken nodig om dat banale besef te accepteren. Ik herinner me de veranderingen in de natuur en dat ik op sommige septemberdagen het gevoel had dat het nooit zomer was geweest. Augustus was razendsnel verstreken, en alles wat daarbij hoorde, de verlokkingen, de uitdagingen, was tijdens de avonduren in het museum aan me voorbijgegaan. Ik had het gevoel in korte tijd veel geleerd te hebben, maar als ik probeerde het geleerde in woorden te vatten, kostte me dat moeite. Ik moest me opnieuw oriënteren. Het ritselen van bladeren onder mijn voeten viel me op. De veelkleurigheid van de tuinen. Talrijke wandelaars kletsend in de eindelijk aangename middagzon. Voor de ingang van huizen in de wijk stonden manden met overrijp fruit en groenten. Zoals altijd in september reden kolonnes auto's de stad uit voor de oogst in de bergen.

Eind augustus, begin september zie ik hierboven vanachter het raam van mijn werkkamer tractors over het land rijden. Ze halen restanten van de oogst binnen en maken de bodem klaar voor het nieuwe zaaigoed, gevolgd door zwermen zwarte vogels. Tijdens mijn wandelingen ontmoet ik in de boomgaarden families die hier gekomen zijn om fruit te verzamelen, want in de winter stijgen in de stad de kiloprijzen aanzienlijk. Alle kinderen helpen mee. Ze rapen bergen appels en zijn gefascineerd door de donkere aarde onder hun nagels. Ouders kijken naar de zon om de tijd te schatten en drukken hun handen tegen hun rug. Tegen de middag, wanneer ik weer achter mijn bureau zit, zijn ze in de regel verdwenen, allang weer op weg naar de stad.

De bonte glassteentjes van mijn terugblik roepen ook scènes met Jafar op. Op sommige herfstdagen, wanneer de wind van zee kwam, daalden we af naar het water langs het steile pad bij de Duivenrotsen. We maakten er een wedstrijdje van om de kleinere rotsen als eerste te bereiken, daar sprongen we van de ene steen naar de andere. De wind rukte aan onze T-shirts. We moesten hard schreeuwen om elkaar te verstaan. Wanneer we met ons gezicht naar zee stonden, benamen windvlagen ons de adem, zodat we ons moesten afwenden om lucht te krijgen. Hogerop zagen we volwassenen die ons met gebaren maanden voorzichtig te zijn. Stuifwater sprong bij de rotsen op en besproeide ons met glinsterende druppels. We waren niet bang door een windvlaag te worden gegrepen en tegen de rotsen of in zee geslingerd te worden. Jafar ging meestal voorop. Ik volgde hem overal. Als de wind sterk was, pakte ik hem bij zijn schouders, ik vertrouwde op hem en we klommen samen op de glibberige stenen.

Terug zijn op school, in het bedompte klaslokaal op de tweede etage, viel me na die augustusavonden vol geheimen zwaar. De sfeer in de museumbibliotheek kon ik nooit helemaal van me afzetten. Mijn gedachten gingen daar telkens naar terug. In de Engelse les behandelden we een gedicht van Keats over de herfst dat ik mooi vond. Ik mocht het voorlezen en herinnerde me daarbij het vermogen van Saber Mounir om zelfs de meest alledaagse taferelen met een nuance in zijn stem meer leven in te blazen en de uitwerking van beelden te versterken door bewust gekozen pauzes. Na de laatste strofen keken mijn klasgenoten me aan alsof ik gek was geworden. Bij Frans lazen we *Cyrano de Bergerac* van Edmond Rostand, en af en toe speelden Jafar en ik op de rotsen bij de zee een zwaardgevecht met stokken na; dan liet hij zich in mijn armen zakken alsof hij dodelijk getroffen was: 'Dus kan ik aannemen, madame, dat ik begon te sterven toen ik u begon lief te hebben,' fluisterde hij voor hij in lachen uitbarstte.

Het waren vreemde dagen. Af en toe ging de deur van ons klaslokaal op een kiertje open en stak een vrouw met een perfect gebit haar hoofd naar binnen. Ze noemde namen van leerlingen, die dan opstonden, hun schrijfgerei inpakten en haar volgden naar een ander lokaal. Jafars naam viel vaak. Ik weet nog dat hij bij het verlaten van de klas moeite deed nonchalant over te komen, zijn etui onder zijn arm klemde en naar me knipoogde voor de deur achter hem dichtging. Ik kreeg nooit te horen wat zich in dat andere lokaal afspeelde, maar op het schoolplein deden geruchten de ronde dat de vrouw uit Parijs kwam, voor UNICEF werkte en met kinderen praatte over dingen die hun tijdens 'de gebeurtenissen' waren overkomen.

Op een gegeven moment deelde de leraar blaadjes uit met een stelopdracht. 'Een lied van Serge Lama heeft als titel "Herinneringen, pas op, gevaar!". Waaraan doet die titel je denken?' Een meisje dat Amira heette, kwam later met haar blaadje voor de klas en kuchte. 'Toen ik vijf was, hebben ze mijn vader in de kofferbak van zijn auto gevonden op de weg naar Damour,' zei ze. 'Ik was erbij. Ze hadden niets van hem gestolen. Ze hebben hem om zijn geloof gedood. Mijn moeder zegt dat ik niet meer aan die herinnering moet denken, omdat die gevaarlijk is.'

Een keer, toen mijn klasgenoten het lokaal al hadden verlaten vanwege de pauze, liep ik naar voren en vroeg de leraar geografie en geschiedenis wanneer we de burgeroorlog gingen behandelen. Hij keek me lang aan, draaide daarbij een kapotgekauwd potlood rond tussen zijn vingers en zei ten slotte dat we daar nog eeuwen van verwijderd waren.

Van diezelfde leraar hoorde ik een paar weken later dat het vierhonderdvijftig jaar had geduurd om de legendarische bibliotheek van Alexandrië te verwoesten. De eerste schade was het gevolg van een brand die tijdens de Alexandrijnse oorlog was veroorzaakt door de legioenen van Caesar, die de Egyptische vloot in de fik hadden gestoken, waarop de vlammen vermoedelijk naar de gebouwen waren overgeslagen. Daarna waren er door de eeuwen heen steeds weer nieuwe oorlogen geweest en daardoor was er in de hele wereld geen enkel stuk papyrus meer dat aan de bibliotheek van Alexandrië kon worden toegeschreven.

Als ik tegenwoordig in een bibliotheek of boekhandel ben, zoek ik altijd naar Saber Mounirs naam. Alsof hij zijn verhalen misschien later nog in een boek kon hebben verzameld, hoewel ik weet dat het een dwaas idee is. Ik zie het als een heimelijke groet. Ik vraag me af wat er van hem geworden is. De avonden in de bibliotheek kregen geen vervolg. Mijn werk daar hield op toen de meeste artefacten uit de kelder geborgen waren en ter verdere inspectie naar laboratoria en gebouwen verspreid over de hele stad waren overgebracht. Het museum werd nu uitsluitend bevolkt door ambachtslieden en schilders en de deuren bleven voor mij dicht. Zeker, over Saber Mounir zou meer te vertellen zijn. Maar dat zouden andere verhalen zijn voor andere tijden. Na die avond dat de storm ons een onbekend huis in had geblazen, was er nog maar vluchtig contact. We stonden voor een laatste keer samen in de namiddagschemering in de bibliotheek en keken rond. De zaal was leeg. Werklieden hadden de laatste verruïneerde kasten weggebracht en alleen de wat lichtere rechthoeken op de roetzwarte vloer en een paar achtergebleven moersleutels getuigden van hun vroegere aanwezigheid. Tientallen emmers met witte verf stonden in een hoek. Het gat van de granaat in de muur halverwege het plafond was provisorisch dichtgemaakt met een stuk plastic. Aan het eind gaf Saber Mounir me een hand zonder dat we een afscheidswoord tot elkaar richtten. Ik heb nooit meer iets van hem gehoord. Misschien, zo stelde ik me voor, had hij na al die jaren zijn meisje weer ontmoet.

De dagen nadat hij mijn oma had omhelsd, probeerde ik soms stiekem een blik op haar sleutelbeen te werpen, om misschien toch nog een litteken in de vorm van een grens te kunnen ontdekken.

En zoveel jaren later denk ik nog steeds aan de middagen met Jafar waarop we naar de woeste zee keken. Er is vast een reden voor het feit dat we zo vaak naar die gevaarlijke plek gingen. Misschien peilden we, zonder het te weten, hoeveel houvast we elkaar in die tijd konden geven. Misschien voelden we aan dat er iets in ons was, een nieuw leven waar we naartoe zouden groeien.

Toen ik op een avond wat later naar de Duivenrotsen kwam, zag ik hem bij het water met een meisje. We kenden haar van gezicht, ze bracht met haar ouders de vakantie in een nabijgelegen hotel door. De dagen daarvoor was ze bij het verkennen van de omgeving steeds weer achter de heuveltop opgedoken en had ze naar ons staan kijken.

Ik zag hun silhouetten, haar haren wapperden in de wind. Ze keken elkaar aan. Toen ik – zonder dat ze me hadden opgemerkt – dichter bij hen was gekomen, zag ik dat het meisje het bandje van haar jurk van haar schouder liet glijden en een stukje lichte huid ontblootte. Ze keek er even naar en ook Jafar zag het.

Toen ze me eindelijk in de gaten kregen, wenkten ze me. Ze leken zich niet betrapt te voelen, eerder uitgelaten. Ik riep dat ik te moe was en keerde om. Ik weet niet meer waarom ik dat deed. Langzaam liep ik weg door het natte gras, zodat Jafar me zou kunnen inhalen. Waar het pad op de onverlichte hoofdstraat uitkwam, draaide ik me nog eenmaal om, maar ze waren achter de rotsen verdwenen.

Na ruige wind zag de rotswand er anders uit. Dat constateerden Jafar en ik toen we er de volgende dag terugkwamen. Het natuurgeweld had brokken steen losgeslagen, dunne lagen leisteen waren afgeslepen en in zee gespoeld, de vlakken eronder waren onverwacht glad. Veranderingen die jezelf betreffen, zijn zolang ze duren vaak lastig waar te nemen. Dat geldt vooral voor jongeren op een leeftijd dat ze net geen kind meer zijn en ook nog niet volwassen willen worden. Mensen die ons pad kruisen, verdwijnen en toch laten ze sporen na die we achteraf als cruciaal ervaren. Banden gaan verloren of worden sterker. Voortdurend proberen we ons van onszelf te vergewissen. Misschien verhoudt het zich hier als met de zee en de rotswand – je merkt pas de ochtend na de storm wat er anders is.

*

Mijn oma en ik liepen door verlaten straten. Nooit eerder had ik Beiroet zo meegemaakt. Rode stoplichten brandden zinloos terwijl we de lege kruispunten overstaken. Bij een halte hoopten we dat de bus zou komen, maar toen duidelijk werd dat dat niet zou gebeuren, liepen we door. Onder een spoorbrug vroeg ze me om een zakdoek; toen ik die openvouwde, zat hij vol zand.

Sinds ons vertrek had ze nauwelijks een woord gesproken. Haar zwijgen verontrustte me, want ze zag er breekbaar en nog steeds verschrikt uit. Haar haar zat in de war en ik werd herinnerd aan de tijd in Duitsland toen ze zich zo ver in zichzelf had teruggetrokken dat ze voor mij onbereikbaar was geworden. Toen we onder die spoorbrug liepen, was dat vlak voor haar zestigste verjaardag, maar die ochtend vond ik haar voor het eerst oud. Ze schonk me een blik met een zweem van een glimlach. Ik pakte haar hand en gaf een kneepje in haar trillende vingers. Ze zuchtte. Ik kwam nog een stapje dichterbij en legde mijn hoofd tegen haar schouder.

Toen we thuiskwamen, leek alles kleiner, alsof het onder de zwavelgele hemel was gekrompen. Achter de voordeur sloeg ons een bedompte lucht tegemoet, het rook naar het eten van de vorige dag, waarvan de restanten nog op het fornuis stonden, als om ons eraan te herinneren dat we niet van plan waren geweest de nacht ergens anders door te brengen. Het keukenraam was opengeklapt. Er was zand naar binnen gewaaid, dat niet alleen de schoorsteenmantel bedekte, maar ook de gootsteen en de inhoud van de pan. Nog dagen later zouden we het in alle spleten en kieren vinden.

Mijn oma tastte in het halfduister van de gang naar mijn hoofd.

'Ik moet gaan liggen, Amin, het spijt me.'

'Wat is er met u?'

'Ik voel me niet goed. Ik ben moe.'

Buiten loeide een sirene. Ik hoorde het geritsel van de beddensprei in de slaapkamer. Toen ik later bij haar ging kijken, had ze haar rug naar me toe gedraaid. Ik bleef een hele tijd in de deuropening staan, keek naar het silhouet van haar lichaam onder de deken en overwoog of ik naar haar toe zou gaan en naast haar zou gaan liggen of dat ik beter de deur zachtjes dicht kon doen. Uiteindelijk deed ik geen van tweeën. Ik ging aan de slag om het zand het huis uit te werken.

Daarna was ik helemaal op van vermoeidheid, maar ik wist dat ik nog iets moest doen. Ik ging naar de badkamer, trok mijn broek en T-shirt uit. In de spiegel zag ik dat mijn gezicht en schouders met stof bedekt waren. Het was een onbekende jongen uit een woestijnverhaal die me met flikkerende ogen aankeek. Ik herinner me dat moment nog goed. Het laat het eerste beeld zien van mijn daaropvolgende jeugdjaren alsof het is ingelijst – een adolescent, schuchter en nog zonder houvast, die onzeker naar zijn spiegelbeeld kijkt.

Na uitgebreid te hebben gedoucht belde ik Jafar. Ik moest het viermaal proberen voor er eindelijk een kiestoon kwam. We spraken een halfuur later af voor de deur van zijn huis, om samen naar het café te gaan. Ik zei dat ik moest controleren of er schade was.

Toen ik hem voor zijn huisdeur trof, droeg hij een ooglapje; hij zag eruit als een piraat. Hij vermoedde wel wat ik dacht, want hij begroette me door zich bliksemsnel voorover te buigen, zijn tanden te ontbloten en tegen me te grauwen. Uit een raam op de eerste verdieping wierp zijn moeder me een handkus toe en maande haar zoon het lapje niet af te doen, omdat er anders zand achter zijn glazen oog zou kunnen komen. Dat leek mij nogal stug. Op de volgende straathoek trok Jafar het ding dan ook meteen van zijn hoofd en stopte het in zijn zak.

Het was drukkend warm, de hemel was nog steeds onwerkelijk geel, een dreigende, deinende einder als op een schilderij van Thomas Fearnley, en terwijl we praatten, begonnen we steeds langzamer te lopen. De straten waren leeg. Net als tijdens de oorlog, dacht ik, toen er in sommige wijken een avondklok was ingesteld en er alleen jeeps van de milities hadden rondgereden. Waar onze weg langs onbebouwde terreinen voerde, passeerden we in volkomen stilte.

Toen we onze bestemming bijna hadden bereikt, vertelde Jafar dat het meisje van de rotsen de vorige dag was vertrokken.

'Ben je met haar meegegaan naar het vliegveld?'

'Meegegaan? Haar ouders waren er toch bij?'

'Ga je haar schrijven?'

'Weet ik niet. Alleen als zij het als eerste doet.'

We vroegen ons af of haar vliegtuig in de storm terecht was gekomen of dat de vlucht nog op tijd was geannuleerd en speculeerden welke eilanden tussen ons en Europa in de atlas stonden waar een piloot eventueel een noodlanding kon maken, en hoelang flessenpost met een noodkreet erover zou doen om bij ons aan te komen. Jafar zei dat sinds je in het vliegtuig geen flessen meer mocht meenemen, het bijna onmogelijk was van een onbewoond eiland te worden gered. Toen vertelde hij dat de hals van het meisje naar gardenia's had geroken. Dat betwijfelde ik. Hij deed zijn ogen dicht en stak met een overdreven gebaar zijn neus in de lucht, alsof hij de geur nog steeds rook. Ik gaf hem half schertsend een por in zijn zij, wist niet goed wat ik moest zeggen, maar ik was nieuwsgierig. Voorzichtig probeerde ik erachter te komen wat zij tweeën achter de rots gedaan hadden, maar Jafar deed zijn mond op slot met een denkbeeldige sleutel die hij achter zich in de goot gooide.

Het café leek van buitenaf onbeschadigd. Er zaten wat krassen op de glazen pui. Vermoedelijk had het zand het glas geslepen, maar dat zag je alleen als je heel goed keek, en dan ook nog vanuit een bepaalde hoek.

In het café had de warmte zich onder het hoge plafond opgehoopt, het zweet stond meteen op ons voorhoofd. Tot mijn opluchting was alles smetteloos schoon gebleven, op een beetje zand bij de ingang na, dat wij hadden meegebracht. De stoelen stonden netjes op de tafels, zoals altijd na sluitingstijd, omdat dan de vloer werd schoongemaakt. Vers ogende papieren bloemen stonden in porseleinen vaasjes op de planken en theelichtjes in glazen tooiden de tafels. Op het eerste gezicht leek het of de deur elk moment voor de gasten kon opengaan. Maar toen merkte ik het. Er was wél iets veranderd. Aan de buitenste rand van mijn blikveld zag ik schaduwen en patronen die daar niet hoorden. Ik draaide verbaasd mijn hoofd om.

'Die hingen hier de laatste keer toch nog niet?' hoorde ik Jafar vragen. Ik was zo in de war dat ik eerst niet wist wat ik moest antwoorden.

'Nee, die moeten nieuw zijn.'

Mijn oma had haar expositie de afgelopen dagen blijkbaar uitgebreid. Er hingen nu ook lijsten aan de tegenoverliggende muur. Het waren vier nieuwe schilderijen, allemaal van dezelfde grootte en in dezelfde stijl als die we al kenden.

'Waarom nog meer van hetzelfde?' Jafar knipperde met zijn ogen en leek half in zichzelf te praten. 'Zo succesvol kan die expositie toch onmogelijk zijn geweest.'

'Ik zou willen dat ik het wist.'

Terwijl ik het zei, begon het me te dagen: ze moest die nieuwe schilderijen hebben gemaakt in de tijd dat ik in het museum bezig was. Op haar vrije avonden, wanneer ze in het café niet meer nodig was geweest, moest ze de verf uit een la hebben gehaald en weer achter de ezel zijn gaan staan.

'Ik blijf erbij dat het geen kunst is,' zei Jafar. Hij liep om de toonbank heen en zocht in de koelkast iets te drinken. Ik hoorde flessen rinkelen. 'Je oma zegt dat het aan het publiek is om de schilderijen te beoordelen, en ik als publiek zeg: het is puur troep.' Kort daarop dook hij met een Pepsi in zijn hand op achter de houten betimmering en keek me vragend aan.

Ik haalde mijn schouders op, waarna hij het flesje openmaakte en in één teug leegdronk.

Ik deed mijn best onbevooroordeeld naar de schilderijen te kijken. Iets te ontdekken wat me eerder niet was opgevallen. In gedachten verbond ik de losse punten op de doeken, maar niets leidde tot een concrete vorm. In plaats daarvan verloor ik mezelf in het niets ervan, in de leegte tussen de verfstippen die eruitzagen als verdwaalde wandelaars in een sneeuwlandschap op een van grote hoogte genomen foto.

Ik wilde me al afwenden en ook iets te drinken halen toen iets me weerhield.

'Wacht eens,' zei ik, 'bij deze schilderijen is iets anders.'

Jafar zette zijn lege flesje op de toonbank en kwam naar me toe. Ik wees naar de bordjes die mijn oma onder de doeken had gehangen.

'De namen,' zei ik, met mijn vinger nog steeds uitgestoken. Ik begon te lezen: 'Karantina. Burj al-Murr. Port District. Corniche al-Mazraa. Dat zijn geen landsnamen, klopt dat?'

Jafar zei een tijdlang niets. Zijn gezicht stond duister. Ten slotte schudde hij zijn hoofd. 'Nee,' zei hij, en dat klonk eerder verschrikt dan verbaasd. 'Het zijn namen van gebouwen en wijken.'

Een paar jaar geleden, ik was midden twintig, stuitte ik in het lokale gedeelte van een krant op de aankondiging van een toneelstuk en ik voelde de behoefte naar de voorstelling te gaan. Dus reed ik naar Beiroet, naar een klein theater dat in de oorlog een kelder was geweest waar milities gijzelaars hadden vastgehouden en bij de verhoren hadden gemarteld. Er waren maar weinig toeschouwers. Ze hingen in hun stoelen en typten op hun mobieltjes, waardoor ik ervan uitging dat ze familie en vrienden van de acteurs waren, die als zaalvulling dienden. Ik had niet nader naar de inhoud van het stuk geïnformeerd, had een plotselinge impuls gevolgd, en dus was ik verbaasd in de folder die bij de entree in mijn handen was gedrukt te lezen dat alle leden van het ensemble de burgeroorlog als kind hadden meegemaakt en dat het doel van de multiconfessionele theatergroep was de herinnering daaraan met behulp van zelfgeschreven teksten weer in het openbare bewustzijn terug te brengen om gebrekkige verwerking tegen te gaan. Ik was verrast dat er afgezien van een korte inleiding bij de opvoering niet werd gesproken. Een actrice ging in het spotlicht staan en reciteerde een gedicht:

Waarom deze leegte na de vreugde?
Waarom dit einde na de roem?
Waarom dit niets waar eens een stad was?
Wie weet het antwoord? Slechts de wind
Die de gezangen van de priesters steelt
En de ziel verwoest die eens heel was.

Sidi Mahrez' 'Klaagzang om Carthago'. Opgezegd in het littekenweefsel van Beiroet.

Daarna was alles alleen mimiek en gebaren. Er waren de afbrokkelende muren van de kale ruimte. Het verblindende licht van de schijnwerpers. Het volkomen ontbreken van stadsgeluiden. Er stond een jonge man midden op het podium. Ik verloor me in zijn spel, dat een afwisseling was van plotselinge gebaren en stilstaan; hij bevroor of vertrok zijn gezicht, en het raakte me zoals hij alleen al door de uitdrukking in zijn ogen verdriet voelbaar maakte waarvoor blijkbaar geen woorden bestonden. Het bleef bij associaties, gewekt door de andere acteurs, die zwijgend en anoniem om hem heen stonden, nu eens dichterbij kwamen, zich dan weer verwijderden en hem door hun overmacht isoleerden terwijl hij zich stom met rukkende bewegingen heen en weer bewoog, zich oprichtte of als een gevangene gebukt door de ruimte sloop, met zijn handen zoekend voor zich uitgestrekt alsof daar misschien ergens taal was.

Er was geen ontknoping, geen gesprek met het publiek. Op een gegeven moment was het stuk afgelopen, iemand deed de schijnwerpers uit en de acteurs trokken zich terug. Op de terugweg, in de auto, voelde ik het trillen van de stilte nog, en zoveel jaren later moest ik weer aan dat moment denken toen ik naar de eerste expositieavond in het café was geweest, omringd door onbekenden die zwijgend naar iets keken wat voor mij onzichtbaar bleef. Ik dacht aan Nadja, aan Fida en Abu Amar en aan de zijderupsenteler van Sidon. Ik had toen tussen hen gestaan en de schilderijen bekeken, bewegingloos opgaand in het zwijgen in de ruimte, terwijl een deel van mij het van verbazing had willen uitschreeuwen.

Diezelfde verbazing vond ik nu ook terug bij Jafar. Ik weet niet of het de schilderijen zelf waren of de titels, maar ik bespeurde zijn onrust. We bewogen niet, keken elkaar niet aan, lazen alleen maar telkens weer de plaatsnamen. De laagstaande middagzon scheen door de etalageruit en veranderde metalen oppervlakken en spiegels in een veelvuldig gebroken schittering. Jafar stond zo dicht bij me dat onze schouders elkaar raakten. Ik voelde zijn opgewonden ademhaling.

Zo stonden we daar toen het licht veranderde omdat Mara ineens in de deuropening verscheen.

'Amin, wat doe jij nou hier?'

'Mara.'

'Is alles in orde?'

'Ja, oma slaapt. We wilden alleen kijken of alles heel is gebleven.'

'Dat wilde ik ook. Wat een storm.'

Ze kwam echter niet meteen naar binnen, maar bleef op de drempel staan en liet haar blik langs ons door de ruimte dwalen. Ik zag dat ze haar voet naar voren en weer terug schoof, alsof ze de ijslaag op een bevroren meer testte. Ze had toen ze ons zag – twee sujetten in het café bij een halfopen deur – met een vlugge beweging haar handtas tegen zich aan gedrukt, dat was me opgevallen. Pas toen ze er zeker van was dat we hier maar met zijn drieën waren, liet ze haar tas zakken en kwam ze naar binnen.

Nadat ze had rondgekeken en Jafars lege Pepsi-flesje in de vuilnisbak had gegooid, kwam ze naar ons toe. Gedrieën stonden we voor de schilderijen.

'Amin, habibi,' zei ze na een tijdje, met haar blik naar voren gericht. 'Kun je Yara zeggen dat ik de komende weken naar mijn grootouders in Jezzine moet? Ze moet Kamila vragen of ze voor me invalt.'

Ik knikte. Ik keek naar Mara's hand. Het verband was eraf, maar om haar ringvinger zat nog een pleister.

'Mara, hoe gaat het met je vinger? Is de wond genezen?'

'De wond?'

'Oma heeft me over het incident verteld.'

'Het is zo goed als genezen. Het was mijn eigen schuld.'

'Hoezo?'

'Die snee. Ik ben uitgeschoten met mijn mes. Ik was geschrokken. Van het lawaai.'

'Wat voor lawaai?

'Heeft Yara je dat niet verteld?'

'Dat weet ik niet meer.'

'Ze zou het echt niet moeten doen,' zei Mara. 'Die schilderijen, ze zou moeten weten wanneer het genoeg is.'

'Zeg me alsjeblieft wat er gebeurd is.'

Nu zette ze haar handtas op de tafel en draaide zich naar me toe: 'Ze zeiden dat ze terug zouden komen, Amin. Drie mannen. Eerst waren ze vriendelijk, maar toen begonnen ze ineens te schreeuwen. Ze zeiden dat er iets zou kunnen gebeuren als ze de schilderijen niet weghaalde; een ongeluk, zeiden ze. Er zou een ongeluk kunnen gebeuren.'

*

Tegen de avond ging ik terug naar huis. Terwijl ik door de stad liep, had ik een tekst bedacht waarmee ik de confrontatie met mijn oma wilde aangaan. Gisteren nog dat intieme moment, dat diepgaande kijkje in haar vroegere ik. Vandaag het gevoel niets van de actieradius van haar wereld te weten. Ik was vastbesloten haar ter verantwoording te roepen. Maar thuis kwam me meteen een scherpe geur van medicijnen tegemoet, de jaloezieën in de woonkamer waren neergelaten en haar slaapkamerdeur was dicht. Onmiddellijk sloeg mijn woede om in bezorgdheid. Ik had er spijt van dat ik haar alleen had gelaten, en de zin van Mara klonk opeens schril in me na: 'Ze zeiden dat ze terug zouden komen, Amin. Er zou een ongeluk kunnen gebeuren.'

Waren ze soms hier geweest? Geschrokken draaide ik me om, om de voordeur te controleren – die zag er ongeschonden uit, mijn sleutel stak nog in het slot.

Ik haalde diep adem, op het ergste voorbereid, deed de slaapkamerdeur open en gluurde naar binnen. Toen hoorde ik haar rochelende ademhaling.

'Amin?' Haar stem vanuit het halfdonker.

'Ik ben er weer.'

‘Kom je bij me zitten?’

Schaduwen drongen door de jaloezieën en gleden over de vloer. Zacht hoorbaar het geruis van het verkeer. Het ontwaken van de stad. Bij haar op de rand van het bed zitten, vlak bij de kuil die haar lichaam in de matras veroorzaakte, voelde aan als een moment van ontwaken tussen droom en dageraad, wanneer alles in elkaar overloopt: mijn rustiger wordende hartslag, oma’s vingers op mijn hand, ruw en onverwacht.

Later had ik in het onuitwisbare volgende moment het idee overal tegelijk te zijn geweest. Naast haar in de verduisterde kamer, in de bergwei met kniehoog gras of zelfs in een andere tijd, jaren voor mijn geboorte. Iets gebeurde er die avond met ons beiden in die kamer.

Ik kon haar gezicht niet zien. Ze fluisterde.

‘Wil je met me meegaan om fruit te oogsten?’

‘Fruit oogsten?’

‘In de bergen, als het beter met me gaat. Het is immers herfst.’

De zwakke lijn van haar lichaam in de duisternis. Haar adem streek over mijn arm. Een stilte ontstond, waarin ik merkte dat ze haar gewicht verplaatste en haar hoofd diep in het kussen drukte.

Ze zei: ‘Het huis in de bergen, dat had een verwilderde tuin.’

Ik verroerde me niet. Haar hand tastte naar mijn vingers, streelde ze ingehouden, alsof ze ze gedachteloos door een waterstroom liet glijden.

‘Je moeder,’ fluisterde ze, ‘als klein meisje was ze dol op de fruitoogst.’ Ik wilde mijn hand wegtrekken, maar ze hield hem vast, ze fluisterde: ‘Alsjeblieft.’ Ze zweeg even. ‘Ze hield ervan onder de appelboom in die tuin te staan, het fruit op te rapen en naar me te zwaaien. Ik stond in de keuken uit het raam te kijken. Soms stond ze ineens lachend op de drempel, met haar armen vol appels. Ze deed ze in een mand, zwaaide naar me en zei “tot ziens”. Ze kon eerder “tot ziens” zeggen dan “hallo”.’

Haar woorden – zo onverwachts, zo warm – brachten me uit mijn evenwicht. Huid op huid. Oma’s hand streek zachtjes over mijn onderarm heen en weer alsof ze het zwaaien van haar dochter in de tuin nadeed.

Ik had graag iets teruggezegd, maar mijn lippen trilden. Houd op, had ik het liefst gezegd, en dan: niet ophouden.

'Toen ze groter werd, gaf ik haar een fiets. Ze maakte een bel vast aan het stuur, zodat ik haar kon horen komen en gaan wanneer ik in mijn slaapkamer lag te rusten. De omgeving daarboven heeft iets eindeloos, vooral in de herfst.'

Haar herinneringen zwollen als golven aan en trokken zich weer terug, namen me mee. Beelden van briefjes die mijn moeder als jong meisje achterliet, zelfs als ze maar even weg was – 'ben over vijf minuten terug' – beelden van lange omhelzingen voor ze naar school ging, waarna ze zich bij het tuinhek omdraaide om nog eens te zwaaien.

Waar het ook door kwam, die dagen doorbrak mijn oma de cocon van haar zwijgzaamheid, en vertelde. Het was alsof ze door een nieuwe gedachte was gegrepen, die ze met mij verbond: dat mijn moeder als klein meisje al kon hebben geprobeerd 'tot ziens' tegen haar te zeggen.

Ik merkte dat ze onder de deken bewoog. Ze trok mijn vingers naar zich toe, legde ze tegen haar wang en ik voelde tranen op mijn pols.

'Wij zijn twee kanten van dezelfde ziel, Amin.'

Fragment uit mijn notitieboekje

Opgetekend 16 september 1994 na een ochtendwandeling:

Joseph Tawil, 26; 12 februari 1976 | *Tegen 9.00 uur tijdens een rookpauze*

Jamal Sweid, 20; 18 maart 1980 | *Tegen 14.00 uur op de weg naar de luchthaven*

Arifa Shamandar, 15; 5 juli 1985 | *Tegen 17.00 uur tijdens een wandeling met vrienden*

Youssef Ghandour, 52; 13 april 1977 | *Tegen 8.30 uur in de buurt van het garagebedrijf van Ali Sherkawi*

Khaled Merhi, 44; 11 augustus 1979 | *Tussen 12.00 en 14.00 uur bij checkpoint Corniche al-Mazraa*

Fatima Tayyar, 24; 21 november 1987 | *Tegen 16.00 uur op weg naar de apotheek*

Ali Fahmi, 30; 12 januari 1989 | *Tegen 11.00 uur in de buurt van Burj al-Murr*

Laila Darwish, 17; 21 november 1983 | *Tegen 18.30 uur uit de auto van een vriendin*

Hanna Najjar, 15; 6 juni 1985 | *Tegen 21.30 uur op de weg van Beiroet naar Damour*

George Ghawi, 19; 21 oktober 1981 | *Tegen 0.30 uur vanuit huis*

Regels overgeschreven van briefjes op een muur in de Rue Merleau. Weer en wind hadden in de loop der jaren slechts flarden overgelaten van de portretten die naast die informatie hingen. Nog tijdens de oorlog moesten onbekende handen de foto's daar hebben opgeplakt met daarnaast: naam, leeftijd, tijd en omstandigheden van de verdwijning.

Nu nog zijn er stegen in de stad waar die verbleekte foto's te vinden zijn. Maar je moet ernaar zoeken. Vacatures, reclames voor datingbureaus, verkiezingsaffiches of flyers voor restaurants en feesten bedekken de foto's van de vermisten met centimeters dikke lagen. Zo verdwijnen de verdwenenen voor de tweede keer. Je herkent die stegen aan de stille processies van vrouwen die er soms doorheen trekken. Op bewolkte ochtenden stromen ze de kerken, de moskeeën uit en lopen met kleine stappen op platte schoenen over het asfalt, met een tweemaal gevouwen doek in hun hand alsof ze hun ellende meedragen. Ze raken de verbleekte papierresten even en onopvallend aan, alsof het per ongeluk gaat.

De lijst die ik in 1994 in de Rue Merleau in mijn notitieboekje had overgeschreven, kreeg ik in 2005 na lange tijd weer in handen. Bij de poging herinneringen te sorteren doorwroette ik dozen en ordners en daarbij stuitte ik op die aantekeningen. Ik hield mijn vinger bij de regels. Die wandeling elf jaar eerder was een van vele geweest. En toch had ik een duidelijk beeld van die septemberdag: ik had, zoals zo vaak, gewoon rondgezworven, was over muren en tuinpoorten geklommen, door rozentuinen en over binnenplaatsen geglipt zonder iets speciaals te zoeken. De flarden aan de muur hadden bewogen in de wind, een beweging die ik vanuit mijn ooghoeken waarnam. Ik bleef staan. Las 'Vermisten' op de bovenste regel en daaronder die lijst:

- *Tijdens een wandeling met vrienden*
- *Op weg naar de apotheek*
- *Op de weg van Beiroet naar Damour*

Ik weet nog dat ik niet zozeer geschokt was door het abstract blijvende verlies van die mensen, als wel door de verhalen over hun verdwijning die uit die regels spraken.

Een bepaalde formulering leek me overal te blijven achtervolgen. Sinds mijn oma en ik naar Beiroet waren teruggegaan, had ik die vaak gehoord, gemompeld vanachter een hand. Jaren later hoorde ik die stemmen nog steeds, alsof ze op de vensterbank zaten, alsof ze tussen de takken hingen: 'Ze zijn iemand verloren.' Mij klonk die formulering de eerste keer dat ik haar hoorde al vreemd in de oren, alsof je een mens simpelweg net als een sleutel of portemonnee kon verliezen, alsof vaders, broers, moeders, zussen op een zomerdag waren blijven staan en hun familie was doorgelopen zonder het te merken.

Het idee dat iemand spoorloos kon verdwijnen, zonder enige aanwijzing van zijn verblijfplaats, ging mijn verbeeldingsvermogen te boven. Om er iets van te kunnen begrijpen bedacht ik dat er een tweede wereld achter de dingen was, aan de andere kant van het voor ons zo bedrieglijk vertrouwde. Een soort halfruimte waarin alle verdwenenen leefden; niet meer hier en nog niet helemaal verloren. Op sommige middagen, wanneer ik ergens op een trap in de wijk zat en door de wirwar van antennes en kabels over de platte daken naar de zee keek, stelde ik me voor dat al die vluchtige dingen om me heen – krinkelende rook boven een schoorsteen, een wolk met een bepaalde vorm, dwarrelende kersenbloesemblaadjes of een door de wind willekeurig opengeslagen bladzijde van een boek op een bankje in het park – misschien alleen maar geheime boodschappen waren die vanuit de ene wereld naar de andere werden gestuurd en waarmee de verdwenenen een teken gaven aan degenen die op hen wachtten.

Mijn ouders waren in 1981 bij een auto-ongeluk om het leven gekomen voor ik hen had leren kennen. Dat was het gegeven waarmee ik was opgegroeid, en daarin lag een onherroepelijkheid die pijnloos was en daarom niet te vergelijken met het verlies en de vermissing van iemand, waarvan hier blijkbaar duizendvoudig sprake was. Van de talloze films die ik samen met Jafar had gezien, had ik geleerd: als iemand vermist werd, hielpen de politie, buren en vrienden met zoeken. Zwart-gele linten werden rond verdachte gebieden gespannen, politiewagens reden langzaam met knarsende banden over grindwegen, zwaailichten gleden over struiken en twijgen en een keten van mensen liep in het avondlicht strompelend door weiden en velden; en ongeacht welke wending het verhaal ook nam, aan het einde was er altijd zekerheid. Op een manier die ik nu pas begrijp, droeg de zekerheid over de dood van mijn ouders er indertijd toe bij dat ik in die stad van verdwenenen en naar hen zoekenden zo lang het gevoel had er niet bij te horen en een buitenstaander te zijn. Zelfs wat het soort verlies betreft, was ik een vreemde gebleven.

*

In 2005 woonde ik in een armzalig huis in de oude stad van Tripoli, waar 's ochtends bruin water uit de kraan kwam. 's Nachts sliep ik op een matras op de vloer in bij de geluiden die bij het pand hoorden. Die geluiden verzamelden zich in mijn kamer als in een echoput: kindergehuil in de gangen, gevloek van boze echtgenoten direct naast me, gerammel van borden, de herkenningsmelodie van de nieuwsberichten. Mijn oma en ik hadden in die tijd al maanden geen contact meer, en ik leidde een gedesoriënteerd, teruggetrokken leven.

Voor de breuk tussen ons was weinig nodig geweest: slechts een klop op de deur, een vrouw met een klembord, twee namen, één vraag. En hoewel een deel van mij al een tijd had voorvoeld dat die dag zou komen, werd er bij mij iets losgewoeld waarvan ik lange tijd niet herstelde. Overhaast was ik uit Beiroet vertrokken, zonder mijn oma of iemand anders te zeggen waarheen. In Tripoli stapte ik met drie dichtgebonden dozen en een in pakpapier gewikkeld schilderij uit de bus, huurde de eerste de beste woning en zei bij elke gelegenheid tegen mezelf dat het maar tijdelijk was.

Aanvankelijk sliep ik elke dag tot in de middag, tot lawaai of mijn knorrende maag me uit bed verdreef. Ik bracht mijn tijd door in cafés of gaarkeukens. Of ik slenterde doelloos over de markt in de binnenstad, bedwelmd door de geur van wierook en rozenhoutsnippers, en als een handelaar, een ambachtsman of een van de tapijtwevers me wenkte, thee aanbood en naar mijn naam vroeg, vond ik telkens nieuwe versies van mezelf uit, verstopte ik me achter denkbeeldige levenslopen en anekdotes.

'U bent hier dus nieuw?' vroeg de oude boekhandelaar Khalil, wiens winkel ik was binnengegaan.

'Ja, dat klopt.'

'En u bent landkaartenmaker?'

Ik knikte, stond half afgewend bij een boekenkast en deed alsof ik iets zocht. 'Die stadsplattegronden zijn allemaal verouderd, weet je dat? Er staan verkeerde grenzen op en de schaal is niet meer actueel.'

Khalil lachte. 'De vooruitgang heeft altijd al een omweg langs Tripoli gemaakt. In de schaduw van Beiroet, zonder eigen identiteit, zijn we tot de ondergang verdoemd.'

'Een fatsoenlijke stadsplattegrond zou toch een vooruitgang zijn.'

'Een kleine, dat klopt. Dan zou je iets hebben om je te oriënteren.'

'Ja,' zei ik en ik wendde me af, 'dan zou je je kunnen oriënteren.'

Soms dwaalde ik urenlang door de buitenwijken van de stad, waar blaffende honden opsprongen tegen schuttingen van golfplaat en kinderen in armoedige kleren tegen huismuren leunden of onder sinaasappelbomen zaten en me wantrouwend gadesloegen. Op andere dagen vond ik mezelf terug voor het huis waar mijn oma me jaren geleden mee naartoe had genomen. Ons eerste uitstapje samen. Achter die muren was ze geboren en opgegroeid. Hier had ze haar passie voor schilderen ontdekt, hiervandaan was ze naar Beiroet gevlucht. Vroeger, toen er nog nachtwakers waren, was hier de leerververij van mijn overgrootvader geweest. Mannen die voor hem werkten, hadden 's ochtends de natte huiden van de karren getrokken en naar binnen gesleept. Nu bevond zich in het gerenoveerde gebouw een Starbucks-filiaal, achter de glazen gevel zaten studenten achter opengeklapte laptops.

De woning waarin ik mijn toevlucht had gezocht, lag op de eerste etage van een appartementencomplex. Op straatniveau bevond zich een wasserette waarin dertien wasmachines en drogers gelijktijdig stonden te draaien, waardoor de grond onophoudelijk trilde en de muren dampten. Ik woonde er nog geen twee weken toen ik hevige koorts kreeg, die me vele levendige dromen bezorgde die aanvoelden als een beproeving. Er viel in die dromen langdurig regen. Doordat de aarde boven in de bergen doorweekt was, raakten op de hellingen rotsblokken en keien los. Twee kinderen gooiden bij het spelen een knikker, er ontstond een aardverschuiving en alles loste op.

Lange tijd wist ik niet of het dag of nacht was. Bezweet wentelde ik me van mijn ene zij op mijn andere. Toen er op de vierde dag een hand door mijn haar ging, schreeuwde ik het uit, sloeg er angstig naar. Het was de hand van mijn hospita. Ik had in mijn droom geroepen – *zahrat al-wala'a*, vergeet-mij-nietjesblauw. De kinderen, zei ze, hadden me vanaf de gang horen roepen en haar gewaarschuwd. De volgende twee weken kwam ze bijna elke dag rond het middaguur, een wolk van soepgeur omringde haar.

Toen ik weer zover op krachten was gekomen dat ik de woning kon verlaten, was Libanon een ander land geworden. Duizend kilo TNT had het konvooi van de premier voor het St. Georges Hotel in Beiroet opgeblazen en daarmee de hoop van een hele regio. In de dagen daarna trokken meer dan een miljoen Libanezen door de straat die ooit de Groene Lijn was geweest om tegen de Syrische bezettingsmacht te demonstreren, die verantwoordelijk voor de aanslag zou zijn. De vlaggenzee die alle televisiekanalen lieten zien, strekte zich uit van de haven tot het nationaal museum. De wereld keek gespannen naar de stad. Even later vond ik mezelf terug in een ongelovig kijkende mensenmenigte op een heuvel boven Tripoli en zag ik in het avondlicht tanks over de hoofdweg de stad uit rijden. Na dertig jaar militaire aanwezigheid trokken de Syriërs uit Libanon weg.

De stemming in die tijd is moeilijk te beschrijven. Woorden als 'onafhankelijkheid', 'toekomst' en 'eenheid' waaiden als een warme wind door de straten. Ze daalden neer op marktpleinen, op winkels en hun uitstallingen, op kerktorens en hun klokslagen, op moskeeën en hun minaretten. Hoewel alles in mij zich ertegen verzette naar de hoofdstad terug te gaan, kon ik er geen weerstand aan bieden. Op een middag nam ik in Tripoli de bus, die me in Beiroet bij station Charles Helou uitspuwde, waar ik door een stroom wapperende vlaggen werd gegrepen en meegesleurd. Als ik de kans zou krijgen naar een bepaald punt in de geschiedenis terug te reizen, zou ik – ondanks alles wat er vroeger is geweest – die dag, dat moment kiezen. Ik zou weer door de vochtige aprillucht lopen, die vervuld was van stemmen en liederen. Door de stad die ons omgaf alsof ze ons toebehoorde, alsof haar licht, haar stof, haar littekens ons toebehoorden, en waardoorheen we ons bewogen als door een verlicht huis zonder sloten en deuren. Fotografen stelden zich langs de kant van de weg onder markiezen op, toverden omhelzingen, vreugdetranen op hun geheugenkaarten, maakten dat alles los van de tijd. En zo voelde het inderdaad ook aan: alsof die straat, dat moment, die uitsnede van de stad een eigen wereld vormden, los van tijd en ruimte, alsof er geen onoverbrugbare afstanden meer waren, geen gisteren, geen morgen, geen gemiste verbindingen, geen verloren en nooit teruggevonden dingen. Op dat moment was het komende jaar met zijn verwoestende zomer, met zijn woede en Israëlische bommen nog niet eens een ver gerucht. De dag waarop Umm Jamil me zou komen bezoeken, was nog ondenkbaar. Mijn oma was in leven, nog een heel jaar, tijd genoeg. Alles was mogelijk. En het had iets gelukkigs, iets feestelijks, zoals we onder een wijde hemel de grote weg op wandelden, zingend, dansend voor de ogen van de wereld, alsof we zojuist met succes aan iets verschrikkelijks waren ontsnapt in plaats van het recht in de armen te lopen.

Toen we het nationaal museum passeerden, hield ik mijn pas in. Een vertrouwde gedaante in pak had zich langs me heen gedrongen en liep voor me over het trottoir. Ik had maar kort opgekeken: de zware gang, het brede postuur en het oplichtende haar op het achterhoofd... Ik schrok, zocht dekking achter een groepje studenten, en toen ik om me heen keek, was de zijderupsenteler uit Sidon in de deinende menigte verdwenen.

*

'Sta op, Amin. Ik wil je iets laten zien.'

'Hoe laat is het?'

'Het is nog donker. De straten zijn verlaten. Zo duurt het niet lang tot we in de bergen zijn.'

'De bergen. Laat u me vandaag het huis zien?'

'Het huis en al het andere.'

Steeds vaker doken gespreksflarden van vroeger op. In mijn eentje in Tripoli zat ik vaak vol taal die geen gesprekspartner behoefde. Herinnerde dialogen kwamen en gingen als onaangekondigd bezoek. Maanlicht viel door het open raam. Ik stond in de noordoostelijke hoek van de kamer en herhaalde wat jaren geleden was gezegd alsof ik voor een toneelstuk repeteerde.

Soms schreef ik brieven aan mijn oma, die ik verscheurde of verbrandde zodra de inkt was opgedroogd.

Lieve teta,

De hele tijd het tsjirpen van de krekels, vermengd met de stemmen van nachtbrakers: het adres van de dichtstbijzijnde bar, de revolutie die het land verandert, of de naam van een onbeantwoorde liefde. Gesproken, gescholden, gefluisterd onder mijn raam. De stad lijkt geen slaap te vinden. Soms hoor je geknars. Onderdrukt gelach, snelle stappen. Op de muren schaduwkaravanen. Dat zijn de kinderen, die sluipen de huizen uit. Hier zijn geen nachtwakers meer.

Voor mij lopen de uren monotoon in elkaar over. En wanneer het licht van de dagen dooft, keert telkens dezelfde droom terug als een oude schuld: twee kinderen die spelen met een knikker in de regen. Ze gooien hem te ver weg. Zahrat al-

wala'a. Herinnert u zich dat? Toen ik wakker werd, zocht ik in het ochtendlicht naar taal. Trillend probeerde ik over mijn droom te schrijven. Mijn handschrift was onleesbaar, leek op een onregelmatig cardiogram. De woorden verdronken zachtjes en mijn brief nam druppelsgewijs tranen op.

Vaak werd ik door plotseling licht gewekt. Het sluipt mijn kamer in als een dief die alleen de slaap ontvreemdt. Een keer stond ik op en zag na middernacht in het huis aan de overkant een oude man in zijn keuken staan. Hij stond voor de muur en scheurde een bladzijde van een kalender af. Daarna ging hij aan de tafel zitten, eenzaam, met opgetrokken benen. Hij deed me aan u denken.

Lieve teta,

Zoveel laaiende, half ontstoken harten. Wat verandert alles vlug. Hoe wordt in Beiroet over de revolutie gesproken? Nu de eerste vreugdegolven zijn weggeëbd, kentert in Tripoli het tij. U hebt vast over de bom gehoord. Dat was niet ver vanwaar ik zit. Ze hadden de auto voor een kruidenierswinkel, voor een krantenredactie geparkeerd. Buren maken elkaar nu weer uit voor verrader. De kinderen blijven 's nachts thuis.

Gisteravond laat ging ik bij het raam staan. Wachtte tot ik de oude man in zijn keuken zou zien, maar hij kwam niet. Geluiden van gevechten hielden mij wakker. Verre schoten in de wijk Jabal Mohsen. Hij moet echter hebben geslapen. Uitgerekend nu. Misschien werd hij door de geluiden herinnerd aan vroeger, toen hij de dagen nog niet telde.

Denkt u vaak aan onze ruzie? Voor ik de deur dichtsmeet, zei u: ik wilde je altijd alleen maar beschermen. Waarvoor, had ik gevraagd. En uw antwoord was: voor een leven zoals ik heb moeten verduren.

Dat schoot me daarnet weer te binnen. Toen moest ik aan uw expositie denken. De eerste en enige die ik ooit van u heb gezien. Ik denk dat ik iets van u leerde zonder het meteen te merken. Op je dertiende ben je nog te jong voor zo'n boodschap. Ik hield die verzameling verfklodders altijd voor abstract. Ze wekten bij mij de indruk dat er iets gebeurde aan de rand ervan of vlak buiten mijn gezichtsveld, en als gevolg daarvan voelde ik me buitengesloten door uw schilderijen. Ze beangstigden me. Nu meen ik te begrijpen wat u tegen me wilde *zeggen. We kunnen de kunst gebruiken om ons achter te verschuilen, nietwaar? Met schrijven is het net zo. We kunnen in de derde persoon spreken, in de huid van een ander kruipen of een schuilplaats creëren waarin we onze toevlucht vinden of dierbaren ontmoeten. Zoals je in de echt bestaande Mississippi-regio het fictieve district Yoknapatawpha County hebt, dat Faulkner voor zijn personages bedenkt zodat ze er kunnen rondzwerven en er hun heil kunnen zoeken.*

Lieve teta,

Weet u nog die eerste keer dat we naar het huis in de bergen gingen? September hing roodgoud aan de takken van de bomen. Dat was na de storm. Het waren gelukkige dagen. Daarnet heb ik lang gekeken naar het schilderij dat u me bij ons afscheid hebt meegegeven. Het schilderij van mijn moeder. Voor mij was het altijd uw bezit. Ik stel me uw woonkamer voor zonder dat schilderij, leeg. Minder kleurrijk. Ik weet wat het voor u betekende. Het is misschien een troost te weten dat het hier voor me hangt terwijl ik dit schrijf.

*

De liederen waren nog niet vervaagd of de eerste bommen ontploften. De kloof in onze maatschappij was er altijd geweest, maar pas nu de Syriërs zich hadden teruggetrokken werd hij zichtbaar. Steden en dorpen splitsten zich op in hen die voorstanders van hun vertrek waren geweest en hen die hadden gewild dat ze bleven. Een paar weken na mijn bezoekje aan Beiroet begonnen overal in het land de aanslagen.

Ook Tripoli bleef niet verschoond. Ik liep door een lege stad, langs krantenwinkels en fruitkraampjes met neergelaten traliehekken. Voor het vroegere redactiekantoor van een krant, waar een autobom was ontploft, zag de straat eruit als een maanlandschap. Het gat in de muur deed me denken aan het gat in de muur van de bibliotheek van het museum. Vlak daarna moest ik me in een steegje tegen de muur drukken toen er een legertruck voorbijdenderde. Drie jonge soldaten zaten vanaf het laadvlak naar de balkons te turen, aan het einde sloeg het voertuig af naar de wijk waar het al dagen onrustig was. In Jabal Mohsen, de enclave van de alawieten in Tripoli, hing het portret van Bashar al-Assad op lantaarnpalen. Hiervandaan werd geschoten op het stadsdeel Bab al-Tabbaneh, waar voornamelijk soennieten woonden, die niet waren vergeten dat ten tijde van de Syrische bezetting mensen in de martelkelders van de geheime diensten waren verdwenen. Ze schoten terug.

In de chaos van die dagen vond ik des te meer houvast en toevlucht in boeken. Bijna dagelijks betrad ik de stilte van Khalils boekwinkel, kocht een roman die de boekhandelaar me met een opmonterend knikje in de hand drukte en trok me weer in mijn woning terug. De verhalen verdrongen Tripoli naar de achtergrond. Ik was met Joseph Conrad op een schip onderweg 'tussen donkere eilanden op een blauwe zee, overdekt met littekens van riffen' of zat met Dickens in een koets op de weg naar Dover, waar de mist 'tegen de heuvel opkroop als een boze geest, rust zoekend en die nergens vindend'. Al die verhalen over liefde en verraad, over verliezen en vinden, over misdaad en straf verliepen volgens een geruststellende ordening, die buiten op straat steeds meer verloren ging. Soms was het meilicht dat op die middagen door het raam van mijn kamer opvlamde van een verblindende troosteloosheid, maar wanneer ik me in de verhalen terugtrok, kreeg ik steeds een warm en veilig gevoel en dat droeg ertoe bij dat ik me algauw de heldere dagen herinnerde waarop niet alleen lezen, maar ook schrijven me had geholpen de hectiek van menig moment te ontvluchten. Elf jaren waren sindsdien verstreken. Het leven was totaal veranderd. Ik werd me ervan bewust dat ik door een jeugd heen gegleden was die ik niet had begrepen. Opgaan in verhalen hielp me niet alleen voor even te ontkomen aan een wereld die gevaarlijk instabiel geworden was, het katapulteerde me ook met onverwachte kracht terug in een toestand waarvan ik dacht dat ik die ergens gedurende al die jaren was verloren. Het was een gevoel dat ik wilde onderzoeken. Een vage belofte. Een terugkeer naar de taal. Het was geen opzet, ik had het niet willen oproepen, het kwam helemaal vanzelf terug, de behoefte nog eenmaal in die opgeborgen tijd onder te duiken en erover te schrijven.

Toen ik in de woning in Tripoli trok, had ik het schilderij van mijn moeder boven mijn bureau gehangen en de dozen in de bezemkast neergezet om ze voor mezelf te verstoppen. Nu droeg ik ze naar de woonkamer en kieperde de inhoud op het tapijt. Ik bladerde door de vergeelde fotoboeken, veegde stof van de briefkaarten en sloeg mijn notitieboeken open. Opeens was ik weer dertien, het was zomer, en Jafar leidde me door zijn Beiroet. 'Zevenentwintig dollar verdiend met een strijkplank,' stond er op een bladzijde. Op een andere in kriebelig handschrift 'Amin en Jafar van de stam der vlooienmarkt-hakawati' en daarnaast had Jafar ons als poppetjes getekend, we stonden op een berg bankbiljetten en hielden pen en papier als wapens voor ons uit. Op een van de volgende bladzijden ontdekte ik een lijst met namen: Aaliyah, Samira, Jamila, Layla, Rana. Het waren namen die ik het meisje op de vlooienmarkt had gegeven voor ze me bij het weerzien in het spookhuis haar echte naam had verklapt. En natuurlijk waren er de goede oude lijstjes die Jafar en ik op school hadden gemaakt, waarbij we het schrift stiekem heen en weer schoven:

'Lijst van personen die ons bij het oplossen van het raadsel (G84/91) zouden kunnen helpen:

- een codekraker van de geheime dienst!
- Umm Jamil?
- een expert in abnormaal lelijke kunst!
- de zijderupsenteler?
- je oma! (300 mg waarheidsserum in poedervorm in haar koffie mieteren)
- de tekenaar van de vlooienmarkt?

<u>(goed idee!)</u>'

Als een web van licht scheen het schijnsel van de straatlantaarn in mijn kamer toen ik diep in de nacht op de lijst van verdwenenen stuitte. Ik keek er lang naar, las de namen telkens weer hardop, bevrijdde mezelf ten slotte uit mijn kromme houding en liep naar de tafel bij het raam. Het schilderij van mijn moeder erboven nam ontzettend veel plaats in, maar ik had het niet over mijn hart kunnen verkrijgen het bij de dozen in de bezemkast te zetten.

Mijn oma had erop gestaan dat ik het meenam. Ik was voor de laatste keer naar onze gemeenschappelijke woning gekomen om mijn spullen te halen. In nachtpon en met haar haar in de war had ze in de gang voor me gestaan. 'Alsjeblieft, Amin, neem het mee. Dat is het minste wat je kunt doen.' Ze had het schilderij met beide armen voor me gehouden en haar blik neergeslagen.

Net als vroeger ging er van de kleuren een grote helderheid uit en lag er een verbazingwekkende warmte in het tafereel. Daar was de suggestie van de muur waarachter je als toeschouwer leek te staan, en daarachter de wei met de boom waartegen de vrouw geleund zat. Ik kon mijn ogen er nauwelijks van afhouden.

Vanuit de omliggende straten drongen zachtjes geluiden tot me door. Een briesje waaide door het raam naar binnen, en terwijl ik naar het schilderij keek, hoorde ik als van heel in de verte mijn oma's steeds luider wordende stem:

'Sta op, Amin. Ik wil je iets laten zien.'

'Hoe laat is het?'

'Het is nog donker. De straten zijn verlaten. Zo duurt het niet lang tot we in de bergen zijn.'

*

We waren te laat voor de zonsopkomst toen we bij het huis aankwamen. Maar zoals het daar lag aan de voet van de heuvel en omgeven door woeste schoonheid, leek het me een sprookjeswereld. Mijn oma stond naast me, hield mijn hand vast. Samen keken we uit over het dal. Ik had lang niet zo'n stilte meegemaakt, die uit het dal leek op te stijgen en zich over het met hutjes en witgekalkte huizen getooide landschap leek te verspreiden.

'Vind je het mooi?'

Ik knikte.

Een vogel kon in een mum van tijd naar het huis daarbeneden zeilen, dacht ik. En met de auto was het misschien maar twee minuten. Het leek op dat moment echter eerder of je er pas na een lange wandeling kon komen.

'Waarom wonen we niet meer in dat huis, terwijl het toch van u was?'

'Omdat ik het verkocht heb, Amin. We hebben het geld nodig voor het café, voor jouw school en voor de nieuwe start in de stad.'

Een poosje zeiden we niets meer. Het gebied had iets wat ik wilde onderzoeken, wat ik me eigen wilde maken. 'Grenzeloos,' had mijn oma een paar nachten daarvoor gezegd. 'Die omgeving daarboven heeft iets grenzeloos.'

'Wanneer hebt u hier precies gewoond?'

'We hebben het huis in 1953 gekocht. Twee maanden na de bruiloft.'

'Waarom? Ik bedoel, waarom wilde u hier weg?'

Ze lachte, maakte haar hand uit de mijne los en streek een haarlok uit haar gezicht. 'Beiroet was een tot stad geworden Elizabeth Taylor.'

'Wie?'

'Een beroemde diva. Net als zij was de stad gestoord, totaal van kitsch vergeven en ten prooi aan verval. Een oord van eeuwige drama's. Het was fijn daar te zijn, maar het was ook fijn er af en toe weg te gaan. Toen we hierheen verhuisden, was het duidelijk dat we ook nog steeds vaak naar Beiroet zouden gaan. Je grootvader behoorde tot de geldschieters die het Grand Théâtre ondersteunden, hij had veel afspraken in de stad en ik had er vrienden gevonden. Maar weet je, ik verlangde ook naar rust. Hierboven wilde ik schilderen, ik was bezig met een expositie en... Voorzichtig, daar staat een boomstronk...' We stapten door het hoge gras, liepen de heuvel af en kwamen dichter bij de tuin. '...en ik wilde kinderen, Amin. Als kind had ik al van zo'n plek als deze gedroomd.'

'Is mijn moeder hier geboren?'

Ze knikte. 'Kom mee, dan zal ik je iets laten zien.'

Het landschap werd vlakker. Het huis verdween achter een rij bomen. We liepen langs de grindweg. Nergens was een auto te bekennen, en ook de beslistheid waarmee oma de poort opende, deed vermoeden dat er niemand thuis was. We waren inderdaad een sprookjestuin in gelopen. Het rook er naar hars en veldkruiden. Boven de hoge grashalmen zinderde de lucht. Er waren geen tegels die een weg naar het huis markeerden, alleen platgetrapt gras, en tussen struiken en twijgen schemerden hier en daar bemoste beelden door. Het wekte de indruk dat ze uit het nationaal museum waren weggeslopen om zich hier te verstoppen. Mijn mond viel open van verbazing. Toen was daar het huis. Uit de verte had het er groter uitgezien. Klimop tooide de muren, op de vensterbanken stonden bloeiende hortensia's. In de tuin bevonden zich een ronde houten tafel en verweerde stoelen. Voor de voordeur stonden modderige laarzen tegen elkaar aan geleund, drie paar, een ervan heel klein.

'Maak je niet ongerust,' zei oma, 'er is niemand thuis. En zelfs als er wel iemand was, dan zouden we welkom zijn.'

Vanaf de ingang leek de tuin oneindig, en toch was er ergens een onzichtbare grens, de overgang naar meer velden bij de woekerende struiken achter de appelboom en de gereedschapsschuur. Geen muur of hek, nergens werd het zicht belemmerd.

Het was een warme dag, maar mijn oma rilde een beetje. Ze trok haar blouse voor haar buik strak en maakte een knoop met de punten. Daarna stond ze in de warboel van viooltjes, wilde klaver en paardenbloemen naar me te glimlachen.

'Nou, wat zeg je ervan?'

'Het is werkelijk prachtig. Is dat de appelboom waarover u in de nacht van de storm vertelde?'

'Dat is hem.'

We doken onder een waslijn door en liepen door de wei omlaag naar de enorme boom. Hij stond scheef, maar was imposant; zijn takken wierpen lange schaduwen in het gras.

'Toen je moeder zeven was, is ze van daarboven uit de boom gevallen,' zei oma, 'heb ik je dat al eens verteld?'

Ik schudde mijn hoofd.

Ze legde een hand op de stam en keek omhoog. 'Maya was in de boom geklommen om aan de takken te schudden. Ze wilde indruk op ons maken. Je grootvader en zij hadden gewed wie uiteindelijk de meeste appels binnen zou halen. Hij was er die dag niet, hij had iets in de stad te doen. Ik stond in de keuken toen de tak brak.' Ze keek naar het huis, leek zich te herinneren hoe ze de deur had opengetrokken en naar de boom was gerend. Toen schudde ze haar hoofd, alsof ze een gedachte wilde verjagen, alsof die herinnering deel uitmaakte van een nare droom. 'Twee schroeven en een plaatje in haar onderarm, dat was het resultaat.' Ze lachte, maar toen zag ik dat ze stil werd, met haar ogen knipperde en haar hoofd afwendde.

Het gelui van een kerkklok kwam vanuit de verte naar ons toe waaien.

'Is alles in orde?' vroeg ik.

'Ja,' antwoordde ze zachtjes. 'Ik wil hier onder de boom even gaan zitten uitrusten,' zei ze. '*Habibi ya eini*, kijk gerust rond.'

Ze had beslist nog veel meer verhalen kunnen vertellen over de plek waar mijn moeder geboren was. Maar die dag in de tuin bleef het bij dat ene. Misschien zou ze me wel meer hebben verteld als het niet uitgerekend díé herinnering was geweest die als eerste bij haar opkwam. Er was een tijd dat ik me vaak afvroeg waarom juist dat voorval zo ineens bij haar naar boven was gekomen. Natuurlijk kan het de situatie zijn geweest, de boom, het licht, het onder de takken staan; en is het niet zo dat vreselijke momenten een diepere indruk maken dan gelukkige? Maar gezien wat er jaren later gebeurde, is het een eigenaardig toeval, en ik moet er weer aan denken dat ze eerst lachte, even met haar ogen knipperde en toen haar hoofd afwendde en zich terugtrok, alsof ze te veel had prijsgegeven.

Een tijdlang struinde ik door de tuin. Achter de gereedschapsschuur brak ik een takje rozemarijn af en wreef het tussen mijn vingers. Er lag een driewieler in het gras. Stijf geworden modderige tuinhandschoenen en een opengemaakt zakje zaad lagen in een bloembed. De tuin wekte de indruk dat hij pas kortgeleden was verlaten. Bij het huis ging ik voor het keukenraam op mijn tenen staan en ik drukte mijn voorhoofd tegen het glas. Naast de gootsteen stond vaatwerk en op de achtergrond dacht ik de woonkamer te zien – er lag een teddybeer op de vloer, een deken rommelig op de bank. Eigenlijk had ik om het huis heen willen lopen, kijken of er een achteringang was, misschien een deur op een kier. Ik zou graag het huis in zijn geslopen en een blik binnenin hebben gewaagd, maar een onbestemd gevoel bracht me ertoe me om te draaien.

Dit is het eerste déjà vu dat ik me herinner: ik sta naast de muur van het huis en kijk naar de wei, zie mijn oma tegen de stam van de appelboom zitten. Het late middaglicht breekt door de bladeren heen alsof het door een schijnwerper wordt uitgestraald.

*

Ik kromp een beetje in elkaar toen er gedonder over Tripoli trok. Van een richel boven mijn raam fladderden twee duiven de nacht in. Toen werd het rustig.

In de stilte van mijn kamer ging ik dichter bij het schilderij staan. Mijn moeder had niets aan het toeval overgelaten. Ze had geweten waartoe het oog zich aangetrokken zou voelen. Je was eerder een voyeur dan een kijker. De van de rand van het schilderij naar voren komende muur van het huis leek een schuilplaats vanwaaraf je in een privéruimte keek, over de zomerwarme wei naar de boom waar de vrouw tegen de stam geleund zat. Als kind had ik het schilderij nooit lang bekeken. Een muurversiering als alle andere. Tot de dag dat ik begreep dat het geschilderde tafereel iets betekende. Het schilderij, dat op het moment van mijn déjà vu in onze woonkamer hing, had, zoals ik destijds onderkende, altijd het huis in de bergen afgebeeld, de tuin, de boom, het herfstlicht, al die dingen waarvan mijn moeder als kind had gehouden.

Het wonderbaarlijke bedrog van grote romans is dat ze ons ervan kunnen overtuigen dat alles echt is zoals het wordt verteld, alsof literaire fictie niet een uit elkaar gehaalde en opnieuw samengestelde wereld is. Voor mijn oma moet het schilderij een vergelijkbare illusie zijn geweest, al die jaren lang. Het had haar laten geloven dat ze door naar dat tafereel te kijken kon terugkeren naar dat verre oord waar ze ooit, lang voor mijn tijd, gelukkig was geweest.

Ik zakte neer op de stoel, ondersteunde mijn hoofd met mijn handen, haalde herinneringen op. Ik pakte een notitieboekje. Het was nog halfleeg. Lang zocht ik naar de juiste woorden. Ik had het gevoel dat de tijd ineens grijpbaarder was en dat ik hem maar op papier hoefde te toveren om hem met andere ogen te zien.

Het was bijna ochtend toen ik uit mijn schrijfroes ontwaakte. De nachthemel was blauw gekleurd, een glimp van de dageraad sloop mijn kamer al in. Ik bladerde terug en las de eerste zin die ik geschreven had:

'De kamsin had koelere nachten gebracht, en toen de lucht weer zonder zand was en het zicht weer helder, wierpen de dagen een wijde, lichte hemel over ons uit, en algauw leek het of er niets gebeurd was...'

Lied voor hen die worden gemist

De kamsin had koelere nachten gebracht, en toen de lucht weer zonder zand was en het zicht weer helder, wierpen de dagen een wijde, lichte hemel over ons uit, en algauw leek het of er niets gebeurd was, alsof het allemaal heel gewoon was geweest en niet meer dan een voetnoot waarvan je schouderophalend kennisnam. Weliswaar moest je nog dagen later opletten als je onder balkons of open ramen door liep omdat ijverige bewoners zand dat ze bij het schoonmaken onder de bank, in kasten of kieren vonden gewoon op straat gooiden, en ook was er maar een paar uur per dag stroom, want de storm had het gammele elektriciteitsnetwerk net zo hard getroffen als de honderden generatoren op de daken van de woonwijk, maar niemand verspilde nog een woord aan de kamsin. Alleen op het schoolplein, waar zwijgen een zonde was, vertelden we elkaar waar we op het moment van de storm waren geweest, maar toen de bel ging, keerden we uiteindelijk naar de Franse woordjes en de geografie van het Nabije Oosten terug.

Jafar was niet gekomen. Terwijl de leraar ons op een landkaart liet zien waar de Jordaan in de oostelijke bergketen van Libanon ontsprong, keek ik peinzend uit het raam over het plein naar de licht glooiende heuvel waar onze woonwijk zich bevond.

Na school maakte ik een omweg langs het huis waar Jafar woonde. Zijn zusje Soraya zat met een been opgetrokken op de richel bij het open raam met een boek op haar knieën.

Ik keek vanaf de straat omhoog. 'Hallo, is Jafar thuis?'

Ze hield haar blik op het boek gericht, maar stopte met lezen: 'Was hij dan niet op school?'

‘Nee.’

‘Mama, Jafar is niet naar school geweest!’ riep ze schel, en toen ik vlug mijn vinger op mijn lippen legde, keek ze toch naar mij omlaag, met een glimlach vol boosaardig plezier.

Jafars moeder verscheen achter haar in het raam. ‘Is dat waar?’

‘Nee, of ja, Jafar is eerder weggegaan omdat hij hoofdpijn had.’ Ik deed alsof ik last had van de zon, liet mijn arm zakken en keek naar mijn voeten. ‘Wilt u tegen hem zeggen dat ik later terugkom?’

Bij het weggaan hoorde ik Soraya zeggen: ‘Die heeft vast weer iets uitgehaald.’

Mijn oma en ik hadden het niet meer over de nacht dat ik naast haar op de rand van haar bed had gezeten. Maar er was iets veranderd. Ineens lag er over haar en de dingen die haar omgaven iets wat ik niet kon benoemen. In de dagen na de storm leek de tijd in een gelijkmatigheid te zijn gegoten die er in ons samenleven anders niet was geweest. Wanneer mijn oma fruit voor het ontbijt schoonmaakte en op de borden legde, wanneer ze de koffie opzette en naar de zwarte, omhoogborrelende vloeistof keek, of wanneer ze de ingemaakte schapenkaasballetjes met een mes op het brood platdrukte en er dunne schijfjes komkommer op legde, deed ze dat allemaal nadrukkelijk langzaam. Alsof het gezamenlijke uurtje dat we ’s morgens hadden voor ze haar jas aandeed en naar het café ging een feestelijke aanleiding was die moest worden aangegrepen. Wanneer zij allang genoeg had gegeten en ik nog aan het eten was, stond ze niet op om af te wassen of naar de badkamer te gaan, maar bleef ze tegenover me zitten, nipte van haar koffie en maakte een grappige opmerking, of ze hield haar hoofd scheef en zei zachtjes: ‘Wanneer ben je toch zo groot geworden?’ Alsof we de afgelopen jaren niet samen hadden doorgebracht. Er ging een nieuwe warmte van haar uit. In die tijd was ik gelukkig. Ik hield van haar slaperige aanwezigheid, haar gewoonte me ’s ochtends in het voorbijgaan door mijn haar te woelen of me voor de gek te houden. Het was alsof er in haar iets opzij was geschoven om plaats voor mij te maken. Op een ochtend boog ze zich over de gedekte ontbijttafel en kwam ze heel dicht bij mijn gezicht. Daarbij bestudeerde ze een plekje onder mijn neus, knipperde ze een paar keer met haar ogen en glimlachte ze steels. Diezelfde avond vond ik in de badkamer naast de tandenpoetsbeker mijn eerste scheermes. Ze keek me aan wanneer ze sprak of luisterde, ze was helemaal aanwezig, leek nog maar zelden door plotseling opkomende gedachten ergens anders naartoe te worden getrokken. Ze viel zelfs een keer op de bank naast me in slaap, met opgetrokken benen en haar hoofd opzijgeleund, en ik besefte dat ik haar slechts zelden had zien slapen, alsof ook haar slaap iets was geweest wat ze voor me geheim had moeten houden. Ooit, nog in Duitsland, toen ze voor de televisie was ingedut en pas na een tijdje weer wakker was geworden, had ze me bezorgd aangekeken, me bij mijn pols gepakt en gevraagd: 'Ik heb toch niet gepraat in mijn slaap?'

Was de nacht die we in het huis van de onbekende man hadden doorgebracht de reden voor die nieuwe kant van haar? De verhalen over 'de gebeurtenissen', gefluisterd bij het schijnsel van het vuur? Of wilde ze me met haar andere houding, haar aanrakingen, haar achteloze gebaren en attenties een vingerwijzing geven hoe ik me haar moest herinneren?

Meermalen zag ik haar door de straat lopen en in een uitdragerij verdwijnen. Dat had ze vroeger ook vaak gedaan. Alleen waren de dingen die ze nu kocht – een bloemetjeslampenkap, servies met een gouden rand, een deurmat voor gasten – niet voor het café maar voor ons huis bestemd, alsof de kamers met ons mee moesten veranderen. Ze verving de vazen op de ladekast in de gang, de versleten snijplank op het aanrecht in de keuken, en in de woonkamer haalde ze de vergeelde gordijnen weg en verruilde ze voor witte, die zo geweven waren dat er rond het middaguur een web van licht op de tegenoverliggende muur viel.

Op een morgen stopte de zijderupsenteler met een pick-up bij ons voor de deur. Op de laadvloer stond een kist vastgesnoerd. Mijn oma stapte aan de passagierskant uit. Terwijl zij de deuren voor ons openhield, sjouwden Abbas en ik de kist door het trappenhuis naar mijn kamer. Hij was zwaar en leek op de schatkisten die in piratenfilms op eilanden in het zand begraven liggen. In feite was dit cadeau een weinig subtiele vingerwijzing. De vloer van mijn kamer was bezaaid met spullen, pure chaos, en oma hoopte vast dat ik die nieuwe opslagruimte naar behoren zou gebruiken. Een oude schatkist. Ze had geen betere keuze kunnen maken. Ze waren allebei verbaasd over wat ik allemaal verzameld had en nu voor hun ogen in de kist legde. Geschiedenisboeken. De stadsplattegrond van Beiroet of het boek dat ik op de vlooienmarkt had gekocht waarin foto's stonden van iconische plaatsen die eerst weer moesten worden opgebouwd. Abbas bladerde erin en keek oma en mij daarbij telkens weer over de rand van de bladzijden aan. Op een gegeven moment bukte hij zich en legde het boek voorzichtig bij de andere spullen. Toen kwam hij naast me staan. Met zijn zware hand op mijn schouder.

In die gelukkige dagen vergat ik de raadsels niet, ze werden alleen minder belangrijk. 's Nachts lag ik wakker en dacht ik terug aan mijn oma's expositie. Aan de mannen die haar blijkbaar bedreigd hadden. Aan de namen van alle merkwaardige plaatsen waarnaar de nieuwe schilderijen genoemd waren, en waarvan zelfs Jafar geschrokken was. Of aan de bezoekjes van de vriendelijke onbekenden, met wie ze net als voorheen afsprak – buitenshuis. Ik wilde haar beslist naar die raadsels vragen. De nieuwe manier waarop ze met me omging, had me daar eigenlijk toe moeten aanmoedigen. Ik weet niet waarom ik het niet deed. Misschien omdat een deel van mij vermoedde dat haar nieuwe ik, in aanwezigheid waarvan ik me ineens gezien voelde, weleens broos zou kunnen zijn en uit elkaar zou kunnen vallen bij een aanraking van mij.

*

'Laat u me vandaag het huis zien?'

'Het huis en al het andere.'

Mij door oma toegefluisterd in de ochtendschemering van de aanbrekende dag. Dat was een paar weken na de kamsin.

Ik gooide mijn deken van me af, kleedde me aan, waste in allerijl mijn gezicht en sloop door de voordeur naar buiten, waar mijn oma al in de auto zat te wachten.

Na mijn déjà vu bij de muur van het huis waren we nog een poosje gebleven. Toen, aan het einde van die lange dag, verlieten we de tuin. Oma stuurde de auto langs de steile haarspeldbochten bergaf naar Beiroet. Ik zat op de passagiersplaats, stak mijn hand uit het open raampje en genoot van de rijwind.

Halverwege stopte ze. Ik wist wat er komen zou toen ze mijn hand vastpakte.

'Het huis en al het andere.'

Ook dat andere zou ze me laten zien, ze had het immers beloofd.

We stapten uit. Er stond een lemen muur langs de kant van de weg. In de voegen groeiden planten.

'Het regende die nacht,' zei ze zachtjes. 'Je moeder was met je vader onderweg naar de stad. Het asfalt was heel glad. De politie zei dat ze te hard hadden gereden.'

Ik keek naar de muur. Hij kwam ongeveer tot mijn heupen en vormde de afscheiding tussen de weg en een afgrond. 'Zat ik ook in de auto?' vroeg ik.

'Nee. Jij was bij mij, in het huis. Ik paste op. Ze zouden over een paar uur terug zijn.'

Ik maakte mijn hand los, stapte over de weg naar de muur, maar toen ik ervoor stond, wist ik me geen houding te geven.

'Hier dus,' zei ik uiteindelijk.

Ze knikte. 'Hier. Hier is het gebeurd.'

*

Die nacht kon ik moeilijk in slaap komen. Toen het eindelijk toch was gelukt, werd ik kort daarop wakker uit een onrustige droom. Mijn kamer was in duisternis gehuld. In huis was het stil. Ik tastte naar de schakelaar van het bedlampje en knipte het aan. Daarna sloop ik op mijn tenen naar de woonkamer.

'Ze heeft déze boom, déze tuin geschilderd, klopt dat?'

Dat had ik mijn oma die middag gevraagd. Ze zat nog steeds tegen de stam geleund, had zwijgend geknikt en tegen me geglimlacht alsof ze trots op me was.

'Wilt u me er alstublieft meer over vertellen?'

'Je moeder heeft het schilderij in Frankrijk gemaakt, dat heb ik je toch al gezegd?'

'Jaren geleden, ja.'

'In 1976 ging ze naar Parijs om te studeren. Aan de École nationale supérieure des beaux-arts. Ze was toen negentien.'

'Dus vier jaar voor mijn geboorte?'

'Ja. Vier jaar voor ze jou kreeg. Indertijd werd er sinds een jaar in Beiroet gevochten, maar niemand besefte dat het een vijftien jaar durende burgeroorlog zou worden. De situatie veranderde voortdurend, we waren ervan overtuigd dat de Syriërs gauw voor orde zouden zorgen. Je moeder wilde aan de kunstacademie studeren. Haar vader was ertegen, maar zelfs hij zag in dat Beiroet niet de veiligste plaats was. Ik vond het een vreselijk idee dat ze zo ver weg zou zijn, maar de gedachte dat zij de schilderes zou worden die ik als jonge vrouw niet had mogen zijn, deed me goed. Dat wilde ik voor haar mogelijk maken. We hebben haar meermalen in Parijs opgezocht. Een van de eerste keren schonk ze ons het schilderij. Ze had alles vanuit haar herinnering geschilderd, indrukwekkend, vind je niet? Weet je, Amin, jouw moeder had dezelfde passie als ik, maar een beter oog voor details en een veel fijner gevoel voor kleur.' Mijn oma had even gepauzeerd en me aangekeken. 'De schilderijen die ik als meisje in Tripoli heb gemaakt, geven eigenlijk alleen weer wat ik zag. Maar Maya had een speciale gave. Haar schilderijen vertelden verhalen.'

Het was inderdaad verbazingwekkend hoeveel het geschilderde leek op wat ik die middag gezien had. Mijn moeder had van die plaats gehouden. Dat had mijn oma me verteld. Maar toen ik die nacht voor het schilderij stond, was dat voelbaar en voor het eerst echt geloofwaardig geweest. Ik had dat schilderij in feite altijd al gekend. Maar nooit eerder had ik het grondig bekeken, want ik verbond er noch een herinnering, noch een bepaald gevoel aan. Bovendien was het altijd van mijn oma geweest. Nu, met alle indrukken van die dag, zag ik voor het eerst de vrouw die daar tegen de stam geleund zat. Het was onmiskenbaar een jonger iemand, maar haar gezicht lag in de schaduw en het was lastig er een uitdrukking op te ontwaren. Ze zat met gesloten ogen en de mond halfopen. Alsof ze een lied zong voor degene die heimelijk toekeek.

'Maya,' zei ik zachtjes, om mijn oma niet wakker te maken. Toen viel mijn blik op het zwierige handschrift aan de onderkant van het schilderij, dat plaats, jaar en titel verraadde:

'Parijs, 1976: *Lied voor hen die worden gemist.*'

TWEEDE STROFE

Het oog van Jafar

Waaruit komt de neiging voort personages en verhalen te verzinnen? Is het opstandigheid? Ik heb eens gelezen dat het bedenken van een eigen wereld een indirecte vorm van verzet tegen en kritiek op het echte leven inhoudt. Het is de uiting van het verlangen de werkelijkheid te vervangen door een wereld die naar persoonlijke wensen is gevormd. Ik heb veel van Saber Mounir geleerd. Door zijn verhalen wist hij wat verloren was gegaan weer toegankelijk te maken en liet hij me zien dat we zelfs uit een verwoeste wereld opnieuw schoonheid kunnen creëren. Desnoods alleen op basis van woorden. De lucht na zomerstormen. Een bloot sleutelbeen in een nachtstille tuin. Twee lichamen in een meanderende rivier. Onze avonden in de bibliotheek staan me allemaal nog zo bij dat ik afzonderlijke uren moeiteloos kan oproepen en er steeds moeiteloos in kan duiken. Daardoor vergeet ik soms dat het eigenlijk Jafar was die me – lang voordat ik de hakawati ontmoette – de toegang tot een wereld ontsloot waarin verhalen een centrale betekenis hadden.

Als je op een bepaald moment tijdens de overgang van licht naar schaduw iets bekijkt, zei Jafar, dan kan het gebeuren dat het oog het zich nog herinnert wanneer het eigenlijk al donker is geworden en wat je gezien hebt is verdwenen. Het verschijnt dan als nabeeld voor het innerlijk oog. Dat kan van alles zijn; belangrijk is alleen dat de overgang van licht naar donker zich onverwacht vlug voltrekt, zoals bij stroomuitval of plotselinge verblinding.

Jafar had daarvoor een woord verzonnen. Hij noemde het 'lichternis'.

Toen hij me voor het eerst over zijn lichternis vertelde, kenden we elkaar pas een paar weken. Het was niet zo makkelijk geweest mijn oma over te halen om me met die jongen die daarbeneden onder het raam op straat stond en naar mij vroeg, nog een rondje langs de huizen te laten maken, maar ik zei dat het een schoolkameraadje was en ze had vast gemerkt dat ik dringend op zoek was naar aansluiting.

Het was bijna nacht toen Jafar me een verlaten flat in trok, niet ver van Ras Beiroet. Terwijl we door het donker slopen, allebei met een aansteker in de hand, zochten we tastend steun bij de muren. Pas later besefte ik dat de oneffenheden waar mijn vingertoppen in grepen kogelgaten waren. Door poreuze muren en kapotte ramen drong de golfslag van de zee tot ons door, en soms gleden de lichtjes van het reuzenrad van de nabijgelegen kermis over de stoffige meubels.

Ik denk dat ik als jongere vooral gevoel had voor lelijkheid en dreiging. De toegang tot een bewustzijn voor schoonheid was nog voor me verborgen. Het was me destijds in elk geval niet duidelijk hoe mooi de stad van daarboven was. Weliswaar keek ik neer op de vele kleuren en lichtjes, hoorde ik ook de zwarte zee ruisen achter de kustweg en rook ik de hierboven zoveel frissere lucht, maar ik maakte me vooral zorgen dat ik zou vallen.

'Kom hier naast me zitten,' zei Jafar. Hij stond bij de uiterste rand van het platte dak en wees ergens heen waar hier en daar woningen verlicht waren. Met zijn gestrekte arm leek hij het licht te willen opvissen. 'Zie je die twee huizen daar, die tegenover elkaar staan?'

Ik knikte.

'In de straat ertussen heeft zich het verhaal afgespeeld.'

'Hét verhaal? Welk verhaal?'

'Dat van het verloren oog.'

Ik zei niets.

'Wil je het horen?'

'Natuurlijk.'

Sinds de leraar me op mijn eerste schooldag een plaats naast Jafar had toegewezen, had ik me afgevraagd door wat voor ongeluk hij dat glazen oog had, waarmee hij altijd recht door me heen leek te kijken. Heel veel klasgenoten hadden trauma's opgelopen. Ik had er nooit rechtstreeks naar durven vragen. Ik vreesde dat hij zich voor me af zou sluiten.

'Het is een geheim verhaal,' zei hij nu. 'Het is nog nooit verteld.'

Vanuit mijn ooghoeken probeerde ik zijn gezichtsuitdrukking te ontwaren, maar hij keek recht voor zich uit. Ik kon elk detail in zijn hals onderscheiden – fijne haartjes die in de nachtlucht overeind stonden, een gespannen spier.

'Ik zal het niemand verklappen.'

'Beloofd?'

'Beloofd.'

Maar hij begon nog steeds niet te vertellen. Ik merkte halverwege zijn jukbeen een lichte welving op toen hij zijn kaken op elkaar perste. Toen, ik weet niet hoeveel tijd er verstreken was, stak hij zijn arm omhoog en tekende lijnen in de lucht, verdeelde het hele panorama onder ons in straten en secties.

'Het was in 1988,' zei hij uiteindelijk, 'een nacht in augustus. De halve stad stond in brand. Het was de tijd van de autobommen. Huizen stortten in. Raketten vlogen omringende wijken binnen. Vanaf de balkons en terrassen en vanuit kelders telde men de explosies. Telefoontjes naar vrienden en familie in het buitenland werden frequenter. De korte rustpauzes waren een kwelling, omdat het eigenlijk alleen maar wachten betekende – wachten op het volgende incident. Het geweld veroverde elke vierkante meter. Bij het aanbreken van de dag begon het tellen van de doden. Die nacht rukten de milities van drie kanten op. De ene troep kwam van Hotel Commodore aansluipen. Een andere kwam vanaf het strand naar het noorden. En de derde eenheid vertrok van Hotel Royal Garden. Allemaal tegelijk. Het doel was het Al-Labban-district, waar de vijand een geheim kantoor had. Iemand had van iemand gehoord dat daar geld en wapens lagen opgeslagen. Slechts door een handjevol mensen bewaakt. De orders waren ondubbelzinnig: niet van veraf schieten. De tegenstander verschanst zich op de daken. Geruisloos oprukken. Niet in gevechten verwikkeld raken, geen wegversperringen. Het moest een pure overval worden.' Jafar hield op met praten en wees naar links. Daar, in het stuk achter de flats, woonden we allebei. Ik verbeeldde me zelfs in de wirwar van donkere blokken onze woning te zien.

Hij vervolgde: 'Juist op dat moment verliet de jongen zijn huis en liep de lege straat op. Op de radio werd gewaarschuwd niet naar buiten te gaan. Hij wist wat er ging gebeuren. Iedereen wist het. Zijn moeder was met zijn zusje op weg naar de kelder. Ze hadden de atlas bij zich, maar er waren geen kaarsen meer. Geen licht, geen mogelijkheid tot afleiding. "Ik ben zo terug." Dat had de jongen tegen zijn zusje gezegd voor hij wegging. "Ik ben zo terug. Zoek in de atlas maar vast een plek uit, ver weg en exotisch. Kiribati, Tuvalu, Antarctica." De jongen wist dat Salman, die aan het einde van de straat zijn winkel dreef, kaarsen verkocht. Vóór "de gebeurtenissen" had de man groente en fruit verkocht, nu trok hij overdag met een kar door de straten en riep: "Vensterglas! Kaarsen, gasstellen, batterijen!"

De overval mislukte. Misschien hadden milițieleden zichzelf door een verkeerde beweging verraden, of misschien was het een valstrik geweest. De jongen stond in de winkel van Salman toen de ruiten begonnen te trillen. Toen stond de lucht in brand. Bij de plotseling opflitsende lichten zag hij de mannen oprukken. Ze waren overal. Ze gaven elkaar tekens, richtten blindelings op de daken. Salman had dekking gezocht achter de toonbank. Hij riep iets. De jongen greep vlug een pak kaarsen. Hij sprintte naar buiten. Halverwege zag hij zijn zusje. In pyjama stond ze midden op het asfalt, met de atlas onder haar arm geklemd. Achter haar kwam hun moeder het huis uit rennen, ze gilde dat ze terug moest komen. Het meisje stak haar arm op toen ze haar broer zag. Ze riep: "Jafar, kom vlug, ik heb nog kaarsen gevonden!"

Zoals ze daar stond, met gestrekte arm, alsof ze hem wilde wenken, dat was het laatste wat hij zag voor het dicht bij zijn oog eerst heel licht werd en toen heel donker.'

'Lichternis,' fluisterde ik.

Ik denk dat ik die nacht voor het eerst in Jafar een glimp van de verhalenverteller ontwaarde die me niet veel later, toen we onafscheidelijk waren geworden, liet zien hoe je met een beetje fantasie en wat rommel een klein vermogen kon verwerven. We konden al vanaf de eerste dag goed met elkaar opschieten, maar in mijn ogen werden we die nacht pas echt vrienden.

Toen ik later op mijn kamer was, probeerde ik me een aantal voorwerpen goed in te prenten voor ik het bedlampje uitdeed, om te kijken of ze achter mijn oogleden zichtbaar bleven.

Jafar vertelde me die verhalen in episodes. Hij was mijn toegangspoort in die tijd, waarin verder niemand met me praatte. Ik bewonderde hem. Op een naïeve manier was ik soms zelfs jaloers vanwege wat hij wist te berichten. Hij gaf me echter nooit het gevoel dat ik in dat opzicht minder was dan hij. Hij vroeg me vaak naar mijn vroegere leven in Duitsland en ik vertelde hem alles wat ik voor belangrijk hield, hoewel het in sommige gevallen een geretoucheerde werkelijkheid was. Bijvoorbeeld toen ik de redding van de kat van de buren door de brandweer uit een boom verplaatste naar een brandend huis. Hij vroeg naar dingen of waarnemingen waaraan ik vaak nauwelijks concrete herinneringen had – de sfeer in de bus tijdens een schoolreisje, stiekem doorgegeven briefjes van meisjes tijdens de les – maar om hem te vermaken verzon ik af en toe iets nieuws, voegde ik een heel schuine mop van de clown van de klas achter in de bus toe of tekende ik hartjes op blaadjes die de mooiste meisjes, die voor ieder ander onbereikbaar waren, me schreven.

In die tijd had ik het nooit zo kunnen formuleren, en hij sprak het tegenover mij ook nooit uit, maar ik voelde wel aan dat Jafar soms vreesde dat hij te vroeg volwassen was geworden. Destijds dacht ik dat mijn verhalen hem vertelden over een jeugd die hij zelf graag had gehad. Zo hielden we elkaar in evenwicht. En toch waren er ook talloze nachten waarin we in de ruïnes alleen maar de tijd verdreven, onze namen in de muur krasten, sigaretten rookten of zwijgend schouder aan schouder zaten. Ik denk dat dat het ware avontuur van onze nachtelijke uitstapjes was: nooit weten hoe Jafar zich zou gedragen, wat hij van zichzelf zou prijsgeven.

Zijn kwetsbaarheid openbaarde zich meestal onverwachts. Zoals die nacht dat de herkenningsmelodie van het journaal op de radio hem zo beangstigde dat hij in ademnood raakte. Camera obscura. Wanneer hij over zichzelf begon te vertellen, gebeurde dat onverwachts. Alsof hij me wilde verrassen. Hij benadrukte afzonderlijke woorden nauwelijks, hield geen dramatische pauzes, begon bij bijzonder spannende stukken niet sneller te praten. Je had bij hem nooit het gevoel dat hij zijn verhaal had ingestudeerd om de gunstigste reacties te krijgen. Jafars manier om persoonlijke dingen te vertellen was anders dan die van Saber Mounir. Hij was dan meer chroniqueur dan verteller en verleende me op die manier, zo geloofde ik, een meer onverholen zicht op een tijd die voor mij ontoegankelijk was. Tussen zijn woorden, de kort omschreven taferelen, werd ze voor mij zichtbaar als nooit tevoren, die uit haar voegen geraakte wereld. En het leek me toen geenszins merkwaardig dat hij altijd in de derde persoon over zichzelf sprak, alsof het vertelde niets met hem te maken had, alsof hij alleen maar op een van de daken had gestaan en alles had waargenomen.

Jafar vertrouwde me en dat maakte me gelukkig in een tijd waarin ik ons nieuwe begin in Beiroet nog als een grote ellende zag. De andere kinderen in de klas waren veel afstandelijker tegenover mij. Ze waren wel vriendelijk, maar dat was meer plichtmatig. Ik sprak hun taal accentloos, zag er met mijn zwarte haar en donkere ogen uit als zij, droeg hetzelfde bruine schooluniform. Maar hoe bewust ik mijn tijd in Duitsland ook voor hen verzweeg, alleen al het besef dat ik er niet bij was geweest, hun ervaringen niet deelde, leek voldoende om me te behandelen als de vreemde die ik voor hen altijd bleef.

Met Jafar was het anders. We hadden elkaar gevonden zonder veel te vragen, en nadat we onze band met een handslag hadden bekrachtigd, brachten we steeds meer tijd met elkaar door, in voor- en tegenspoed, vooral in die eerste zomer, waar hij zich zo anders doorheen bewoog dan iedereen die ik verder kende. Ik wist indertijd niet wat het was waardoor hij mijn nabijheid zocht. In mijn ogen had hij een onbegrijpelijk leven geleid. Nooit kwam het bij me op dat ik voor hem hetzelfde zou kunnen uitstralen. Vergeleken bij de zijne leek mijn voorgeschiedenis eentonig en provinciaals. Dat het toch ook heel anders kon zijn geweest, vertelde zijn zusje me vele jaren later: 'Ik denk dat Jafar jou in een spiegel zag waarin hij een mogelijke, ongeschonden versie van zichzelf herkende, en dat dreef hem, zodra je de klas in kwam, langs de anderen heen in jouw armen.'

Een andere avond in een leegstaand huis. We hebben alle laden uit de commodes getrokken en doorzocht. In het donker zoeken we naar sporen van het gezin dat er woonde. Op het tapijt een gebroken fotolijst, maar de foto ontbreekt. Overal sporen van een overhaast vertrek. In een hoek een gasstel en as. Of de vroegere bewoners hebben vlak voor hun vlucht nog privéspullen verbrand, of daklozen of plunderaars zijn ons voor geweest. We vinden geen brieven, geen nieuwe verhalen.

Later zitten we in de badkamer op de rand van de badkuip en staren door een gat in de muur naar buiten. Ik zeg dat de omtrek me aan een potscherf doet denken, maar het zou ook een antieke speerpunt kunnen zijn zoals ik die van het museum ken. Nee, zegt Jafar, hem doet het denken aan Madagaskar, en als ik niets terugzeg, bekrachtigt hij: Madagaskar, zeker weten.

Is het die associatie, waardoor andere aanknopingspunten ontstaan, die hem aan de atlas doet denken? Zonder dat ik erop heb aangedrongen of erom heb gevraagd, begint hij ineens verder te vertellen op het punt waar hij een paar weken eerder was opgehouden.

'De jongen werd door zijn moeder naar het St. Georges-ziekenhuis gebracht. Met piepende banden stopte ze voor de hoofdingang. Ze sprong uit de auto, pakte hem bij de arm, hielp hem uit de wagen. "Druk dat tegen je oog," zei ze en ze wees op haar nachtpon, die ze hem eerder in allerijl in de hand had gestopt. Bij de spoedeisende hulp greep ze een verpleegster vast. "Neem me niet kwalijk," zei zijn moeder, "mijn zoon..." Ze maakte de zin niet af. De deur knalde open. Een militielid, bebaard en in een met bloed besmeurd overhemd, stormde de hal in, gevolgd door een groepje gewapende mannen. "Wie heeft hier de leiding?" brulde hij. Er kwam een arts aansnellen. Het militielid wees naar de man op de brancard die zijn mannen droegen: "Zorg voor hem!" riep hij.

De arts voelde aan de hals van de gewonde, deed zijn oogleden omhoog, zette zijn stethoscoop op zijn borst en zei: "Ik kan niets meer voor hem doen."

"Wat zei je?" vroeg de man met de baard.

"Het is te laat," zei de arts.

Toen deed de militieman een stap naar voren. Hij trok zijn pistool en zette het tegen de schedel van de arts. "Je hebt tien minuten om hem te redden," zei hij.

De arts gaf de verpleegsters een teken. Ze legden de dode op een verrijdbaar bed en brachten hem naar de operatiekamer. De jongen, zijn moeder en alle andere gewonden bleven achter met de militieleden. Na tien minuten kwam de arts de deur door, stak zijn gehandschoende handen omhoog. "We hebben alles geprobeerd," zei hij.

Toen stortten de jonge mannen in. De leider trok de dokter tegen zich aan. Hij huilde tegen zijn schouder, beefde als een rietje. De anderen troostten elkaar. Geen van de omstanders verroerde zich. Buiten loeiden sirenes. Gedonder van raketten. De jongen en zijn moeder hielden hun adem in. "Niet kijken," fluisterde ze toen de mannen met hangende schouders langs hen schuifelden. De jongen drukte de nachtpon steviger tegen zijn oog. In de hal stonk het naar zweet en bloed, naar desinfecterende middelen en formaldehyde. Telkens weer sprong de deur open. Nieuwe gewonden werden door de hal gereden.

De verpleegster kwam terug, bleek en met van zweet druipend haar. "Wat is er met uw zoon?" vroeg ze uitgeput.'

*

De temperatuur daalde merkbaar toen de winter tot de stad doordrong. De regen stroomde 's middags uit de dakgoten en roffelde tegen de ruiten. Ook het licht werd anders, kreeg een blauwere tint. Boven de huizen hing een lage hemel en boven de woelige zee vervaagde de grens tussen zee en horizon in een nevelige verte. Toen Jafar me voor het eerst thuis opzocht, was het jaar al stokoud.

De weken ervoor hadden we elkaar nauwelijks gezien en gesproken. Telkens weer waren er dagen geweest waarop Jafar niet op school was gekomen of pas bij het derde of vierde uur was verschenen. Intussen meed ik de weg langs zijn huis, waar Soraya en zijn moeder bij het raam stonden, want de voorraad uitvluchten die ik verzon om hem te dekken was allang uitgeput. Op onze weinige afspraken was Jafar uiteindelijk dikwijls te laat of helemaal niet komen opdagen. Soms stond ik een, twee uur op een hoek van de straat op hem te wachten voor ik naar huis ging. Soms kwam hij stipt op tijd, maar dan sprong hij na een kwartiertje weer op en mompelde iets over een vergeten afspraak. Dat was vroeger nooit zo geweest. Uiterlijk bleef hij dezelfde, met zijn ongekamde haar en de schrammen op zijn armen en benen waardoor hij eruitzag alsof hij door een doornhaag was gekropen. Maar zijn bewegingen waren rustelozer geworden en er ging grote onrust van hem uit. Toen ik hem eens vroeg waarom hij te laat was, zei hij dat hij zijn stiefvader met iets belangrijks had moeten helpen. Een andere keer gaf hij aan dat zijn moeder in haar schoonheidssalon Lieu de Lumière belangrijke klanten had gehad of vanwege een aankomende bruiloft langer door had moeten werken. Ze had hem kort van tevoren gebeld en gevraagd op Soraya te passen. Toen geloofde ik hem nog. Pas toen die incidenten zich opstapelden, sprak ik hem erop aan, met het verzoek me de waarheid te zeggen. Zijn antwoord verraste me.

'Ik kan je op het moment geen details geven, maar ik ben met iets bezig. Heb geduld, ik denk dat ik je binnenkort binnenboord kan halen.'

'Binnenboord? Waarbij?'

'Vertrouw me, Amin.'

Natuurlijk vertrouwde ik hem. Zoals Jafar me nooit het gevoel had gegeven dat mijn verhalen over vroeger minder waard waren dan de zijne, zo gaf hij me ook nu niet het gevoel dat zijn onbetrouwbaarheid een teken was van een naderende afstand. Hij verontschuldigde zich ontelbare keren. Het feit dat we elkaar minder vaak zagen, maakte de tijd met hem – onze uitstapjes, het samen ronddwalen en zwijgen – des te bijzonderder, en ik geloof dat ik die momenten bewuster beleefde. Het uitzoeken van herinneringen is een gecompliceerde zaak en veel uit die tijd verschijnt vervaagd en als van ver, zelfs als ik bij mijn notitieboekjes te rade ga. Maar als ik aan die vreemde tijd van die aanbrekende winter denk, komt alles verbazingwekkend scherp tot leven, reden om te geloven dat die periode een sterker stempel op me heeft gedrukt dan ik me toen realiseerde. In zekere zin vonden de herfstdagen op de rotsen in de winter hun koudere, onstabielere voortzetting. Nu nog weet ik dat we met wapperende kleren op de daken stonden, de dagen mistig grijs en fris, de nachten zwart, winderig en vol dynamiek, en hoe Jafar zich daarboven in het donker bewoog, geluidloos als een wezen zonder fysieke gestalte. We waren net als voorheen heel vertrouwd met elkaar. Waarbij ik niet kan uitsluiten dat bepaalde details me zijn ontgaan die me beslist zouden zijn opgevallen als ik hem sterker had gemist.

Ik bracht net als vroeger veel dagen door met mijn oma. De tijd met haar was omgeven door een nieuwe vertrouwdheid. Er waren avonden dat ze me meenam in een wereld die tot dat moment alleen aan haar voorbehouden was geweest. Een expositie van Abu Amar bijvoorbeeld, die we samen met Umm Jamil bezochten. Abu Amar had poppen, lompen, kapotte meubels en dergelijke in een loods verzameld en gesorteerd; een deel van het materiaal was met algen begroeid. Ik liep zwijgend aan mijn oma's zijde rond en stelde me voor hoe hij met opgerolde broekspijpen tussen de rotsen had gestaan om al die weggegooide en weer aangespoelde spullen uit zee te verzamelen.

Een andere keer ging ze met me naar de kermis. Dat was doordeweeks laat in de middag, en wij waren vrijwel de enige bezoekers. Een paar kaartjescontroleurs zaten zich te vervelen, de ijsventers waren voor hun karretjes aan het kaarten. Eerst aten we een suikerspin, daarna gingen we in het oude reuzenrad. Tot mijn verrassing vertelde mijn oma dat ze begin jaren zestig met haar man in New York was geweest. New York! 'Met de boot, en de reis duurde drie weken.' Terwijl we boven de door de zon aangevreten betonblokken van de stad zweefden, met de zee achter ons, vertelde ze erover alsof het een droom betrof. De vele taxi's tussen de enorme gebouwen. De donkere East River. De gotische bogen van de Brooklyn Bridge. En over Coney Island, het pretpark aan de zuidkant van Brooklyn, waar hij geprobeerd had bij de schiettent een roos voor haar te bemachtigen.

'Weet je wat Coney Island betekent?' vroeg ze. Ze had haar arm om mijn schouders gelegd en haar ogen dichtgedaan. De wind waaide door haar haar en ze glimlachte.

'Geen idee.'

'Konijntjeseiland,' zei ze, en om de een of andere reden moesten we daar om lachen.

In die tijd viel het me pas na dagen op dat Jafar en ik elkaar al die tijd niet gezien hadden.

Maar toen verscheen hij ineens bij ons voor de deur en omhelsde hij me een beetje onhandig ter begroeting zodra ik had opengedaan. Daarbij stootte er iets hards tegen mijn borst. Toen hij een stapje achteruit deed, zag ik dat er een camera aan een leren riem om zijn hals bungelde.

'Zo woon je dus,' zei hij en hij stapte langs me de gang in.

Even later zaten we met de deur op slot op de vloer van mijn kamer, omringd door een chaos van opengeslagen boeken en schriften. De ontmoeting vond plaats op voorstel van Jafar. Hij noemde het 'strategisch overleg'. Tot mijn verrassing had hij foto's bij zich.

'Heb jij die gemaakt?' vroeg ik. Het waren korrelige zwart-witopnamen van gebouwen die ik deels kende, gemaakt met een groothoeklens vanuit een laag perspectief, alsof de fotograaf op zijn knieën was gezakt om alles in beeld te krijgen. 'Ze zijn behoorlijk goed.'

Jafar hield de camera op de palm van zijn hand en knikte trots. 'Ter voorbereiding op ons overleg van vandaag. Het is een korte serie. Drie foto's van elk gebouw.' Hij haalde nog meer opnamen uit een envelop. Die foto's waren anders. Ze waren met een telelens genomen, gaven sterk vergrote fragmenten weer en afzonderlijke details. Met die foto's wás je op die plaatsen, of kwam je er op zijn minst veel dichterbij. Met klimop bedekte bakstenen muren. Een stoel in een raamloze ruimte. Een ijzeren ketting aan een haak.

'Dat heb je dus al die tijd gedaan?'

'Zo is het.'

'En waarom?

'Heb je een paar blaadjes? Het is namelijk tijd om je in te wijden en je binnenboord te halen.'

Ik pakte een notitieboekje, scheurde er achterin een paar bladzijden uit en gaf ze aan hem.

'Pen?'

'Hier.' Jafar legde de camera voorzichtig weg, scheurde het papier in kleine stukjes en krabbelde er iets op. 'Gebouwen en plaatsen, weet je nog?' zei hij onder het schrijven. 'Die nieuwe schilderijen in het café. We konden daar geen wijs uit worden. Ik heb ze allemaal opgezocht. Elk huis, elk adres, ook al staat niet alles er meer, omdat het intussen platgewalst is. Hier.' Nu legde hij de beschreven knipsels in mijn hand en rangschikte de foto's op de vloer, zodat ze naar mij toe lagen. 'Schuif eens op.' Hij liep omstandig om de chaos heen, ging naast me zitten en tikte op elke foto. 'Burj al-Murr, Karantina, Port District, Corniche al-Mazraa...' Terwijl hij de namen bij de foto's noemde, legde ik de bijbehorende briefjes eronder, tot Jafars eigen expositie op de vloer van mijn kamer lag uitgespreid en telkens een plaats vanuit de verte liet zien, tezamen met twee detailopnamen.

Toen alle foto's van bijschriften waren voorzien, bleven we even alleen maar zitten.

Jafar lachte triomfantelijk.

Ik was diep onder de indruk.

Maar ook geschrokken. De foto's onthulden iets wat ik de afgelopen maanden had weggemoffeld. Ze leidden mijn blik naar iets waarvan ik geweigerd had er nader naar te kijken. Ze lieten de dag herleven dat Jafar en ik naar het café waren gegaan om te kijken of alles in orde was: gelige lucht waarin je moeilijk kon ademhalen. Het trillende licht boven tafels en stoelen. Ikzelf zonder houvast wiebelend als een vlot voor de muur met de schilderijen. In de pas verstreken weken had mijn oma's sterke affectie dat allemaal naar de achtergrond gedrongen. Ik had het heerlijk gevonden om mijn ogen dicht te doen en te geloven dat het allemaal maar een droom was geweest.

Jafars foto's hadden iets deprimerends, een onheilspellende atmosfeer.

'Wat kun je me over die plaatsen vertellen?' vroeg ik.

Uit mijn notitieboekje:

Aanleiding: strategisch overleg met Jafar
Datum: 4 november 1994
Betreft: het raadsel van oma's expositie

Karantina

Vlak terrein waarop ooit kleine hutjes stonden. Een voormalige achterbuurt in Oost-Beiroet. Vroeger bewoond door Koerden, Syriërs, Palestijnse vluchtelingen en arme Libanezen, de meesten van hen moslim. Onder controle van troepen van de PLO. Beginstadium van de oorlog. Staatkundige structuren ingestort. Makkelijk spel voor rechts-christelijke milities op 18-01-1976. Tegenwoordig bekend als de massaslachting van Karantina. Zo'n 20.000 inwoners vluchten de bergen in voor de sloppenwijk door de milities in de fik wordt gestoken. Wanneer de rook wegtrekt, komen eerst mannen met geweren, dan bulldozers. De hele nacht door rijden met lichamen beladen vrachtwagens van Karantina naar de haven. 1500 mensen tot op de dag van vandaag vermist.

Burj al-Murr

Een plaats die die naam niet verdient. Een onafgebouwde toren. Tijdens de gebeurtenissen vanwege de hoogte bevochten. Geliefd bij scherpschutters. Afwisselend door verschillende milities bezet. Over de Burj al-Murr zijn zoveel verhalen in omloop dat hij er zelf een is geworden. De toren at mensen. Die zijn geblinddoekt binnengebracht en niet meer naar buiten gekomen. Wie er wel uit kwam, vertelde buiten niet wat er gebeurd was. Hij had binnen verteld en alle woorden verloren.

Port District

6 december 1975. In een achtergelaten voertuig bij de elektriciteitscentrale worden de lichamen van vier leden van een rechts-christelijke militie ontdekt. Dat heeft gewapende conflicten in de stad tot gevolg. De zogenaamde Zwarte Zaterdag. Uit wraak richt de militie in het havengebied blokkades op. Voorbijkomende automobilisten en voetgangers worden gesommeerd zich te identificeren. Palestijnen zonder papieren met de status van staatlozen evenals honderden moslims worden gegijzeld of ter plaatse geliquideerd. De lijken worden op de vuilnisbelt van Tahwita gedumpt. De volgende dag geeft het hoofdkwartier van de militie een communiqué uit dat de wraakactie beperkt had moeten blijven tot gijzelingen, maar door hysterie was geëscaleerd. Tot op de dag van vandaag worden circa driehonderd mensen vermist.

Corniche el Mazraa

Hier komen twee straten bij elkaar: Barbir en Mathaf. Niet ver van het nationaal museum. De kruising fungeert als de grootste sluis waardoor je van het westen van de stad naar het oosten kunt komen, en omgekeerd. Telkens weer worden hier willekeurige arrestaties verricht en vinden ontvoeringen plaats. Op 17 november 1982 gebeurt er iets onverwachts: er verschijnen honderden vrouwen op straat. Ze houden foto's van familieleden omhoog. Ze bezetten de Groene Lijn, de milities doen niets. Het is de geboorte van een kleine beweging. Van nu af aan komen de families van de verdwenenen elke vrijdag bij elkaar en gaan ze op de stoffige straat zitten.

Jafar had al die plaatsen opgezocht. Hij was in bussen gestapt, had door de straten gestruind met een camera om zijn nek en een pen in zijn zak. Hij had met mensen gepraat, naar hen geluisterd, notities gemaakt. Een winkeleigenaar in Oost-Beiroet die uitkeek op het vlakke land van Karantina. Een oude vrouw die op de tiende verdieping van een flatgebouw woonde, tegenover de Burj al-Murr. Een vuilnisman op de stortplaats van Tahwita. Twee zussen die hun broer zochten.

Het duizelde me. Een windvlaag waaide door het raam naar binnen, bracht novemberstilte de kamer in. In mijn borst fladderde het alsof er een vogeltje achter mijn ribben gevangenzat.

Jafar pakte het notitieboekje uit mijn hand en las wat ik opgeschreven had. Toen bladerde hij een paar bladzijden terug. Een paar weken eerder hadden we het schrift onder de Franse les heen en weer geschoven. Hadden erover nagedacht wie ons bij het oplossen van het raadsel van de code G84/91 zou kunnen helpen. Op de onderste regels, aan het einde van een rijtje half serieus bedoelde voorstellen, stond:

De tekenaar van de vlooienmarkt?

Nu pakte Jafar de pen en zette er iets tussen haakjes bij:

(goed idee!)

'Hij is misschien de enige die ons verder kan helpen,' zei hij. 'Hij heeft verstand van kunst. Je hebt zelf gehoord wat hij allemaal wist! Met zijn kennis heeft hij ons gered, weet je nog? Die foto's, de verhalen achter de plaatsen, alles wat ik vertelde, is waardeloos als we er niet achter komen wat G84/91 betekent. Dat is de sleutel. Die code houdt de hele expositie bij elkaar. De vrienden van je oma kunnen we niets vragen, anders wordt ze misschien gewaarschuwd. Dat moeten we niet riskeren, Amin. Ze wil duidelijk, heel duidelijk, niet dat wij weten wat er speelt.'

Hij probeerde me in de ogen te kijken, maar ik wendde mijn hoofd af. Ik zag mijn oma en mij in het reuzenrad zitten. Ik zag ons in de tuin van haar vroegere huis rondlopen, zag ons in de woonkamer op de bank zwijgend naar mijn moeders schilderij zitten kijken. We hadden sinds onze verzoening al een lange weg afgelegd, die gelukkig en heilzaam was geweest. Die weg weer teruglopen, om ergens aan het begin achter een bocht naar iets te graven wat verstopt lag, leek me niet alleen een moeizame geschiedenis, maar het idee boezemde me ook angst in.

'Waarom?' vroeg ik timide.

Ik bedoelde eigenlijk: waarom laten we het hier niet gewoon bij? Maar Jafar moest die vraag anders hebben begrepen.

Hij zei: 'Omdat we vrienden zijn. Dat zijn we toch, of niet soms?'

Later, toen hij weg was, drong de schemering ook tot mijn kamer door. Lange schaduwen, somber licht. Voor me de uitgespreide foto's. Toen ik hoorde dat mijn oma haar sleutel in het slot stak, schrok ik op. Vlug pakte ik alles wat op de vloer lag op en gooide het in de kist onder het raam.

'Amin, habibi!' riep ze. Ik hoorde haar dichterbij komen. Toen verscheen haar hoofd in de deuropening, haar wakkere ogen. 'Het spijt me, ik ben te laat, er was zoveel te doen in het café. Het loopt geweldig. De nieuwe tafels zijn gekomen, eindelijk! Het lijkt allemaal een beetje ruimer, hoewel er plaats is voor meer mensen, en er is de hele dag geen stoel leeg gebleven, geen enkele! Heb je honger? Ik heb geen boodschappen gedaan, als je wilt gaan we uit eten.'

'Graag,' zei ik zachtjes, 'dan moet ik alleen nog even naar de badkamer.'

Bij het doorspoelen maakte het toilet zo'n lawaai dat ik dacht dat het me zou opslokken. Ik boog me over de wastafel, liet koud water over mijn polsen lopen. Ik keek naar mezelf in de spiegel. Ik had een balpenvlek op mijn wang. Toen viel de stroom uit en werd het donker.

Metamorfosen

Het verbaast me tegenwoordig dat Jafar en ik zoveel tijd met elkaar doorbrachten en dat ik toch zo weinig wist van wat er in hem omging. Hoe kwam het dat ik hem nooit heb gevraagd waarom hij de tekenaar in zijn eentje wilde vinden of waarom hij me niet had ingewijd toen hij eropuit ging om die foto's te maken en met getuigen te praten? In die tijd zag ik weinig meer dan mijn eigen geluk. Ik klampte me vast aan mijn voorstelling van harmonie. En bovenal wilde ik de illusie overeind houden dat alles zou blijven zoals het was, dat we vrienden waren en dat er tussen ons geen geheimen bestonden.

Ik verbeeldde me mijn vriend goed te kennen, daarom gaf ik de antwoorden op mijn vragen liever zelf. Jafar had gemerkt dat mijn oma en ik elkaar beter begrepen, en hoe gelukkig me dat maakte. Hij had er vast niet op willen aandringen dat ik iets achter haar rug om deed. Hij had vast daarom op eigen houtje al die foto's gemaakt en de getuigen ondervraagd. Hij had het vast goed bedoeld.

Maar wat graag zou ik die winterdagen eens met andere ogen bekijken, om te doorgronden wat voor soort eenzaamheid me ertoe bracht zo te zijn, zo te denken en zo te handelen. Mijn ogen dicht te doen, weg te kijken. Ik was op weg te veranderen in de jonge man die ik die dag na de storm in de spiegel had gezien, schuchter en schichtig als weerlicht. Die zijn best deed zich aan te passen, aardig gevonden te worden.

De aantekeningen in mijn notitieboekjes verraden welke vragen ik me in die dagen over mezelf stelde. Was ik daarom doof en blind voor wat er om me heen gebeurde? Blijkbaar veranderde ook mijn lichaam, en ik weet dat ik er in die tijd veel over nadacht welke van mijn fysieke kenmerken en karaktereigenschappen met die van mijn ouders overeen zouden kunnen komen. Had mijn vader dezelfde dikke wenkbrauwen en uitpuilende adamsappel gehad? Had ik de dunne lippen van mijn moeder geërfd? Haar slanke handen? Of zat ze in mijn persoonlijkheid verankerd? Als ik merkte dat ik zin had om verhalen of korte gedichten te schrijven of mezelf in de vormen van voorbijtrekkende wolken verloor, vroeg ik me af of het gevoel voor zulke dingen een weerspiegeling was van het wezen van mijn moeder.

Vaak vergeleek ik mijn zelfonderzoek ook met het beeld dat ik van Jafar had. De pezige spieren in zijn armen vielen me op, en hoe zijn bicepsen opbolden als hij iets optilde of zijn handen achter zijn hoofd verstrengelde. Het afgelopen jaar was hij duidelijk harder gegroeid dan ik. Ik zag de zelfverzekerdheid waarmee hij door de gangen op school bewoog, alsof hij zweefde en merkte dat de meisjes achter de deuren van de kluisjes hun hoofden bij elkaar staken wanneer hij voorbijkwam. Sinds kort gebruikte hij haargel. Hoe vaak riep ik niet de situatie in herinnering waarbij Jafar met het meisje uit Europa achter de rots verdwenen was en dan verbaasde ik me over de steek die het me gaf. Ik kan me nog goed herinneren dat we ooit onder een paar bomen in het gras lagen en dat hij zich ineens begon op te drukken en mij maande dat ook te doen, en dat ik met hoogrood hoofd en brandende spieren naast hem in elkaar zakte terwijl hij, schijnbaar nog steeds moeiteloos, doortrainde en hoe hij toen opstond, in zijn handen klapte, omhoogsprong en zich aan een tak optrok. Toen besloot ik voor het slapengaan stiekem te trainen, om beter voorbereid te zijn. Zoveel van wat Jafar deed, lag buiten mijn grenzen.

Ik beschouw mezelf graag als een gevoelig mens. Op moeilijke momenten trek ik een muur op om me achter te verbergen. Zo kan ik afstand doen van intimiteit zonder eraan onderdoor te gaan. Een vrouw met wie ik later een periode in mijn leven doorbracht, zei tegen me toen we uit elkaar gingen dat ze de indruk had dat het me moeite kostte om vertrouwen te hebben.

'Zeg eens, waardoor ben je zo voorzichtig geworden?'

'Dat weet ik niet.'

'Je laat niemand toe. Wie heeft je zo teleurgesteld?'

'Ik zou je nu graag omarmen.'

'Wil je me omarmen?' Dat is niet genoeg, Amin. Je vertrouwt zelfs niet op je eigen woorden. Daarom ben je zo terughoudend.'

Hoe anders lijkt het leven achteraf. Met hoeveel weemoed kijk je niet terug op een tijd als je jeugd, die grote chaos waarin zowel je ellende als je hoop grenzeloos is en alleen in extremen wordt beleefd. We proberen alles om eraan te ontkomen, omdat daarachter, naar onze overtuiging, een nog onontdekte wereld op ons wacht, en pas als de jeugd definitief voorbij is, draaien we ons om en erkennen verbaasd het banale: dat we nooit meer de betovering van die tijd terug kunnen vinden. Sommige gebeurtenissen openbaren pas na jaren hun volle gewicht. Ook dat is een deel van de jeugd: we verrijken en kwetsen elkaar zonder het te beseffen.

*

Een paar dagen nadat Jafar had bekrachtigd dat hij de tekenaar wilde vinden, werd ik door geroep gewekt. Ik zat meteen rechtop in bed. Het geluid kwam van buiten. Ik gooide de deken van me af en sprintte naar het raam. Beneden stond een zwarte auto met geblindeerde ramen. De motor draaide, de achterportieren stonden open. Een breedgeschouderde man stond met zijn armen over elkaar aan de bestuurderskant te wachten. Toen ging de deur van het huis aan de overkant open en twee mannen sleurden onze buurman Tony de straat op. Op de trap struikelde hij en hij kwam languit ten val. De mannen trokken hem met geweld omhoog. Ik zag bloed op zijn onderhemd. Toen verscheen Tony's vrouw Nour achter de mannen. Ze riep om hulp. De mannen draaiden zich om alsof ze alle tijd van de wereld hadden. Een van hen gaf Tony een stomp in zijn maag. Nour sloeg haar hand voor haar mond en werd stil. Toen de mannen hem naar de auto sleepten, verzette Tony zich niet. Vlak voor ze hem in de wagen duwden, keek hij plotseling omhoog en hij zag me bij het raam staan. Ook een van de mannen zag me. Geschrokken deinsde ik terug. Hoorde alleen nog het dichtslaan van de portieren en dat de auto wegreed. Toen ik weer keek, was Nour voor het huis op haar knieën gezakt, ze had haar gezicht in haar handen begraven. De wagen suisde in een stofwolk de straat uit.

Ik werd misselijk. Wankelend trok ik mijn broek aan en ik rende naar buiten. Een groepje bezorgde buren verzamelde zich al om de vrouw, die op de trap voor de buitendeur zat te huilen. Ik rende langs hen heen, rende zo hard dat mijn keel brandde, het hele stuk naar het café. Ik had Mara's stem in mijn hoofd: 'Ze zeiden dat ze terug zouden komen, Amin. Er zou een ongeluk kunnen gebeuren.' Ik rekende er vast op ook zo'n wagen voor het café te zien staan. Of nog erger: dat mannen ook mijn oma naar buiten zouden sleuren. Maar er was niemand.

Toen ik de deur openduwde, zwetend en met rode vlekken op mijn hals en borst, stond mijn oma naast Mara's vervangster Kamila achter de toonbank. Ze keken me allebei verbaasd aan.

Die avond brandde er licht achter alle ramen in de straat. De mensen uit de buurt zeiden dat Tony gearresteerd was. Ze zeiden 'gearresteerd', hoewel dat wat ik gezien had, me eerder een ontvoering had geleken. Ik belde Jafar, maar er werd niet opgenomen. Af en toe zag ik mensen schalen met eten het huis aan de overkant binnendragen. Onder het mom van medeleven wilden ze meer te weten komen. Maar even later stonden ze alweer schouderophalend op straat.

Nu en dan zag ik Nour achter de gordijnen heen en weer lopen.

Later kwam mijn oma thuis. We zaten tegenover elkaar aan de keukentafel, schoven op onze stoel heen en weer, rammelden met borden. Ik probeerde te ontdekken of ze ongerust was, maar er viel me niets ongewoons op. Over mijn plotselinge verschijnen bij het café hadden we het niet meer. Alles wat ze zei was: 'Het gaat ons niet aan, Amin.

Mensen vertellen de vreemdste verhalen, daar moeten we niet aan meedoen. Dat is niet gepast. Arme Nour.'

Afgeluisterde gesprekken in de stad, dec. 1994
– 'Jouw tomaten, Bashar, die waren vroeger beter, heb je ze nu ergens anders vandaan?'
– 'Hebben ze dat huis hier ook gesloopt? Lieve help!'
– 'Rijk en beroemd wil je worden! Drie scheepsladingen goud, voor mijn part, maar dat zal niet genoeg zijn voor je doktersrekeningen, liegbeest. Ze zullen nog eens een ziekte naar je vernoemen!'
– 'In de achttiende week, en je hebt het hem nog altijd niet verteld?!'
– 'Al de derde arrestatie sinds zondag. En dan heb ik het alleen over deze wijk. Ze worden allemaal aangeklaagd.'
– 'Ik heb gehoord dat ze hen naar Yarzeh brengen, naar het ministerie van Defensie.' – 'Dat heb ik ook gehoord. Daar wordt Samir Geagea vastgehouden.' – 'Die zien we nooit meer terug...'

*

Wat wist ik van de zijderupsenteler uit Sidon? Welk beeld had ik van hem? Tijdens de jaren in Duitsland was die man met zijn corpulente postuur een constante grootheid geweest die ons dagelijks leven structuur had gegeven. Wanneer hij ook maar verscheen, zorgde hij voor een vermoeden van orde, bewerkstelligde dat mijn oma gezelschap had, gesprekken voerde, uitgebreider kookte en alles bij elkaar beter voor zichzelf zorgde. Mij waren zijn bezoekjes bovendien bevallen omdat hij in zekere zin minder voorzichtig was. Abbas kon ik makkelijker om mijn vinger winden, en ik had er plezier in hem anekdotes uit oma's vroegere leven te ontlokken. Zoals op die regenachtige dag dat hij vertelde dat ze vroeger kunstenares was geweest, terwijl zij in de halfdonkere keuken bij de stoofpan stond en zo te zien meeluisterde. Of de vele herinneringen aan die glorieuze voorstellingen in het Grand Théâtre de Beirut die hij zo bereidwillig met haar deelde en die zijn ogen deden oplichten. Ik was blij wanneer hij zijn dikke buik de deur door duwde, wanneer hij naar de keuken liep om mijn oma te begroeten en met zijn hand het aroma van de mokka zijn neus in wapperde. De gesprekken met hem waren meestal heel interessant en soms volkomen ongeloofwaardig. Zoals die keer dat hij na het eten van tafel ging, zijn glas pakte en jolig naast me op de bank kwam zitten. Hij vroeg of we op school nog altijd verplicht waren om moerbeibomen te planten. Ik was verrast en geamuseerd, want dat dat ooit een verplichting was geweest, daar had ik nog nooit van gehoord.

'Nou, dan moet dat wel veranderd zijn,' zei hij schouderophalend, om kort daarop een van zijn verbazingwekkende verhalen uit de wereld van de zijderupsenteelt ten beste te geven. Zo vertelde hij die avond dat de Duitse rijksminister voor Wetenschap en Onderwijs in 1940 een circulaire aan alle lagere scholen had gestuurd waarin ze werden verplicht moerbeibomen te planten als voedsel voor zijderupsen. Ik dacht eerst dat het een grapje was. 'En toch is het waar,' zei Abbas toen ik mijn bedenkingen kenbaar maakte. 'De Duitsers waren ervan overtuigd dat de zijderupsenteelt hen aan de eindoverwinning zou helpen. Een grote vergissing, zoals je je kunt indenken.' Hij vertelde dat het de taak van de leerlingen was geweest onder leiding van zijdeteeltleraren zijderupsen met de moerbeibladeren uit de schooltuin te voeren, ze te verplaatsen en de cocons na het verpoppen goed te bewaren, want de zijde was dringend nodig voor de parachutisten van de weermacht. 'Bij het vak oorlogshulp werden voor die inzet van scholieren zelfs cijfers gegeven,' vertelde hij. 'Tegen de leerlingen werd gezegd dat er voor een parachute vijftienduizend cocons moesten worden afgewikkeld en verwerkt. Dat klopt wel zo ongeveer. Het bleek echter al vlug dat de zijde van de scholen niet al te best was. De nazi's vielen bij bosjes uit de lucht. Dus werden de parachutes van de weermacht voortaan van Japanse zijde gemaakt, die per onderzeeër werd geïmporteerd. Maar dat werd voor de scholieren verzwegen, tenslotte moesten ze blijven geloven dat ze het leven van Duitse helden redden. De schoolzijde werd na de oorlog op de zwarte markt verkocht. Wat valt daarvan te leren, Amin?'

'Niet ieder kind kan zijderupsenteler worden?'

'Heel goed, haha!'

Sinds zijn onverwachte verschijning in Beiroet was Abbas echter veranderd. Niet dat hij tegenover mij ooit ongeïnteresseerd of onvriendelijk was, maar de vragen die hij me nu stelde, bleven over het algemeen oppervlakkig. Ze toonden geen grote belangstelling voor hoe het sinds de verhuizing met me ging, of ik me in de nieuwe omgeving wist te redden. Ik had de leeftijd bereikt dat ik liever buiten rondhing dan dat ik naast die man op de bank zat, een leeftijd waarmee hij minder goed uit de voeten kon. Ook wekte de Abbas die ik in Beiroet zag een meer nerveuze indruk. Hij leek zich in onze nieuwe woning minder op zijn gemak te voelen, en ik vroeg me af waarom hij nooit aanwezig was op de avonden dat al die onbekende mensen bij ons op de deur klopten. Had de hectische wereld van Beiroet die spanning opgewekt? Binnen de overzichtelijke grenzen van een Duits stadje was hij zelfverzekerder overgekomen.

Het eigenaardigst vond ik dat hij zo vaak zonder enige aanleiding langskwam, en daarom vermoedde ik dat Abbas eenzaam was en de tijd in Duitsland net zo miste als ik. Ik wist niet hoe zijn leven voor die tijd was geweest, onder welke omstandigheden hij uit Sidon was weggegaan en in een van de buurhuizen in ons straatje in de voorstad van München was beland. Hij leek tegelijkertijd nonchalant te zijn en er verzorgd bij te willen lopen. Hij droeg graag overhemden, maar die waren meestal verkreukeld. Als tiener met een uitbundige fantasie schreef ik soms duistere praktijken aan hem toe. Met zijn hoge voorhoofd en zijn krulsnor vertoonde hij enige gelijkenis met Don Corleone uit *The Godfather* en de manier waarop hij nerveus over voorwerpen streek, riep bij mij de gedachte op dat hij misschien zoiets als een meesterdief was: donkere villa's, kluizen achter schilderijen, een glanzende gouden ketting in het maanlicht wanneer hij de deur achter zich dichttrok. Voor mij bleef Abbas een bekende die ik vroeger graag had gemogen maar van wie ik, wanneer en om welke reden dan ook, vervreemd was geraakt. Een vriend van mijn oma.

Daarom was ik verrast toen hij een paar dagen na Tony's arrestatie op mijn kamerdeur klopte en me vroeg of ik zin had een ritje met hem te maken. Ik knikte aarzelend.

We reden zuidwaarts. Abbas liet me achter op het laadvlak zitten terwijl hij de pick-up door het verkeer stuurde. Om ons heen het gebruikelijke getoeter en gevloek. We passeerden bouwplaatsen, reden onder uitzwenkende hijskranen door. Telkens kwamen we bij checkpoints van het Syrische leger, jonge soldaten wenkten ons verveeld door. Nooit zal ik het gevoel van de rijwind vergeten wanneer Abbas op sommige plaatsen van het traject door het open zijraampje kortaf 'houd je vast!' naar achteren riep voor hij gas gaf. Mijn haar en kleren wapperden en ik deed mijn ogen dicht. Op een gegeven moment bleef ik ze dichthouden en probeerde ik aan de hand van de geluiden te raden over welke secundaire weg en door welke wijk we reden. Een hopeloze onderneming. Toen begon de wagen langzamer te rijden, stopte. Ik voelde een ruk en ineens reden we achteruit. Toen ik mijn ogen opendeed en me omdraaide, zag ik dat de weg versperd was. Een politieagent gaf Abbas het teken om te keren. Achter de versperring: demonstranten, een woud van spandoeken, cameraploegen en verslaggevers. Ik zag dat er twee kampen waren – slechts gescheiden door de politiemensen. De ene groep hield Samir Geagea's portret omhoog, zwaaide met vlaggen van zijn partij. De andere stak kartonnen borden op met tekeningen erop. Vrouwe Justitia met zwaard en weegschaal, en hier en daar ook een eis: GERECHTIGHEID! Of: TEGEN HET VERGETEN!

'Geen probleem,' hoorde ik Abbas mompelen, 'dan rijden we gewoon even om.'

Even later reden we over de kustweg, langs bananenplantages en geïmproviseerde eetkraampjes. Na een uur, waarin we steeds zuidwaarts waren blijven gaan, kwamen we in Sidon, waar Abbas op een gegeven moment een veldweg insloeg die naar een grote poort leidde. Daarachter: zijn zijderupsenkwekerij.

Telkens wanneer ik een moerbeiboom zie, moet ik denken aan die dag, maar pas nu ik het allemaal opschrijf, wordt me duidelijk dat die man, die ik nooit goed heb leren inschatten, eenzelfde rol voor mij speelde als voor mijn oma. Voor haar was Abbas een metgezel uit haar oude leven in Libanon geweest die ook in haar tweede leven in Duitsland niet van haar zijde week. En dat gold ook voor mij, alleen in omgekeerde volgorde. Ik herinner me dat de zijderupsenteler graag sprak over voorstellingen in het Grand Théâtre waarin sprookjes opnieuw geënsceneerd werden en dat personages die vanuit de schaduw optraden hem het meest fascineerden.

Een paar jaar geleden ben ik begonnen de weinige traceerbare feiten uit het leven van alle mensen die in mijn jeugd mijn pad hebben gekruist te verzamelen om daarvan een bruikbare puzzelafbeelding te kunnen maken. Daarbij stuitte ik in een oude krant, die een verre nicht van Abbas me ter beschikking stelde, op een foto waarop hij voor een synagoge staat. Op de foto schudt hij de hand van een man die een cheque vasthoudt. Ik kwam te weten dat de zijderupsenteler voor de oorlog een aanzienlijk bedrag had geschonken voor de instandhouding van die synagoge, die als een van de oudste synagogen ter wereld gold. Blijkbaar was hij in Sidon een respectabel man geweest. Interessanter vond ik echter een achtregelige alinea in het artikel, die Abbas portretteerde als 'genereus' en 'plichtsgetrouw', maar ook als 'een einzelgänger' en 'een teruggetrokken mens'. Zo ontstond het beeld van een man die het niet prettig vond in de belangstelling te staan en liever op de achtergrond bleef, wat hem – terecht of onterecht – een aura van geheimzinnigheid verleende.

Wat verrassend fijn en tegelijk eigenaardig was die middag geworden en hoe toegankelijk was plotseling de zijderupsenteler, die me – de poort was nog maar nauwelijks achter zijn pick-up dichtgegaan – een nieuwe kant van zichzelf liet zien. Hij voerde me over een volop met moerbeistruiken begroeide weide en een uitgestrekt landgoed, waarop hij, zoals ik nu vernam, zijn jeugd had doorgebracht. Van elke barst, van elke voeg, van elk stuk afbrokkelende muur van het huis was de glans van vroeger tijden af te lezen. Het hele perceel zag eruit als zijn verkreukelde overhemden – in principe kostbaar, maar ook verwaarloosd. Als Abbas me in Duitsland over de kwekerij had verteld, had ik het voor een oord uit een van zijn sprookjes gehouden.

Hij vertelde me over zijn vader, die het allemaal had opgebouwd, als ijverige, maar ook veeleisende man die, geboren aan de rand van Sidon, in zijn eentje door vlijt en volharding een gerespecteerd zakenman was geworden. Die zijn zoon al vroeg alles over de zijderupsenteelt bijbracht, vooral over de parelgrijze moerbeispinners, die zich uitsluitend voedden met de bladeren van die struiken en die beroemd waren om hun fijne zijdedraden, in de verkoop en export waarvan de vader gespecialiseerd was. De beestjes hadden Abbas als kind al gefascineerd. Als kleine jongen nam hij een keer een klein doosje mee naar school, dat hij onder zijn tafel wegstopte, omdat hij wilde zien hoe de zijderupsen groeiden. Iemand maakte het doosje open toen Abbas even niet oplette; pas dagen later werden de rupsen teruggevonden, ze waren in de gordijnen gekropen, waar ze zich hadden ingesponnen. Dat leverde hem flink wat strafwerk op. Later nam hij na zijn vaders dood de zaak over, maar de gouden jaren waren toen al voorbij. Dat hij de waarde van de onderneming niet op peil had kunnen houden, dat het vermogen gestaag afnam, deed Abbas verdriet. Het uitbreken van de burgeroorlog betekende de genadeklap. Het werd onmogelijk zich aan levertermijnen te houden. Nu eens was de luchthaven toegankelijk, dan weer niet, nu eens was de haven open voor vrachtschepen, dan was hij weer gesloten. Algauw werden de eerste werknemers ontslagen, het grootste deel van het vermogen was opgebruikt. In 1982 werd de omgeving van Sidon ten slotte door de Israëli's bezet en lag de kwekerij een tijdlang stil. Dat was het jaar dat hij besloot mijn oma naar Duitsland te volgen. Zo was het kringetje rond.

Ik luisterde graag naar hem. Hij liep met zijn handen op zijn rug verstrengeld in rustig tempo naast me, praatte over zijn kindertijd, zijn jeugd; met zijn blik gericht op een verte die tot ver in de geschiedenis van die plaats terugging. En wat was ik verrast toen hij ineens de namen van vlinders noemde: oranjetipje, ligusterpijlstaart, avondpauwoog. Het waren namen die hij als kind al had geleerd om de beestjes in de tuin te benoemen. Hij was acht of negen toen hij de vorm en details van afzonderlijke exemplaren in een notitieboekje begon te schetsen: de zeer donker gekleurde voorste vleugel van een distelvlinder. De gebogen dwarsbanden van een windepijlstaart. De notities moesten hem helpen om te zien of het misschien wel een en hetzelfde beestje was dat hij bij het spelen tussen de struiken telkens weer tegenkwam, zodat hij kon denken dat ze naar hem terug zouden komen.

'Ik heb gehoord dat jij ook altijd een notitieboekje bij je hebt.' Zo kwam hij op een gegeven moment weer bij mij terug. We koersten af op een grote tenthal, waarop het middaglicht werd gereflecteerd. Ik verwachtte dat hij zou vragen wat ik in mijn schriften noteerde, maar toen ik het beaamde, zei hij alleen maar: 'Goede gewoonte. Moet je aan vasthouden.'

In de tenthal waren een paar medewerkers druk bezig. Voor zo'n grote ruimte waren het maar weinig mensen. Abbas liet me cocons zien die af waren. Ze lagen uitgespreid op hoge, met bladeren en takjes bedekte schappen. Het waren er duizenden.

'Worden dat allemaal vlinders?' vroeg ik verbaasd.

Hij schudde zijn hoofd. 'Nee. We willen immers de zijdedraden hebben. Als we de vlinders zouden laten uitkomen, zouden ze de cocon losweken en doorbijten, wat de zijde onbruikbaar maakt. Dus maken we de larven na tien dagen dood met stoom en wikkelen de draad af.'

'Dat is barbaars.'

'Het kan helaas niet anders. Maar je hebt gelijk. Toen ik zo oud was als jij, vertelde mijn vader me dat een enkele zomerse onweersbui miljoenen zijderupsen van de bomen schudde. Die konden dan niet meer bij hun voedsel komen en zouden verhongeren. Daarom rende ik na elke storm naar de tuin, plukte bladeren van de bomen en legde ze op de grond, zodat de naar beneden gevallen rupsen niet zouden verhongeren. Zo is de natuur.'

Later zaten we in het huis, waar alle paden op het complex naartoe leidden. Vanuit de verte had het er statig uitgezien, maar van dichtbij zag je de tekenen van verval. Het was voor mij onvoorstelbaar dat Abbas helemaal alleen op dit stervende landgoed woonde. Ineens kwamen zijn veelvuldige bezoekjes in een ander daglicht te staan.

Hij bracht een met koude limonade gevulde karaf de woonkamer binnen. We gingen aan een tafel zitten die veel te groot was voor twee personen. Abbas veegde een paar kruimels opzij.

'Wat ben je tegenwoordig aan het lezen, Amin? Kun je me bepaalde boeken aanbevelen? Zoals je ziet, is hier momenteel niet veel te doen.'

Ik noemde hem een paar titels.

'*De reis om de wereld in tachtig dagen*,' mompelde hij, 'dat kan ik jóú aanbevelen. Is al van een tijdje geleden. Maar Phileas Fogg en Passepartout zijn een sterk duo!'

'Vast niet zo sterk als Holmes en Watson.'

'Of Han Solo en Chewbacca, toch? Echte vriendschap!' Abbas straalde toen hij mijn verraste gezicht zag. 'Ik ben dan wel ouder dan jij, maar dat wil nog niet zeggen dat ik niet af en toe ook zo mijn pleziertjes heb.'

We kletsten nog een beetje over films en kwamen zo ook over het Grand Théâtre te spreken, waar hij mijn oma voor het eerst had ontmoet. Over die kennismaking vertelde hij nu uitvoeriger.

'Indertijd werd *Orpheus en Eurydice* uitgevoerd. Het was de première. Een feestelijke aangelegenheid. Je grootvader was zo trots dat hij zijn verloofde aan ons kon voorstellen. Ik heb je toch verteld dat Amin en ik tot de geldschieters behoorden die het theater steunden? Yara droeg een lange, blauwe japon. Zodra ze haar mantel had uitgedaan, waren aller ogen op haar gericht. Zij op haar beurt had alleen maar oog voor Amin – en het theater. Ze hield van dat gebouw, en niet alleen omdat ze daar haar verloofde had leren kennen. Eens, toen we elkaar beter kenden, zei ze tegen me dat die plek een portaal voor haar was waardoor ze in onbekende werelden en voorbije tijden terecht kon komen, ver van Beiroet.'

'Zoiets heeft ze mij ook eens verteld.'

'Werkelijk?' Abbas knikte peinzend. Hij pakte de karaf en schonk limonade bij. 'Zonde wat daarvan geworden is.'

'Van het theater?'

'Ja. Het werd in 1929 geopend. Toen stond het symbool voor de culturele hoofdstad Beiroet. Je moet weten dat er in heel het Nabije Oosten niet zoiets bestond. Het ballet van de Champs-Élysées gaf er gastvoorstellingen, net als de beroemde Egyptische Ramses Group, en naast het theaterprogramma waren er concerten van Dalida, Abdel Wahab en Umm Kulthum. Het theater was net zo kosmopolitisch als de stad zelf. Tijdens de oorlog werd het grotendeels verwoest. Milities bezetten wat ervan over was en maakten er een pornobioscoop van. Nu is het een ruïne. De schoonheid, de verruwing, de ruïne – als je iemand de geschiedenis van Libanon zou willen beschrijven, schilder dan de geschiedenis van het Grand Théâtre.' Abbas deed zijn arm omhoog, hoestte in de kromming van zijn elleboog en keek omlaag. 'Of het verhaal van deze kwekerij,' voegde hij er zachtjes aan toe.

In de leegte van de daaropvolgende stilte had ik de indruk dat hij moeite had me aan te kijken. Toch waagde ik het erop: 'Abbas, een tijdje geleden ben ik met oma in het huis geweest waar ze vroeger woonde. Toen we 's avonds in Beiroet terug waren, zei ze tegen me dat ons land een huis was met veel kamers.'

'Heeft ze dat gezegd?'

'Ja. In sommige vertrekken woonden zij die zich niets wilden herinneren. In andere kamers huisden degenen die niet konden vergeten. En bovenin woonden altijd de moordenaars. Wat bedoelde ze daarmee?'

Er volgde nog een pauze, waarin Abbas zijn glas oppakte zonder te drinken. In plaats daarvan schoof hij het op de tafel heen en weer. Daarbij was zijn blik op mij gefixeerd.

'Ik heb gehoord dat je gezien hebt dat jullie buurman Tony werd gearresteerd,' zei hij ten slotte. 'Dat heeft Yara me verteld.'

'Ja, dat was verschrikkelijk. Zijn we daarom hier?'

'Nee. Ik wilde gewoon tijd met jou doorbrengen. Ze vertelde ook dat je daarna naar het café bent gerend. Was je bang?'

'Niet voor mezelf. Ik maakte me zorgen om háár.'

'Dat laat zien hoeveel je van je oma houdt. Kun je ze beschrijven?'

'Ze? Wie?'

'De mannen die Tony meenamen.'

Ik beschreef hem de figuren en de auto. Toen vroeg ik: 'Is oma in gevaar?'

Abbas nam me even aandachtig op. 'Yara heeft niets te vrezen,' zei hij toen. 'Ze heeft niets verkeerds gedaan.'

Ik overwoog hoever ik kon gaan. Jafar was op zoek naar de tekenaar. Als hij hem vond, zouden we het raadsel kunnen oplossen. Ik vreesde dat een onbedachtzame uitspraak Abbas ertoe zou kunnen brengen mijn oma over ons plan te vertellen. Daar had Jafar me voor gewaarschuwd. Maar ik was nieuwsgierig. Ik kon niet anders.

'Mara van het café. Die heeft me verteld dat oma is bedreigd.'

'Dat waren heel andere mannen, Amin.'

'Waarom wilden ze dan dat ze haar schilderijen weghaalde? Met wat voor soort ongeluk dreigden ze?'

'Ach, dat was de verhuurder met een paar mensen. Het pand met het café is van hem. Geen reden om je zorgen te maken.'

'De verhuurder? Dat kan ik niet geloven.'

'Het pand stamt nog uit de tijd van het mandaat. Net als dit hier. De muren trekken vocht aan. Hij bedoelde dat Yara's expositie beschadigd zou kunnen raken als ze de schilderijen niet van de muur haalde. Dat moet hij met "ongeluk" hebben bedoeld. Misschien was hij bang dat ze hem zou kunnen aanklagen als de schilderijen schade zouden oplopen.'

'Maar Mara...'

'Een misverstand, Amin. Dat was een misverstand. Het is goed dat je bezorgd om haar bent. Het is goed, maar onnodig.'

Ik geloofde er geen woord van. Abbas had daarvoor achterovergeleund, maar zat nu rechtop en leek alerter. Dus gooide ik het over een andere boeg.

'Wie zijn die moordenaars over wie ze het had?'

'Voormalige militieleden. Weet je wat een metafoor is? Dit land is altijd in handen van een aantal machtige families geweest. Wat dat betreft zijn we in de Middeleeuwen blijven steken. Die moordenaars die helemaal bovenin wonen, zijn momenteel onze politici. In de oorlog hebben ze milities geleid die elkaar bestreden. Nu maken ze de wetten. Ze belemmeren de verwerking en beletten de herinnering.'

Ik keek naar mijn handen en voelde zijn ogen op me gericht. 'Ik heb mensen over de arrestaties horen praten,' zei ik. 'De hele stad heeft het erover. Hebben die arrestaties daarmee te maken?'

Opnieuw stilte terwijl ik op antwoord wachtte. Weer schoof Abbas zijn glas heen en weer.

'Samir Geagea was een van die militieleiders. In de oorlog heeft hij erge dingen gedaan. Politieke moorden. Dat heb je vast op het nieuws gehoord. In 1978 leidde hij een commando in de bergstreek Ehden om de zoon van de vroegere president en diens familie te doden. En dat is maar een van de vele voorbeelden. Veel van de mannen die tegenwoordig hoge posities bekleden, behoren tot verschillende religies, maar hebben eenzelfde verleden. De militie van Samir Geagea werd na de oorlog ontbonden en in een politieke partij omgezet. Veel van onze partijen waren in de oorlog milities. Je weet hoe groot de invloed van Syrië in ons land is. We leven in een overgangsperiode. We slingeren heen en weer tussen oorlog en vrede. De Syriërs boden Geagea's partij regeringsdeelname aan. Hij wees dat af, verzette zich tegen hun invloed, verweet hun promoslimpolitiek. Hij zei dat hij de belangen van de christenen moest beschermen. Zij op hun beurt verweten hem dat hij het vredesproces saboteerde. En toen explodeerde die bom in de kerk. Daar heb je over gehoord. Geagea werd gearresteerd en van de aanslag beschuldigd. Of hij het heeft gedaan? Dat weet niemand. In dit proces is zoveel ongeloofwaardig. Er zijn mensen die zeggen dat hij maar een zondebok is. Op die manier willen ze hem uit de weg ruimen.'

'En u? Wat zegt u daarvan?'

'Ik zeg: ze moeten allemaal terechtstaan. Wat Geagea heeft gedaan, valt niet goed te praten, maar alle partijen hebben zich aan dergelijke dingen schuldig gemaakt. Niemand anders wordt aangeklaagd. En nu rent de geheime dienst door de straten en haalt zijn aanhangers uit hun huizen...'

'Is dat wat Tony is overkomen? Is hij een van hen?'

Abbas knikte. 'Daar kun je van uitgaan. Toen de oorlog voorbij was, pakten honderdduizenden jonge mannen hun oude leven weer op, Ze waren maar korte tijd lid van een militie geweest. Maar in die tijd waren er voor hen geen regels. Ze hebben dingen gedaan die ze nooit zullen vergeten. Dingen die niet te vergeven zijn. En toen de vrede was getekend, gingen ze gewoon weer naar huis. De meesten proberen nog steeds hun weg te vinden.'

Waarom kan ik me dat gesprek nog zo goed herinneren? We hebben het op rustige toon gevoerd. Het was geen discussie. Misschien omdat ik het gevoel had dat Abbas tegelijkertijd open en gesloten was. Het leek of hij om een lege plek heen draaide, maar hij deed ook zijn best antwoord op mijn vragen te geven. De pauzes die hij onder het praten hield, gaven hem de tijd om over zijn formulering na te denken. Door de spanningen in de Beiroetse wereld was hij niet alleen nerveuzer, maar ook voorzichtiger geworden. Natuurlijk geloofde ik niet wat hij over de mannen in het café vertelde. Maar ik vroeg niet door, dacht dat Jafar en ik de waarheid nog wel op het spoor zouden komen en dat het verstandiger was geen slapende honden wakker te maken. Ik was toch al te ver gegaan.

We praatten nog een poosje over Tony en Nour. Ik zei dat ik hen als sympathieke buren had ervaren. Tony had elke dag in zijn taxi rondgereden om geld voor zijn gezin te verdienen. Ik kletste maar door, vulde ons gesprek op met anekdotes: een grapje op het trottoir, een vriendelijk 'goedemorgen!'. Of dat Tony me een keer, toen het 's morgens vroeg al ongelofelijk warm was geweest, had opgepikt en met zijn taxi naar school had gebracht. Ik denk dat ik dat deed omdat ik mezelf ervan wilde vergewissen dat hij geen slecht mens kon zijn. Dat ik niet in een buurtgemeenschap van leugenaars en oorlogsmisdadigers woonde. En van nog iets werd ik me nu bewust: ik had Abbas behoorlijk onderschat. Hij was gewiekster dan ik had gedacht. Op een gegeven moment stond hij op, liet zijn vingers knakken en rekte zich luidruchtig uit.

'Batman en Robin,' zei hij.

Ik keek hem verward aan.

'We hadden het toch over sterke duo's en echte vriendschappen. Batman en Robin. Nog een voorbeeld.'

'Robinson Crusoë en Vrijdag,' zei ik, en ik stond ook op.

'Don Quichot en Sancho Panza.'

'Ken ik niet.'

'Zul je vast ooit lezen. Hoe zit het met Amin en Jafar?'

Mijn adem stokte.

'Yara vertelde me dat je 's avonds lang met je vriend op pad bent. Jafar, zo heet hij toch?'

'En?'

Hij pakte zijn stoel vast, schoof hem tegen de tafel aan en spreidde zijn armen.

'Ze maakt zich vermoedelijk zorgen als ze niet weet waar je bent en over wat je 's nachts in de stad allemaal uitvoert.'

Ik keek hem aan.

'Maar ik...'

'Ik wil er alleen maar zeker van zijn dat je in goede handen bent. Zijn jullie dikke vrienden?'

Ik knikte.

‘Je weet toch wel dat de huizen waar jullie naar binnen gaan niet veilig zijn? Ze staan op instorten. Er lopen criminelen rond. Er zou jullie iets kunnen overkomen.’

‘Ik heb niemand iets over die huizen verteld.’

Abbas glimlachte alleen maar. ‘Ik ben ook jong geweest.’ Nu liep hij om de tafel heen, tot hij naast me stond. Toen zei hij: ‘Beloof me dat je jezelf niet onnadenkend in gevaar brengt. Je laat je makkelijk meeslepen. Als jou iets zou overkomen, zou Yara eraan onderdoor gaan.’

Ik keek uit het raam. De woonkamer was enorm, maar ik had het gevoel dat er alleen ruimte was als ik naar buiten keek. ‘Ik kan wel op mezelf passen,’ zei ik.

‘Laat je niet gebruiken, Amin,’ zei de zijderupsenteler. ‘Dat is gevaarlijk.’

Vlinders zijn wonderbaarlijke beestjes, nietwaar? Een zijderups verpopt zich, wordt min of meer levenloos, en na een paar dagen kruipt een kleurrijk wezen uit de cocon. Een waar wonder. De rups lost op in een weefselbrij, het organische materiaal wordt helemaal opnieuw geordend, krijgt een andere bestaansvorm.

Ik stel me vaak voor hoe de zijderupsenteler uit Sidon als jongen na een onweersbui het huis uit rende om beestjes van de hongerdood te redden. Later werd hij een man die de kringloop van de metamorfose bewust onderbrak. Dat toont aan dat hij ook in staat was beslissingen te nemen die hem niet aanstonden – als ze een hoger doel dienden.

Ik weet nog dat we die dag in die tenthal stonden, met een groep medewerkers om ons heen en duizenden cocons voor ons.

‘Hoe lang denk je dat zo’n draad is die om de larve zit?’ vroeg Abbas.

‘Dat weet ik niet.’

‘Ongeveer drieduizend meter. Verbazingwekkend, nietwaar? Wat een prachtige manier om je te verbergen.’

Hij pakte een van de verpopte larven en legde hem op mijn hand. De cocon was zwaarder dan ik had verwacht. De wirwar van draden was zacht en glansde. Op dat moment schoot me iets te binnen: Abbas was in ons huis geweest. Hij had die grote kist naar mijn kamer gedragen en er een plek voor uitgezocht. Samen hadden we daar mijn boeken, de foto's en mijn notities in gelegd. Ze onder het deksel verborgen. Daarna hadden we er zwijgend bij gestaan in de vertrouwde positie die ik tot op de dag van vandaag niet vergeten ben.

*

Het schemerde toen we in Beiroet aankwamen. Op de radio hoorden we dat er schermutselingen waren geweest. De demonstratie voor het gerechtsgebouw was deels in geweld omgeslagen en opgeheven. Op straat was er niets meer van te zien.

Mijn oma was niet thuis. Ik liep naar de keuken, opende de koelkast en nam een grote slok melk. Toen ging ik in mijn kamer bij het raam staan en keek naar het pand aan de overkant. In Tony's woning brandde licht. Nour zat eenzaam aan de eettafel. Ik wilde me net omdraaien toen ik luid hoorde roepen, en ik schrok. In eerste instantie dacht ik dat er weer iemand uit onze straat zou worden opgehaald, maar toen zag ik een schaduw naar ons huis rennen. Een tengere gestalte.

'Amin, vlug, ze zijn op de kermis!'

Jafar stond voor ons huis, volkomen buiten adem. Hij boog zich voorover, steunde met zijn handen op zijn knieën en hapte naar adem. 'Vooruit, waar wacht je op?' zei hij hijgend terwijl ik nog steeds bij het raam stond. 'We moeten opschieten!'

'Zé? Op de kermis?' vroeg ik. 'Heb je de tekenaar gevonden?'

Jafar schudde zijn hoofd. 'Veel beter!'

Toen kwam hij overeind. Hij grijnsde en vormde met zijn handen een hart.

Het miezerde, maar dat merkten we nauwelijks. We renden zo hard als we konden. In mij borrelde en gistte het. We sprintten bergafwaarts door de wirwar van steegjes en minderden pas vaart toen we bij de kustweg kwamen, die daar in de avondschemering lag, getooid met bonte lichtjes.

Op de laatste meters voor de ingang: een droomachtige warboel van lijven en stemmen, ik hoorde kindergekrijs, dof gelach, de zwakke echo van een melodie uit de draaimolen. Steeds weer moest ik naar lucht happen en als ik die uitpufte, bonsde mijn hart zo hevig dat ik vreesde dat het zou barsten.

nergens
een dwaallicht.

Hoe vaak had ik niet naar namen voor dat meisje gezocht, ze hardop uitgesproken en aan haar gedacht? Hoe vaak had ik niet naar de tekening van Younes Abboud gekeken om weer dichter bij de plotseling oplaaiende vertrouwdheid te komen waarmee het meisje me had aangekeken en gevraagd: 'Ben je gewond?'

tot
ik...
...je
of... verwaaide
stillevens
vind.

Ik had weken nodig gehad om voor mezelf te erkennen dat ik haar nooit zou terugzien. En er moesten nog meer weken verstrijken voor de steek die die erkenning me gaf draaglijker was geworden. Zeker, er waren ook dagen geweest dat de gedachten aan haar verdwenen onder andere pleziertjes of zorgen. Maar vergeten was ik haar nooit.

Telkens wanneer Jafar in het voorbijgaan met zijn hand de schouder van een meisje aanraakte, had ik mezelf wijsgemaakt dat die meisjes zich volledig buiten mijn zonnestelsel bevonden – gereserveerde schoonheden die me hoogstens met een afstandelijke blik bekeken, op een manier alsof ik een bijzonder moment bedierf. Maar bij haar was het anders geweest.

In de wirwar van stemmen en lichtjes werden we afgeremd door slenterende paartjes. Ze lieten hun handen los om ons door te laten. Kinderen met mondjes onder het ijs waggelden ons tegemoet, in afwachting van een regenbui keken ouders wantrouwend naar het wolkendek en onder de schoren van een metalen steiger stond een oude man in Spiderman-kostuum te poseren voor foto's. In al die drukte wist ik ineens zeker dat we haar nooit zouden terugvinden, en iets in mij was daardoor bijna een beetje opgelucht. Waar kwamen die twijfels, die onrust vandaan? Jafar leek altijd zo doordacht bij de omgang met meisjes. Ik zag hem voor me lopen, ons een weg naar het midden van de kermis banen; even vreesde ik dat we het meisje toch zouden kunnen vinden en dat het Jafar was voor wie ze belangstelling had.

Hij bleef zo onverhoeds staan dat ik bijna tegen hem aan knalde.

'Daarnet waren ze nog verderop bij de lotenverkoper,' zei hij. Hij draaide een rondje en keek om zich heen.

'Weet je zeker dat zíj het was? Misschien heb je een ander voor haar aangezien.'

Hij wierp me een veelzeggende blik toe. 'Je denkt toch niet dat ik die tronie van haar broer zou vergeten, of wel soms? Die kleine dikzak stond precies daar, zijn vader ook, en jouw meisje hing aan zijn hand.'

'Ze is niet míjn meisje,' zei ik, maar Jafar hoorde me niet of negeerde me bewust.

'Ze moeten nog hier zijn. Het is nog geen halfuur geleden.'

'En wat als ze al bezig zijn te vertrekken?'

Ook daar ging hij niet op in.

'Kom mee.'

We stootten tegen vreemde lijven. Regendruppels vielen. Uit het duivelsrad kwam gegil, daarna gejuich. Ergens vielen blikken kletterend van een plank en prees een vader zijn zoon om zijn worp.

'Hier naar binnen,' zei Jafar.

En voor ik het wist, schoof er een stang voor mijn blikveld en wonnen we hoogte, zweefden ineens boven het terrein en alles wat daarnet nog groot en onoverzichtelijk had geleken, werd vlug kleiner en overzichtelijk.

Jafar zat tegenover me. Met de boord van zijn trui maakte hij voorzichtig de lens van zijn camera droog. Toen trok hij de leren riem over zijn hoofd en gaf hij hem aan mij. 'Er zit een zeventig- tot tweehonderdmillimeterlens op,' zei hij, alsof ik zou moeten weten wat dat betekende. Hij zag blijkbaar hoe ik keek, want hij voegde eraan toe: 'Niet bepaald een verrekijker, maar wel genoeg voor een behoorlijke vergroting.'

De camera was zwaarder dan ik dacht. Ik hield hem voor mijn ogen, keek door de zoeker.

'Niet laten vallen, hè?'

De vergroting was aanzienlijk. We hadden bijna het hoogste punt van het reuzenrad bereikt, maar door de zoeker heen leek de drukte beneden niet meer dan een armlengte verwijderd. Ik deed mijn best abrupte bewegingen te vermijden. Zwenkte naar de ijs- en de suikerspinverkoper en vandaar naar de andere attracties: de schiet- en de blikkenkraam, de draaimolen, de botsautootjes, het spookhuis. Ik zoomde in op vrijwel elk naar mij toegewend gezicht. Maar ik vond haar nergens.

Zuchtend zonk ik terug op de zitting.

Jafar keek me geamuseerd aan. Hij leek iets te willen zeggen, bedacht zich en floot zachtjes tussen zijn tanden: 'Je bent behoorlijk verliefd.'

'Praat geen onzin.'

'Dat is volkomen oké, Amin.' Hij glimlachte breed. 'Ben ik ook eens geweest.'

'Maar ik ben niet verliefd.'

Hij stak bezwerend zijn handen omhoog. 'Begrepen. Niet verliefd.'

Ik wist niet zeker of hij zich vrolijk over me maakte. Onrustig keek ik opzij.

Na veel te lang zwijgen vroeg ik: 'Heb je haar echt gezien?'

Hij knikte. 'Waarom zou ik dat verzinnen? Ze waren daarbeneden.'

'Maar ik zie hen nergens.'

'Jaaa...' Hij draaide met zijn ogen en zuchtte overdreven. 'Zo gaat het in de liefde, je kunt haar niet altijd zien, maar ze is...'

Ik gaf hem een schop tegen zijn scheenbeen. Hij vertrok zijn gezicht, maar hij lachte. 'Het spijt me.'

'Wat deed je hier eigenlijk?' Ik was nerveus en moe, en het klonk bozer dan mijn bedoeling was. De gondel schokte. Nu waren we aan het dalen.

'Ik had met iemand afgesproken.' Hij gebaarde dat ik hem de camera terug moest geven.

'Iemand die ik ken?'

Hij schudde zijn hoofd, wendde zich af en morrelde aan de lens terwijl hij de zoeker voor zijn oog hield. De geluiden van de kermis kwamen weer dichterbij.

'Een meisje?' vroeg ik.

'Bijna goed,' zei hij.

Uit de luidsprekers schalde de stem van de omroeper: nog een rondje!

Misnoegd schoof ik heen en weer. 'Waarom moet ik toch alles uit je trekken?'

'Waarom zou ik je alles moeten uitleggen?'

Het irriteerde me dat hij zo rustig bleef en nauwelijks aandacht aan me schonk. 'Waar heb je dat ding eigenlijk vandaan?'

Hij keek niet naar mij, maar bleef de drukte beneden gadeslaan. 'Welk ding?'

'Nou, die camera.'

'O. Is van mijn oom geweest. Je weet wel, die uit Canada.'

'Bestaat die dan echt?'

Nu wendde Jafar zich naar mij en knipperde niet-begrijpend met zijn ogen. 'Wat denk je dan? Hij woont in Gatineau, in Quebec, heeft een grote rommelwinkel.'

Beschaamd maakte ik een vaag gebaar. 'Ik dacht dat we hem hadden verzonnen.'

Koele regensluiers kwamen plotseling van opzij aanwaaien. Beneden op het plein gingen paraplu's open alsof iemand inkt in een glas water druppelde.

Het schoot me weer te binnen wat de zijderupsenteler 's middags nog tegen me had gezegd: 'Ik wil er alleen zeker van zijn dat je in goede handen bent. Zijn jullie dikke vrienden?'

Jafar keek me onderzoekend aan. 'Alles goed met jou?'

'Ja, dank je, alles in orde.'

Bij de aanblik van zijn waakzame gezicht stond ik op het punt alles eruit te gooien. Maar ik bedwong de impuls en zweeg over mijn uitstapje met Abbas. Was dat eigengereid en kinderachtig? Ik zei zelfs niets toen hij zich vooroverboog, zijn hand op mijn knie legde en zei: 'Het is overigens niet zo dat ik je hier niet bij wilde hebben. Ik heb vanmiddag bij je aangebeld, maar je was er niet.'

Opeens werd de gondel me te klein. 'Ik ben een ijsje gaan eten,' loog ik.

We hebben allemaal zo'n plek in ons die onbereikbaar is voor licht of taal. Wanneer ik de jaren daarna terugdacht aan mijn werk in het museum, had ik vaak het gevoel dat het niet de sculpturen op zich waren die me fascineerden, maar hun onbekendheid. Zolang ik niets over ze wist, behielden ze hun aantrekkingskracht. Het was een smalle kloof, die daar verscheen waar het onweerlegbare van hun bestaan op het onbewijsbare stuitte dat geen wetenschappelijke methode, geen expert kon verhelderen: wat voor leven had de steenhouwer geleid die de sculptuur had gemaakt, was hij rijk geworden? En welke verhalen zou zijn werk me kunnen vertellen als het zou kunnen spreken? Als jongen was ik ervan overtuigd dat ondubbelzinnige antwoorden me in die gesloten gemeenschap aan alle kanten werden ontzegd. Ik maakte mezelf wijs dat ik alles deed om zoveel mogelijk te weten te komen, maar de weerstand was te groot. Nu geloof ik echter dat dat niet helemaal klopt. De zijderupsenteler bijvoorbeeld: hij leidde een leven van toenemende ontgoocheling, een zekere tragiek kleefde aan hem, maar dat was allemaal niets vergeleken bij de veronderstellingen die ik ten aanzien van hem had voor hij me voor het uitstapje uitnodigde. Was ik sneller deel van die gemeenschap geworden dan ik destijds vermoedde? Ik denk dat er veel momenten waren dat ik vreesde dat de waarheid triester of gewoon minder belangrijk zou kunnen zijn dan de mogelijkheden eromheen, reden waarom ik er de voorkeur aan gaf geen vragen te stellen.

Terwijl Jafar de kermis onder ons door de camera bekeek, nam ik hem zwijgend op. Hij was altijd dol op raadsels geweest. Misschien was hij er zo dol op dat hij op sommige dagen zelf een raadsel werd, en misschien was dat wel waarom ik zo bijzonder op hem gesteld was. Misschien wilde ik dat niet kapotmaken. Met wie hij ook maar had afgesproken en waarom, ik zei tegen mezelf dat het antwoord vast onbelangrijk was. Jafar was totaal gefocust op wat hij zag. In de stilte daarboven hoorde ik de ontspanner klikken. Later schonk hij me die foto, samen met een berichtje.

Er was ooit een tijd dat men geloofde dat elk materieel of menselijk lichaam bestond uit een reeks spectra – lagen die over elkaar heen liggen die in de ruimte straling uitzenden en die als dunne laagjes huid op onze iris gaan liggen. Pas daardoor zou de visuele indruk ontstaan. Zelfs een zo verlicht hoofd als Honoré de Balzac was ervan overtuigd dat een foto alleen kon lukken omdat de camera een laag van het lichaam afpelde en op de plaat of de film toverde, zodat de gefotografeerde, als hij maar vaak genoeg werd belicht, onvermijdelijk zou oplossen en verdwijnen.

Ik weet niet of Jafar dat effect beoogde: zijn foto laat de kermis zien als in de beweging verstard – lichtjes, mensen, alles bewogen en onscherp, nog net vastgelegd voor de wereld oplost.

We ontdekten haar uiteindelijk bij het spookhuis. Het reuzenrad kwam tot stilstand, we renden over het plein, doken op veilige afstand achter een knuffelbeestenautomaat. Mijn hart ging tekeer. Telkens weer wierp ik heimelijke blikken op haar, maar het duurde een tijd voor ik de moed vond langer naar het meisje te kijken. Ze stond op de vierde of vijfde plaats in de rij, met haar blik op de grond gericht. Haar vader en broer stonden achter haar. De mensen wachtten tot de toegangspoorten voor de volgende rit zouden opengaan.

'Verroer je niet,' zei Jafar, en hij verdween in de menigte. Even later kwam hij terug en drukte me een kaartje in de hand, keek me aan en klopte op mijn schouder. Toen hij sprak, klonk het vriendschappelijk en warm: 'Wee je gebeente als je hier geen gebruik van maakt.' Hij glimlachte.

Ik stond zo perplex dat ik even niet wist wat ik moest zeggen. 'Wil je dat ik erin ga?'

Hij zuchtte. 'Nee, ik wil dat je het kaartje verfrommelt en opeet. Ze smaken naar drop!' Hij stapte naar voren en porde me zacht tegen mijn borst. 'Natuurlijk ga je erin!'

'Maar...' stamelde ik, 'hoe moet dat dan, moet ik voordringen? Heb je die rij gezien? Dat gaat nooit lukken!'

'En of het gaat lukken!' Hij draaide zich om naar het spookhuis. 'Je vertrouwt me toch, hè?'

Ik knikte.

'Uitstekend. Kun je je de goochelaar in het circus nog herinneren? Die voorstelling van de zomer? Die stond de hele tijd te wauwelen terwijl hij die vrouw doorzaagde, weet je nog?'

'Geen idee waar je naartoe wilt.'

'Afleiding,' zei hij, en toen maakte hij een overdreven buiging. 'Laat mij jouw liefdesgoochelaar zijn.'

'Je bent niet goed wijs!'

'Kan zijn.' Jafar grijnsde. 'Wegwezen, ik leid haar lijfwachten af en jij bekommert je om de prinses, Han Solo.'

'Je weet dat haar vader je vermoordt, wat je ook doet, hij zal je te pakken krijgen en ons allebei...' Maar Jafar sjeesde er al vandoor en er zat voor mij niets anders op dan hem achterna te gaan.

Wat toen kwam, was zeer waarschijnlijk de spectaculairste achtervolging in de geschiedenis van de kermis.

'May the Force be with you,' hoorde ik Jafar nog roepen, en toen zag ik hem lenig door de menigte bewegen. Ik was nog volop bezig te begrijpen wat er gebeurde, maar hij was al naar de vader toe geslopen en had diens portemonnee gerold. Hij liep een paar meter weg, zwaaide met de beurs en riep: 'Pardon, maar ik ken u toch? U bent me nog dertig dollar verschuldigd voor dat stripboek!'

De rest herinner ik me als volgt: de man en zijn zoon draaiden zich tegelijk om en alsof hun zenuwbanen gesynchroniseerd waren, veranderde hun gezichtsuitdrukking als in slow motion: verbazing, herkenning, ongeloof, woede. In een stripverhaal zou in de tekstballonnetjes boven hun onnozele gezichten zoiets hebben gestaan als 'WAT DE...?!' voor ze bleek werden en wegspurtten. Maar ze hadden duidelijk niet op Jafars beweeglijkheid gerekend. Zelfs ik was verrast, terwijl ik hem toch vaak op waanzinnige hoogte over smalle richels had zien huppelen. Bijna had de vader hem in zijn kraag gevat, maar Jafar ontdook hem behendig en rende naar links. Hij dook onder een tros ballonnen door die een verkoper het plein over sleepte, deed alsof hij daarbij zijn voet verzwikte en liet zijn achtervolgers tot op een paar meter naderen voor hij er naar rechts vandoor ging richting botsautootjes. De broer van het meisje begon al na enkele meters bedenkelijk te hijgen. De vader ook, maar dan uit blinde woede. 'Houd de dief!' riep hij, maar niemand leek erin geïnteresseerd voortijdig een einde aan het spektakel te maken. Ter hoogte van de draaimolen splitsten vader en zoon zich op, ze sloegen verschillende richtingen in, en even zag het ernaar uit dat Jafar in de val zou lopen. Misschien wilde hij ook alleen maar dat ze dat dachten, want hij veranderde van richting en holde tergend langzaam langs de jongen, die – volkomen buiten adem – slechts halfslachtig zijn arm uit kon steken. Pas toen de vader om de draaimolen heen was gerend en met hoogrood hoofd achter een eenhoorn verscheen, versnelde Jafar weer, en terwijl hij rende, liet hij muntgeld uit de portemonnee vallen, als broodkruimels voor een achtergelaten kind. De vader drong zich door een groepje jonge mannen heen die niet op tijd opzijsprongen. Hun popcorn vloog de lucht in en verspreidde zich als dwarrelende sneeuwvlokken. Op handen en voeten kroop de broer van het meisje bij de draaimolen over de grond en grabbelde gehaast de munten bij elkaar, terwijl zijn vader Jafar dwars over het plein joeg. Ze hadden net de uitgang van de kermis bereikt en de mensen vormden verbaasd een erehaag toen de twee nog een laatste rondje maakten en vervolgens achter de lichtjes verdwenen.

Ik werd naar voren geduwd. De rij kwam in beweging. Ik draaide me om, de poortjes waren open. Naast me stond het meisje. Ze leek verrast. Sissend stopte het wagentje voor ons op de rails. De zittingen waren plakkerig en met stukken stof opgelapt. We gingen naast elkaar zitten. Mijn handen waren nat van het zweet. De veiligheidsbeugel ging omlaag en toen reden we langzaam een donkerblauw licht in.

Later had ik de indruk dat ik verliefd was geworden op haar zwijgzaamheid. Want we hadden het grootste deel van de tijd gezwegen, en dat zwijgen was gelukkig en bijzonder geweest.

Een korte blik naar opzij. ‘Hallo.’

‘Hallo.’

‘Ik heet Amin.’

‘Ik heet Zahra.’

Ze glimlachte, sloeg haar ogen neer.

Ze was kleiner dan ik me herinnerde.

Van de muren tuimelden krijsende geraamtes.

'Woon jij ook in Beiroet?'

Ze schudde haar hoofd. 'Niet ver van Jouaiya.'

'Ik weet absoluut niet waar dat ligt.'

'Misschien anderhalf uur rijden.'

'Nogal ver weg.'

Ze glimlachte weer. 'Ik kan me je nog herinneren.'

Het licht aan het plafond flakkerde en ging uit.

Mijn knie tegen haar knie – was zij zich daar ook van bewust?

We zeiden niets, reden rammelend verder.

Haar hand lag niet ver van de mijne. Ik liet mijn vingers een eindje naar opzij dwalen.

'Jullie hebben iets onnoemelijk slechts bevrijd!' siste een reusachtige cobra. Zijn ogen schitterden ons in de duisternis tegemoet.

'Houd je van spookhuizen?'

'Gaat wel. En jij?'

'Het gaat.'

We lachten nerveus.

Het donderde en bliksemde.

'Kan ik je een keer bellen?'

'Mij bellen?'

'Moment.'

Ik tastte naar mijn notitieboekje.

Een gedaante zonder ogen rammelde naast me aan tralies. Om ons heen steeg mist op.

'Hier. Kun je het voor me opschrijven? Je nummer, bedoel ik.'

Ze schudde haar hoofd. 'Dat gaat niet.'

'Waarom niet?'

'Mijn vader...'

'Ik begrijp het.'

'Het spijt me.'

Toen zwegen we weer.

We reden door een wirwar van spinnenwebben.

Voor het eerst keken we elkaar aan.

Het hele alfabet lag tussen de beginletters van onze namen, maar als ik naar woorden zocht, bezweken de zinnen in mijn hoofd. Er viel nog zoveel te zeggen.

Ik was elk gevoel voor tijd kwijt.

'Ik zou je graag iets sturen,' wist ik ten slotte uit te brengen.

'Iets sturen? Je bedoelt een cadeautje?'

'Ja, een cadeautje. Een verhaal. Ik zal er een voor je schrijven. Houd je van verhalen?'

Het wagentje maakte ineens een steile bocht en we helden naar opzij. Ik voelde haar gewicht tegen mijn lichaam. De baan liep weer rechtuit. Ze gleed naar de kant, verder weg dan eerst.

'Ik zou blij zijn met een verhaal van jou,' zei ze. 'Maar je kunt het me niet sturen.'

'Ik stuur het waarheen je wilt.'

Een trol dook op uit de mist. 'Ik zal jullie kwellen!' schreeuwde hij.

Ze vouwde haar handen. Ik zag haar denken.

'Mijn nichtje. Hier in Beiroet. Stuur het naar haar. Ze zal het me brengen. Mijn nichtje kan geheimen bewaren.'

Aan het einde van de tunnel verschenen flikkerend de lichtjes van het park.

'Akkoord,' zei ik gejaagd. 'Schrijf haar adres hierin.'

Even later glipte ik met gebogen hoofd langs de rij. Het was intussen harder gaan regenen. Ik verstopte me achter een van de kraampjes en keek toe hoe Zahra aan de hand van haar broer richting uitgang slenterde. Daar werden ze door hun vader opgewacht. Zijn overhemd vertoonde zweetplekken onder de oksels en op de borst, hij keek nog altijd kwaad. In zijn hand hield hij zijn portemonnee. Blijkbaar had Jafar die laten vallen toen zijn voorsprong groot genoeg was.

Ik stak mijn notitieboekje tussen mijn broeksband, deed mijn trui eroverheen en ging op weg naar huis. Het was volkomen donker geworden. In het begin draaide ik me nog af en toe om. Toen Zahra niet meer te zien was, begon ik te rennen.

De enige veilige plek

Tripoli, 2005

'Gestorven opdat Libanon leeft.' Dat las ik onder de foto's van strijders die aan de muren hingen. Velen van hen zagen er jonger uit dan ik. Martelarenaffiches met de esthetiek van iconen. Overdadige kleuren, de huid van de jonge mannen verbleekt tegen een stralende achtergrond.

Met wekelijkse regelmaat stonden de kranten vol berichten over de aanslagen, die allemaal eenzelfde patroon volgden. De bommen ontploften gewoonlijk 's nachts, in christelijke wijken en meestal op vrijdag. Slechts zelden maakten de daders zich bekend, maar zelfs ik, die het web van betrekkingen en achtergronden onvoldoende doorzag, besefte dat het sinds de aftocht van de Syriërs om meer ging dan incidentele wraakacties of eenmalige politieke boodschappen en dat die bommen het symptoom waren van een al decennialang onopgeloste kwestie – die van de identiteit van het land.

In die dagen had ik het gevoel dat mijn hele wereld ineengekrompen was tot de oppervlakte van die woning. Overdag vibreerde het meilicht voor het raam, maar ik liet de gordijnen vaak dicht en trok me terug in de schemerige beslotenheid van de kamer. Verwelkte bloemen. Vuile vaat. Stof op de planken en de stapels gelezen romans naast het bed. Soms, wanneer er in de arme wijken aan de andere kant van de stad schoten klonken, zette ik de muziek op de radio zo hard dat de buren met hun vuist tegen de muur bonkten. Zelfs 's nachts, wanneer het rustig was, waagde ik me nauwelijks bij het raam, ik maakte mezelf op de ergste momenten wijs dat een afketsende kogel naar deze verdieping kon verdwalen en mijn voorhoofd doorboren. Ik was schrikachtig geworden. Dat voortdurende op je hoede zijn, het in elkaar krimpen als het alarm van een auto afging of ergens ruiten rinkelden. Misschien was het de nasleep van de koorts waardoor ik soms zelfs geloofde dat ik geesten zag. Op een nacht nadat ik twee kalmeringstabletten had ingenomen, die de apotheker van de soek me onder de toonbank verkocht, gluurde ik toch door een kier van het gordijn naar buiten. Een broodmagere hond sloop langs de rand van het trottoir. Hij snuffelde, tilde zijn poot op, pieste tegen de lantaarnpaal. Ik volgde hem met mijn blik toen ik – nauwelijks buiten de lichtkegel – een gedaante opmerkte die daar bewegingloos naar me stond te kijken. Ik deinsde achteruit, liep naar de gootsteen, vulde het lege glas met water en nam een derde tablet. Toen ik weer door de kier keek, was de gedaante verdwenen en de stoep verlaten.

Lieve teta,

Voor de kerken de geur van wierook en jasmijn. De mensen voelen de drang om te bidden. Aan de rand van de straat: bergen puin en kinderen die in portieken staan. De ruimte om te spelen is te klein geworden. Ze staan daar in jurkjes en overalls, houden houten wapens in hun handjes en kunnen nergens heen.

Wat u me ooit over Tripoli vertelde, schijnt me nu een sprookje toe. U en uw vader en de nacht in de nieuwe stad als gedaanten en plaatsen uit een ballade.

Er was eens een tijd waarin een meisje stiekem aan de oever schilderde en daarvoor bitter werd gestraft. Er was eens een jonge vrouw met de naam Yara die in de coulissen van een theater haar eigen geluk zag verschijnen. Er was eens, er was eens lang, lang geleden, een tijd waarin verschrikkelijke dingen gebeurden, die een grootmoeder achter een gouden masker verborg.

Al die maskers. Op sommige dagen schijnt het me toe dat de revolutie niet meer heeft verwijderd dan jarenlang gedragen schmink. Opstand en onopgeloste kwesties: wie willen we zijn? Waar staan we voor? Wie zijn wij en hoe willen wij hier leven? We antwoorden met grimassen; dat is ons ware gezicht.

Mijn wereld hier beslaat nog geen dertig vierkante meter. Maar nog steeds beweeg ik me op de tast door de vertrekken. Zelfs nachtvlinders hebben hun oriënteringsvermogen verloren. Wanneer de duisternis verdwijnt, knallen ze tegen mijn raam, vallen kringelend de dag in.

Khalils boekhandel bleef een van mijn weinige constante factoren.

'Ah, de landkaartentekenaar!' riep hij steeds vriendelijk als ik binnenkwam en dan vroeg hij of zijn laatste aanrader me bevallen was en of ik iets bepaalds zocht. We kletsten een poosje over gelezen verhalen, waarvan hij zich verbazingwekkend veel herinnerde, zelfs als hij ze jaren geleden had gelezen. Hij was geen jonge man meer, maar hij had een jongensachtig gezicht dat altijd wat verrast leek als de bel boven de winkeldeur rinkelde, want in die dagen kwamen er maar weinig mensen in zijn zaak. Als hem dat al treurig stemde, liet hij het niet merken. Mij leek hij in elk geval iemand die over het benijdenswaardige vermogen beschikte de turbulentie in de wereld met een houding van romantische berusting tegemoet te treden: misschien zocht ik daarom zo vaak zijn gezelschap. Wanneer ik binnenkwam, zat hij aan een eikenhouten tafel, met zijn neus begraven in kwitantieblocnotes en kasregisters, met een kop koffie en een afgekloven potlood naast zich, en zodra hij de deurbel hoorde, zette hij zijn bril op, knipperde een paar keer met zijn ogen en begroette me als een oude vriend.

Ik was niet alleen erg gesteld op Kahlil, maar ook op de winkel, hoewel de boekenkasten niet het minste begin van ordening vertoonden. Voor mij was het een heerlijke wanorde die uitnodigde tot zoeken en vinden.

Daarom herinner ik me nog zo goed de dag dat zelfs die boekhandel niet meer veilig leek, omdat er iets eigenaardigs gebeurde.

Ik had net mijn boek afgerekend en me omgedraaid om weg te gaan toen Khalil 'Mijn hemel!' riep.

Ik draaide me weer om.

'Wacht even, zo irritant, waar heb ik hem nou gelaten?' Hij ging over de talloze stapels papier op zijn tafel, tilde zelfs de kassa op, trok een la open, pakte boeken, schudde ermee en legde ze opzij als er niets uit viel. 'Het is echt heel vervelend, maar ik... ha! Poeh, ik wist het wel!' Triomfantelijk hield hij me een envelop voor: 'Een bericht voor u!'

Ik verstijfde.

'Een paar dagen geleden was hier een man die naar u vroeg.'

In plaats van dichterbij te stappen zette ik twee passen achteruit. 'Heeft er iemand naar me gevraagd? Kunt u hem beschrijven?'

Dat deed hij, en mijn mond werd droog.

'Heeft hij gezegd wat hij van me wilde?'

'Helaas niet. Hij zei dat u hier pasgeleden naartoe bent verhuisd en was vergeten hem zijn adres te geven. Hij zei dat u elkaar langere tijd niet had gezien, dat hij een oude vriend was. Ik heb alleen gezegd dat u hier af en toe komt, uw adres weet ik immers niet. Ik geloof dat hij in diverse winkels naar u heeft gevraagd.' Khalil hield me nog steeds de envelop voor. 'Hier. Hij zei dat ik u die moest geven.'

Met tegenzin pakte ik de envelop aan. Hij was niet dichtgeplakt. Er zat geen brief in, maar een geel notitieblaadje. Een kattenbelletje, vijf regels, blijkbaar in haast geschreven:

Amin,

Alsjeblieft, we moeten elkaar zien. Ik ben niet door Yara gestuurd. Zij weet hier niets van, beloofd. Het gaat om Lied voor hen die worden gemist. *Hopelijk heb je het nog. Bel me,*

Abbas

Soms vinden we iets in de kunst wat ons meer over onszelf of onze wereld verraadt. Er wordt gezegd dat wie een idee van het Rome uit de achttiende eeuw zou willen krijgen, zal vinden wat hij zoekt in *Le Vedute di Roma* van Piranesi. Er zijn zelfs gevallen bekend waarin de werkelijkheid naar het voorbeeld van de kunst wordt gemodelleerd. Na de Tweede Wereldoorlog haalden ze de schilderijen van Bernardo Canaletto erbij om de oude stad van Warschau te reconstrueren. Ook in Dresden werd zijn visie op de barokke stad na de bombardementen iconisch. Dat vertelde mijn oma me toen ik jonger was. Later kwam ik te weten dat Canaletto zich in zijn schilderijen enige vrijheid had veroorloofd. Dat het dus speelse overschrijdingen waren, afwijkingen van de werkelijkheid. Hij voerde verbeteringen door waar de werkelijkheid hem verveelde of niet beantwoordde aan zijn gevoel voor esthetiek. In zijn afbeelding van de Scuola di San Marco in Venetië bekroonde hij de puntgevel van het gebouw met drie torentjes, die er in werkelijkheid helemaal niet waren. Hij verving vlaggenmasten, liet pleinen weg, verwerkte in de schilderijen Venetiaanse metaforen – booglampen, weerspiegelingen in het water, was die te drogen hing. Venetië kennen we, zelfs als je er nooit bent geweest, ook dankzij zijn schilderijen.

Wat is meer volgens de waarheid: de realiteit of de voorstelling ervan? Misschien ligt in het antwoord daarop weer een waarheid, die niet tot het gebied van de kunst beperkt blijft. Omdat die menselijk is. Want wat was Venetië voor de meeste mensen? Een decadent, stinkend gat vol duivenpoep of een boven het water zwevend visioen, een droom, een belofte van romantiek, gestolde tijd – Antonio Vivaldi en Casanova – elegie en verleiding? En Canaletto? Is misschien het beeld meer volgens de waarheid dan de werkelijkheid omdat het mensen nader staat, omdat het hen raakt?

Ik haastte me naar huis, met het briefje in mijn hand.

'Het gaat om *Lied voor hen die worden gemist*. Hopelijk heb je het nog.'

Natuurlijk had ik het nog. En hoe gecompliceerder de situatie, hoe doordringender mijn eenzaamheid de afgelopen weken was geworden, des te vaker had ik ernaar gekeken, en het was alsof er door dat bekijken een verlangen in me was ontwaakt. Een belofte, een geluksvoorspelling. Hoe langer ik naar het schilderij van mijn moeder keek, des te zekerder wist ik dat het huis met de verwilderde tuin daar boven in de bergen de enige veilige plek voor me was.

Over verbergen

Zoals zo vaak bij utopieën verborg de droom van mijn moeder ook een nachtmerrie. In 1976 was ze negentien en zat ze in haar eentje in Parijs. Ze deelde een woning in Montmartre met een studiegenote, in de Rue Lepic, slechts op steenworp afstand van de Sacré-Coeur en zo'n twintig minuten met metrolijn 12 naar de universiteit waar ze studeerde. De kosten werden gedragen door mijn grootouders. Dat weet ik uit een bundeltje brieven die mijn moeder aan haar ouders stuurde en waarin ze hen bedankte voor de ondersteuning. Ik heb nooit haar spoor gevolgd, ben nooit naar Parijs gegaan. Maar een paar jaar geleden kwam ik op de website van de École nationale supérieure des beaux-arts in een digitaal archief het jaarboek van 1976 tegen en zag ik een zwart-witfoto van haar klas, gemaakt onder een gotische boog. Ze staat op die foto helemaal aan de buitenkant, als tegen de rand gedrukt. Ze heeft de scheve jukbeenderen van haar moeder en lang, donker haar. Haar schouders zijn opgetrokken, alsof ze het koud heeft. Haar ogen samengeknepen. Ze oogt eenzaam, nerveus. Uit de ernst en het onbehagen dat ze op die foto uitstraalt, wordt duidelijk hoezeer ze haar geluk wantrouwde. De aura van het gebouw schijnt haar te intimideren. Haar wantrouwen ken ik uit de brieven. De passages waarin ze Parijs en de schoonheid ervan beschrijft, lijken eerder plichtmatig dan hartstochtelijk: de oevers van de Seine, de geur van Café La Balle au Bond, de verhevenheid van de Notre-Dame; dat alles diende, naar mijn indruk, om de suggestie te wekken van een tevreden en veilig gevoel en om de zorgen van haar ouders thuis weg te nemen.

'Maar eigenlijk had ik al een Parijs.'

Zinnen als deze, in de brieven maar zelden te vinden, laten me zien hoezeer ze haar ouders en haar vaderland miste. De welgestelde wereld waarin mijn grootouders zich tot het uitbreken van de oorlog en zelfs daarna nog hadden bewogen – belangrijke Beiroetse families, ondernemers, bankiers, kunstverzamelaars, een wereld waarin je champagne dronk om je stand te benadrukken, de avonden in hotels, dure boetieks en theaterloges – dat alles stond in schril contrast met de eenzaamheid waarmee ze in Frankrijk te maken kreeg. Ze heeft het in haar brieven niet over vriendinnen, en, niet erg verrassend, ook niet over een vriend. Hier en daar komt de naam voor van een docent wiens colleges indruk op haar maakten. De passages waarin ze prijsgeeft wat haar bezighoudt, vallen zo op omdat ze zo zeldzaam zijn. Vaak lijkt ze, als ze over kunst schrijft, het over zichzelf te hebben. Er is een latere brief waarin ze een schilderij uit het drieluik van Hélène de Beauvoir, *Les femmes souffrent. Les hommes jugent*, vermeldt. Ze voegde het schilderij als prentbriefkaart bij: mannen in bloedrode toga's met gestrekte wijsvinger, en onder hen de naakte vrouw, vastgevroren in een klomp ijs.

'Uiteindelijk is het niet meer dan een geloofsbekentenis, maar het schilderij doet me iets,' schreef ze aan haar moeder.

Door die brief ontstaat het beeld van een jonge vrouw die elke vrije minuut benutte om musea en galeries te bezoeken of in bibliotheken door te brengen om over kunstenaars en kunstwerken te lezen zodat ze in haar brieven niet over haar zorgen hoefde te schrijven, niets persoonlijks uit haar leven hoefde prijs te geven. Ik denk dat ze zich van haar privilege bewust was, maar het ook als een last ervoer.

'De gedachte dat zij de schilderes zou worden die ik als jonge vrouw niet had mogen zijn, deed me goed.'

Mijn oma's woorden.

Destijds, in 1976, was het conflict in Libanon nog niet tot zijn volledige verschrikking uitgegroeid. In de wereldpers ging het over andere gebeurtenissen. De Viking 1 landde op Mars. In China stierf Mao Zedong. Vietnam werd herenigd. Er werd veel over Berlijn geschreven, maar niet over Beiroet, die andere verdeelde stad.

Mijn moeder was net achttien toen ze vanuit de bergen de rookpluimen boven de hoofdstad zag. Op dat moment kon ze het niet vermoeden, niemand kon dat, maar Libanon stond op het punt tot sjabloon van een nieuw soort oorlog te worden. De postkoloniale conflicten en oorlogen bij volmacht van de Koude Oorlog die de afgelopen dertig jaar over vier continenten getrokken waren, van Angola tot Indochina, waren grotendeels voorbij. In 1975, twee weken na de eerste schotenwisseling in Beiroet, steeg de laatste helikopter op van het dak van de Amerikaanse ambassade in Saigon en de wereld beleefde nu de eerste woelingen van een aloud conflict: de godsdienstoorlog. De terugkeer van middeleeuwse ideologieën. Ik weet dat het afscheid mijn moeder zwaar viel toen ze haar ouders in de vertrekhal omhelsde voor ze in het toestel van Middle East Airlines stapte voor de vlucht naar Parijs. Mijn oma vertelde erover, en het staat ook in de brieven. Ze verheugde zich op het nieuwe, maar de gedachte haar ouders achter te laten bij die opkomende onlusten baarde haar zorgen.

Het bloedbad van Karantina kreeg ook aandacht in de Franse pers. Achteraf lijkt het wel of de vroegere machthebbers hadden vermeden eerder te kijken, om hun erfgoed te bezien en te erkennen wat er ontsproot aan de basis van de situatie die ze in Libanon achterlieten. Met elk bloedbad werd het echter lastiger het niet te vermelden en zo kwam er een stukje van het verre vaderland op de voorpagina's en tot mijn moeder, die in haar appartementje in Montmartre aan tafel de koppen las. Als ze haar ouders schreef, informeerde ze naar bekenden in Beiroet, had ze het over plaatsen waarover ze gelezen had dat ze met de grond gelijk waren gemaakt. Ze vroeg ook naar het huis met de verwilderde tuin. Terwijl zij in Parijs studeerde, werd de oorlog een constante factor. Die ontgroeide Beiroet en strekte zich algauw tot in de bergen uit.

'Ik heb het gevoel dat ik bij jullie laatste bezoek spanning tussen jullie merkte. Ik hoop dat alles in orde is.' Dat schreef ze op 8 juli 1976 aan haar moeder. Vlak daarvoor hadden haar ouders haar in Parijs bezocht. Niets in de brieven verraadde me wat dat gevoel bij haar had opgeroepen, of er iets was voorgevallen of dat het intuïtie was, maar kort daarop moet ze aan haar schilderij zijn begonnen.

Lied voor hen die worden gemist verbergt, denk ik, haar angst. Tijdens haar afwezigheid was er tussen haar ouders iets kapotgegaan. Daarom schilderde ze zichzelf in het centrum van de scène, niet als meisje, maar als de jonge vrouw die ze was, op een plaats die hen alle drie verbond. Het schilderij toont haar grootste wens – een intacte wereld. Er is geen verwelkt bloemblaadje, geen hinderlijk insect, geen zwart plekje op een appel, geen indicatie van verval. Andere schilderijen – vooral die van de grote schilders – geven met zulke details de toeschouwer altijd ook een blik op de onontkoombaarheid van het verval. Ze maken ons ervan bewust dat niets eeuwig duurt. Maar zulke elementen bestaan niet in het schilderij dat ze voor haar ouders maakte. Het is alsof alles voor de eeuwigheid is bestemd.

*

Zoals zo vaak bij utopieën verborg ook oma's droom een nachtmerrie. Vlak na haar dood in 2006 liep ik nog eenmaal door haar huis en door de stilte die ze had achtergelaten. Dat was op de dag na de begrafenis. Ik maakte de deur open in de verwachting overal aanwijzingen te vinden dat ze onverwachts gestorven was: haar nachtpon aan een haakje in de badkamer, gebruikt servies, een kuiltje in de kussens van de bank op de plaats waar ze het liefst zat. Maar natuurlijk waren Umm Jamil en andere vriendinnen hier geweest en die hadden de keuken en badkamer schoongemaakt, de kussens opgeschud, en natuurlijk was ook haar bed opgemaakt. In mijn vroegere kamer stond een fris opgemaakt logeerbed, alsof ze op mijn terugkeer had zitten wachten. Toen we hier nog samen woonden, waren decoraties in het interieur altijd aan het jaargetijde aangepast, maar er hadden nooit persoonlijke spullen in laden of kasten gelegen. Geen fotoalbum, geen doosje met souvenirs, geen herinneringen aan haar huwelijk. Alsof die er nooit waren geweest. Nu liep ik door de kamers, trok laden en kasten open en vond haast niets van haar. Een inentingsboekje. Een agenda waarin maar een paar afspraken stonden. Van die dingen waaraan elke intimiteit ontbrak. Blijkbaar had ze na onze ruzie en mijn vlucht naar Tripoli haar gewoonten niet veranderd, en ik stelde me er ook op in na haar overlijden geen nieuwe inkijkjes in haar verleden te krijgen, geen uitsluitsel meer over wat haar tot de vrouw had gemaakt onder wier bescherming ik was opgegroeid.

Toen ik op de bank ging zitten, vond ik toch iets: er stond een doosje op de salontafel, met daarin een sleutel met een label en een adres. Een van haar vriendinnen moest het voor mij hebben achtergelaten.

Ik ging naar het adres. Mijn oma bleek in West-Beiroet – niet ver van het café – een kleine garage te hebben gehuurd. De eigenares vertelde dat mijn oma haar twaalf jaar lang zestig dollar per maand had betaald om daar iets op te slaan. De verhuurster was een oude vrouw. Toen ik haar de sleutel liet zien, gleed er een vleugje medelijden over haar gezicht. Ze vroeg me in haar woonkamer te komen zitten. De gordijnen waren oud en mottig. Overal stonden familiefoto's in lijstjes. De handen van de vrouw trilden toen ze met een dienblad met koffie en gebak terugkwam. Ik stond op om haar te helpen, maar dat wilde ze niet. Ze heette Fatima, ik kende haar. Ze was een van de weduwen die jaren geleden voor de deur van ons huis hadden gestaan.

Later bracht ze me naar de garage naast haar huis. De ruimte was afgezien van een doos achter in een hoek leeg.

'Je oma was een sterke, bijzondere vrouw,' zei Fatima. 'Ik wilde het geld niet. Maar ze wist van mijn situatie door mijn bezoeken bij jullie, ze stond erop.' Fatima pakte mijn hand en gaf er een kneepje in. Toen trok ze zich terug om me in de garage alleen te laten.

In de doos bevonden zich krantenartikelen – een positieve bespreking van mijn oma's expositie in Galerie Joseph Matar en een portret van mijn grootouders als geldschieters van het Grand Théâtre waarin ook de namen van de andere gevers werden vermeld, onder anderen die van Abbas. Daarnaast lagen de gebundelde brieven van mijn moeder. Bijna veertig stuks. Toen ik ze eruit haalde, gleed er een foto van de stapel: mijn oma in bruidsjapon naast Amin Elmaalouf, haar man. Voor haar doen had ze me veel over hun kennismaking verteld. Dat hij haar in het theater had gestrikt, zich met haar door de onderkoelde sfeer van de Beiroetse high society had bewogen en later het huis in de bergen voor haar had gekocht. Maar sinds wanneer en om welke redenen hij geen deel meer uitmaakte van haar leven, daarover had ze gezwegen. Als jongen had ik soms de verdenking gekoesterd dat ze daarom niets persoonlijks bij mij in de buurt bewaarde, omdat ze vreesde dat ik in haar spullen zou rondsnuffelen wanneer zij in het café was. Die verdenking had ik eens tegen haar geuit, en zij had die zo overtuigend bestreden dat ik me voor die veronderstelling schaamde. Nu, zoveel jaar later, zag ik mijn vermoeden bevestigd, maar ik voelde geen teleurstelling of woede. Ik was alleen maar nieuwsgierig. Er lagen nog een paar andere dingen in die doos. De meeste zeiden me niets. Ze bleven voor mij net zo gesloten als de eigenares was geweest. Slechts één ding trok mijn aandacht en voegde dat ene stukje aan mijn puzzel toe dat het einde van haar huwelijk verklaarde. Het was het certificaat van een religieuze rechtbank, gedateerd mei 1978. Het had helemaal onder in de doos gelegen. Daarin werd bevestigd dat mijn grootouders allebei tot de soennitische islam waren overgegaan. Dat verraste me bijzonder. Mijn oma was in mijn bijzijn in de verste verte niet religieus geweest. Ze was gesteld op de eenvoudige kerk in onze wijk, had daar vaak uitgerust in de schaduwrijke tuin, maar ik had haar nooit zien bidden en al helemaal niet volgens de regels van de islam. Pas later ontdekte ik dat het voor maronitische christenen als mijn grootouders zo goed als onmogelijk was te scheiden. Zelfs huiselijk geweld was voor de Kerk geen voldoende reden om de echtscheidingsaanvraag van de vrouw in te willigen. Ik denk niet dat daarvan in het huwelijk van mijn grootouders sprake was. Het feit dat ze zich allebéí tot de islam bekeerden om te kunnen scheiden, geeft me eerder aanleiding te geloven dat het met wederzijdse instemming gebeurde. Dat het huis in de bergen mijn oma's eigendom bleef, spreekt eveneens voor een scheiding met wederzijdse instemming. In het andere geval had Amin Elmaalouf zich ook simpelweg in zijn eentje kunnen bekeren, kunnen hertrouwen en zijn vrouw zonder enige aanspraak op bezit en zelfs zonder haar dochter kunnen achterlaten – een privilege van mannen in een land van mannen. Hij zou gescheiden zijn geweest en zij had volgens haar geloof nog steeds de huwelijkse staat gehad en zou in de maatschappij het stigma van verlaten vrouw hebben moeten dragen.

Ik sloot de garage af, gaf Fatima de sleutel en nam afscheid. Het was al laat. De hele dag waren Israëlische vliegtuigen over de stad geraasd. In de zuidelijke voorsteden waren er bombardementen geweest en ik besloot niet terug te gaan naar de bergen, maar de nacht in Beiroet door te brengen. In mijn oma's huis spreidde ik de inhoud van de doos uit op de vloer. Daar las ik de brieven van mijn moeder. Haar leven, haar zorgen en de plezierige kanten van haar studie ontvouwden zich. En ik vond er – dat denk ik nu tenminste – ook een aanwijzing voor de echtscheidingsgrond van haar ouders. Het was maar een klein zinnetje, waar ik vast overheen zou hebben gelezen als het niet ook in de brief van 8 juli had gestaan, waarin ze haar zorg uitte dat er spanning was tussen hen. Het luidde: 'Hoe denk je dat hij zal reageren als hij over hem hoort?'

Het werd me duidelijk dat in die twaalf woorden mogelijk ook de enige verwijzing naar mijn vader school. Om de een of andere reden was ik daarvan overtuigd. Ik voelde dat er tussen moeder en dochter een band was geweest die niet veel woorden nodig had. Ze hadden een geheim gedeeld. En mijn grootvader, had hij iets vermoed? Dat onopvallende zinnetje verwees naar een constellatie die zelfs in het huidige Libanon vaak nog problematisch is en telkens weer aanleiding voor tragedies is – een buitenechtelijke liefdesrelatie van een dochter. Amin Elmaalouf had, ondanks al zijn wereldwijsheid, tot een generatie behoord die zo diep in tradities verankerd was dat voor hem de fundamenten van zijn leven moesten zijn ingestort. Had hij het ontdekt en zijn vrouw de schuld gegeven van de levenswandel van zijn dochter? Het was tenslotte haar idee geweest haar naar het verre Parijs te sturen.

Ik zat in kleermakerszit voor het raam in het schemerige schijnsel van de lantaarns en dacht terug aan Saber Mounir en de asresten in de bibliotheek.

'Wat is er mooi aan dat woorden ontbreken?' had ik de hakawati gevraagd.

En hij had geantwoord: 'De leegte tussen de woorden nodigt ons uit die met fantasie op te vullen.'

Lange tijd keek ik naar de brief. Ik las hem steeds opnieuw. Toen ging ik op mijn rug op het parket in het donker liggen staren, zoals ik als jongen vaak had gedaan.

'Ze heeft hem in Parijs leren kennen, tijdens haar studie, nietwaar?' vroeg ik in de stilte.

'Wie?' hoorde ik mijn oma's stem terugvragen.

'Mijn vader,' zei ik. 'Hij was geen Libanees. Dat moest ze voor haar vader verbergen. Geheimen voor jullie vaders – dat hadden jullie met elkaar gemeen. Dat schiep een band tussen jullie, nietwaar?'

*

Zoals zo vaak bij utopieën verborg ook Jafars droom een nachtmerrie. Hij droomde ervan de tekenaar te vinden.

Nu is me duidelijk dat onze herinneringen aan die zomermiddag op de vlooienmarkt lijnrecht tegenover elkaar staan. De mijne stonden steeds in het teken van Zahra. Hoe ze tegen me gesproken had en hoe ze naar me had gekeken. Dat had, tot ik haar weer zag, al het andere overheerst. Daarom had ik nooit zorgelijk maar met weemoedig verlangen op die dag teruggekeken. Voor Jafar lag dat anders. Zijn herinneringen waren doordrongen van een gevoel van vernedering. Hij had in het stof gelegen. Hij was geschopt en bespuugd. Terwijl ik Younes Abboud gewoon als een jonge man zag die op een moment van grote spanning bedachtzaam had gehandeld en burgermoed had getoond, hing er voor Jafar de bijzondere aura om hem heen van een redder die uit het niets was verschenen en die hem met niets dan woorden voor erger had behoed. In zekere zin denk ik dat Jafar in zijn eigen val was getrapt. Wie verhalen verzint, daarvan waren we ons eigenlijk bewust, moet er niet zelf in geloven, maar een goede leugenaar zijn. Wie een schemerige hotelbar bedenkt waaraan een dronken wereldster een stripboek signeert, hoeft in die personages en hun handelingen maar beperkt te geloven. Hij moet ze zo kunnen beschrijven dat lezers of luisteraars erin geloven, althans voor het moment. Ik denk dat Jafar vanuit het gevoel van vernedering de tekenaar overschatte. Die werd voor hem een van de personages uit onze verhalen en hij maakte de fout er zelf te veel in te geloven. Hij vertelde me steeds weer: 'De tekenaar is de enige oplossing.' Voor hem was het niet meer dan logisch dat die jonge man, die zoveel over de wereld van de kunst leek te weten, ook in staat zou zijn een code te ontsleutelen die in een café in West-Beiroet tentoongesteld was. Voor hem leed dat geen twijfel. Het laat me zien dat Jafar – die in veel opzichten volwassener was dan ik – in een heel ander opzicht nog in een kinderwereld leefde. Je zou ook kunnen zeggen dat zijn zoektocht naar de tekenaar aantoont hoe vertwijfeld hij was.

Een paar maanden geleden, begin 2011 – vijf jaar na mijn oma's dood en een half leven na de gebeurtenissen van 1994 – kwam ik tijdens een middagwandeling in Hamra langs de vitrine van de universiteit en stuitte bij toeval op een foto van Younes Abboud. Ik zou hem niet hebben herkend als zijn naam er niet onder had gestaan. Hij had schouderlang haar en een stoppelbaard en stond op de foto nonchalant met de armen over elkaar tegen een bakstenen muur geleund. Het was de aankondiging van een expositie van zijn tekeningen, er werd vermeld dat hij voor die gelegenheid uit Parijs zou komen. Het was over twee dagen. Volgens de korte biografie onder de aankondiging had hij bij een Franse uitgeverij een graphic novel gepubliceerd die de aandacht had getrokken. Die heette *De groene lijn* en vertelde het verhaal van zijn jeugd, die hij met zijn familie vlak bij die beruchte straat had doorgebracht. De biografie besloot met persberichten die

Younes Abboud als getalenteerd kunstenaar aanduidden, wiens verhalen 'met veel humor compensatie bieden voor chaos en ellende, voor menselijke tragedies'. Ik dwaalde met mijn blik een paar regels omhoog en las het jaar dat hij naar Frankrijk was gegaan, blijkbaar om te studeren: 1994.

Tot die tijd had ik lang niet aan Jafar gedacht. In zekere zin waren we nog altijd verbonden door de man die me vanaf de foto met een vrijmoedige kunstenaarsblik aankeek. Het schemerde al, en mijn gezicht werd in de verlichte glazen vitrine weerspiegeld.

Twee dagen later ging ik opnieuw naar de stad. De expositie vond plaats in een hal voor een collegezaal waar later gelegenheid zou zijn vragen te stellen. Ik was veel te vroeg. De tekeningen hingen in zwarte lijsten aan de muren. Het waren er in totaal dertig, een selectie uit zijn werk. Het merendeel was nog niet gepubliceerd, zoals een bord onthulde. Te zien waren taferelen uit Beiroet. De stad was vaak vervreemd tot groteske proporties, maar ik herkende haar duidelijk. De afbeeldingen waren chronologisch geordend; daardoor was het alsof ik door het leven van Younes Abboud wandelde. De tekeningen direct aan het begin waren me bijzonder vertrouwd. Hij had ze als kind in een notitieboekje gemaakt. In die vroege probeersels was Beiroet nog steeds Beiroet, maar in een nachtmerrieachtige versie. Hij had de stad Labyrinth City gedoopt. Daar woonden molachtige mensen en gemuteerde rioolwezens in barakken onder het asfalt, en patrouilleerden ratten zo groot als honden in de bovenwereld met het geweer in de aanslag door de straten. Soms klopten ze in de onderwereld op de deur om tieners te werven.

De tekeningen raakten me. Ik heb al beschreven hoe ondoorgrondelijk Jafar bij tijd en wijle voor me was. 'Waarom zou ik je alles moeten uitleggen?' had hij me indertijd in het reuzenrad gevraagd. Af en toe leek het of hij zich van mij en de wereld afzonderde. Iets in hem was dan afwezig en ver weg. Maar telkens wanneer hij aandacht aan mij schonk, met kleine attenties of bewijzen van vriendschap, ervoer ik dat als een groot gebaar.

Zo verging het me nu ook met de schetsen van Younes Abboud. Ze brachten me terug door donkere, naamloze gebouwen gezien door de ogen van een jongen, fascinerend en angstaanjagend tegelijk. Het was interessant te zien hoe zijn stijl zich had ontwikkeld. De tekeningen uit 1994 deden me sterk denken aan de afbeelding die hij ons toen had geschonken en die ingelijst in mijn werkkamer hing. Overal wemelde het van de interessante personages en details. De tekeningen die hij na het verlaten van Libanon in Parijs had gemaakt, waren daarentegen verrassend minder gedetailleerd. Ze waren nog steeds levendig, lieten Beiroet en de wereld waarin hij leefde zien, maar het was alsof de blik vanuit den vreemde zijn gevoel voor wat wezenlijk was, had verscherpt.

Beetje bij beetje stroomde de hal vol. Ik was zo in zijn tekeningen verdiept geweest dat ik, toen het gesprek met de kunstenaar begon, alleen nog een plaatsje op de laatste rij van de collegezaal wist te veroveren, zo groot was de toeloop.

Het werd een amusante avond, waarop Younes Abboud open en geduldig over zijn werk sprak en vragen van studenten beantwoordde. Hij was aardig en toegankelijk, maakte veel grappen. Toen een studente vroeg waarom hij uit Libanon was weggegaan, nam hij een slokje water om even te kunnen nadenken en antwoordde toen: 'Het was niet meer het Beiroet dat ik kende. Het was een bevrijd, een zwijgzaam Beiroet en om te vertellen wat ik wilde vertellen, moest ik er weg.'

Ik hield me op de achtergrond en hoorde toe. Na het gesprek bracht de rector zijn gast langs de menigte naar een tafel bij de uitgang, waar hij boeken zou signeren. Ze waren alleen verkrijgbaar in het Frans, een taal die ik sinds mijn schooltijd niet meer had gesproken. Toch sloot ik me aan bij de rij. Het duurde even voor ik voor hem stond. Hij keek me verwachtingsvol aan, maar niets in zijn blik wees erop dat hij zich mij herinnerde.

'Voor Jafar,' zei ik. Hij signeerde het boek en gaf het me terug. Ik draaide me om en liep de foyer uit. Een koele januarinacht verwelkomde me. Ik was al op weg naar mijn auto toen ik even stil bleef staan en overwoog terug te gaan. Maar ik stapte in en reed weg. Wat had ik ook tegen hem moeten zeggen?

*

Ik wil nog vertellen over de dag dat Jafar me kwam halen om de tekenaar te vinden. Het was begin december. Een paar weken na mijn ritje door het spookhuis met Zahra.

Jafar stond op straat onder de kale kersenboom. Ik zag zijn gezicht vanachter het vliegengaas door duizenden kleine vakjes. Hij zwaaide met een blaadje naar me. Ik aarzelde. Moest ik echt naar beneden gaan, ondanks zijn irritante gedrag van de afgelopen weken? Pas toen hij nog een keer met het blaadje zwaaide, legde ik mijn pen en notitieboekje weg.

Het adres van de tekenaar stond op een afgescheurd stukje papier in zijn hand. Het stond er zwart op wit en zag er uiterst officieel uit.

'Waar heb je het vandaan?'

'Van een kennis.'

'Wie?'

'Doet er niet toe. Laten we gaan.'

Het huis waar hij moest wonen, lag verstopt in een steegje niet ver van het terrein waar in de zomer het circus had gestaan. We belden aan. Een vrouw deed open en we vroegen naar Younes Abboud. We zeiden dat we neven van hem waren. Ze nam ons wantrouwend op. Toch bracht ze ons een steile trap op en maakte de deur naar zijn woning open. Die was leeg. 'Jullie kunnen er morgen intrekken,' zei de vrouw en ze lachte. 'Jullie neef was er tamelijk zeker van dat hij niet meer terug zou komen.'

Jafar draaide zich om en liep zonder iets te zeggen de trap af. Met een luide knal viel beneden de voordeur dicht. Ik stamelde een verontschuldiging en ging hem achterna. Hij was nergens te bekennen.

Pas minuten later vond ik hem. Hij stond in een zijstraatje met zijn rug tegen een muur geleund. Hij timmerde met zijn vuist op de muur. De hele tijd door. Ik riep zijn naam toen ik dichterbij kwam. 'Jafar!' Hij gaf geen antwoord. Hij sloot zijn ogen. Camera obscura, dacht ik. Van ergens ver weg hoorde ik verkeerslawaai en muziek, dof alsof ik me onder water bevond. Toen hij zijn handen tegen zijn slapen drukte, deed ik een stap naar achteren. Zijn knokkels bloedden.

Uit mijn notitieboek, 7 december 1994:

Ik droomde van onweer.
Het bliksemde en toen ik opstond, zag ik Jafar buiten
door het vliegengaas voor de ruiten
en hij had duizend gezichten.

Welk deel van Jafar openbaarde zich die middag aan mij? Het was alsof ik kon zien hoe iets aan hem uit het lood raakte. Ik wist niet wat ik moest zeggen. De decemberschemering daalde neer over de steeg, de glans van de ramen om ons heen verdween en terwijl we daar stonden, voelde ik lichte hoop dat wat er ook precies was gebeurd, morgen zou zijn vervlogen. Naïeve hoop uiteraard. In zekere zin was dat steegje een knooppunt in ons leven, dat ons verschillende wegen zou doen inslaan, maar dat wisten we toen nog niet. Hoe konden we dat ook weten? Per slot van rekening was het nog geen maand geleden dat we samen in het reuzenrad boven de stad hadden gezweefd en dat Jafar me met zijn gewaagde actie aan mijn ontmoeting met Zahra in het spookhuis had geholpen.

*

Algauw lagen de lichtjes van de kermis achter me. Het miezerde nog steeds. Auto's raasden in een mist van druppels voorbij, maar ik nam het nauwelijks waar. Ik voelde me levendig en vrij in de winterlucht, kocht een Pepsi in de supermarkt en tuimelde zonder het wisselgeld in ontvangst te nemen in een roes van geluk naar buiten, haalde diep adem en had het bedwelmende gevoel dat ik de afgelopen uren minstens twee koppen groter was geworden.

Ze zou blij zijn met een verhaal van mij, had Zahra gezegd, en nog op de laatste meters voor onze woning verschenen de eerste beelden en taferelen die ik haar zou beschrijven en ik begon in stilte zinnen te vormen. Ik moest mezelf afremmen om niet meteen naar mijn kamer te gaan en eraan te beginnen. Jafar zat vast al een tijd op mijn telefoontje te wachten. Het duurde even voor hij opnam. Hij was in een uitstekend humeur. Dat hij de openstaande rekening met Zahrahs vader had vereffend, gaf hem een euforisch gevoel. Hij vertelde dat hij de portemonnee op een gegeven moment gewoon had laten vallen en aan zijn achtervolger was ontkomen en dat de man uitgeput was blijven staan en Jafars familie tot de eerste generatie had vervloekt. 'Er waren uitdrukkingen bij die ik beslist moet onthouden,' zei Jafar. Toen vroeg hij hoe het mij was vergaan.

'Heel goed,' zei ik, en dat was bepaald zwak uitgedrukt. Ik vertelde hem over ons ritje in het spookhuis, zei hoe ze heette en misschien verzon ik ook nog wel een afscheidszoen.

'Heel fijn, dan was het tenminste de moeite waard dat ik me voor jou dodelijke steken in mijn zij op de hals heb gehaald,' was zijn reactie.

Er volgde een korte pauze waarin ik me enigszins verlegen voelde.

'Duizendmaal dank,' zei ik.

Toen we hadden opgehangen, poetste ik vlug mijn tanden, trok mijn natte kleren uit, ging op mijn bed zitten en begon te schrijven. Er trilde nog steeds iets in me, ik was bevlogen door wat ik schreef, door de invallen, de levendige scènes in mijn hoofd. Het had iets magisch om voor haar een eigen wereld te scheppen. De woorden vloeiden als vanzelf uit mijn pen. Ik had besloten Zahra door een verhaal te laten weten wat ze in me had losgemaakt, toen op de vlooienmarkt: een jongen die als nieuweling in een grote stad aankwam, verbaasde zich waarom hij geen aansluiting vond, tot hij constateerde dat hij onzichtbaar was. En alleen dat ene meisje – haar naam was Sahar – was in staat hem te zien. Hun eerste ontmoeting, de eerste blik, vond plaats op de vlooienmarkt, daarna de eerste dans op de rotsen bij de zee, wervelende schaduwen met zwierende haren en op het punt waar de twee achter de rotsen verdwenen, liet ik het open...

Op een gegeven moment hoorde ik mijn oma haar slaapkamerdeur opendoen en naar het toilet gaan. Als ze het licht onder de kier van mijn deur al had opgemerkt, was dat voor haar geen aanleiding bij me te komen kijken. Ik schreef de hele nacht door.

De dagen waren regenachtiger en kouder geworden en de cafés in de stad barstten uit hun voegen. Mijn oma had het die weken in november vreselijk druk. Ze leende de auto van Abbas om groothandels en leveranciers te bezoeken. Ze dompelde zich onder in de geur van branderijen in Tyros om de koffie ter plaatse te testen en op een middag reed ze helemaal over de bergen naar Zahlé, waar ze in Château Ksara de legendarische wijnen proefde die ze later op de menukaart zette. Ze gaf de bakkers in de wijk bestellingen door – met walnoten en dadels gevulde *ma'amoul* en ander lekkers – want de kerst naderde. In rommelwinkels kocht ze lichtsnoeren, bij tuincentra dennentakken, die ze met gedroogde schijfjes sinaasappel om kaarsen heen op de tafels legde. Op een keer stond Abbas' truck vlak voor het café geparkeerd en droegen ze samen een enorme kerstboom, die hij in het bos voor haar had omgehakt, naar een hoek van de ruimte en versierden hem met engeltjes van stro en glazen ballen. Ze leek voldaan die dagen en het deed me goed haar zo te zien. Het maakte het gemakkelijker voor me om niet te denken aan Jafars foto's die op de bodem van de kist in mijn kamer lagen. Sinds de dag dat hij met de camera om zijn nek was langsgekomen om ze aan mij te geven, had ik ze niet meer tevoorschijn gehaald. De schilderijen van mijn oma's expositie hingen nog steeds vermanend aan de muren. Ze waren deel van het interieur en de decoraties gaan uitmaken en hoorden er voor de gasten van Café Yara net zo bij als mijn oma in haar schort, die tussen de tafels door wervelde, informeerde of de klanten het naar hun zin hadden en of de taart smaakte en daarbij de hele tijd de schijn wekte dat alles in orde was.

Was dat dan niet zo? Ik kan niet ontkennen dat Jafars bevindingen over het onderlinge verband tussen de schilderijen iets bij me teweeg hadden gebracht. Ik kan dan indertijd wel bang zijn geweest voor veranderingen, kan bewust langs dingen heen hebben gekeken, maar naïef was ik niet. De achtergrond van de door de oorlog getroffen oorden en gebouwen had me diep geschokt. Waarom mijn oma zich met die tonelen van misdaden bezighield, bleef voor mij in nevelen gehuld, maar toch, en misschien juist daardoor, viel het me niet zwaar daarvoor simpele redenen te bedenken. Die plaatsen stonden symbool voor de oorlog, die haar er bijna veertien jaar geleden toe had gebracht met mij dit land te verlaten. Het verlorene toegankelijk maken, had Saber Mounir gezegd, was een van de vele betoveringen van het vertellen. Waarom niet ook van het schilderen? Misschien zat er echt niet meer achter dan haar verlangen de herinnering aan die tijd te bewaren. Overal in het land werd wat oud was afgebroken en iets nieuws gebouwd. Misschien waren haar schilderijen een stil protest daartegen. Redeneringen als deze dienden vooral om mezelf een beter gevoel te geven. Ik kan niet ontkennen dat er een lichte verschuiving bij me had plaatsgevonden. 'Wantrouwen' zou te veel zijn gezegd, daarvoor betrok mijn oma me er net als voorheen te sterk bij en liet ze me, veel meer dan vroeger, deelhebben aan haar leven, zodat er zelfs momenten waren waarop ik wenste dat Jafar het adres van de tekenaar nooit zou ontdekken, zodat we ons er niet meer mee bezig hoefden te houden waar die G84/91 in 's hemelsnaam voor stond – als het al belangrijk was. Maar van tijd tot tijd was er die onrust in me, alsof er iets tussen de puntgevels verstrikt was geraakt en op het juiste moment wachtte om boven op me te vallen. Ik werd heen en weer geslingerd tussen een gevoel van vertrouwelijkheid en momenten van irritatie, veroorzaakt door schijnbaar alledaagse gebeurtenissen. Kleine seismische golven die voorafgingen aan sterkere aardbevingen.

Het aantal keren dat de stroom uitviel, nam in die dagen bijvoorbeeld bedenkelijk toe. Dat was in zoverre verwonderlijk dat we de eigenaar van de slagerij aan het eind van onze straat zestig dollar per maand betaalden om zo nodig energie van zijn generator te kunnen gebruiken. Vlak nadat we in het huis waren komen wonen, had mijn oma met de man een overeenkomst gesloten, en hij had vanaf zijn dak een kabel naar onze woning gelegd zodat we telkens wanneer de stroom uitviel, alleen maar een schakelaar hoefden om te zetten om elektriciteit van zijn generator af te tappen. Dat had zo goed gefunctioneerd dat ik vaak verrast was geweest wanneer ik buiten onze vier muren moest constateren hoezeer het leven na de oorlog nog door gebrek aan stroom werd getroffen. Minstens één keer per dag was er geen elektriciteit en wanneer die er pas uren later weer kwam, klonk veelvuldig de roep 'er is weer stroom!' vanuit de open ramen in de wijk. Onmiddellijk waren er radio's te horen, werden wasmachines haastig gevuld en aangezet, werd alvast avondeten klaargemaakt en werden alle kinderen onder de douche gezet, wat er niet zelden toe leidde dat het net overbelast raakte en meteen weer bezweek.

In die winterdagen kwam het echter toch voor dat ook bij ons de stroom wegbleef omdat het omzetten van de schakelaar geen effect had. Overdag merkte ik het vaak alleen maar bij toeval, bijvoorbeeld aan kleine plasjes onder de koelkast. Maar 's avonds, als ik op de vloer van mijn kamer over mijn huiswerk gebogen zat, viel de stroom in onze straat soms zo plotseling uit dat de woordjes en getallen nog even voor mijn ogen bleven doordansen tot ik helemaal door duisternis omgeven was.

Eenmaal ging ik tijdens een stroomuitval naar de slagerij. Tot mijn verrassing stond daar de koelvitrine in de hoek te brommen alsof er niets aan de hand was, en ook de ventilator draaide rond. De slager verklaarde dat met zijn generator alles in orde was. Maar mijn oma had de betaling voor het medegebruik gestaakt en de verbinding bleef verbroken tot ze besloot de zestig dollar weer te gaan betalen.

Toen ik haar daar later op aansprak, zei ze: 'Het spijt me, ik dacht dat we het erover hadden gehad. Het is allemaal nogal veel op het moment, vanwege de naderende feestdagen. Ik probeer een beetje voor ons te sparen, Amin. Het halve land redt het bij stroomuitval, ook wij moeten er maar aan wennen.'

Op een andere avond klonk bij mijn thuiskomst door het hele huis muziek. Een vrouw zong een weemoedig lied. Onder de naald van de platenspeler draaide een grammofoonplaat, maar de woonkamer was leeg. Ik trof mijn oma uiteindelijk in de badkamer aan. Ze stond in het licht van het kale peertje voor de spiegel. Zonder me aan te kijken vroeg ze: 'Vind je eigenlijk dat ik erg veranderd ben?'

'Hoe bedoelt u?'

'Mijn uiterlijk. Zou je me op straat herkennen als we elkaar jaren niet hadden gezien?'

'Natuurlijk.'

Een paar dagen later trof ik haar weer in de badkamer aan. Ditmaal droeg ze rubberen handschoenen en wreef ze verf in haar haar. Dat had ze nog nooit gedaan.

'Uw echte haarkleur beviel me eigenlijk goed,' zei ik toen ze weer de woonkamer binnenkwam, geföhnd en zonder een enkele zilveren draad.

'Helaas is het een ongeschreven wet,' was haar weerwoord en ze bekeek me met een glimlach. 'Jij hebt geluk, jij hebt er later geen last van. Grijze mannen gelden als gedistingeerd. Grijze vrouwen zijn alleen maar oud.'

Waardoor kwam het dat zulke momenten me irriteerden? Ik vermoedde dat het de gebaren waren waarmee zulke situaties gepaard gingen. De manier waarop ze naar zichzelf in de spiegel keek als ze dacht dat ik het niet zag, en zoals ze haar hand omhoogstak om aan haar huid te voelen alsof ze voor het eerst in lange tijd preciezer naar zichzelf keek, verrast over de vele fijne lijntjes die als uitlopers van een rivier over haar wangen liepen. Of zoals ze 'Het spijt me, ik dacht dat we het erover hadden gehad' zei. Achteraf vormen die dagen een mozaïek van veel van zulke momenten. Soms stond mijn oma uit het raam te kijken, alsof ze op een voorteken van de lente wachtte, op het lengen van de dagen. Ze hield niet van de winter. De sombere dagen waarop de regen onophoudelijk tegen de ruiten trommelde. De stormen die stad en land teisterden, de zee opzweepten, door straten raasden en aan vensterluiken wrikten. Ook daarom, denk ik, bracht ze zoveel tijd in haar café door, in het gouden schijnsel van de lampen en met de genegenheid van haar klanten, die haar verwarmden met hun complimenten.

Van tijd tot tijd kreeg ik echter ook de indruk dat ze tegen die donkere tijden in opstand kwam. Dan weigerde ze haar jas aan te doen en liep ze ook als het miezerde slechts in een blouse gekleed naar buiten. Ook kocht ze een zak aarde, vulde daar de aardewerken potten op de vensterbank mee en plantte volkomen in strijd met het jaargetijde citroenen. Wie haar niet kende, legde dat uit als koppigheid, maar ik had haar al gedurende zoveel winters in Duitsland meegemaakt, had haar urenlang met opgetrokken benen op een stoel zien zitten, niet in staat ook maar een woord uit te brengen, en dus ervoer ik haar gedrag nu meestal als een teken van kracht. Ze leek ervan overtuigd dat ze met haar verzet zelfs de loop van de seizoenen kon beïnvloeden.

Die merkwaardige winter. Telkens wanneer ik probeer de gebeurtenissen in een nieuw licht te zien, ontkom ik er niet aan ook aan de politieke situatie te denken. De algemene onrust, die schijnbaar niets met ons te maken had, maar die we toch niet konden negeren. Ook in november hield het proces tegen Samir Geagea de stad in zijn ban. Zijn tegenstanders eisten in krantencolumns, op de radio en in talkshows op de televisie vrijwel dagelijks een hard oordeel. Tegelijkertijd gingen zijn aanhangers de straat op om voor zijn vrijlating te demonstreren; sommigen van hen verdwenen ongemerkt uit hun huis en achter de getinte ramen van limousines zonder nummerborden, om kort daarop met handboeien om voor het gerecht gesleept te worden of helemaal niet meer op te duiken. Tony was nog steeds niet teruggekomen. En zo zonk onze buurt weg in een moeras van halfwetendheid en geruchten. Het heette dat hij was aangeklaagd wegens deelname aan een voormalige militie die nu in de gedaante van een partij probeerde de soevereiniteit van de staat te ondermijnen. Telkens wanneer ik bij mijn raam stond en Nour met gebogen hoofd in het pand aan de overkant zag verdwijnen of achter de gordijnen zag rondlopen, dacht ik terug aan de dag waarop ik Tony's arrestatie had gezien. Wat Abbas had gezegd over de mannen die in het café waren verschenen, kwam me nog steeds niet geloofwaardig voor. 'De verhuurder met een paar mensen', dat leek me gewoon niet plausibel. Maar de schilderijen van haar expositie hingen daar intussen al vier maanden en er was niets gebeurd, geen nieuw dreigement, geen ongeluk, reden waarom ik ook niet helemaal uitsloot dat Mara het allemaal toch verkeerd had begrepen en dat het niet meer dan een misverstand was geweest, zoals nu eenmaal weleens voorkwam.

Van die gedachte ging ik maar al te graag uit. Toen gebeurde er echter in de eerste week van november, drie dagen na mijn ritje in het spookhuis, het volgende: ik zat aan een tafeltje in een hoekje van het café warme chocolademelk te drinken terwijl ik half in gedachten verzonken verder schreef aan het verhaal voor Zahra. Toen zag ik twee mannen die op het trottoir voor de glazen pui heen en weer liepen. De ene hield een klembord in zijn hand en maakte de hele tijd notities, terwijl de andere naar de voorgevel wees en ineens een duimstok tevoorschijn haalde. Ik keek naar mijn oma, die achter de toog stond af te drogen. Ook zij had de mannen opgemerkt. Een poosje bleef ze nog glazen uit de spoelbak halen, maar op een gegeven moment legde ze de theedoek weg en liep ze naar buiten. Vanachter het glas kon ik niet horen waar het over ging, maar ik zag de mannen met haar discussieren. Blijkbaar stelde de een vragen, terwijl de ander haar antwoorden noteerde. Ze stond met haar rug naar me toe. Ik kon haar gezicht niet zien, en toch zag ik haar geleidelijk merkbaar verkrampen. Eerst balde ze haar handen tot vuisten, toen, na een verdere woordenwisseling, was ze zichtbaar verontwaardigd. Ze draaide zich om en keek ongelovig langs de façade omhoog. Toen wendde ze zich weer naar de mannen en begon wild te gesticuleren. De ene man noteerde stoïcijns door, terwijl de gezichtsuitdrukking van de andere verhardde. Zonder zijn blik van mijn oma af te wenden, stak hij op een gegeven moment zijn hand uit, en de man met het klembord scheurde het blaadje eraf en reikte het hem aan. Hij wierp er een blik op en gaf het met een voldaan lachje aan haar door. Toen draaide het tweetal zich zonder nog een woord te zeggen om en liet haar op het trottoir staan.

Mijn oma was krijtwit toen ze weer naar binnen ging. In haar ene hand hield ze het blaadje, met de andere omvatte ze haar arm, alsof ze het koud had. Zo bleef ze even staan en liet haar blik rondgaan. De weerspiegeling van de lampen in het glas van de toonbank. Gedempte geluiden en stemmen. Ineens leek ze een vreemde in haar eigen café. Toen kwam ze naar mijn tafeltje.

'Wat is er aan de hand?' Ik legde pen en papier weg.

'De gemeente,' mompelde ze. Ze trok een stoel naar achteren en ging zitten. 'Ze zeggen dat de markies niet legaal is.'

'Hoe kan de markies "niet legaal" zijn?'

'Ik weet dat het niet klopt, maar zij beweren van wel. Ze zeggen dat ik er precariobelasting voor moet betalen. En niet vanaf nu, maar met terugwerkende kracht over het hele jaar. En ze wilden een vergunning voor de stoelen zien. De stoelen mogen niet buiten staan, dat is openbare ruimte, waarvoor ik extra moet betalen.'

'Aan de verhuurder?'

'Nee. Aan de gemeente.'

'Maar er zit toch niemand buiten met dit weer.'

Ze knikte nadenkend. 'Die regels moeten nieuw zijn.'

Ik wendde mijn blik af en keek naar buiten. De mannen waren verdwenen, de straat lag er zwart glanzend bij.

'Moeten we ons nu in de schulden steken?' vroeg ik zachtjes. Toen ik weer naar haar keek, zag ik dat zij ook haar blik had afgewend. Haar gezicht stond licht gespannen. Zo had ik haar thuis soms bij het raam meegemaakt, haar gezicht weerspiegeld door het glas. En zoals ze in ons huis ondanks de kou vaak het raam openzette, regen en wind trotserend, zo gedecideerd klopte ze nu op de tafel, vertrok haar mond tot een glimlach en zei: 'Maak je geen zorgen, Amin, het moet een misverstand zijn.'

Ze stond op en liep door de ruimte. Halverwege stopte ze, verfrommelde het blaadje en gooide het in de vuilnisbak naast de toonbank.

Notitieboekje:

30 november 1994

Lijst met strafbare feiten waaraan mijn teta Yara Elmaalouf zich de afgelopen dagen schuldig heeft gemaakt:

1. *Het niet aanmelden van een gebloemde markies*
2. *Het bezetten van een openbaar trottoir met verboden zitgelegenheid*
3. *Het verslaafd maken van diverse bezoekers door het serveren van uitstekende koffie*
4. *Het accepteren van mijn dood door verhongering vanwege het verzuim de kasten thuis met koekjes te vullen*
5. *Verhoging van het risico dat ik bevries door te weigeren maandelijks te betalen voor het gebruik van stroom van de generator van slager Hamit M.*
6. *Het in gevaar brengen van de gezondheid van haar klanten door met legionella besmet leidingwater*

Nu lees ik de ironie in aantekeningen als deze met onbehagen. Daarin is geen woord te vinden over het leed dat mijn oma moet hebben ervaren. Geen teken van mijn eigen onzekerheid. Ik kan me echter herinneren dat ik heel erg onzeker was. Ik weet nog dat ik haar later op de avond vanaf de bank in de woonkamer over de rand van mijn boek heen observeerde. Ze had haar wollen vest haastig om haar buik vastgeknoopt en liep rusteloos door de kamers. Telkens weer streek ze door haar geverfde haar. Ze zag eruit alsof ze midden in de nacht in bed was opgeschrikt en nog niet de rust had gevonden om weer te gaan slapen. Ze scheurde een blaadje van de blocnote naast de telefoon, noteerde er iets op, verfrommelde het en gooide het in de prullenbak. Later zag ik dat ze er getallen op had opgeteld, maar waar het bedrag ook voor stond, het leek haar geen rust te hebben verschaft, integendeel.

In mijn notitieboekje staat er geen woord over, maar ik kan me heel goed herinneren dat ik in die tijd nauwelijks van haar zijde week. Ik zie ons dicht naast elkaar op straat zwijgend tassen met boodschappen naar huis dragen, en alsof ik me van haar nabijheid wil verzekeren, raak ik haar als toevallig aan – haar lichtgroene trui bij het binnenkomen van het huis, haar onderarm in de keuken als ze me de olijfolie aangeeft zodat ik die in de kast kan zetten, of de zoom van haar veel te dunne blouse wanneer we op een waterkoude middag op de rand van het trottoir staan en zij haar arm opsteekt om een taxi aan te houden. Wat er ook gebeurd was – het haalde haar mentaal weer bij me vandaan. Mijn vrees dat ze in oude gedragspatronen zou kunnen vervallen, is nergens schriftelijk vastgelegd, maar staat geregistreerd in de beelden van die dagen: bleek licht tussen grijze woontorens, oorlogsinvalide daklozen met holle gezichten op de trottoirs, mensen die hun voorbijlopen en daarboven de balkons van de penthouses van een nieuwe stad.

Jafar kwam steeds vaker niet naar school en was ook 's middags lastig te bereiken. Meestal nam zijn zusje de telefoon op en ze gaf me met perfect geïntoneerde verveling te verstaan dat ze graag had dat ik de frequentie van mijn telefoontjes reduceerde, hij zou wel contact met mij opnemen. Daarom zwierf ik als ik niet bij mijn oma was of aan het verhaal voor Zahra schaafde buiten rond om mijn hoofd leeg te maken. Ik zie alles voor me: een verwaarloosde omgeving aan de rand van de stad – straathonden, autowrakken, gedeukte jerrycans – en in het centrum het alomtegenwoordige verlangen naar overdaad en vergetelheid. En het alomtegenwoordige mislukken in elk detail, hoe klein ook – door regen doorweekte affiches met grotesk opgemaakte bruiden, taalfouten in de geluk belovende aanprijzingen van aannemers op de huizen, uitgedoofde letters in de neonreclames van de shoppingmalls – ik vergat mezelf en mijn zorgen op zoek naar zulke brokstukken, en op de beste momenten had ik het gevoel dat ik oploste, onzichtbaar werd als de jongen in mijn verhaal, dat ik inmiddels bijna af had.

Interessant, zoals de jarenlange afstand me in staat stelt te beseffen dat ik intuïtief bezig was met zelfbehoud. Er zijn mensen die die eigenschap van mij als lafheid aanduiden, ik noem het vredelievendheid. De lijst in mijn notitieboekje is een aanwijzing dat ik klaarblijkelijk weigerde tegenstrijdigheden te onderzoeken. Voor geen goud was ik bereid mijn idee van geluk in gevaar te brengen. In plaats daarvan vluchtte ik in ironie, verdoezelde ik werkelijke gebeurtenissen met fictieve, bewust overdreven invallen. Bovendien was die kwestie met het leidingwater zo realistisch en bedreigend dat het nog steeds een raadsel voor me is dat ik daar op mijn lijstje een grap over kon maken.

Het was eind november. Het café was vervuld van de geur van vers gebak en het rustgevende geluid van rinkelend servies. Waarom rustgevend? Omdat niets erop wees dat er iets veranderd was sinds die mannen van de gemeente waren verschenen. Alles suggereerde een normale gang van zaken. Mijn oma wekte een levendige indruk, ruimde tafels af en veegde ze schoon, dekte ze opnieuw, begroette stamgasten met kussen op de wang en stopte voortdurend nieuwe cassettes in de recorder om de achtergrondmuziek af te wisselen. Ik had het verhaal voor Zahra net af. Het lag voor me op het tafeltje, geconcentreerd liep ik met mijn potlood de regels na. Zo gebeurde het dat ik het eerst helemaal niet in de gaten had toen er drie mannen binnenkwamen en begonnen rond te kijken. Ik schrok op toen ik een van hen luid naar de eigenares van de zaak hoorde vragen. Afgezien van de kerstmuziek werd het op slag stil. Gezichten keerden zich naar de ingang. De mannen waren teruggekomen. Tussen hen in stond een bleke figuur met een grove huid en ongewassen haar. De man leek zich niet goed te voelen, keek om zich heen, wist niet waar hij zijn handen moest laten. Toen leek hem iets te binnen te schieten: 'Hm, hier was het, in dit café,' zei hij, 'heel zeker, honderd procent. Die vrouw daar heeft me bediend.' Hij wees naar mijn oma.

Verder zei niemand iets. De vlammetjes van de kaarsen op de tafels knetterden.

De man die bij het eerste bezoek het klembord had vastgehouden, zette een stap naar voren. Het licht van de gloeilampen gaf hem iets geelachtigs. Voor het eerst zag ik hem van dichtbij. Hij had een waakzame blik en ondanks zijn schriele gestalte straalde hij een ongewone aanwezigheid uit. Hij leek van de stilte te genieten, ik moest denken aan een acteur die op het toneel komt staan om een monoloog te houden. Hij schraapte zijn keel: 'Mevrouw Elmaalouf, neemt u ons ons plotselinge verschijnen niet kwalijk, maar het is dringend. Deze man heeft pontiackoorts. Een kopie van de doktersverklaring zullen we u op verzoek graag toesturen. Hij zegt dat hij hier een paar dagen geleden koffie heeft gedronken met een glas leidingwater erbij.' De zin leek onaf, maar de man sprak niet verder. In de stilte die volgde, klonk het woord 'leidingwater' dreigend.

Ik durfde nauwelijks adem te halen. Stoelen knarsten toen de gasten zich naar mijn oma omdraaiden. Ze stond achter de toonbank en nam de tijd om een antwoord te formuleren. Wellicht wilde ze niet de indruk wekken geïntimideerd te zijn, maar ik kon zien dat haar hersenen op volle toeren draaiden. Ze hield haar handen als in gebed gevouwen. Alleen het wit van de knokkels verraadde met hoeveel kracht ze ze samenperste. Ze keek de drie mannen een voor een aan.

'Die man vergist zich,' zei ze ten slotte, en ik was verrast dat ze zo beheerst klonk. 'Een paar dagen geleden, zei u? Dat moet een vergissing zijn, hij is hier niet geweest. Gezichten vergeet ik nooit. Bovendien serveren wij geen leidingwater maar mineraalwater uit de fles.'

'Ook bij de koffie?' vroeg de man die eerder gesproken had. Het klonk beleefd geïnteresseerd en juist dat was, gezien de manier waarop hij daar pontificaal stond, zo irritant.

'Vanzelfsprekend,' zei ze beslist.

De man knikte alsof hij zijn vergissing inzag. Toen wendde hij zich naar de zogenaamde klant, die met gevouwen handen bij de ingang stond.

Die schudde zijn hoofd. 'Het was dit café. Honderd procent zeker,' herhaalde hij.

'Ziet u,' de woordvoerder spreidde in een gebaar van onbehagen zijn armen en richtte zich weer tot mijn oma. 'De situatie is gecompliceerd. Blijkbaar is het uw woord tegen het zijne, en de kwestie is: pontiackoorts wordt veroorzaakt door de legionellabacterie, die bij deze meneer onomstotelijk is vastgesteld. Zelfs als u de waarheid spreekt, en...' Hij stak sussend zijn handen op. '...daar twijfelen we niet aan, dan wast u toch vast af met leidingwater, nietwaar? Of gebruikt u daarvoor ook "mineraalwater uit de fles"?'

Mijn keel was droog en ik werd misselijk. De klanten keken verlegen naar de vloer, schoven hun bord weg of namen mijn oma met een nieuwsgierige blik op.

Ze schudde haar hoofd. 'Leidingwater,' zei ze.

'Kunt u dat herhalen?'

'We wassen af met leidingwater,' bracht ze uit.

'Aha,' zei de man daarop en hij trok daarbij een ontdaan gezicht. Hij stak zijn arm naar achteren uit en liet zich door zijn collega een schrijven aanreiken. Toen liep hij het café door en legde het op armlengte afstand van mijn oma op de toonbank. 'We moeten het café tot nader order sluiten,' zei hij. 'Helaas hebben we reden aan te nemen dat het leidingwater met legionella is besmet, dat zullen we moeten onderzoeken. Tot de resultaten er zijn, wordt de zaak gesloten en u...' Hij wendde zich tot de bezoekers. '...kunt beter gaan. Mocht u de komende dagen griepverschijnselen constateren, gaat u dan naar de dokter, en u...' Hij draaide zich weer om naar mijn oma. '...moet er begrip voor hebben dat het café twee of drie dagen gesloten moet blijven, tot we een analyse kunnen maken. Tenslotte...' Hij pauzeerde even en draaide zich tot mijn verrassing om naar mij en keek me recht aan. '...willen we niet dat er iets ergers gebeurt, nietwaar?'

Onze blikken ontmoetten elkaar. Ik was als verdoofd.

'Nee,' hoorde ik mijn oma zeggen, 'dat willen we niet.'

Diezelfde avond liep ik op straat te piekeren. Omdat de gebeurtenissen van die middag me niet loslieten, dacht ik erover naar de film te gaan, een vroege avondvoorstelling in een bioscoop in de buurt. Maar toen ik daar aankwam, was de film – een of andere succesvolle Egyptische komedie – al begonnen; de alternatieven waren een actiethriller waarvoor ik nog te jong was of een familiedrama waar ik weinig zin in had. Dus dwaalde ik verder het centrum in. Duiven fladderden op. Spitsverkeer en jachtige mensen op weg naar huis verstopten de straten en terwijl ik mezelf een bestemmingsloze weg baande, vluchtte ik in de fantasie dat Zahra naast me liep. Alsof ze me stilletjes toestemming gaf, liet ze haar hand in de mijne rusten, we passeerden etalages in zoetige kleuren en overvolle cafés, en in een naamloos zijsteegje nam ik haar mee naar het dak van een verlaten huis, en...

Ik deed haastig een stap naar achteren, het stoplicht was op rood gesprongen, ik was bijna onder een auto gelopen. 'Het spijt me,' mompelde ik nog naar de chauffeur toen hij verontwaardigd toeterde en om me heen reed. Verschrikt voelde ik in het borstzakje van mijn jas. Het verhaal zat er nog; ik voelde het gewicht van de bladzijden dicht bij mijn hart.

Ik besloot naar huis te gaan. Onderweg kwam ik langs een bar waar ruzie was en ik versnelde mijn pas. Maar een van de stemmen kwam me ineens bekend voor. Ik draaide me om en zag drie gestalten in het smoezelige neonlicht voor de ingang staan. Het waren daklozen die kibbelden om een drankfles en toen ik aandachtiger keek, was ik er zeker van dat een van hen de man was die een paar uur eerder bleek en verlopen in Café Yara zijn tekst had opgezegd.

*

Waar was Jafar in die dagen? Soms ging ik in mijn eentje naar de rotsen en keek ik naar de ruwe zee. Zonder hem durfde ik niet verder naar voren te lopen op de glibberige ondergrond. Slechts één keer deed ik mijn schoenen uit, liet ze in het gras liggen en liep door tot de plaats waar de golven tegen de rotsen sloegen. Maar toen mijn tenen nattigheid voelden, trok ik ze vlug terug.

Ik was gewend dat Jafar vooropliep. Wanneer we door de straten trokken, voelde ik me geen moment verantwoordelijk voor de route. Ik had me steeds op hem verlaten. Hij straalde de zelfverzekerdheid uit dat niets of niemand zijn wereld uit evenwicht zou kunnen brengen, en deel van zijn wereld uitmaken betekende alles aan hem óf leuk vinden, óf het op zijn minst accepteren – zijn kinderlijke nieuwsgierigheid net zozeer als zijn schelmenstreken, zijn chaos veroorzakende impulsiviteit of het feit dat er dingen waren die hij voor zichzelf hield.

In de dagen na de sluiting van het café had ik het daar moeilijk mee. Ik merkte dat ik hem nodig had, maar sinds hij de tekenaar probeerde te vinden, zag ik hem slechts zelden. En als we elkaar zagen, leek hij veranderd. Niet al te lang geleden had hij me op het toilet op school trots laten zien dat hij zich inmiddels schoor. Hij gebruikte daarvoor het zilveren scheermes van zijn stiefvader en zeep die naar sandelhout rook. Nu liet hij het dons op zijn bovenlip staan, waardoor hij er verbazend volwassen uitzag. Ook droeg hij sinds kort een zilveren ketting. Die hield hij verborgen onder de kraag van zijn T-shirt, maar toen hij zich een keer vooroverboog om zijn veters te strikken, zag ik er een kruis aan bungelen. Toen hij het merkte, schoof hij het zwijgend onder de boord terug. Er waren meer van zulke veranderingen. Wanneer hij naast me in de schoolbank iets zat op te schrijven, vielen me schrammen op zijn polsen op, alsof hij op een muur of een hoge richel was geklommen. Maar het merendeel van de tijd zat hij uit het raam naar de kale eik aan het einde van het schoolplein te staren, en vaak moest de leraar Jafars naam meermalen roepen voor hij tot hem doordrong.

Wilde hij dat ik hem erop aansprak? Wilde hij dat ik aantoonde dat zijn verandering niet voor mij verborgen was gebleven? In dat geval reageerde ik verkeerd. Het leek me het beste om te doen alsof alles als vanouds was.

Dat medeleerlingen van de ene dag op de andere uit de klas verdwenen, was niet ongebruikelijk. Soms emigreerden gezinnen, soms werd besloten dat het kind mee moest aanpakken in de zaak van de vader in plaats van tijd te verspillen aan vreemde talen of wiskunde. Maar bij Jafar was er een patroon. Ik kwam er pas in de loop van november achter dat hij meestal niet verscheen op de dagen dat de UNICEF-mevrouw uit Parijs de klas in kwam en de namen van een paar medeleerlingen oplas, die dan opstonden en met haar meegingen. Wanneer ze Jafars naam noemde, keken zij en de leraar eerst naar zijn lege plaats en vervolgens naar mij; als ik mijn schouders ophaalde, noteerde de vrouw iets op haar blaadje, glimlachte naar ons achterblijvers en liep de klas uit.

'De verloren generatie', zo heet een essay dat ik onlangs las om beter te begrijpen wat er toen gebeurde. Net als bij alle gewapende conflicten had de Libanese tragedie vooral haar stempel op de kinderen gedrukt. Voor de oorlog was ongeveer een op de vijfhonderd aangewezen op psychologische hulp, erna was de verhouding een op twintig. Terwijl ze opgroeiden, waren leven en dood onlosmakelijk met elkaar verbonden; een spoedcursus volwassen worden. Ik herinner me een middag waarop de jonge vrouw van het Rode Kruis onze klas bezocht. Ze zette een reeks futuristisch aandoende protheses op de lessenaar en verklaarde dat onderzoekers in het verre Genève er dankzij een materiaal met de naam polypropyleen in waren geslaagd buigbare onderbeenprotheses te maken. Die waren door giften toegankelijk voor invaliden, zo moesten we aan onze familie doorgeven. Aan het begin van het gesprek had ze naar onze leeftijd gevraagd. Voor iemand kon antwoorden, fluisterde een meisje achter me: 'We zijn allemaal honderd.'

De herinnering aan de lichtheid waarmee Jafar een paar weken geleden in de motregen had staan dansen en voor Zahra's vader was gevlucht kwam me, wanneer ik hem nu zag, als zinsbegoocheling voor. Hij was vaak oververmoeid en meer dan eens stootte ik hem onder de les aan omdat hij met zijn hoofd op zijn armen in slaap was gevallen. Soms hoopte ik dat we na school samen naar huis zouden lopen, om misschien een omweg te maken en in een leegstaand huis te klimmen, onze voeten over de rand van de bovenste verdieping te laten bungelen en over van alles en nog wat te praten, net als vroeger. Maar vaak mompelde hij bij het opbergen van zijn schriften al een excuus en liep hij met een blik op de klok haastig de klas uit.

Het vervreemdingsproces tussen ons voltrok zich sluipenderwijs. Ik leverde daar zelf ook een bijdrage aan. In mijn toen zonderlinge logica ging ik ervan uit dat het hem, als ik me net zo ongenaakbaar gedroeg, zou opvallen en dat hij me op een gegeven moment zou vragen wat er aan de hand was. Toen hij dat niet deed, maakte ik mezelf wijs dat Jafar nu eenmaal zo was.

Op een middag zwierf ik door de wijk en kwam ik langs het café. Het was nog steeds gesloten, inmiddels al negen dagen. Er was niemand gekomen om het water te onderzoeken. 'Die dingen duren hier langer dan in Duitsland,' was de reden die mijn oma me had gegeven. Ze had een briefje achter de glazen deur geplakt – BINNENKORT STAAN WE WEER TOT UW DIENST!

Ik was eigenlijk van huis gegaan om het verhaal voor Zahra naar haar nichtje te brengen, maar nu kwam er ineens een hele litanie aan uitvluchten bij me op waarom het nog niet het juiste moment was. In een winkel niet ver van het café kocht ik een ijsje. Ik stond net op de drempel van de zaak om naar buiten te gaan toen ik Jafar zag. Hij kwam uit een gebouw aan de andere kant van de straat en liep wijdbeens naar een zwarte Volvo toe, die met draaiende motor geparkeerd stond. Zijn manier van doen had een lachwekkend effect op me. Er zaten vier jongens in de auto. Eentje schoof op toen Jafar het portier opendeed. Er werd gelachen, toen reed de auto weg. Ik zag een rozenkrans aan de achteruitkijkspiegel bungelen, hoorde een bas brommen en zag de gezichten van de anderen, die ik geen van allen kende. Het was niet eenvoudig in te schatten, maar ze waren beslist al zeventien of achttien. In elk geval oneindig veel ouder, als je veertien bent.

Toen, begin september, trok Jafar me in de pauze aan mijn arm en nam me mee. We verlieten de blauwachtige schemering van het schoolplein en trokken ons terug in het donker van de ingang van de kelder, waar de conciërge zijn gereedschap opsloeg.

'Is het café dicht?' vroeg hij.

'Al een paar dagen.'

'Waarom heb je niets tegen me gezegd?'

Ik onthield me van commentaar en vertelde hem wat er gebeurd was.

'Klinkt als pesterij.'

'Voelt ook zo.'

Stilte.

'Dan kan ik er maar beter voor zorgen dat we de tekenaar snel vinden.'

*

Toen Jafar en ik in het trappenhuis naar de woning van Younes Abboud klommen, tree voor tree, voetje voor voetje, wat voelde ik toen? Ik kan me een vaag onbehagen herinneren. De aanblik van de lege kamers was voor mij geen schok, maar ook geen opluchting.

Jafar leek gebroken toen ik hem even later bij die muur terugvond. Een schril contrast met de aanstellerige manier van doen toen hij een paar dagen daarvoor in die auto was gestapt. Met een air alsof de dingen voor hem moesten wijken en niet omgekeerd.

'Heb je ooit het gevoel gehad ergens te zijn waar je niet thuishoort?' vroeg hij na een poosje toen we de zijstraat uit liepen.

'Natuurlijk. Voor mij was dat Beiroet voor ik jou ontmoette.'

Daar zei hij niets op terug.

'Wat is het bij jou?' vroeg ik.

'Weet ik niet.' Hij boog zijn hoofd, haalde zijn schouders op. 'Ook Beiroet. Maar pas sinds kort. De stad voelt vreemd.'

'Op wat voor manier?'

'Alsof ze haar ziel aan het verliezen is. Het is vreemd, ik weet niet hoe ik het moet zeggen, alles verandert.'

'Toen ik hier aankwam, was ik bang voor de verwoeste huizen.'

'Dat kan ik me herinneren. Je hebt me over je nachtmerries verteld.'

'Alles was vreemd voor me.'

Stilte. Drie, vier stappen in stilte, toen: 'Ik heb niets anders gekend dan die huizen.'

Er stak wind op, druppels gleden van de takken van de linden en vielen in ons gezicht.

'Heb jij ook soms het gevoel dat alles om je heen kan instorten?' vroeg hij zachtjes.

'Nee,' loog ik.

'Ik wel, voortdurend. Ik bedoel dat niet als parabel...'

'Ik geloof dat dat "metafoor" heet...'

'Hoe dan ook. Ik denk dan dat die nieuwe huizen zomaar achterover zouden kunnen vallen, als een filmdecor, zo onecht komen ze over.'

'Waarom onecht?'

'Het is alsof ze... ik weet niet... ons iets... een stad voorspiegelen die we niet zijn.'

'Ik denk dat veel mensen dankbaar zijn voor die verandering. Ze willen het allemaal niet meer zien.'

'Wat?'

'Die verwoeste huizen.'

'Kan zijn. Ze denken misschien dat het hen helpt te vergeten.'

'Denk jij dat dan niet?'

Jafar schudde heftig zijn hoofd. 'Ik denk niet dat dat gaat.'

'Waarom niet?'

'Dat zou je niet begrijpen.'

'Je bedoelt omdat ik het niet heb meegemaakt?'

'Omdat het voor jou alleen maar een verhaal was, ja. Jouw wereld... en mijn wereld.'

'Dat moet je niet zeggen...'

Naast ons ging sissend een busdeur open. Jafar bleef staan en keek me aan. In de stroom voorbijgangers leek hij een stuk drijfhout dat was blijven hangen.

'Herinner je je die Amerikaan nog van wie we ooit gedichten in het Engels hebben gelezen?' vroeg hij.

'Whitman?'

'Ja, Whitman. Meneer Labaki vertelde ons dat het Whitmans boodschap was dat je de warmte van de zon beter weet te waarderen als je eerder kou hebt geleden. Hoe meer je geleden hebt, des te meer je om het leven kunt geven...'

'En?'

Hij keek naar zijn geschramde handen. 'Dat geldt misschien voor Amerika,' zei hij.

We liepen verder. De lucht was granietkleurig. Wolken trokken over als eilanden.

'Dat gevoel, over de stad,' zei ik, 'kom je daarom niet zo vaak meer naar school?'

'Weet ik niet,' zei hij. Of hij voelde zich betrapt, óf het was de zuivere waarheid. In elk geval zei hij niets meer en ik drong niet verder aan.

Waar gingen we heen? Ik kende de omgeving maar vagelijk. Nieuwsgierig keek ik rond, verbaasd hoe weinig van Jafars visie ik deelde. Ik ervoer Beiroet met haar verschillende wijken, drukte en lawaai inmiddels als een ruwe, ongepolijste schoonheid. Zelfs in december. Er hing kerstverlichting boven de straten die door de etalages werd gereflecteerd, kerstmuziek schalde uit de winkels in christelijke buurten, en ondanks de vele gehaaste mensen lag er voor mij in alle bedrijvigheid een verleidelijke anonimiteit.

'Als wij deze stad niet zijn...' Ik wees naar de steiger voor een huis, waar bouwvakkers elkaar gereedschap aanreikten. '...wat voor stad zijn we dan?'

Jafars antwoord kwam snel: 'De stad die ik je 's nachts heb laten zien,' zei hij.

Ik wierp hem een blik toe. Tot dan toe had hij altijd een verhaal als een cocon om zich heen gesponnen wanneer hij over zijn gevoelens sprak. Nooit eerder had Jafar me toegestaan tot zijn innerlijk door te dringen, te zien welke afgrond daarin verborgen lag. En daar was ik hem dankbaar voor.

'Hoe moet het nu met het café?'

'Het gaat weer open zodra het water is onderzocht. Nog een paar dagen,' antwoordde ik, terwijl ik mijn best deed overtuigend te klinken.

'En de schilderijen? Denk je dat het daar iets mee te maken heeft?'

'Dat geloof ik niet,' zei ik. 'Misschien hebben we ons iets te veel laten meeslepen.'

'Jij wilde hem niet vinden, hè?' vroeg hij zachtjes.

'Wie? De tekenaar? Dat is niet waar.'

'Je kunt het gerust toegeven.'

'Maar dat is niet zo!' riep ik uit, en ik schrok er zelf van hoe luid het klonk.

'Weet je het zeker?'

'Heel zeker.'

Stilte.

'Hoe kwam je eigenlijk aan zijn adres?'

Jafar maakte een wegwerpgebaar. 'Dat maakt nu ook niet meer uit...'

We ontweken een plens water die een man uit een emmer op straat kieperde.

'Misschien is het beter zo,' zei ik. 'Mijn teta lijkt stabieler, vind ik. Ze heeft al een tijd geleden haar evenwicht hervonden. Sinds ze me het huis met de tuin heeft laten zien en de plaats waar mijn ouders... je weet wel...'

'Zijn omgekomen?'

Ik knikte.

'Je hebt geen herinnering aan hen, toch?'

'Nee, absoluut niet.'

'Ik vraag me af of dat goed of slecht is.'

'Ik weet niet hoe je dat bedoelt.'

Jafar boog zijn hoofd. Een rechthoek van licht was langs hem omhooggeklommen, omlijstte nu zijn borst en zijn hoofd als bij een portret. Hoe kon ik hem duidelijk maken dat ik eigenlijk niets liever wilde dan teruggaan naar de zomerdagen waarop we op de takken van de populier verhalen hadden zitten verzinnen? Ik overwoog hoe ik op een luchtiger onderwerp kon overgaan, maar hij was me voor.

'Soms denk ik dat ik niet echt hier ben, ken je dat?' Hij wreef over zijn armen en borst en voelde aan zijn gezicht alsof het gevoelloos was. 'In het hier en nu. Weet je nog dat we in de herfst op de rotsen stonden? Bij sterke wind was je bang dat de golven je konden grijpen en de zee in zouden sleuren. Zo is het met mijn herinnering aan vroeger. Die sleurt me steeds weer mee. De dingen die ik gezien heb, die vergeet ik honderden keren per dag, en ze komen honderden keren per dag weer terug. Het is allebei nauwelijks uit te houden. Je staat daar maar, er komt een golf aanrollen maar hij stroomt niet terug, in plaats daarvan komen er steeds nieuwe golven, tot je geen lucht meer krijgt...'

Ik knikte alleen maar. Ik had Jafar altijd om zoveel bewonderd, en nu bewonderde ik hem er zelfs om dat hij woorden vond voor wat er in hem omging. Hoe ging dat, zinnen uit gevoelens vormen, zomaar? Waarom was ik altijd weer zo verdomde sprakeloos als er geen notitieboekje of een velletje papier voor me lag?

Hij had op antwoord gewacht, en toen ik niets zei, was hij doorgelopen. Ik deed mijn best hem bij te houden. We stapten over plassen waarin huizen en wolken werden weerspiegeld. Uit de open ramen kwamen televisiegeluiden, soms kindergehuil, soms geschreeuw.

'Je buurman Tony,' zei Jafar,' is er nog nieuws over hem?'

'Ze zeggen dat hij verhoord wordt, maar niemand weet waar hij is.'

'En zijn vrouw?'

'Die praat met niemand, komt zelden het huis uit.'

'Wie kan het haar kwalijk nemen... Kent je teta haar goed?'

'Nour? Weet ik niet... Ze groetten elkaar af en toe, ik geloof niet dat ze bevriend zijn.'

Jafar schopte tegen een steen. Die vloog een paar meter weg en knalde kletterend tegen een blikken ton. 'Luister eens,' zei hij, 'ik weet niet of je het hebt meegekregen, maar de mensen kletsen.'

'Ja, ze zeggen dat Tony bij de militie zat, hij...'

'Nee, nee.' Hij bleef staan en sprak met gedempte stem. 'Ik bedoel, ze kletsen over je teta.'

Ik slikte. 'Wat zeggen ze dan?'

'Ze vragen zich af of er misschien een verband bestaat...'

'Tussen haar en de verdwijning van Tony?'

Jafar maakte een wegwuivend gebaar. 'Je weet toch hoe de mensen zijn. In de hele stad is de veiligheidspolitie bezig, mensen verdwijnen, het zijn waarschijnlijk maar geruchten!'

'Wat dan, Jafar, wat zeggen ze dan?'

'Ze vragen zich af of het toeval kan zijn: jouw teta komt na zoveel jaren terug naar hier, maakt schilderijen over oorlogsgebieden – plaatsen waar mensen verdwenen zijn – dan verschijnen er mannen die haar bedreigen vanwege die schilderijen en dan verdwijnt er iemand die uitgerekend tegenover jullie woont en van wie wordt beweerd dat hij lid van een militie is geweest. Ze zeggen: iemand moet hem hebben verraden...'

Ik begon hard te lachen, maar Jafar bleef serieus.

'Die mensen zijn gestoord!' riep ik, en toen ik merkte dat er op het balkon boven ons iemand stond, dempte ik ook mijn stem. 'Dat kunnen ze toch moeilijk serieus bedoelen?'

'Ik zeg alleen wat ik gehoord heb.'

'En jij? Jij gelooft die onzin toch niet?'

Hij wendde zich af.

Zonder dat ik erbij nadacht, ging mijn hand naar voren en pakte ik hem bij zijn T-shirt. 'Dat geloof je toch niet echt?' Het klonk erbarmelijk.

'Laat me los, Amin,' zei hij rustig.

'Die mensen zijn schandalig!' Ik werd plotseling woedend, snauwde: 'Wat ze zeggen, slaat helemaal nergens op!'

'Als jij het zegt,' zei Jafar. Hij greep naar zijn hals en hield ineens zijn ketting in zijn hand. Die had ik per ongeluk stukgetrokken.

Het licht veranderde. Jafar stak zijn hoofd omhoog en keek langs me heen. Zijn ooglid trilde. Ik dacht dat hij kwaad was en op me af zou komen, maar toen ik me omdraaide, zag ik dat er ineens vier jongens met de armen over elkaar achter ons stonden. Ze versperden ons de weg.

Hoewel ik later elk detail van die middag telkens weer doornam – Jafars plotselinge vlucht uit de woning van de tekenaar, zijn inzinking bij de muur, onze route door de wijk, elk gebaar en elk afzonderlijk woord – bleef wat er vervolgens gebeurde te veel voor me om het te kunnen bevatten. Merkwaardig, zou ik jaren later nog denken, merkwaardig hoe in een paar uur alles kan veranderen, en dat het leven soms in een oogwenk uit zijn voegen kan raken. Misschien was die eigenschap er in aanleg al door de manier waarop mijn oma's aanwezigheid me had gevormd – maar op zijn minst vanaf die dag zou het vele, vele jaren blijven alsof iemand een röntgenschakelaar had omgezet en daarmee al het intermenselijke in een emotioneel negatief had veranderd, zodat ik bij alles wat om nabijheid en vertrouwdheid vroeg allereerst dit vermoedde: een bron van verraad.

De jongeren stonden op een rij en achter hen herkende ik de zwarte Volvo met de rozenkrans aan de achteruitkijkspiegel. Ze hadden hem zo geparkeerd dat elke weg uit de steeg langs hen leidde. Ik zette een stap achteruit om naast Jafar te gaan staan. Maar hij stapte naar voren. De jongens hielden nog steeds hun armen over elkaar. Degene die er het oudst uitzag en de leider leek te zijn, liep naar Jafar toe. Hij droeg brandschone sportschoenen, maar daarboven een joggingbroek vol gaten en een diep uitgesneden onderhemd met een opgenaaid borstzakje. Daar stak een pakje sigaretten uit, en ik zag een getatoeeerd kruis in zijn hals. Ze waren allemaal twee koppen groter dan ik. Jongens als zij hadden ons vaak van voetbalveldjes verjaagd en dan kwaadaardig lachend stenen achter ons aan gegooid. Ze waren de baas over de zijstraten en achtertuinen.

De leider knikte naar Jafar.

Jafar knikte terug.

De jongen zag er gespierd en fors uit als een bokser. Terwijl hij dichterbij kwam, verloor hij mij geen moment uit het oog.

'Problemen?'

'Nee,' zei Jafar, 'geen problemen.'

'Toen we daarnet langsreden, leek het daar wel op.'

Jafar bleef rustig. 'Moet een vergissing zijn.'

De jonge man nam hem kritisch op. Hij bleef met zijn blik ter hoogte van Jafars hals hangen, dwaalde toen af naar beneden, keek naar de dichte vuist. 'Maak je hand open!'

Jafar gehoorzaamde.

De ander pakte de kapotte zilveren ketting en woog hem op zijn hand. Waarom was de straat ineens zo leeg? Ik keek naar de balkons. Daar was niemand meer te bekennen. Alsof de bewoners zich bij het verschijnen van de gang in hun huis hadden teruggetrokken.

De leider draaide zich om en liet zijn metgezellen de ketting zien. Ze namen er zwijgend nota van. Toen boog hij zich voorover, hield zijn mond vlak bij Jafars oor en zei zo hard dat ik het toch nog hoorde: 'Als er een probleem was, zou je het tegen ons zeggen, toch? Je weet dat wij er voor je zijn.'

'Zeker.' In tegenstelling tot mij leek Jafar niet bang meer. Hij deed zelfs iets wat me ongehoord toescheen. Met een krachtige beweging stak hij zijn hand uit en griste het pakje sigaretten uit het borstzakje van de oudste jongen. Doodgemoedereerd maakte hij het open, nam er een sigaret uit en stak hem in zijn mond. 'Vuurtje?'

De ander grijnsde. Net zo rustig haalde hij een aansteker uit zijn broekzak, beschermde de vlam met zijn hand en stak de sigaret aan.

'Zou je je maat niet eens aan ons voorstellen?' vroeg de leider en hij keek me spottend aan.

Jafar nam een flinke hijs, hield de rook even binnen en blies hem vervolgens door zijn neus uit. Hij pakte de ketting uit de hand van de jongen, kuchte en keek me aan alsof ik iets onverdraaglijk armzaligs was. 'Dat is niet mijn maat,' zei hij, en hij spuugde voor me op de grond. 'Dat is niemand.'

Een oud vertrouwd verlangen

Een verhaal uit betere tijden: wanneer we elkaar aan het begin van onze vriendschap troffen om een film te kijken, kochten Jafar en ik de illegaal gekopieerde videocassettes gewoonlijk bij straathandelaren aan de Corniche. Daar lagen ze op kleden uitgespreid en kostten ze maar een paar centen. En wanneer het aanbod ons niet beviel, namen we de bus naar de binnenstad en klommen over een traliehek de achtertuin van de oude Cinema Montreal in. Dat was een van de weinige bioscopen die films uit Amerika vertoonden. De projectieruimte bevond zich in de kelder, maar daar was een trap met onderaan een roestige vluchtdeur. Die kon je alleen van binnenuit openmaken – de weg naar binnen bleef dus voor ons versperd.

'Als we een opstapje maken,' zei Jafar toen hij me er de eerste keer mee naartoe nam, 'kunnen we de film toch zien.' Hij wees naar een getralied raam boven ons, ongeveer op manshoogte.

De eerste film die we op die manier zagen, was *The Lion King*. Ons opstapje was niet helemaal hoog genoeg, maar als de een tegen de muur steunde, kon de ander op diens schouders zitten. We wisselden elkaar af. Ieder drie minuten. Omdat er geen geluid door het raam naar buiten kwam, beschreven we elkaar wat we zagen.

'Er zijn ooievaars. Zouden ook pelikanen kunnen zijn. Nu een waterval. Giraffes, mieren, tamelijk veel dieren. Prachtig licht. Een aap en een leeuw die elkaar omhelzen.'

'Stomme film,' zei Jafar.

'Wacht even af. Er klopt iets niet met die aap. Hij jat de leeuwenbaby.'

'Zijn de ouders er dan niet?'

'Jawel, maar het interesseert ze niet.'

'Disney is echt onlogisch. Kom, je tijd is om. Laat mij eens!'

We wisselden van plaats.

'Dat geloof je nooit,' zei Jafar.

'Wat dan?'

'Die aap. Hij gaat zo die leeuwenbaby van de rots gooien. De dieren draaien volkomen door.'

'Echt?'

'O nee, vals alarm. Hij laat hem alleen aan iedereen zien. Ze zijn blij.'

'Kan die leeuwenbaby van hem zijn?'

'Van die aap? Zo onlogisch is Disney nu ook weer niet...'

De dagen na Jafars verraad was ik verdwaasd en in de war. Wij samen op de lemen muur op de vlooienmarkt, op de circusbank, in de nachtstille huizen. Jafar en ik... De herinneringen aan gezamenlijke belevenissen drongen pijnlijk scherp tot mijn bewustzijn door. Slapeloos lag ik tot het ochtendgloren te woelen. En zodra de zon mijn kamer binnenscheen, trok ik de deken over mijn hoofd en wist ik niet wat ik met mezelf aan moest. In mijn herinnering staan die dagen in het teken van verlangen naar de tijd van onze gezamenlijke zomeravonturen, toen mijn wereld nog iets was wat ik gewoon als gegeven aannam, zonder haar te hoeven begrijpen.

Er waren echter ook momenten dat ik het niet meer in mijn kamer uithield. Ik zocht onze plaatsen op, klom over het hek de achtertuin van de bioscoop in, ging naar de plaats waar het circus had gestaan en klom in een van de bladerloze populieren alsof ik mezelf van grotere hoogte overzicht kon verschaffen. Het verkeer raasde voorbij in de richting van het vliegveld, daarachter spreidde het reliëf van de stad zich uit tot aan een vuilgrijze horizon. Uit de luidsprekers van de moskeeën klonk het blikkerige gezang van de muezzins, vreemd en weinig uitnodigend, en voor het eerst begreep ik de impuls die zoveel families ertoe bracht hun woning op te geven, hun paspoort tevoorschijn te halen en Beiroet te verlaten. Een oud verlangen vlamde in me op, overweldigend sterk als een dringende roep – het verlangen om terug te keren naar Duitsland met zijn voorspelbare dagelijkse leven, de dienstregelingen en treinen, de keurig gesorteerde rekken in de supermarkt en het gevoel van betrouwbare orde.

Eenmaal haalde ik Jafars foto's tevoorschijn en spreidde ze uit op de vloer. Maar ik kon het idee niet verdragen dat hij daar een paar weken terug nog samen met mij had gezeten, dus stapelde ik alles weer op en gooide het terug in de kist. Ook waren er avonden waarop ik zijn nummer draaide, maar ik hing elke keer op voor er iemand kon opnemen. De laatste dagen voor de vakantie liep ik met een onplezierig gevoel naar school, zocht Jafar tussen de andere scholieren, maar elke keer constateerde ik dat mijn vrees hem tegen het lijf te lopen ongegrond was. Hij kwam niet meer naar school. Ook dat deed me pijn. Een deel van mij wilde hem absoluut spreken, terwijl een ander deel zich zo gekrenkt voelde dat ik alleen al misselijk werd bij de gedachte zijn stem te horen of hem tegen te komen.

Ik nam mijn oma niet in vertrouwen. Ze was druk bezig haar toeleveranciers te verzekeren dat het café binnenkort weer open zou gaan. Met de telefoon aan haar oor liep ze in de gang op en neer en benadrukte dat het maar om een korte tijd ging tot ze de bestelde waar zou afnemen en de rekeningen kon voldoen. Intussen was er nog steeds niemand gekomen om het water te controleren. Tegelijkertijd deed ze haar best tegenover mij optimistisch te zijn. Toen ik op een avond de woonkamer binnenkwam, had ze net uitnodigingen aan haar vrienden geschreven. Terwijl ze die in geadresseerde enveloppen deed, zei ze op een toon die me gespeeld leek: 'We zullen een geweldig kerstfeest hebben, met alles erop en eraan. We zijn één grote familie.'

Half december besloot ik eindelijk mijn verhaal naar Zahra te sturen. Ik had het wekenlang bij me gedragen, en nu waren de bladzijden gescheurd en verkreukeld. Ik schreef het daarom nog eens netjes helemaal over, droogde de inkt en stopte het verhaal in een envelop. Ik deed er een kaartje met mijn adres bij.

Haar nichtje Asifa woonde in de wijk Mala'ab al-Baladi, helemaal in het zuiden van Beiroet. Ik was daar nog nooit geweest. De route door de stad duurde meer dan een uur, waarin het straatbeeld sterk veranderde. In de zuidelijke wijken heerste een min of meer georganiseerde chaos. Blijkbaar was de wederopbouw hier nog niet eens begonnen.

Gelukkig had ik aan de stadsplattegrond gedacht, want er waren geen straatnaambordjes. Mijn oma had die me na onze aankomst gegeven zodat ik me in Beiroet kon oriënteren, en met behulp daarvan lukte het me de goede straat en het huis te vinden.

Ik drukte op de bel naast het naambordje. Er gebeurde niets. Uit de open ramen kwam het gebruikelijke lawaai van gezinnen. 'Leg eindelijk die bezemsteel weg, Zahid!' riep een vrouwenstem. Onder het adres had Zahra 'zesde verdieping' geschreven. Ik keek naar boven. Was wapperde aan lijnen en aan balkonhekken waren met kabelbinders satellietschotels vastgemaakt. Uit de open voordeur kwamen etensgeuren me tegemoet. Ik belde opnieuw aan.

Omdat er verder niets gebeurde, liep ik door de bedompte lucht de trap op. Op de zesde verdieping liep ik door een gang tot ik de familienaam op een deur ontdekte. Ik luisterde. Binnen was geen geluid te horen. Ik klopte. Niemand deed open. Met de envelop in mijn hand bleef ik besluiteloos staan. Kon ik hem gewoon voor de deur leggen? Ik besloot dat niet te doen. Hoewel ik wist dat het geen zin had, klopte ik nog een keer. Weer gebeurde er niets, dus draaide ik me om en ging terug. Ik liep met gebogen hoofd, mijn blik gericht op de bovenste traptrede, toen ik bijna tegen haar op liep. Even dacht ik dat het Zahra zelf was, zoveel leken ze op elkaar.

'Asifa?'

'Ja?'

'Ik ben Amin.'

Ik wachtte even af om te zien of mijn naam een reactie opriep. Ze keek me vragend aan. Van beneden hoorde ik voetstappen naar boven komen, een kind lachte. 'Ik ben een vriend van Zahra,' zei ik er haastig achteraan, 'ze heeft gezegd dat ik jou iets voor haar kon geven.'

Ze wierp een blik naar achteren en knikte.

Ik stak haar de envelop toe. Ze pakte hem aan en schoof hem in een plooi van haar gewaad.

'Wanneer zie je haar weer?'

'Volgende week,' zei ze zachtjes, 'vlug, nu moet je gaan.'

De stemmen op de trap kwamen dichterbij.

'Goed,' zei ik en ik liep langs haar heen. Een paar treden verder draaide ik me nog een keer om, maar ze was al in de gang verdwenen.

Op weg naar beneden kwam ik een lange man tegen. Met donkere ogen, een even donkere baard met een enkele grijze haar. Hij droeg een jongetje op zijn schouders en maakte geluiden alsof hij een reus was, wat het kind aan het lachen maakte. Toen hij mij zag, liet hij me voorbijgaan op de smalle trap. Ik knikte naar hem, hij mompelde een groet, glimlachte en vervolgde zijn weg naar boven, opnieuw onder diep gegrom.

*

Op kerstavond regende het. De wind blies bladeren en plastic zakken door de straten. Ik stond bij het raam en zag Nour in de afwisseling van licht en schaduw onder de straatlantaarns over het trottoir sluipen. Ze had een tas bij zich, deed met haar vrije hand de voordeur open en verdween naar binnen. Even later zag ik haar in de keuken op de eerste verdieping boodschappen in de koelkast opbergen. Daarna deed ze beleg op een plat brood en bracht het naar de eetkamer, waar ze aan tafel ging zitten, in haar eentje.

Ik deed de kerstlampjes voor het raam aan, trok de gordijnen dicht. De hele dag door was mijn oma bezig geweest voor het eten te zorgen, nu waren de kamers doortrokken van de geur van de mezze, die ik stuk voor stuk in schaaltjes naar de grote tafel in de woonkamer bracht.

Op een gegeven moment verdween ze in de badkamer en toen ze er weer uit kwam, droeg ze oorringen en een blauwe japon waarin ik haar nog nooit had gezien.

'U ziet er mooi uit,' zei ik.

In de loop van die kerstavond vulde ons huis zich met al die mensen die sinds enige tijd regelmatig op bezoek waren geweest. Telkens wanneer ik opendeed nadat er aangebeld of op de deur geklopt was, keek ik in een bekend gezicht. Een vleugje zomer. De goede tijden. Nadja, de costumière van het Grand Théâtre, droeg een diep uitgesneden roodfluwelen japon en zag eruit als een tot leven gekomen modeplaat. Ze kuste driemaal de lucht naast mijn wangen en ruiste langs me heen om mijn teta met veel aplomb te begroeten en haar overdreven te complimenteren met haar japon. Iedereen had aan de uitnodiging gehoor gegeven. Abu Amar, de spraakzame kunstenaar, schudde zijn paraplu in de gang uit, maakte bij het binnenkomen een omstandige buiging en woelde door mijn haar. Ik voelde me net een portier bij een gemaskerd bal. Umm Jamil, helemaal in het zwart, liet lachend haar invitatie zien, zei *'eid milad saeid, ya, habibi'* en drukte een vochtige kus op mijn voorhoofd, die ik, toen ze even niet keek, vlug met mijn hand wegveegde. Abbas kwam iets later. Nog steeds in het trappenhuis staand – zoals gebruikelijk in kreukelig overhemd – haalde hij een cadeau tevoorschijn en gaf het aan me. Onmiskenbaar een boek. Knipogend legde hij zijn vinger op zijn lippen en liep langs me heen.

Bij ons binnen was het net een bijenkorf. De woonkamer was vervuld van gerammel van borden, zachte muziek en opgewonden gesprekken. De sfeer leek ongedwongen. Er werd veel gelachen en het eten werd in alle toonaarden geprezen. Anekdotes en herinneringen gingen rond. Alsof er nooit een einde was gekomen aan de zomerse bezoeken, wist iedereen elkaar algauw te vinden. Iets wat verteld werd, klonk zo bizar dat ik het haast niet kon geloven. Een man in een donkerbruin pak verklaarde dat hij op donderdag altijd de rioolpijpen reinigde en dat hij bij zijn laatste ronde onder de Rue Waygand een kleine kolonie reuzenschildpadden had ontdekt, die anders alleen op de Bahama's leefden. 'Ik geloof dat dat een goed teken is,' zei hij ernstig. 'Eerst komen de schildpadden hier vakantie houden, dan de Europeanen. Het gaat dus weer de goede kant op.' Hij hief zijn glas en proostte naar me.

Iets anders, zoals het hartstochtelijke liefdeslied dat een oudere heer met de naam Yasin na een paar glazen arak aanhief, was zo verrassend in zijn onverbloemdheid dat mijn oma zich naar me toe boog en mijn oren dichthield.

Wanneer had ik haar voor het laatst zo uitgelaten meegemaakt? Die avond was het alsof alle kleuren feller straalden. En wat was het geruststellend dat in zulke woelige tijden sommige gewoontes onveranderd waren gebleven! Abu Amar beleefde er nog steeds plezier aan me op gedempte toon dingen te vertellen alsof ze alleen voor mijn oren bestemd waren.

'Amin, ik ben begonnen met mediteren, nu kan ik djinns zien,' zei hij samenzweerderig.

'U bedoelt geesten?'

Hij knikte. 'De meeste mensen houden het voor hocus pocus, maar in soera al-Dharyat in de heilige Koran staat dat God de mensen en de djinns heeft geschapen om hem te aanbidden. Als je je goed concentreert, kun je ze zien.'

'En wat doen ze?'

Hij begon zachter te praten. 'Ze willen ons leven beheersen en dat kan lelijke gevolgen hebben. Bij vrouwen bijvoorbeeld...' Hij keek om zich heen of niemand meeluisterde. '...beginnen ze met hen te slapen. Veel vrouwen merken dat en krijgen onkuise gedachten.' Zijn blik bleef op mij rusten en hij knikte nadrukkelijk. Hij wist vast wel wat zijn beschrijvingen bij me opriepen. 'Dat kan ik je allemaal maar beter niet vertellen,' voegde hij er half verontschuldigend aan toe.

'Natuurlijk wel, ik wil er graag meer van weten.'

'Vergeet dat van de vrouwen, Amin. Je hebt vast wel gehoord dat wereldwijd steeds meer mensen beweren dat ze ufo's en buitenaardse wezens hebben gezien. Het is aannemelijk dat al die waarnemingen gewoon djinns waren. Djinns in verschillende gedaanten.'

'Staat dat ook zo in de heilige Koran?'

'Sst, niet zo hard. Niet letterlijk. Maar voor je me voor gek verklaart, moet je bedenken hoeveel culturen in geesten geloven. Chinezen en Indiërs roepen de geesten van hun voorouders aan. Joden, moslims en christenen geloven in engelen...'

'Ik verklaar u niet voor gek, Abu Amar.'

'Je bent een beste jongen, Amin.'

Mijn oma's vriendenkring had me altijd al een verzameling schipbreukelingen geleken. Op een bepaald punt in het verleden moesten ze aan boord van hetzelfde schip zijn gestapt en bij ruwe zee zijn omgeslagen. Ze hadden elkaar daarna op een of ander onbewoond eiland leren kennen en waarderen. Zoiets stelde ik me ongeveer voor. Hoe hadden die totaal verschillende mensen uit zulke uiteenlopende levensuniversums elkaar anders moeten tegenkomen? Met hun anekdotes en eigenaardigheden brachten ze leven in de brouwerij. Stil werd het tijdens het diner nooit. Iedereen had wel iets over zijn leven te vertellen.

Nadja bijvoorbeeld dweepte op dat moment met de Franse schrijfster Annie Saumont en had besloten zich nu zelf aan een roman te wagen. 'Die gaat over een cosmetisch chirurg die onverwachts wordt opgeroepen. Daarna is niets meer zoals het was. Meer verklap ik niet.' Ze had zich door een zogenaamde academie in Parijs een test laten sturen die haar creatieve aanleg moest bevestigen. Hoe langer de avond duurde, des te vaker probeerde ze beeldende vergelijkingen in haar zinnen te verweven: 'In het licht van de lampen boven de eettafel vlogen stofdeeltjes als zwevende atomen,' zei ze een keer, waarna ze een trekje van haar sigaret nam en zich laafde aan de uitwerking van haar woorden.

'Geweldige vergelijking!' zei Abu Amar lovend.

'Wil je daarmee zeggen dat ik beter had moeten afstoffen?' vroeg mijn oma, waarop gelach volgde.

‘Als één grote familie,’ had ze gezegd. Zo zouden we het kerstfeest vieren. Ik had er niet in geloofd. Maar toen we daar zo zaten in het schijnsel van de flakkerende kaarsen, dat in de glazen werd weerspiegeld, had ik werkelijk het vage gevoel dat er tussen al die mensen een soort familieband bestond. Zoiets voel je meer dan dat je het ziet. De gordijnen waren dicht. Een aangenaam deel van de buitenwereld had zijn weg naar ons huis gevonden, de rest bleef buitengesloten. In die uitgelaten sfeer werd ik me ervan bewust dat mijn oma en ik de afgelopen weken los van elkaar hadden doorgebracht, ieder bezig met zijn eigen ellende, allebei niet in staat de ander in vertrouwen te nemen. Nu nog zie ik mijn oma’s vrienden voor me, die ons door hun komst moesten redden. Nadja in haar rode japon in de damp van haar sigaretten. Abu Amar met een half glimlachje om zijn lippen, alsof hij iets niet begreep wat men hem al een uur probeerde uit te leggen. Umm Jamil die de hele tijd zei dat ik veel te mager was en die me halfvolle schalen aanreikte. Voor twee van de weduwen uit West-Beiroet was het de eerste uitnodiging voor een kerstfeest sinds veertien jaar. ‘Vroeger vierden we het altijd bij de buren, maar ja, dat is tegenwoordig niet meer het geval...’ En Abbas, natuurlijk, Abbas! Opvallend zwijgzaam zat hij erbij. Ik bedacht dat hij er al die zomeravonden niet bij was geweest. Voor hem was het, voor zover ik wist, de eerste keer dat hij die mensen ontmoette. De meeste tijd zat hij met zijn handen op zijn buik gevouwen, met gebogen hoofd, aandachtig te luisteren, alsof hij zelf geen recht van spreken had. Mijn oma zat aan het hoofd van de tafel. Ze leek net zo uitgelaten als haar gasten, maar waakte daarbij steeds over ons wel en wee. Zodra er een schaal leeg was, stond ze op om hem weer te vullen. Alsof er op een avond als deze zelfs in het klein geen leegheid mocht zijn.

De stemming sloeg pas laat om. Buiten was het opgehouden met regenen. Abbas schoof lawaaierig zijn bord van zich af, stond op, trok het gordijn opzij en zette een raam open om frisse lucht binnen te laten. Vanaf mijn plaats zag ik Nour. Ze stond daar over de straat onze kant op te kijken. Toen ik mijn arm opstak en zwaaide, stapte ze naar achteren en trok haar gordijn dicht. Het ging allemaal heel vlug. Ik geloof niet dat iemand aan de tafel het merkte. Maar op de een of andere manier raakte er iets uit balans.

Achteraf lijkt het me minder verrassend. Er waren aanwijzingen geweest: het ademloze vertellen aan tafel. Het soms overdreven gelach en de opeenstapeling van bizarre verhalen. Een poosje was ik in de mise-en-scène getrapt. Maar dat wat ik eerst als verbondenheid had ervaren, ontpopte zich nu als wat het werkelijk was: een afspraak. Het was Kerstmis. Dan hoorde de sfeer verdorie verzoenend te zijn! Elk heikel onderwerp was tot op dat moment bewust omzeild. En tot zover had het ook goed gewerkt: onze woonkamer was het toneel geweest, alle rollen lagen vast. Maar in de pauze die ontstond toen we de koele lucht van buiten binnenlieten, veranderde er iets.

Het was Abu Amar die zijn wijnglas neerzette en – min of meer per ongeluk – mijn oma vroeg of er nieuws was over het café.

Stilte alom. Bestek werd neergelegd, iemand kuchte. Alle gezichten stonden ineens beduusd.

Mijn oma knipperde met haar ogen. Alsof iemand een zin had gezegd die niet in haar draaiboek stond. Eerst keek ze naar mij, toen naar Abu Amar.

'Er is geen nieuws,' antwoordde ze koeltjes. 'Het is nog steeds dicht.'

Schuldbewust schoof hij het wijnglas van zich af. Het was duidelijk dat hij niet wist hoe hij verder moest gaan. Het onderwerp laten rusten of er op een of andere manier kort maar pijnloos een einde aan breien. Ondanks zijn hang naar esoterie was Abu Amar een kunstenaar met strenge, weloverwogen concepten die niets aan het toeval overliet. Improviseren lag hem niet.

'Hebben ze gezegd tot wanneer...'

'Nee, niemand heeft iets gezegd,' onderbrak mijn oma hem. 'Twee tot drie dagen, heette het. Nu zijn het al vier weken.' Ze pakte een servet en veegde haar mond af. 'Wil iemand nog *bûche de Noël*?'

Meteen nadat Abbas het raam had opengezet, was hij in de badkamer verdwenen. Nu kwam hij terug, registreerde de omgeslagen stemming en ging zwijgend zitten.

Iedereen wilde een dessert. Maar toen het uiteindelijk voor ieders neus stond, zaten ze er maar een beetje in te prikken. Mijn oma's gasten leken uit een droom ontwaakt en nog bezig te ontdekken hoe ter wereld ze hier aan die tafel terecht waren gekomen.

Er waren een paar vertwijfelde pogingen om de stemming te redden. Abu Amar vertelde een mop, maar niemand lachte. Yasin hief een lied aan, maar verstomde meteen onder de blikken van de anderen.

Ten slotte nam Nadja het woord. 'Het komt wel weer goed, *habibti*,' zei ze en ze legde haar hand op mijn oma's arm.

Instemmend gemompel. Maar zij zei niets en pakte haar wijnglas.

'Het moet toch op een of andere manier kunnen worden opgelost,' bracht Abu Amar te berde. Hij leek vertwijfeld bij het besef dat hij de stemming had bedorven.

'Als je ideeën hebt, ik sta open voor elke suggestie.'

Hij keek rond, alsof hij bondgenoten zocht.

Er werd van alles geopperd. Ze zouden met zijn allen naar de gemeente kunnen gaan, misschien een soort urgentieaanvraag indienen, zei Waseem, de man in het donkerbruine pak. Of ze kon het café gewoon weer openen, doen alsof er niets gebeurd was, stelde weduwe Fatima voor. Er volgden nog meer min of meer weinig doordachte voorstellen.

'Smeergeld,' riep iemand plompverloren.

Het was Abbas.

Verrast keek ik hem aan.

'Ja, dat werkt altijd,' deed Yasin een duit in het zakje. 'Ik had bijvoorbeeld geen ziektekostenverzekering. Toen ik snel een dokter nodig had, heb ik bij het weggaan een klein bedankje op tafel gelegd. Een paar bankbiljetten. Dat had hij onthouden toen ik weer eens belde. Daarom hoef ik nooit langer dan een paar dagen te wachten.'

IJverig geknik.

Er volgden een paar anekdotes over pogingen tot omkoping. Blijkbaar was er niemand aan tafel die daar niet mee bekend was. Nadja's broer die tijdens de oorlog naar Dearborn, Michigan, was geëmigreerd, was daar een jaar geleden overleden. Om haar visum vlugger te krijgen had ze de man op de ambassade bijna achthonderd dollar in een envelop toegestopt om de begrafenis niet te hoeven missen. Die manier van afhandelen werd met zo'n vanzelfsprekendheid geopperd dat het me een heel verstandige stap leek.

Mijn oma zei alleen maar: 'Dat is geen optie.'

'Een slecht idee, je hebt gelijk,' viel Abu Amar haar meteen bij. 'Er moet een andere oplossing zijn.'

Maar niemand deed een voorstel.

'Waarom niet?' vroeg ik uiteindelijk.

'Ik zei dat het geen optie is, Amin,' herhaalde ze.

'Maar misschien verwachten die mensen dat van u?'

'Dat doen ze heel beslist.'

'Waarom geven we hun dan niet gewoon geld? We kunnen het ons toch niet permitteren om het café zo lang dicht te houden?'

'Laat dat mijn zorg zijn,' zei ze.

Onder de tafel pakte Umm Jamil mijn hand vast. Verward keek ik haar aan. Haast onmerkbaar schudde ze haar hoofd.

Maar ik was niet bereid het te laten rusten. Mijn blik viel op de vensterbank met de verwelkte citroenboompjes. Mijn oma was overduidelijk af en toe te eigenwijs. En overduidelijk was het niet erg verstandig van haar om goedbedoelde raad in de wind te slaan.

'We moeten het proberen. Ze spelen een vuil spelletje met u...'

'Amin,' zei Abbas en hij trok zijn wenkbrauwen op, 'je hebt je teta gehoord.'

'Ja, maar weten jullie dat de man die beweerde dat hij water had gedronken door hen betaald werd? Het is een dakloze uit de Rue Clémenceau, ik heb hem daar gezien!' Ik sloeg met mijn vuist op de tafel. Een onnozel gebaar om de inhoud van wat ik voor een grote onthulling hield te onderstrepen.

Mijn oma en alle anderen namen me kritisch op, alsof ik een eenvoudig wiskundevraagstuk had opgelost en daar overdreven trots op was.

'Dat is toch geen verrassing, Amin.' Ze deed haar best een milde toon aan te slaan. 'Het punt is: als we die mensen geld geven, komen ze steeds weer terug. Ditmaal nemen ze misschien genoegen met duizend dollar, maar de volgende keer is het vier- of vijfduizend en later nog meer. Dit land is nog altijd ziek. Het is nooit goed hersteld...'

'Maar als het café dicht blijft, zullen wij daar ook niet van herstellen.'

'Het blíjft niet dicht.'

'Hoe kunt u daar zo zeker van zijn? Stel dat de verhuurder die mannen heeft gestuurd omdat hij u eruit wil pesten?

'De verhuurder?'

'Abbas heeft ooit tegen me gezegd dat de verhuurder u verzocht heeft uw schilderijen weg te halen, wat u duidelijk niet gedaan hebt.'

Ze wierp hem een felle blik toe.

'Die heeft met die mannen niets te maken, habibi,' zei ze koel.

'En waarom geven we hun dan niet gewoon wat ze willen?'

'Dat heb ik je al uitgelegd, Amin.'

'Maar het is onverstandig!' hield ik vol.

Onder tafel kneep Umm Jamil steeds steviger in mijn hand.

Ik moest denken aan de blaadjes waarop mijn oma eerst iets had geschreven en die ze daarna had verfrommeld en weggegooid. Daar hadden getallen in alle mogelijke combinaties op gestaan. En steeds stond er een min onder de streep. Ik had de blaadjes weer uit de prullenbak gehaald. Ik had haar berekeningen gezien. Maar zoals altijd had ik er niet goed naar willen kijken.

'We hebben helemaal geen geld meer, hè?' zei ik, en ik was zelf verrast hoe makkelijk die zin over mijn lippen kwam.

'Het is maar een fase,' zei mijn oma, 'dat komt weleens voor.'

'Maar u hebt toch het huis verkocht...'

'Het café heeft veel geld opgeslokt, mijn jongen. Als we met de kerstdagen open hadden kunnen gaan, dan zou het er vast veel beter uitzien...'

'Er is dus helemaal niets meer over?' Ik was verbijsterd.

'We zullen jullie helpen, Amin,' hoorde ik Nadja zeggen.

'Absoluut,' viel Abu Amar haar bij. 'Jullie kunnen op ons vertrouwen!'

'Je hoeft je geen zorgen te maken, Amin,' fluisterde Umm Jamil me toe.

'En waarom verkopen we dat schilderij daar dan niet?' vroeg ik en ik wees op de lijst aan de muur tegenover me. Mijn moeders schilderij. Ik had het niet willen zeggen, het ontschoot me gewoon, maar nu hing die zin in de lucht.

Wat volgde was een gebalde vuist van stilte. Maar hoewel die stilte me onzeker maakte, vervolgde ik met zachte stem: 'Het is prachtig, er is vast iemand te vinden die er veel voor wil betalen, en als het beter gaat, kopen we het gewoon terug.'

'Amin,' zei Abbas, maar mijn oma ontnam hem met een gebaar het woord.

'Ga naar je kamer,' zei ze zachtjes.

'Maar...'

'Je hebt me gehoord.' Haar onderlip trilde. 'Ga uit mijn ogen, Amin.'

Terra incognita

Een van mijn herinneringen bevat ook het beeld van een landkaart. Die heeft Saber Mounir in zijn handen en wordt verlicht door de maneschijn die door het granaatgat boven in de muur valt. Een zomeravond. Ik ben dertien. De centrale hal is leeg, de medewerkers zijn allang klaar met werken. De hakawati en ik achter de zware deur van de bibliotheek zijn de enigen die gebleven zijn. De kaart heb ik in de as gevonden. Hij is nog in goede staat. Hij bevrijdt hem voorzichtig uit het vuil.

'Wat je hier ziet, is een deel van het oude islamitische rijk,' zegt hij. 'De kaart stamt uit de tiende eeuw, uit het beroemde *Boek der wegen en provinciën*. Kijk eens hoe fel de kleuren nog zijn, kijk maar eens goed.'

Op het eerste gezicht boden de tekeningen geen mogelijkheid tot oriëntatie. Pas bij nadere beschouwing en met de uitleg van de oude man werd de afbeelding als kaart herkenbaar: steden verschenen als trapeziums, eilanden als cirkels, bergformaties als kartellijnen, rivieren als balken, kusten als tot kronkels verdichte vormen waartussen de zee zich in fel blauwgroen uitstrekte. Ik was gefascineerd. Saber Mounir gebood me de namen uit te spreken van de afgebeelde verzonken provincies – voormalige metropolen in het stroomgebied van de Eufraat en de Tigris. Ze klonken prachtig en geheimzinnig.

'Het heden heeft het verleden verdrongen,' zei hij. 'De naam Kaboel roept tegenwoordig niet meer het beeld op van de tuinen waarom de stad ooit beroemd was. En als iemand "Iran" zegt, denkt niemand aan kalligrafie of miniatuurschilderkunst zoals die ooit aan de school van Isfahan werd onderwezen. Niemand legt meer een verband tussen een hoogontwikkelde cultuur en beschaving en het Oosten, hoewel het

Arabische geleerden waren die de kennis van de Grieken bewaarden, om het later aan de Europeanen terug te geven als grondsteen voor de bloei van de Renaissance, waaruit toen weer de Verlichting voortkwam.'

Hij ging nog een hele poos door over dat vergeten tijdperk, liet het voor mij uit de vouwen van de landkaart oprijzen.

'En waar staat Libanon?' vroeg ik ten slotte.

Met zijn schriele vinger wees de oude man op een vlak aan de linkerkant van de kaart. Daar lag een grof aangeduide landmassa, donker en nog niet verkend.

Die was bestempeld als terra incognita.

*

Tripoli, 2005

Libanon was me vreemd geworden. Vreemd als nooit tevoren. De Syriërs waren uit het land verjaagd. Maar de aanvankelijke euforie was geweken voor onvoorstelbare verschrikking. Elke dag berichten over autobommen. Door aanhangers van Assad geïnstalleerd en geparkeerd voor de huizen en kantoren van zijn vijanden. Aan de andere kant: aanslagen op tenten en tijdelijke woningen van Syrische arbeiders en dagloners, die als zondebok fungeerden. In de schaduw van de sfeer van politieke bewustwording ontlaadde decennialang opgekropte woede zich in alle richtingen. Tripoli lag als onder een brandglas: er werden haastig checkpoints van het leger ingesteld en iedereen die langs de steile straat omhoog wilde naar de wijk Jabal Mohsen werd gecontroleerd. Daar, slechts door een brede straat gescheiden, alawieten en soennieten als vertegenwoordigers van het conflict. Dat speelde zich allemaal binnen mijn gezichtsveld en op gehoorsafstand voor mijn raam af. Maar telkens weer richtte ik mijn blik op Beiroet. Het vormen van een regering stokte. De revolutie was een beweging van treuzelaars geworden. Er werd poppentheater opgevoerd voor al diegenen die nog maar enkele maanden eerder, na de moord op de minister-president, de straat op waren gegaan tegen confessionele machtsstructuren, tegen de oude garde van dynastieën van corrupte politici en voor veelomvattende vernieuwing van het land.

'Beiroet,' zei boekhandelaar Khalil bij een van mijn laatste bezoeken, 'is niets anders dan een blauwbloedige bastaard – een kind van een westerse vader en een Arabische moeder, verslaafd aan pleziertjes en vatbaar voor rampen.'

Terra incognita. Onbekend terrein.

Mijn woning leek me meer dan ooit een gammel vlot dat me min of meer boven water hield. Ik waagde me nog nauwelijks buiten. 's Nachts ontwaakte ik uit warrige dromen met een zwaar gedesoriënteerd gevoel. Uit de duisternis kwamen herinneringen op die als vlinders naar het licht fladderden.

'Ik wilde je altijd alleen maar beschermen.'

'Mij beschermen? Waarvoor?'

'Voor een leven zoals ik heb moeten verduren.'

Mijn oma en ik. Met die woorden waren we uit elkaar gegaan. Meer dan een halfjaar geleden. Zij in haar nachtjapon in de deur van haar huis – mijn laatste beeld van haar.

Na de woede kwam de zelfverkozen eenzaamheid. En met de eenzaamheid de leegte. In die brandende stad in de weken na de revolutie was ik een vreemde voor mezelf geworden. Angst en het gevoel mijn houvast te verliezen omhulden me. 'Ana ashar hasenherzig alyom.'

*

Amin,

Alsjeblieft, we moeten elkaar zien. Ik ben niet door Yara gestuurd. Zij weet hier niets van, beloofd. Het gaat om Lied voor hen die worden gemist. *Hopelijk heb je het nog. Bel me,*

Abbas

Vijf dagen geleden was het dat Khalil me het berichtje had gegeven. Ik had Abbas niet gebeld. Alleen al het feit dat hij me in Tripoli had weten op te sporen, deed me verstijven. In die tijd had ik er geen enkel vertrouwen in dat iemand het goed bedoelde. Als jongen had ik Abbas al onderschat. Zijn invloedssfeer reikte veel verder dan de muren van zijn kwekerij in Sidon. En, zoals ik later ontdekte, voerde die net zo het donker in als de niet-gemarkeerde vlakken op de antieke landkaart uit het *Boek der wegen en provinciën*. Ik wist niet wat Abbas in verband met het schilderij van me wilde. Ik vreesde dat hij het onder een voorwendsel in opdracht van mijn oma zou kunnen opeisen. Maar voor geen goud ter wereld wilde ik het nog zonder stellen.

Ik heb verteld dat ik in die dagen vaak in de wereld van romans vluchtte. Verre landen, verre tijden. Maar *Lied voor hen die worden gemist* overtrof qua effect elk ooit door mij gelezen boek. Het was zelf tot een verdwijnpunt geworden. Wanneer ik ernaar keek, kwam ik vroeg of laat in die tranceachtige toestand waarin ik niets hartstochtelijker wenste dan uit de duisternis van mijn huis in de gouden schoonheid van die geschilderde herfstdag over te glijden.

Op een van die dagen, toen het gevoel niet uit te houden was, vroeg ik Khalil me zijn auto te lenen en reed ik naar het huis in de bergen. Omdat ik met de auto niet al te dicht bij het perceel wilde komen, parkeerde ik hem niet ver van de heuvel aan de kant van de weg en ik klom door het hoge gras de helling op. Toen ik uiteindelijk vanaf daar op het huis met de verwilderde tuin neerkeek: mijn eerste glimlach sinds maanden.

Even later vond ik mezelf terug in de tuin met een kop koffie in de hand. Tegenover me zat een meisje met de naam Rabia. Ze was vijftien en de dochter van de eigenaars. Op de terugweg van een wandeling had ze me opgemerkt, ze had gezien dat ik vanuit de verte naar het huis keek. Toen ik haar uitlegde wie ik was, nodigde ze me uit om samen met haar op de thuiskomst van haar ouders te wachten.

'Heb ik het goed begrepen? Hebt u hier ook ooit gewoond?'

'Zeg alsjeblieft je tegen me. Nee, gewoond heb ik hier nooit. Maar mijn moeder is hier opgegroeid. Zie je die appelboom daar? Als kind klom ze daar altijd in.'

'Het is echt een fijn huis. Maar we komen hier alleen nog in de zomer, wanneer het te heet is in de stad. Ben je hier voor het eerst? Wilde je zien waar je moeder woonde?'

'Elf jaar geleden ben ik hier een keer geweest met mijn oma. Heb je nog zussen of broers? Nee? Ik kan me je laarsjes nog herinneren, die stonden naast die van je ouders naast de deur. Mijn teta heeft me hier buiten rondgeleid. Ze had het huis kort daarvoor aan jullie verkocht.'

'Ja. Ik geloof dat mijn moeder het daar een keer over heeft gehad.'

De middagzon doordrenkte de tuin. Toen ik om me heen keek, constateerde ik verbaasd hoe goed ik alles in mijn herinnering had bewaard. De gereedschapsschuur was in werkelijkheid wat kleiner, maar het leek nog steeds of de tuin en het openbare terrein achter de hagen in elkaar overliepen, terwijl ik tegelijkertijd de indruk kreeg dat er geen buitenwereld bestond.

Ongeveer een halfuur later kwamen Rabia's ouders thuis. Als mijn bezoek hen al verbaasde, dan lieten ze dat niet merken. Ik zei dat ik voor mijn werk in de buurt was geweest, op de terugweg uit Zahlé. Een spontane ingeving, ik had het bezoek niet gepland. De ouders heetten Faris en Samira. Ze waren heel vriendelijk, informeerden naar mijn oma's welbevinden, en ik zei dat het goed met haar ging.

'Ondanks de situatie in Beiroet?'

'Ja, ondanks alles.'

'Wat een ellende, hè?'

Toen ze me binnen uitnodigden, moest ik mijn opwinding verbergen. Ik had op een rondleiding gehoopt, maar er niet om durven vragen. Terra incognita, ook hier. Hoe vaak had ik niet het huis vanbinnen uitgetekend. Ik was verrast over de koelte, hoe goed de stenen muren de warmte buiten hielden. Faris en Samira leidden me rond door de vertrekken: de keuken met de stenen spoelbak en het uitzicht op de tuin. De woonkamer met de acaciahouten tafel. Een kleine badkamer, een apart toilet. Overal gladde tegelvloeren. Als kind zou ik erop gerolschaatst hebben. Aan de achterkant van het gebouw bevond zich een vrij grote ruimte met hoge ramen, waar een heleboel dozen opgestapeld stonden.

'Je oma heeft ons indertijd bij de overdracht verteld dat het een soort werkplaats of atelier was geweest. We hebben het nooit gebruikt. Was het niet beeldende kunst?'

'Schilderkunst,' zei ik zachtjes. 'Zij en mijn moeder schilderden.'

Ik herinnerde me dat ik toen op die dag mijn neus tegen de ruit had gedrukt en naar binnen had geloerd. Nu leek het of ik na jaren van omzwervingen op zee aan land kwam.

'Heeft mijn oma toevallig verteld welke kamer van mijn moeder was?' vroeg ik.

'Dat moet Rabia's kamer zijn geweest. Boven zijn er alleen een werkruimte, onze slaapkamer en die van onze dochter.'

Ze lieten me in de kamer en ik deed mijn best een niet al te nieuwsgierige indruk te wekken. Hij was spartaans ingericht: een bed, een bureau, een eikenhouten kast. Op de muren zag ik resten plakband, alsof het meisje pas haar posters had weggehaald.

'Ze kon eerder "tot ziens" zeggen dan "hallo".' Mijn oma's woorden na de storm.

Mijn blik dwaalde naar de tuin. Daar bleef hij even rusten op de appelboom, en ik zag de afgebroken tak.

'Over zo'n twee weken gaan wij ook terug naar de stad,' zei Faris.

Ik draaide me naar hem om. 'Rabia vertelde me dat dit jullie zomerhuis is.'

'Dat klopt, je weet hoe warm het wordt in Beiroet... Vroeger waren we hier vaker, maar je weet hoe oud dit huis is.'

'Heel precies weet ik het niet. Mijn grootouders hebben het niet gebouwd, maar het in 1953 gekocht.'

'Nou ja.' Faris glimlachte. 'Toen was het misschien nog anders. Tegenwoordig woont hier, afgezien van een paar herders en wat ouderen, vrijwel niemand nog permanent. De huizen zijn allemaal stokoud. Vooral in de zomer is het hier aangenaam, maar voor een opgroeiend meisje niet bijzonder opwindend. We zijn al jaren geleden weer naar de stad verhuisd. De dichtstbijzijnde supermarkt is een paar kilometer hiervandaan, medicijnen en grotere goederen worden twee keer in de week door een man vanuit de stad hierheen gebracht.'

'Mijn moeder was hier heel gelukkig.'

'O, dat zijn wij ook, begrijp me alsjeblieft niet verkeerd. Maar als je hierboven de winter wilt doorbrengen, zou je er een hoop geld in moeten steken. Dan giert de wind door het gebint en worden de muren vochtig.' Hij leidde me terug naar de gang en wees naar boven. Langs de rand van het plafond zaten vochtplekken. 'Het dak lekt,' zei hij. 'Niet erg, we hebben het enigszins gerepareerd, maar je zou meer moeten doen; ik heb geen idee hoe het er in de winter zal uitzien als het gaat sneeuwen. Op het eerste gezicht is het nog steeds een heel fijn huis, maar de tand des tijds heeft eraan geknaagd en wij hadden niet altijd tijd en geld om er iets aan te doen. We wisten niet of het de moeite was... de toestand in het land... je weet maar nooit.'

Ik knikte peinzend. 'Daar heb je gelijk in,' zei ik.

Bij het invallen van de duisternis keerde ik terug naar Tripoli. Ik warmde een blik bonen op en ging aan tafel zitten. Omdat het in deze tijden noodzakelijk was op de hoogte te blijven van de nieuwste ontwikkelingen, had ik een paar weken geleden op de soek een tweedehands televisie gekocht. Terwijl ik at, schakelde ik tussen de zenders: de gebruikelijke series. In de journaals niets nieuws. Op Al-Manar, de zender van Hezbollah, was een quiz te zien. De quizmaster las de vraag voor.

'Hoe heet het grijze zandstenen huis dat in 1792 werd gebouwd en sindsdien het centrum is van alle boosaardige beslissingen tegen de Arabische wereld?'

De kandidaat hoefde niet lang na te denken: 'Het Witte Huis,' zei hij; er klonk een melodietje, het publiek applaudisseerde.

Het was de gebruikelijke onzin, maar ik schakelde niet door. Ik zette zelfs het geluid harder. Zolang ik keek, was het mogelijk niet te kijken naar het schilderij, dat naast me aan de muur hing. Zolang ik er niet naar keek, was het mogelijk niet aan het huis te denken.

Of aan Abbas.

Kleine branden

Er is een anekdote over mijn opa waarin hij zich als schoonmaker verkleedt om uit een bank weg te komen die door gewapende politie en een woedende menigte is omsingeld. Dat speelde zich allemaal af op een oktoberdag in 1966.

Amin Elmaalouf vond het heerlijk om wakker te worden in de bergen, lichtjaren verwijderd van het geklets en geroddel in Beiroet. Dat ze na het huwelijk naar het huis daarboven waren verhuisd, rekende hij tot de beste beslissingen in zijn leven. Als 's morgens het licht achter de bergen tevoorschijn kwam en de huizen aanraakte, stond hij al barrevoets in de tuin kalm te wachten op de dag die voor hem lag, verdeeld in hele en halve uren, in conferenties, zittingen, afspraken.

Hij hield van de rust, het contrast. De uitgestrektheid van het terrein herinnerde hem aan zijn jeugd in Chouf, waar hij in de jaren twintig van de twintigste eeuw als zoon van een boer was geboren en getogen, in de schaduw van witte ceders en een veranderende wereld die door Fransen en Britten geordend en door een strenge vader bepaald werd. Van boerenzoon tot eenvoudige geldwisselaar in Hamra, van geldwisselaar tot bankbediende onder Yousef Beidas, de kleurrijkste bankier uit het Middellandse Zeegebied, en sindsdien gestaag opklimmend in het gebouw met de glazen verdiepingen van de Intra Bank, de machtigste financiële instelling van het Nabije Oosten, waar hij nu, eind dertig, de afdeling Particulieren leidde en betrokken was bij projecten met miljoenen dollars.

Het was een verhaal dat zich uitstekend liet vertellen bij diners in dure visrestaurants aan de haven met alle invloedrijke persoonlijkheden die in zijn net van contacten spartelden: ministers van Economische

Zaken, lokale politici, bouwmagnaten uit Koeweit en Saoedi-Arabië of Franse investeerders, met wie hij in het gedempte licht van modieuze dansgelegenheden over aandelen onderhandelde – in een scheepswerf in La Ciotat bij de Franse marinehaven Toulon – of over de aankoop van een enorm stuk grond niet ver van de Champs-Élysées om een filiaal te openen. En terwijl de buikdanseressen om de tafels heen cirkelden, ontwierp hij op een servetje een kantorenpaleis met bioscopen en zwembaden op de bovenste etages. Op zulke avonden werd hij een ander mens. Dan wendde hij voor trots te zijn op de slechte gewoonten van het land, alsof het een voorrecht was die te offreren aan de Europeanen, die gekomen waren met koffers vol geld en hoofden vol clichés, die ze geplunderd en bevestigd wilden zien. Het gebied in de bergen was honderden jaren lang onveranderd gebleven. Daarboven was het allemaal ver weg en onbelangrijk. De muren van het huis hielden alles tegen. Het was alsof Amin Elmaalouf twee levens had. Een in Beiroet, dat schitterde in alle kleuren van de regenboog, en een in de huiselijke kring daarboven met zijn vrouw en dochter, waar alles zo vertrouwd en simpel was dat het hem in evenwicht hield.

Urenlang kon hij kijken naar die twee in de tuin. Het afscheid voor de rit naar de stad of voor zakenreizen naar verre bestemmingen viel hem steeds zwaarder. Regelmatig bezocht hij bankfilialen in Parijs, Londen, Genève, Frankfurt of Rome. Steeds vaker had hij moeite om in vreemde kamers in slaap te komen. Dan lag hij wakker bij het gereutel van zijn eigen ademhaling, staarde uit het raam en hoorde vreemde talen in het donker. Maya was inmiddels tien. Die tien jaren waren in een oogwenk aan hem voorbijgegleden. Hoe vaak maakte hij niet na aankomst op kantoor of in een van de vele hotelkamers zijn tas open, om een geschilderd portret van zijn dochter aan te treffen, voorzien van een groet: 'We verheugen ons op je terugkeer,' stond ernaast, door Maya geschreven, gedicteerd door Yara. Alleen het vooruitzicht van zijn thuiskomst maakte de eenzaamheid op zijn reizen draaglijk. Eindeloze corridors op luchthavens, rolkoffers, gedrang bij de transportbanden met bagage, plastic dienbladen, verzoeken om de tafeltjes in te klappen, opstijgen en landen... maar ook steeds weer die geschilderde portretten, kleine gebaren die zijn hart raakten en deden opbloeien. Beloften en toekomst. Vaak stelde hij zich voor hoe Yara, als de kleine meid een middagdutje deed, in het landschap daarboven verzonk wanneer ze schilderde. En hoe ze later het schilderij voor hem zou verhullen en het hem pas zou laten zien wanneer ze er echt tevreden over was. Hij hield van die drang naar perfectie van haar. Net als van de zelfverzekerdheid waarmee ze tijdens een theatervoorstelling bij grappige gedeelten in zo'n luid gelach kon uitbarsten dat de mensen voor hen zich kuchend naar hen omdraaiden. Het waren kleine momenten van protest waarin de etiquette van hun nieuwe sociale status hen onverschillig liet. Een status waarbij ze toch al voor altijd buitenstaanders zouden blijven, opgeklommen uit een lagere klasse, bepaald door een onbeschaafde of afwezige vader.

'Je kunt op niemand anders dan jezelf vertrouwen. Jij alleen bepaalt je lot.' Een van de dogma's van zijn eigen vader. Dat was er telkens weer bij hem ingeslagen, in de meest ware zin van het woord. Amin Elmaalouf dacht slechts zelden terug. De toekomst bood te veel mogelijkheden. De enige zeldzame momenten dat hij over zijn vroegere leven nadacht, waren die waarop hij op straat of in dwaze dagdromen een van zijn jeugdvrienden uit Hamra tegenkwam. Al eind jaren veertig had hij afstand van hen genomen, toen hij begonnen was pakken te dragen. Af en toe troffen ze elkaar nog wel in een bar in Mar Mikhael, maar die ontmoetingen eindigden steevast in bedremmeld zwijgen als hun gedrag en visies hem kinderlijk en bekrompen voorkwamen. Over het geheel genomen bestonden ze in zijn herinnering alleen nog als schimmen. Ervoor in de plaats was de overtuiging gekomen dat alles eeuwig zou blijven zoals het was, of dat het verder bergopwaarts zou gaan, steeds verder omhoog.

Op die oktobermorgen stond Amin Elmaalouf barrevoets in de tuin en toen de zonnestralen eindelijk zijn tenen beschenen, ging hij naar binnen om zich aan te kleden. Na een snel ontbijt nam hij afscheid van zijn gezin en reed hij vanuit de bergen naar de stad. Toen hij bij de Intra Bank kwam, leek alles zoals altijd. Hij groette de portier, liet zijn aktetas doorlichten, liep door de veiligheidssluis en ging met de lift naar de op twee na hoogste etage. In zijn kantoor, waarvandaan hij uitzicht had over de hele haven, trok hij zijn stoel naar achteren en ging – wat hij nog niet kon weten – voor de laatste keer zitten.

Tezelfdertijd gebeurden er twee dingen die buiten zijn invloedssfeer lagen. Yousef Beidas, de president van de bank, was twee nachten daarvoor naar New York gevlucht. Daar zat hij in de conferentiezaal van een hotel niet ver van Wall Street en ondernam een vertwijfelde en tot mislukken gedoemde poging geld te lenen van bereidwillige Amerikaanse banken om een dreigend bankroet dat hij had veroorzaakt te voorkomen. Terwijl hij nog met de vertegenwoordigers onderhandelde, bood Beirut International Airport een ongewone aanblik: uit lijntoestellen van Middle East Airlines die vanaf alle luchthavens rond de Perzische Golf aankwamen, stapten baardige gedaanten in witte woestijngewaden, allen met een lege koffer in de hand. Het waren oliesjeiks die waren gekomen om bij de Intra Bank definitief de kraan dicht te draaien.

Pas later, weken na de rellen, toen Amin Elmaalouf in depressieve toestand aan allerlei touwtjes trok om de onontwarbare kluwen van mislukte speculaties, economische intriges en militaire machtshonger uit de knoop te halen, dacht hij te begrijpen wat er was gebeurd.

Yousef Beidas, zoon van een Palestijnse schoolinspecteur, president van de Intra Bank en peetvader van Amin Elmaaloufs beroepsmatige succes, was in 1948 vrijwel zijn hele vermogen verloren en had nooit kunnen verkroppen dat hij door de Israëli's vanuit het financiële centrum Palestina naar Libanon was verdreven. Hij had daarom jarenlang met de in Syrië gestationeerde El Fatah-groep gesympathiseerd, die uit was op de vernietiging van Israël. Net als El Fatah zon hij op wraak. Via die groep legde hij contact met Djamal Abd al-Nasser, de president van Egypte, die ondanks de economische crisis in zijn land oorlog bleef voeren tegen de royalistische machthebbers in Jemen, die weer machtige vrienden hadden aan de oliesjeiks uit Koeweit en

Saoedi-Arabië. Vrienden die toevallig ook de belangrijkste cliënten van de Intra Bank waren. Een vicieuze cirkel. Maar wat Nasser voor Beidas zo aantrekkelijk maakte, was dat hij niet Jemen maar Israël als zijn grootste vijand zag en het bestaansrecht van dat land ontkende. Toen Nasser de baas van de Intra Bank om een krediet vroeg ter hoogte van driehonderdtwintig miljoen dollar, onder meer voor de ontwikkeling van raketten, willigde deze het verzoek zonder aarzeling in, onder voorwaarde dat de deal geheim zou blijven. Onder geen beding mochten zijn belangrijkste cliënten uit Koeweit of het Saoedi-Arabische koninkrijk er lucht van krijgen dat het door hen bij de Intra Bank geïnvesteerde geld voor dat doel zou worden gebruikt. Maar wat blijft er in de Oriënt nou geheim? De geplande transactie zou misschien wel nooit bekend geworden zijn als de belangrijke cliënten Libanon niet al weken hadden laten doorkammen op Nasser-vrienden en in Yousef Beidas een onverhoopte prooi hadden gevonden. Toen Beidas te weten kwam dat zijn geheime plan was uitgekomen, probeerde hij op het laatste moment de overboeking stop te zetten, maar het was te laat. Binnen een week trokken de Saoedische koning en de emirs van Koeweit verontwaardigd hun geld terug. De ramp was onafwendbaar.

Wat Amin Elmaalouf daar die morgen van meekreeg, was slechts het eindresultaat: verontwaardigd geroep en een mensenmenigte onder zijn raam. Toen de gewone mensen op straat merkten dat hun geld verloren was, verdrongen ze zich voor het glazen paleis. Trucks werden in stelling gebracht, er sprongen gewapende agenten uit die de menigte ervan probeerden te weerhouden het gebouw te bestormen. Amin Elmaalouf stond bij zijn raam, een uur lang. Hij dacht aan zijn vrouw en dochter. Zijn vader, dat besefte hij nu, had ongelijk. Je kon nog zo op jezelf vertrouwen, je lot lag in andere handen. Uiteindelijk draaide hij zich om, pakte zijn tas en verliet het kantoor. Voor de laatste keer stapte hij in de lift en ging naar beneden. Vanuit de zondoorschenen foyer zag hij de mensenmassa oprukken. Agenten schoten in de lucht.

*

Ongeveer een halfuur nadat ik die kerstavond zo bruusk door mijn oma was weggestuurd, was Abbas naar mijn kamer gekomen en had me dat verhaal verteld. Mijn opa had een Pakistaan die met een zwabber in zijn hand angstig op de gepoetste tegels van de foyer stond honderd dollar gegeven om van kleding te ruilen. Zo had hij uiteindelijk het gebouw via de achteruitgang verlaten.

'Dat voorval heeft hem sterk veranderd,' zei Abbas.

We zaten op de vloer van mijn kamer. Hij leunde tegen mijn bed, met zijn handen gevouwen in zijn schoot. Ik zat tegenover Abbas met mijn rug tegen de kist. Hij sprak langzaam, alsof hij hardop dacht: 'Wat volgde, was een enorme economische crisis. Net als je grootvader is ook dit land daar nooit meer van hersteld. De ondergang van de Intra Bank was er beslist de oorzaak van dat we later in de burgeroorlog terechtkwamen. Vrienden van je grootouders hebben er veel geld door verloren.'

'Maar het was toch niet zijn schuld?'

'Nee, Amin had er niets mee te maken. Maar het was een vernedering voor hem. De ondergang van de bank bleef als een schaduw aan je grootvader kleven, hij heeft nooit meer werk in die sector gevonden. Dat heeft hem diep geraakt. Je grootouders hadden geld opzijgezet, ze konden hun oude leven voortzetten, maar hij voelde zich nutteloos, hij had het idee dat hij gefaald had en zijn vrienden in de steek had gelaten. De mensen roddelden. Hij werd ontevreden.

Er viel een stilte. Ik zag zweetpareltjes op Abbas' voorhoofd, alsof het vertellen hem fysieke inspanning kostte.

'Weet u waar hij nu is?' vroeg ik. 'Oma praat niet over hem.'

Abbas schudde zijn hoofd. 'Ik heb geen contact met hem. Er was een tijd dat we nauw bevriend waren. Toen het bergafwaarts ging met mijn zaak, bezorgde hij me opdrachten, hij heeft me erg geholpen. Hij kende nog steeds een heleboel mensen. Maar na de scheiding van Yara scheidden zich onze wegen. Voor zover ik weet, heeft hij vlak daarna het land verlaten.'

'Waarom zijn ze gescheiden? Als u het weet, vertel het me dan alstublieft, ik zal het niet verklappen.'

Hij boog zijn hoofd. 'Zoals ik al zei: Amin was beschadigd. Ze zijn nog twaalf jaar samengebleven. Je moeder ging naar Parijs, om daar te studeren. Dat wilde Yara zo, en ze zette het door, hoewel Amin ertegen was. Uiteindelijk werden alle vernederingen bij elkaar hem te veel.'

Door de dichte deur klonken de stemmen uit de woonkamer verder weg dan ze feitelijk waren. Af en toe ging er iemand naar de badkamer of naar de keuken, om met zware pas weer terug te lopen.

'Ze heeft het schilderij in Parijs gemaakt, wist u dat?' vroeg ik nu. 'Mijn moeder, bedoel ik.'

'Ja.' Abbas schonk me een zweem van een glimlach. 'Ik kan me herinneren dat Amin en Yara het me voor het eerst lieten zien. Ze hadden het op de tafel uitgerold. Ik zei dat Maya zeker ooit een nieuwe Mary Cassatt zou worden als ze zo doorging. Ze waren enorm trots.'

'Toen ik daarnet voorstelde om het schilderij te verkopen, bedoelde ik dat niet kwaad, Abbas.'

Hij aaide me over mijn hoofd. 'Dat weet ik wel,' zei hij. 'En diep in haar hart weet Yara dat ook. Ze houdt gewoon te veel van dat schilderij, die liefde maakt haar gevoelig. Ze zou het voor geen goud verkopen. En jij zou dat ook niet moeten willen, Amin. Je moet het bewaken en behoeden. Niet alleen vanwege je moeder. Ook je grootvader is aanwezig in dat schilderij.'

'Mijn opa?'

'Ja. Ik heb je dit allemaal over hem verteld zodat je begrijpt wat voor man hij was. Hij was geen makkelijk mens, maar hij hield van zijn gezin, het is belangrijk dat je dat niet vergeet.'

'Waarom is hij dan toch bij hen weggegaan?'

Abbas' lippen werden smal. 'Ooit zul je dat begrijpen,' zei hij. 'Dat je van iemand houdt, wil nog niet zeggen dat je altijd doet wat juist is. Dat is menselijk.'

Ik bleef stil en knikte. Ik herinner me zijn woorden nog precies, en ook hoe indringend Abbas die kerstavond over mijn moeders schilderij sprak.

'U zei dat ook opa erin verborgen zit,' zei ik. 'In hoeverre?'

'O, in vele details,' zei Abbas. Hij pauzeerde even. 'De titel bijvoorbeeld,' zei hij toen. 'Gedurende haar tijd in Parijs miste Maya haar vader net zo erg als haar moeder. Dus beïnvloedde hij ook de stemming waarin ze het schilderde. Maar hij had er vooral een duidelijk idee over hoe het schilderij moest worden opgehangen. De empirelijst heeft hij uitgezocht.'

'Is dat echt waar?'

'Natuurlijk.'

De lijst was inderdaad opvallend en paste perfect bij het schilderij. Een met oud goud gepatineerde en rijkversierde lijst met een enorm gewicht. Toen ik elf jaar na dat gesprek het schilderij aan de muur van mijn woning in Tripoli ophing, was daar veel kracht voor nodig.

'Er waren in die tijd in Libanon nauwelijks ambachtslieden die in staat zouden zijn geweest een lijst naar de zin van Amin Elmaalouf te maken,' vervolgde Abbas, 'en dus had hij de lijst besteld bij de Florentijnse familie van ambachtslieden die de lijsten voor het Palazzo degli Uffici maakte. Voor het schilderij van zijn dochter nam hij alleen genoegen met het beste. Dat was op een reis met je teta, nadat ze eerst in Parijs waren geweest.'

'Zij zijn dus ook in Florence geweest?'

'Ze zijn op zoveel plaatsen geweest. Je ziet, voor Yara is door dat schilderij alles met elkaar verbonden. Het schilderij houdt heimelijk haar en daarmee ook jouw familie bij elkaar, Amin. En in zekere zin,' zei Abbas terwijl hij me aankeek, 'bevat het de sleutel tot het verleden.'

*

Er zijn situaties waarin we ons willen vergewissen van onze band met eerdere generaties. En net zoals we gebeurtenissen in het heden alleen in hun historische context kunnen begrijpen, denken we dat er in ons familieverleden aanwijzingen over onszelf verborgen zijn. De geschiedenis van mijn familie was nauw verweven met de historie van het land. Dat leerde ik die kerstavond van Abbas. Dus besteedde ik als volwassene een paar maanden in openbare archieven en bibliotheken aan het inzien van documenten en nieuwsberichten om meer te weten te komen over die tijd, die nog altijd grotendeels in duisternis gehuld was.

De ondergang van de Intra Bank had verwoestende gevolgen. Op het moment van de krach beheerde de bank bijna veertig procent van de investeringen van Libanese banken. Van de ene dag op de andere was de bodem onder de voeten van duizenden families weggeslagen. Kleine ondernemers en de middenstand zagen zich van hun bestaan beroofd. Zoals wel vaker leidde de economische onzekerheid tot politieke instabiliteit. Yousef Beidas was een Palestijn. Rechtse christelijke fracties maakten hem tot symbool van een Palestijnse dreiging die het land vroeg of laat zou verwoesten. Honderdduizenden Palestijnse vluchtelingen, door militante groeperingen als menselijk schild misbruikt, werden tot zondebok gemaakt en tot vijand verklaard. Linkse moslimfracties stelden op hun beurt de voor het merendeel christelijke regering ervoor verantwoordelijk de crisis niet te hebben tegengehouden met behulp van de centrale bank en zetten haar op één lijn met alle eerdere regeringen, die zo corrupt en moreel verdorven waren geweest dat het tijd werd voor fundamentele verandering. Voor me doemde het beeld op van een staat die als ooit sterke reus in de afgrond was gevallen. Tijden van opstand, studentenstakingen, protesten, mislukte hervormingen, stijgende prijzen van benzine, huren en grond – alleen spotprenttekenaars hadden de beste tijd van hun leven. Na steeds weer oplaaiende gewelddadige confrontaties brak uiteindelijk in 1975 de oorlog uit. Zoals ik ontdekte, was het vooral economische malaise geweest, een direct gevolg van de bankencrisis, die veel jonge mannen zo ontvankelijk had gemaakt voor de roep van de milities, die maandelijkse soldij en bovendien onsterfelijkheid beloofden.

Ik vertrok doorgaans 's morgens vroeg en bracht de hele dag door in die archieven, die goed verstopt midden in woonwijken zaten. Een handjevol medewerksters sorteerde onder zoemende ventilatoren vergeelde papieren in ordners zoals die waarvan ik me bediende. Het was een moeizame bezigheid om uit die hoeveelheid aan informatie te filteren wat voor mij belangrijk was, maar ik geloofde dat ik, als ik er maar genoeg tijd in stak, erachter kon komen wat er toen ik dertien was om me heen gebeurde. Er waren geen officiële archieven waar ik naartoe had kunnen gaan; ook nu is dat niet anders. Het verzamelen en bewaren van herinneringen en bewijzen ligt net als voorheen in de handen van vrijwilligers.

Inmiddels was de oorlog twintig jaar geleden. Een hele generatie die erna geboren was, zocht antwoorden. Maar nog altijd was er geen geschiedenisboek dat een neutrale versie van de tijd van de burgeroorlog bood, simpelweg omdat er geen officiële versie was die op de scholen kon worden onderwezen. Was dat wat meneer Labaki bedoelde toen ik voor zijn lessenaar stond en hij tegen me zei dat we nog eeuwen verwijderd waren van praten over de burgeroorlog? Ik kwam te weten dat er na het officiële einde van de oorlog een strijd om de dominante interpretatie was ontstaan, die nog altijd gaande was. Er waren maar weinigen die hun zwijgen verbraken. In een raamloos archief in Haret Hreik las ik op een van die dagen de anonieme verslagen van voormalige militieleden. Ze vertelden waarom ze als jonge mannen hadden besloten het kaki uniform aan te trekken en op vroegere buren en vrienden te schieten. Ik schreef hun uitspraken over in mijn notitieboekje:

Mijn besluit had niets te maken met een besef van wat oorlog was en wat dat betekende. Het was vooral rebellie tegen een bepaalde financiële en sociale realiteit. Een poging die realiteit met geweld te veranderen.

Geweld was er aan alle kanten, maar wij waren er toen van overtuigd dat wij niet degenen waren die anderen leed berokkenden.

Natuurlijk was er angst. Maar als je jong bent, voel je die niet, je denkt: anderen gaan dood, maar jijzelf niet. Doden worden getallen, en getallen doen geen pijn.

Ons maatschappelijke privilege ten opzichte van moslims berustte op een systeem dat ons christenen sterk maakte. Ik wilde dat systeem verdedigen om die privileges niet te verliezen.

In de buitenwijken van Beiroet waren zogenaamde Misery Belts. Een ring om de hoofdstad, bestaand uit arme families die van het platteland naar de omgeving van de stad verhuisden om een beter leven te krijgen. Die voorsteden en de vluchtelingenkampen waren ideale broeinesten, de kinderen ontvankelijk om zich waarvoor dan ook te laten ronselen.

Weet u, overal zag ik maatschappelijke verschillen in vergelijking met de christelijke bevolking. We hadden het gevoel uitgerangeerd te worden, geen gelijke kansen te hebben.

Ik was dertien toen ik mijn eerste wapen kreeg. Ik voelde me onoverwinnelijk en belangrijk.

Ze lieten ons in legerkampen zien hoe je geweren schoonmaakte, vlug uit elkaar haalde en weer in elkaar zette. Op mijn zestiende droeg ik de verantwoordelijkheid voor een groep van ongeveer dertig mensen, misschien omdat ik een baard had en er ouder uitzag.

Bij elk schot van de mortieren wervelde door de terugslag in de loopgraaf stof op, dat ik nooit afwaste. Nu denk ik dat die opzettelijke verwaarlozing van mijn lichamelijke hygiëne deel uitmaakte van mijn verschijning als strijder, als het ware een extra bewijs van mijn deelname aan de oorlog en een onbewuste uiting van de moeite die ik deed om anderen erkenning af te dwingen. Ik was veertien. Zij waren allemaal ouder dan ik en behandelden me als een klein kind.

Als de wapens voor de kinderen te zwaar waren, verkortten we de magazijnen, zodat de kleintjes ze konden dragen.

Ik weet niet meer waarvan we toen droomden.

Op een van die dagen, toen ik al de hele ochtend bergen getuigenissen en documenten had doorgewroet, stelde ik een van de medewerksters voor samen iets te gaan eten in een klein restaurantje. Allereerst voelde ik me niet prettig bij het idee na de aangrijpende lectuur alleen te zijn, maar bovendien was ik geïnteresseerd in haar werkzaamheden in het archief. Van haar vernam ik dat de meeste documenten afkomstig waren uit particuliere huishoudens. Oude kranten, foto's en filmpjes of dagboeken die waren bewaard en later geschonken.

'Zijn er dan geen documenten uit de partijbureaus van voormalige milities of van staatsinstellingen?' vroeg ik. 'Dossiers die meer over de bevelsstructuren verraden, over wie wie verhoorde of waarheen al die mensen zijn ontvoerd van wie tot op de dag van vandaag elk spoor ontbreekt?'

De jonge vrouw bracht haar rietje naar haar lippen, nam een slokje van haar cola en vroeg: 'Denk je nou echt dat ze dat ons zouden vertellen?'

Wat had Abbas die middag op de zijderupsenkwekerij ook alweer gezegd? 'We leven in een overgangsperiode.' Bij die lunch kwam ik te weten dat er in de turbulente naoorlogse jaren een periode was geweest waarin stilletjes en stiekem bewijzen waren vernietigd. Terwijl de militieleiders zich officieel gelouterd betoonden, hun wapens afgaven en politici werden, waren hun medeplichtigen op de achtergrond nog jarenlang bezig sporen uit te wissen. Verwijzingen naar massagraven werden weggewerkt, ledenlijsten van milities verwijderd, fracties van de waarheid zorgvuldig geëlimineerd. Hier en daar stond soms ineens een voormalige schuilplaats – een verlaten huis, een hangar, een kelder – in een bewoonde straat of ergens in niemandsland in lichterlaaie. Of het nu in Beiroet was, in middelgrote kuststeden of kleine bergdorpjes, in het hele land, zo vertelde de medewerkster, waren er van die branden geweest.

'Ik kan me zoiets herinneren,' zei ik peinzend. 'Toen wist ik niet waarom. Op kerstavond 1994 was er ineens commotie.'

'Wat gebeurde er?'

'We hadden een huis vol gasten. Ik zat met een vriend van mijn oma in mijn kamer toen er ineens iemand riep dat we vlug moesten komen...' Het was Umm Jamil. 'Er is brand,' zei ze.

Abbas sprong op en trok me omhoog. 'Hier in huis?'

'Nee.' Ze schudde haar hoofd en verdween in de gang.

We renden de trap af en duwden de voordeur open. De koude nachtlucht kwam ons tegemoet. De straat was vol mensen. Ik zag mijn oma helemaal vooraan staan. Al haar gasten en ook alle buren uit de omringende huizen waren naar buiten gekomen en tuurden naar het westen, waar een geeloranje gloed oplaaide tegen de zwarte hemel.

'Dat moeten de hallen bij de spoorbanen zijn,' zei Nadja. 'Ziet ernaar uit dat het hele terrein in de fik staat.'

Ik stond tussen Abbas en Umm Jamil in, ze hadden allebei een hand op mijn schouder gelegd. Ik schudde hen af en drong naar voren. Mijn oma stond daar in haar blauwe feestjurk, met samengeknepen ogen, smalle lippen. Ik pakte haar hand. Ze kneep in de mijne, zonder me aan te kijken.

'Wat is er aan de hand?' vroeg ik.

'Niets,' zei ze. 'Alleen maar nog een brand.'

Uit mijn gesprekken met Saber Mounir

Genoteerd zomer 1994

Leid de lezer door je verhaal, Amin. Zeg: pak mijn hand, vertrouw me, het zal een moeizame en misschien ook pijnlijke reis worden, maar aan het eind komen we samen bij de ruïne die alle antwoorden bevat.

Nergens een dwaallicht

In sommige nachten trekken hierboven zomerse onweersbuien over het landschap en mijn huis en word ik wakker van het geklapper van de vensterluiken en het ruisen van de bomen in de tuin. Dan lig ik wakker en wacht op de donder, tot hij over heuvels en dalplooien neerdaalt. Zulke onweersbuien hebben voor mij niets dreigends. Ik ga bij het raam staan en kijk bij het flitsen van de bliksem over de velden tot waar de bergwanden oplichten. Historici zeggen dat dit deel van het gebergte met zijn oeroude kloosters al in vroege eeuwen bescherming bood aan vervolgden.

Het gebied ligt ingebed tussen twee rivieren: de Damour in het noorden en de Awali in het zuiden. Niet ver van mijn huis loopt een beek, een zijtak van de Awali, daarheen is het maar een klein stukje lopen door hoog gras. De beek meandert onopvallend naar het dal. Als ik hem op een van mijn wandelingen zou volgen, dan zou ik eerst door bebost landschap lopen en op een gegeven moment bij de Levantijnse Zee uitkomen. In de tegengestelde richting, bergopwaarts, wordt het terrein rotsachtig en onbegaanbaar. De beek is op sommige plaatsen nauwelijks meer dan een smal stroompje, van tijd tot tijd verdwijnt hij zelfs en gaat hij ondergronds verder. Het is alsof hij zeggen wil: 'Ga niet verder, daar is niets, je kunt beter omkeren.' Doe je het toch, dan stuit je op een gegeven moment op de muren van een oud klooster met een vergrendelde poort.

Wanneer ik 's nachts bij onweer bij het raam sta en bliksemflitsen de bergwanden verlichten, zie ik in het korte schijnsel daarboven een auto staan. Als een luchtspiegeling. De tijd verstrijkt, en bij de volgende flits is hij verdwenen. Inmiddels weet ik wat het verschijnen van die auto betekent. Het betekent dat iemand – een meisje of een vrouw – om hulp heeft gevraagd en gered is. Een van de nonnen van het klooster krijgt uren tevoren een telefoontje. Ze stapt in de auto en rijdt langs de haarspeldbochten omlaag naar Beiroet. Op een afgesproken plaats – een café, een winkelcentrum – neemt ze het meisje in ontvangst, dat de afgelopen dagen haar toevlucht heeft gevonden bij een groepje mensen die zich hebben gewijd aan het beschermen van vrouwen die te maken hebben gehad met huiselijk geweld of zelfs met de dood zijn bedreigd omdat ze de familie-eer zouden hebben geschonden. De non draagt burgerkleding om niet herkend te worden. Ze pakt het meisje bij de arm, brengt haar naar de auto en rijdt met haar de bergen in om haar in het klooster te verstoppen. Zijn de slachtoffers boven de achttien, dan bestaat de mogelijkheid hen snel aan de greep van hun familie te onttrekken en het land uit te krijgen – ingeval alle bemiddelingspogingen mislukken. Zijn ze echter nog minderjarig, dan moeten ze soms jarenlang achter de muren verblijven, want zonder toestemming van de vader kunnen ze niet uit Libanon weg. Het is een uitgekiend netwerk, door de jaren heen gegroeid en grotendeels geheim. Vrijwel niemand heeft het over die over het hele land verspreide kloosters, om ze als schuilplaats niet in gevaar te brengen.

Ik volg de loop van de beek bijna nooit bergopwaarts. Veel liever ga ik in de richting van het dal. Er waren dagen dat ik een bootje van papier vouwde, het in het water zette en het nakeek terwijl het stroomafwaarts dreef.

Nergens
een dwaallicht

schreef ik op de boeg of de achtersteven. In mijn fantasie bereikte het nog diezelfde dag de verre kust.

Jaren geleden vergeleek Saber Mounir Beiroet met een oud schip dat alleen door het principe van verdringing boven water wordt gehouden. Lang ben ik bang geweest voor het komende deel van het verhaal.

*

Toen ik op een ochtend in januari 1995 wakker werd, wist ik dat er iets ging gebeuren. Ik voelde het in mijn buik toen ik na het opstaan door het raam naar de regen keek. Het was een van die deprimerende dagen die we in Beiroet die winter vaker dan gebruikelijk meemaakten, wanneer mist de bergen opslokte en er over de daken van de huizen een nevel hing die elk vermoeden van verte verborgen hield.

Van Jafar had ik sinds de dag dat hij me verloochend had niets meer gehoord. En ik – te trots en te zeer gekrenkt – had geen contact met hem opgenomen.

Een paar dagen na kerst was ik naar het spoor gelopen. Een paar straathonden zwierven rond op het voorplein en er hing nog steeds rook boven de gebouwen. Het was maanden geleden dat we hier waren geweest, Jafar en ik. De ruiten van de grote hal waren gebarsten. Ik dacht aan de lege kantoorruimtes met de afdrukken van de dossierkasten op de vloerbedekking. In de grote hal, waar we in de dieseltanks waren geklommen, waren afgesloten deuren geweest, die naar gedeelten van het terrein leidden waartoe we geen toegang hadden gevonden. Nu liep ik om het gebouw heen, want door een raam klimmen durfde ik niet. Aan de achterkant stuitte ik op het puin van bijgebouwen. Daar was niet alleen brand geweest, maar het leek er veeleer op dat de gebouwen door een aantal explosies waren ingestort.

Nog altijd zat ik op antwoord van Zahra te wachten. Het was bijna een maand geleden dat ik haar nichtje in Mala'ab al-Baladi had opgezocht. Elke dag pakte ik het sleuteltje van de brievenbus van de haak en rende naar beneden, maar er was nooit post voor mij. Elke vorm van teleurstelling daarover smoorde ik in de kiem met zelfbedachte verklaringen. Het was vakantie, misschien was ze met haar familie weggegaan. Misschien was ze zelf ook een antwoordverhaal aan het schrijven, dat kostte beslist meer tijd dan een brief of een kaart.

Die ochtend in januari douchte ik extra lang. Ik liet het hete water op mijn hoofd kletteren in de hoop dat het het nare gevoel zou verdrijven dat me in mijn dromen had bevangen en me sindsdien niet meer had losgelaten. In plaats van een handdoek te gebruiken föhnde ik mijn lichaam droog. Ik poetste mijn tanden en kleedde me aan. Daarna viel ik op bed neer en bladerde in het boek dat Abbas had opgescharreld en me met Kerstmis had gegeven – een dunne uitgave van de *Metamorfosen* van Ovidius in een Duitse vertaling. Tegen de middag werd er aangebeld.

'Doe jij even open?' vroeg mijn oma vanuit de keuken.

Ik slofte naar de deur, frommelde aan het slot en toen stortte mijn hart in een bodemloze diepte. Op de deurmat stond een mevrouw in een UNICEF-jack. Het was niet de vrouw die ik van school kende, ik had haar nog nooit gezien. Ze had een vriendelijk gezicht en warme ogen, er was helemaal niets dreigends aan haar, en toch wist ik, toen ze mijn naam zei en me het kaartje liet zien dat ik bij het verhaal voor Zahra had gedaan, dat ik een vreselijke fout had gemaakt.

Voor iemand die in zijn leven op zoek was naar richting, is het beslist weinig verrassend dat hij zich met landkaarten bezighoudt. Sinds de zomeravonden met Saber Mounir in de bibliotheek heb ik oude kaarten verzameld en bestudeerd. Weergaven van de wereld in bepaalde tijden. Maar veel meer dan door kaarten van werkelijk bestaande gebieden was ik sindsdien gefascineerd door kaarten van gefingeerde landen. Zoals de *Carte du Tendre Pays*. Dat is een oude kaart met gevoelens, van een imaginair land dat qua omvang aan Frankrijk doet denken. De topografie toont de verschillende stadia van de liefde waarvan men in de zeventiende eeuw uitging. Je hebt er de Rivier van Achting en het Dorp van Genegenheid. En boven, helemaal in het noorden, ligt de Zee van het Gevaar. Alleen de seksuele liefde staat nergens afgebeeld. In een tijd dat mannen het discours bepaalden, verscheen de *Carte du Tendre Pays* voor het eerst in een roman van een vrouw – *Clélie* van Madeleine de Scudéry, een pleidooi voor het recht op zelfbeschikking van de vrouw. Er is natuurlijk een reden waarom die kaart me nu weer te binnen schiet. Het zijn kleine dingen die verbanden leggen met het verleden en het naar het heden overbrengen. De Rivier van Achting, het Dorp van Genegenheid, de Zee van het Gevaar...

Gedrieën zaten we aan de keukentafel. Mijn oma en ik als versteend.

'Heb je begrepen wat ik zei?' vroeg de onbekende vrouw.

Ik gaf pas antwoord toen mijn oma haar hand op de mijne legde.

'Er is haar dus niets overkomen?' vroeg ik.

'Nee. We hebben haar in veiligheid gebracht. Maar ik kan niet zeggen waar ze is.'

Gezien wat ze ons zojuist had verteld, leek de vrouw verbazend kalm. Ik vroeg me af hoeveel van dit soort gesprekken ze al had gevoerd. Nog steeds begreep ik niet goed wat er gebeurd was. Mijn verhaal was ontdekt, zoveel stond vast. Misschien had Asifa het laten vallen, misschien had haar vader ook gericht naar iets gezocht wat ik zijn dochter kon hebben gegeven toen we elkaar op de trap waren tegengekomen. Hoe dan ook, hij had mijn briefje gevonden en aan Zahra's vader doorgegeven. Een onzinnig verhaal over een onzichtbare jongen dat vermoedelijk geen schade had aangericht als er niet die suggestieve scène was geweest waarin het meisje en de jongen bij de rotsen met elkaar dansten en er later achter verdwenen... De Zee van het Gevaar.

Er was een vreselijke ruzie geweest. Uit angst voor haar vader had Zahra zich op school tot de mevrouw van UNICEF gewend en meteen waren alle stappen ondernomen. Terwijl de vrouw praatte, doemden tientallen beelden bij me op: Zahra in een deken gehuld in een schuilplaats ergens in het bos, Zahra op de vloer van een kale kamer op een onderduikadres hier in Beiroet, misschien maar op een steenworp afstand... Het goede nieuws was dat ze veilig was. Maar het slechte nieuws was: ik was verantwoordelijk voor haar situatie.

'Kunt u haar een bericht overbrengen?' vroeg ik zachtjes.

De mevrouw keek me aan. Ik merkte een aarzeling. 'Dat gaat helaas niet,' zei ze. 'Op het moment proberen we de familie ervan af te brengen het meisje iets aan te doen. Haar vader is blind van woede, het is niet alleen het verhaal en de impliciete schending van de eerbaarheid... Hij zegt dat hij twee keer door jou en je vriend is vernederd. Zahra heeft je naam niet prijsgegeven, maar hij vermoedt dat jullie erachter zitten. Dat versterkt zijn gevoel dat zijn eer is aangetast. Momenteel probeert de geestelijk leider van de gemeente te bemiddelen...'

Mijn oma's hand bleef op de mijne liggen.

'Amin is in Duitsland opgegroeid,' hoorde ik haar zeggen. 'Hij kent de gebruiken hier niet, veel...' Ze haperde. '...zeden en gewoonten zijn hem vreemd. Hij weet dat hij een fout heeft gemaakt...'

'Dat zien we telkens weer,' zei de vrouw. Ze had nog steeds haar uniformjas aan, wat ik intimiderend vond. 'Ook wel in Beiroet, maar vooral in landelijke gebieden. Het ontbreken van staatsgezag bevordert daar vaak het ontstaan van eigen rechtssystemen, en dit land... het is nog altijd ver verwijderd van enige vorm van orde. Dan is er nog de druk vanuit de rest van de familie om aanzien en eer te herstellen, de zaak is zeer complex, wij zijn hier ook alleen maar vreemden, we lopen regelmatig tegen grenzen aan. Veel families zijn na het einde van de oorlog uit ballingschap teruggekeerd, weet u. Niet omdat ze het hier beter zouden krijgen, maar omdat vaders het gevoel hebben dat ze in de westerse cultuur hun invloed op hun dochters verliezen. Ze weten niet wie hun dochter in het jongerencentrum of op school allemaal tegenkomt. Van de ene op de andere dag keren ze met hun gezin naar Libanon terug, en soms komt hier aan het licht dat de dochter in ballingschap een vriend had. Dochters, Amin, zijn in Libanon een kostbare schat, als een breekbare vaas – iets waardevols wat de familie-eer bevat en moet worden bewaakt...'

'Het was toch alleen maar een verhaal,' stamelde ik, 'gewoon een verhaal, er is niets gebeurd...'

'Ik geloof je,' zei de vrouw, 'maar we kunnen alleen maar hopen dat de bemiddelingspogingen slagen. Het kan niet ongedaan worden gemaakt.'

Later lag ik op mijn bed, nog steeds als verdoofd. Last van maagzuur, overspannen zenuwen. Zelfs het tikken van de klok, waarvan de wijzers tergend langzaam van vijf naar zes uur bewogen, was niet te verdragen.

'Verkeren wij nu in gevaar?' had mijn oma tijdens het afscheid bij de deur gevraagd.

'Nee,' was het antwoord. 'Zahra's nichtje heeft uw adres uit de envelop gehaald voor haar vader het verhaal van haar afpakte. Asifa is heel pienter, een moedig meisje. Zij gaf me het kaartje toen we haar spraken. Ze kon haar familie ervan overtuigen dat ze Amin niet kende en dat ze niet wist wat er in de envelop zat. Niemand weet dus hoe u heet of waar u woont.'

Als we doelgericht naar een voorbeeld zoeken van iets wat we zijn kwijtgeraakt, zien we het ineens overal. Vóór die dag waren er momenten geweest dat de tegenstellingen met de gang van zaken in Duitsland me – ondanks het gevoel van vervreemding – op een romantische manier exotisch voorkwamen. Ik had ze geïdealiseerd. Maar deze gebeurtenis heeft mijn perceptie tot op de dag van vandaag veranderd. Bepaalde taferelen en details kregen voortaan een nieuwe betekenis, als het ware een dubbele bodem. Oudere vrouwen die dagenlang op hun balkon naar de bedrijvigheid op straat staan te kijken, dat is een van die beelden die voor mij veranderd zijn. Lange tijd had het me een uiting van een onthaast levensgevoel of oosterse onverstoorbaarheid toegeschenen. Maar nu nog kan ik in Beiroet niet door een straat lopen zonder met een ongemakkelijk gevoel omhoog te kijken. Daar hangen ze over de balustrades om te zien wat er zich onder hen afspeelt. Wie gaat wanneer waarheen en met wie? De eer van jonge meisjes trekt alle aandacht van de waarneemsters. Haast niets blijft geheim.

Een paar weken geleden nog stuitte ik in een krant op een artikel met foto. Een vader poseerde met geweer voor de fotograaf. Met datzelfde wapen had hij eerder zijn vrouw en hun dochter doodgeschoten. De dochter was geen maagd meer, had de moeder gezegd – mogelijk alleen om haar dochter te beschermen, die tegen haar wil uitgehuwelijkt dreigde te worden. Ik las dat het gezin uit Duitsland was teruggekomen. De man had hier in Beiroet het dagboek van zijn dochter in handen gekregen, waarin ze het had over een vriendje. De krant deed zonder enige emotie verslag van de dubbele moord. Buren rechtvaardigden de daad van de vader. Er stond geen enkel commentaar bij, van verontwaardiging was geen sprake.

’s Nachts – uren nadat de UNICEF-mevrouw was weggegaan – gaf mijn oma me een paar van de druppeltjes die ze uit Duitsland had meegenomen. Vroeger had ze die zelf ingenomen, ze zorgden ervoor dat je ’s ochtends niet zo vroeg wakker werd. Voor zover ik wist, had ze het medicament niet meer gebruikt sinds we waren teruggekeerd, maar nu pakte ze het uit de badkamerkast.

‘Dat zal je helpen om te kunnen slapen,’ zei ze, ‘en dan zul je zien dat je het morgen allemaal weer helderder ziet.’

Maar het was alsof mijn lichaam en geest met elkaar in gevecht waren. Mijn ogen vielen steeds dicht, maar mijn gedachten bleven in kringetjes ronddraaien. Voor mijn kamerdeur hoorde ik mijn oma aan de telefoon. Ze sprak op gedempte toon met Abbas. Op een gegeven moment, ik weet niet hoe laat het was, viel er een driehoek van licht in mijn kamer en kwam mijn oma binnen. Met gesloten ogen lag ik daar en ik hoorde haar naar mijn bed toe komen. Toen voelde ik haar gewicht op de matras neerzakken. Een hele tijd bleef ze zo zitten en streelde ze met haar hand over de deken. Dat had ze al jaren niet meer gedaan. Toen deed ze tot mijn grote verrassing haar slippers uit en kwam naast me liggen. Ik voelde haar adem in mijn nek, haar wangen tegen mijn hals.

Ik geloof dat ik toen in slaap ben gevallen.

Uitwijkmanoeuvre

Maar niets was anders de volgende morgen, behalve dat mijn oma niet meer naast me lag toen ik ontwaakte met loodzware ledematen en het gevoel dat iets uit mijn handen was gegleden en voor altijd verloren was gegaan. Ik was alleen thuis. In de keuken vond ik een kant-en-klaar ontbijt. Met een briefje: 'Ben in het café.'

Toen ik daar aankwam, was de markies neergelaten. Een paar tafeltjes en stoelen stonden in de ochtendzon op de stoep. Op een vuilnisblik voor de ingang lagen verwelkte bladeren. De deur stond open. Zeperige waterstralen liepen vanbinnen langs het grote raam omlaag, werden weggewist en daarachter verscheen het gezicht van mijn oma. Midden in de ruimte stond Abu Amar op een ladder een gloeilamp te vervangen en Nadja en Umm Jamil waren druk bezig de tafels en de toonbank af te nemen en vazen met bloemen neer te zetten.

Ik werd met tromgeroffel begroet.

'Met het water is alles in orde,' zei mijn oma plechtig toen we kort daarop om een tafel zaten. 'We kunnen weer aan de slag.' Ze glimlachte en klopte drie keer met haar knokkels op het hout. Nadja had parasolletjes in onze glazen gedaan. We staken onze armen uit en proostten met water.

Nog in de loop van de ochtend staken de eerste gasten hun hoofd om de deur. Er werden gelukwensen en beloften uitgesproken. 'Dus het café is weer open? Wat fijn, dan komen we morgen met de hele familie. We hebben altijd geweten dat het maar een misverstand was.'

Ik voelde de nawerking van de druppels. Alles leek verwrongen. Maar juist nu wilde ik nergens anders zijn. Af en toe hield Umm Jamil even op met waar ze mee bezig was om een beker chocolademelk of een glas water voor me neer te zetten. En Nadja kwam bootjes van servetten bij me zitten vouwen, die ze over de tafels verdeelde. Mijn blik trof die van Abu Amar in de spiegel achter de toonbank, die samenzweerderig knipoogde en naar me knikte. In deze gemeenschap, zo wist ik, zou altijd wel iets verzwegen worden.

Daarom vroeg ik ook niet om verdere informatie, maar constateerde ik alleen opgelucht wat me al meteen bij het binnenkomen was opgevallen: mijn oma's schilderijen waren van de muren verdwenen.

*

En er veranderde nog iets: de volgende ochtend kwam Tony, de overbuurman, na eenenzestig dagen hechtenis terug. In dezelfde kleren waarin ze hem hadden weggehaald, stapte hij op een drukke straathoek uit de bus en liep door de motregen naar huis. Hij trok een beetje met zijn linkerbeen. Hij hield zijn schouders opgetrokken, alsof hij hals en oren wilde verbergen, en zijn handen zaten diep weggestopt in zijn broekzakken. De mensen uit de wijk ontweken hem alsof hij een besmettelijke ziekte had opgelopen. Iedereen die hij tegenkwam, sloeg zijn ogen neer. Maar achter zijn rug begonnen ze meteen te smoezen.

De deur van zijn huis was nog niet achter hem dichtgevallen of de buren trokken zich in hun woningen terug om iets klaar te maken wat ze later bij Tony en Nour langs zouden brengen in de hoop binnen gevraagd te worden. Maar aan het begin van de avond zag ik hen door het keukenraam achter elkaar weer naar buiten komen, met dezelfde volle schalen die ze mee naar binnen hadden genomen.

Nog diezelfde nacht verlieten Tony en Nour het land. Ik zag hen in het schijnsel van de lantaarn het huis uit komen. Ze laadden hun auto vol met spullen. Nour gooide een bos sleutels in de brievenbus. Daarna reed de wagen de straat uit.

De volgende dagen werd er in de gaarkeukens in de wijk meer gekletst dan gegeten. Sommigen zeiden dat Tony tijdens de verhoren moest zijn doorgeslagen, hoe had hij anders levend kunnen terugkomen? Anderen veronderstelden dat zijn arrestatie gewoon een vergissing was geweest. Het was vast duidelijk geworden dat hij geen nut had voor de geheime dienst en daarom hadden ze hem laten gaan. Hoe het ook zat, Tony en Nour hadden hun woning overduidelijk geen veilig oord meer gevonden, waar ze 's nachts opgeschrikt en overdag bedreigd zouden worden. En nu waren ze weg.

*

De dagen na de heropening van het café deed mijn oma alsof alles weer op rolletjes liep. Ze reed met mij de bergen in, hoger dan nooit tevoren. We zagen het smeltwater in de beken naar het dal stromen en maakten wandelingen over paden die pas sinds kort weer begaanbaar waren. Het gebied daarboven lag er nog steeds verlaten bij, hoewel er al jaren pogingen werden ondernomen om de tijdens de oorlog verdreven inwoners terug te halen. Mijn moeder kende afgelegen routes die om de dorpen heen liepen en waar – als uit het niets – een houten bankje kon staan dat uitnodigde om even te pauzeren. Had ze daar vroeger zitten schilderen?

Op die uitstapjes spraken we niet veel. Zelfs in het weidse landschap richtten we onze aandacht helemaal op wat dichtbij was – 'Is dat een muggenbeet op je hand? Zal ik de rugzak nu eens dragen?' Of we stelden ons de nabije toekomst voor, diezelfde omgeving in de zomerzon. 'Dan zouden we een tent mee kunnen nemen, dat hebben we nog niet eerder gedaan.' We hadden het niet over het café, niet over de protesten in de stad, waar het nog steeds onrustig was door het proces rond Samir Geagea. En ook niet over de vreselijke fout die ik had gemaakt. En toch was alleen al haar aandacht, de duidelijke moeite die ze deed om me tot steun te zijn, een troost.

Ook na onze terugkeer uit Duitsland had ze mijn angst aangevoeld. Ze had me meegenomen naar Tripoli, naar haar kinderjaren, en me zo laten zien dat ik een deel van haar leven was en dat ik hier hoorde.

Nu weet ik dat we op die uitstapjes ook terugkeerden naar een zwijgzaamheid waarvan ik dacht dat we die overwonnen hadden. En ik weet, hoewel het eigenlijk een bittere waarheid is, dat die stevige, warme omhelzing van het zwijgen een saamhorigheid tussen ons schiep die tot op de dag van vandaag mijn diepste ervaring van geborgenheid is.

*

Afgeluisterde gesprekken in de stad, januari 1995:
– 'Ik heb gehoord dat het weer zo blijft. Werd wel tijd ook.'
– 'Heb je al gehoord van die nieuwe wet? Het is nu verboden om op pelikanen te jagen.'
– 'Zo moet je niet denken, broer. Het is belangrijker een studie te vinden die je bevalt...'
– 'Laten we liever ergens anders heen gaan. Dit was onlangs nog gesloten wegens legionella in het leidingwater.'
– 'Tony en Nour? Brazilië. Heb ik tenminste gehoord.'
– 'Nee, echt waar. Dat is laatst bekendgemaakt. Het project heette Stargate. De CIA *heeft een geheime afdeling voor paranormale zaken, ze hebben spokenjagers aangesteld, met als hoofdactiviteit de opsporing van verdwenenen...'*

Het was ongeveer een week geleden dat de UNICEF-mevrouw bij ons had aangebeld. Ik had nog altijd niets over Zahra gehoord. Bij bushaltes, in de rij in de winkel, bij de gaarkeukens en in de tuinen werd over van alles en nog wat gepraat, maar er drong geen enkel gerucht over een meisje uit Jouaiya tot me door.

Ik overwoog Abbas in vertrouwen te nemen. Hij had iets daadkrachtigs, wat me veelbelovend leek. Bovendien woonde hij meer naar het zuiden, dichter bij Jouaiya. Misschien wist hij meer.

Sinds ons uitstapje naar de zijderupsenkwekerij had ik het gevoel dat we nader tot elkaar waren gekomen. En die indruk was op kerstavond nog eens bevestigd. Telkens moest ik weer denken aan zijn verhaal, dat hij als kleine jongen na onweer de tuin in was gerend om rupsen te redden. Ik belde hem, maar de vrouw die ik aan de lijn kreeg, zei dat Abbas een tijdje weg was.

'Heeft hij gezegd wanneer hij weer terugkomt?' vroeg ik die avond aan mijn oma.

'Nee, Amin, ik wist echt niet dat hij van plan was weg te gaan.'

'Oké... jullie hebben toch vrij lang getelefoneerd. Ik dacht dat hij u misschien iets had verteld.'

'Nee, hij heeft niets tegen me gezegd. Wil je me het meel even aangeven?'

Mijn oma's vingers verdwenen in een deegbal. Ze gooide hem in de lucht, trok hem uit elkaar, kneedde hem weer tot een bal.

Ik zette het meel bij haar neer. 'Hebt u weleens van astraal reizen gehoord?'

'Astraal reizen? Nee.'

'Blijkbaar zijn er mensen die hun lichaam kunnen verlaten om met hun geest naar een willekeurig oord te reizen. De CIA heeft zulke mensen in dienst genomen. Ze hebben geblinddoekt gebouwen hier in Beiroet beschreven die er precies zo uitzagen als gebouwen waaruit later gijzelaars werden bevrijd.'

'Is dat waar?'

'Dat heb ik tenminste gehoord. Denkt u dat er nog zo iemand in Beiroet werkt?'

'Ik denk dat het onzin is, habibi.' Mijn oma draaide zich weer om naar het keukentje, haalde de deegrol uit de la en begon kordaat het deeg plat te walsen. 'Als dat echt werkte, zouden die astrale reizigers de meest gevraagde mensen van de stad zijn.'

Tegenwoordig zie ik in mijn overwegingen van zelfs de meest bizarre opties vooral een uitwijkmanoeuvre. Terwijl de volgende stap toch voor de hand lag. Ik weet niet waarom ik zo lang aarzelde om me weer tot Jafar te wenden. In feite was hij voortdurend in mijn gedachten. Maar naar hem toe gaan had betekend dat ik mijn machteloosheid moest erkennen. Door geen contact met hem te zoeken bewaarde ik nog een restje van wat ik toen voor waardigheid hield, en ik hield mezelf voor dat wat onmiskenbaar angst voor nog een afwijzing was een teken van onafhankelijkheid was.

Ik had de pest in dat ik hem zo miste. Door mijn neiging mijn kop in het zand te steken gaf ik hem overal de schuld van. Ik vervloekte de dag op de vlooienmarkt waarop deze lawine aan het rollen was geraakt en het feit dat Jafar me ertoe had gebracht net zo te willen zijn als hij. De scène waarin ik hem met het meisje op de klippen had gezien, achtervolgde me tot in mijn dromen. En toen ik mezelf eindelijk zover had gekregen dat ik me weer aan hem wilde vertonen, was het te laat.

'Weet je waarom je zo vaak zo ongelukkig bent?'

Dat vroeg ooit, nog helemaal niet zo lang geleden, die vrouw bij wie ik een tijdlang een soort toevlucht had gevonden.

'Ik moet zo gaan,' zei ik, 'de trein...'

'Omdat je altijd van het ergste uitgaat, Amin. Zo verminder je de valhoogte. Als je je instelt op ongelukkig zijn, kun je niet meer zo diep vallen als toen...'

'Toen kwam ik te laat. Die vervloekte trots. Als ik eerder over mijn schaduw was gesprongen...'

'Dan zou je het niet hebben voorkomen.'

'Ik denk van wel. Die dag dat we tevergeefs naar de tekenaar zochten... Jafar was op de een of andere manier veranderd. De weken daarvoor had hij zich al van me afgekeerd. Maar voor hij me verloochende, toonde hij me zijn totale onzekerheid. Ik geloof dat hij toen op zijn manier om hulp vroeg.'

'Het was niet jouw schuld,' zei Soraya. 'Jafar heeft nooit iemand om hulp gevraagd.'

Ik heb me vaak afgevraagd of er een bepaald moment is waarop we onze kindertijd achter ons laten. Zonder herinnering, heet het, wordt er geen persoonlijkheid gevormd. Elke emotionele ervaring laat sporen na in de matrix van ons geheugen, zowel de verbondenheid van een vriendschap als kleine vernederingen of ogenblikken van vertwijfeling.

'Wie was dat meisje?

'Ze heette Zahra. Jafar had me geholpen haar te benaderen.'

'Het ging er dus om dat je het met hem wilde uitpraten?'

'Ja, ik zag in dat ik hem nodig had. Ik hoopte dat we elkaar de hand konden reiken. Dat was wat ik wilde.'

'Dat is begrijpelijk. Vertel me wat er toen gebeurd is...'

Lichternis

Ik was twee weken te laat.

De verhuurder leidde me door het lege huis. Het was een kleine woning, drie kamers, keuken, badkamer. Ik had de man niet willen geloven.

Hij stond met een sleutelbos in zijn hand tegen de deur geleund. 'Van de ene op de andere dag vertrokken,' zei hij. 'Geen telefoontje, geen opzegging, niets. Ineens lag de sleutel in mijn brievenbus. En die mensen?' Hij knipte met zijn vingers. 'Als door de aarde verzwolgen.'

Ik keek in elke kamer. Ik drukte mijn vingers in het reliëf van het behang, voelde aan lichtschakelaars en deurklinken. Bij de ingang van een groter vertrek bleef ik staan en ik stak mijn hand uit naar de deurpost. Daar stonden allerlei markeringen op aangegeven, zoals je doet om te kijken hoe kinderen in de loop der jaren langer worden. SORAYA stond aan de linkerkant, JAFAR aan de andere.

'En ze hebben niet gezegd waar ze heen gingen?'

'Met geen woord. Zoiets heb ik nog nooit meegemaakt.'

Hij vertelde me dat hij samen met zijn zoon alle meubels weg had gehaald. Ladekasten, bedden, glazenkasten, ze hadden alles achtergelaten. Ik zag de afdrukken van kasten op de vloerbedekking.

'En ze hebben geen bericht achtergelaten?'

De man nam me van top tot teen op. 'Alleen die puinhoop,' zei hij en hij wees naar een kamer aan het einde van de gang.

Toen ik er naar binnen ging, zag ik een vierkant van licht dat door het raam op de vloer en de tegenoverliggende muur viel.

'Dat was de kamer van de dochter,' hoorde ik de man zeggen terwijl ik verder naar binnen ging.

Op het behang hadden kinderhandjes met waskrijt een vierkant getekend. SORAYA'S ATLAS stond er in hoofdletters boven. Buiten het vierkant waren doosvormige torenflats getekend. Ze stonden in brand. Raketten vlogen boven de daken. Binnen het vierkant heerste orde. Het was een schets van een fictief gebied. Kronkellijnen duidden rivieren aan. Daar stonden namen bij: Usumacinta, Orinoco, Irrawaddy, Zambezi, Ganges, Kenai.

Het was alsof ik vanuit een vage droom het licht in klom. Ineens was het weer zomer. En we zaten op de bovenste etage van een ruïne, met onder ons de lichtjes van de stad.

'Ik maak een dierentuin aan de Zambezi,' fluisterde ik.

En Jafar zei: 'In de kelder was geen licht, geen mogelijkheid tot afleiding.'

Ik draaide me om. In de deuropening stond de verhuurder. 'Mag ik alstublieft ook de kelder zien?' vroeg ik zachtjes.

Ik kan me nog herinneren dat de man eerst zijn voorhoofd fronste, het woord 'kelder' vragend herhaalde, grijnsde en plotseling in lachen uitbarstte.

Wat ik me ook kan herinneren, is dat ik kort daarop de straat op tuimelde. Huizen dicht opeen zo ver het oog reikte. 'Ik zoek de winkel van Salman,' zei ik tegen een vrouw achter een kinderwagen, 'kunt u me zeggen waar die is?'

Geërgerd deinsde ze achteruit. 'Er is hier geen winkel die zo heet,' zei ze, 'het spijt me.'

'De winkel van Salman,' herhaalde ik. 'Die moet toch hier in de straat zijn. In de oorlog verkocht hij kaarsen en batterijen.'

'Nee, ik woon hier al twintig jaar,' zei de vrouw, en ze liep door.

De wind op mijn huid die nacht op het platte dak van de flat toen Jafar me over het verlies van zijn oog vertelde, is een gevoel dat ik al die jaren niet vergeten ben. Ik zie me nog daar bij de afgrond staan, de tengere jongen die ik destijds was, en naast me spreekt hij met rustige stem – Jafar, de verhalenverteller uit Ashrafiyyah, Beiroet – over zichzelf in de derde persoon.

Ik keek achterom naar het huis waar ik zojuist uit was gekomen. In zijn verhaal had Jafar ongeveer hier gestaan toen zijn zusje naar buiten was gerend, op weg naar een kelder die niet bestond.

'En zoals ze daar stond, met gestrekte arm, alsof ze hem wilde wenken, dat was het laatste wat hij zag voor het dicht bij zijn oog eerst heel licht werd en toen heel donker.'

Ik drukte mijn handen tegen mijn slapen om ervoor te zorgen dat de straat ophield met wankelen. Grauw daglicht werd door de ramen van de huizen gereflecteerd. Ik deed mijn ogen dicht.

'Wat is er echt met je gebeurd?' vroeg ik. 'Waar ben je naartoe gegaan?'

En Jafar, die ik als nabeeld op mijn netvlies zag, klapte de atlas op zijn schoot dicht en zei: 'We bedachten zoveel.'

De volgende weken en maanden – en soms nog jaren later – probeerde ik bij het inslapen aan Zahra en Jafar te denken, zodat ik van hen zou dromen, maar dat werkte nooit. Dat wil zeggen, ik droomde voortdurend van hen, maar altijd in de context van hun afwezigheid. Die terugkerende dromen waren doortrokken van alledaagse mislukkingen – gemiste telefoontjes, platte fietsbanden, een bouwplaats die me tot een omweg dwong – zodat ze weg waren wanneer ik op de afgesproken plaats aankwam... En aan die beelden kleefde een beklemming die me ook in wakende toestand niet verliet.

Ik zou, meer dan die schetsen, kunnen beschrijven wat er toentertijd in me omging. Maar het volstaat te zeggen dat ik helemaal in de jongen veranderde die zich de dag na de zandstorm in de spiegel had vertoond. Wie ik daarvoor ook geweest was, ik raakte hem in die dagen kwijt.

*

De winter ging over in de lente en de lente weer in de zomer. De wereld draaide door. Mensen zetten planten in hun tuin, deden kaartspelletjes, gingen naar de zondagsschool of de mis, keken naar soaps en talkshows; de stroom viel uit en kwam weer terug, sloopkogels verbrijzelden muren van huizen, machines maakten cement aan, de stad van de toekomst rees op naar de hemel.

In juni werd Samir Geagea ter dood veroordeeld. De straf werd meteen in levenslange eenzame opsluiting omgezet. Het proces was ten einde. Veel voormalige militieleden hadden het land tijdens het proces verlaten om aan repressie en arrestatie te ontkomen. Veel bleef na het vonnis onzeker. Waarnemers beoordeelden proces en uitkomst als politiek gemotiveerd. Diverse getuigen herriepen later hun verklaringen als zijnde 'door marteling afgedwongen'.

Op een van die dagen in juni hoorden we vanuit het zuiden van de stad gedurende een aantal uren het geluid van schoten, maar het was onmogelijk te zeggen of ze uit vreugde of uit protest werden afgevuurd. In onze woonkamer waren de gordijnen dichtgetrokken vanwege de hitte. De televisie stond aan. Ik herinner me grofkorrelige beelden: woedende mensen achter afzettingslint, Samir Geagea met handboeien om, omringd door camera's. Een verslaggever berichtte live voor het gerechtsgebouw.

'Een opzienbarend proces is vandaag ten einde gekomen, en het vonnis is sensationeel. Samir Geagea is de eerste en tot nog toe enige ex-militieleider die ooit aangeklaagd en veroordeeld is. Toch achten waarnemers het onwaarschijnlijk dat er meer aanklachten zullen volgen, want veel voormalige militieleden bekleden tegenwoordig hoge functies en worden door een amnestiewet tegen strafvervolging beschermd. De in 1991 uitgevaardigde wet nummer 84 – ook wel G84/91 genoemd – garandeert hun en andere gewapende strijders immuniteit voor alle misdaden die ten tijde van de burgeroorlog en voor 28 maart 1991 zijn begaan. Daarvan uitgezonderd zijn alleen aanslagen op religieuze en politieke leiders en op buitenlandse en Arabische diplomaten. Die uitzondering is ook de reden waarom Samir Geagea in dit proces – waarbij er volgens waarnemers sprake was van discrepanties – vandaag door de rechters schuldig is bevonden. Geagea heeft in de burgeroorlog...'

Ik keek naar mijn handen. Mijn oma zat naast me op de bank en staarde naar de televisie. Ze had onbewogen nota van het vonnis genomen, met opgetrokken benen waar ze haar armen omheen had geslagen, zoals ze de voorgaande weken zo vaak had gezeten.

*

Bestaat hij los van verhalen, de kloof die op een gegeven moment ontstaat en het leven bepaalt? Er was eens een tijd en er was geen tijd. Er was iemand en iemand was er niet. De verhalenverteller bezit het vermogen de lezer naar de ruïne te leiden die alle antwoorden in zich bergt.

*

1981

Al bij het ontwaken merkt ze dat het een goede dag zal worden. Een zweem van vroeger hangt in de lucht. Yara wordt wakker en denkt aan het atelier in het souterrain, bedenkt dat ze zin heeft om te schilderen. Dat is lang niet voorgekomen. Een vergeten gewaand gevoel: zich verheugen op de dag en een bezigheid die nog voor haar ligt zonder er al mee aan de slag te zijn, de tijd waarin er nog zoveel mogelijkheden zijn om aan een schilderij te beginnen, waarin het allemaal nog een experiment, een visioen is.

Ze slaat haar ochtendjas om en gaat naar beneden. Na achtentwintig jaar in dit huis is ze met elk hoekje vertrouwd. Ze zou geblinddoekt haar weg kunnen vinden. Sinds de scheiding van Amin woont ze er alleen. En sinds hij niet meer vóór haar opstaat, heeft het huis 's morgens vroeg vaak nog iets middernachtelijks. Dat vindt ze prettig. En ze vindt het ook prettig dat het op dat moment niet zo is. Het ruikt naar koffie. Er valt licht door het keukenraam, de deur naar de tuin staat open. Hoelang heeft ze geslapen? Het moet nog vroeg zijn, de zon is nog niet helemaal boven de heuvel uit gekomen. Maya staat onder de appelboom, met haar kindje op de arm. Ze zingt iets voor haar zoontje.

Ze kijkt naar haar dochter, die bij haar logeert. Het verbaast Yara telkens weer dat zij dat meisje ter wereld heeft gebracht, dat het nu een jonge vrouw is, vierentwintig jaar, en sinds een paar maanden zelf moeder.

'Goedemorgen,' zegt ze, 'goed geslapen?'

Yara knikt. 'Zo goed als in geen tijden.'

'Een heerlijke dag,' zegt Maya terwijl ze omhoogkijkt.

Er is slechts een enkel wolkje aan de hemel, en Yara besluit haar dochter niet te vertellen dat het 's middags zal gaan regenen. Ze woont al zo lang hierboven dat ze het aan de lucht merkt, aan de manier waarop de vogels vliegen en aan hoe vlug de wolken overtrekken. Ze wil het moment niet verstoren. Ogenblikken als deze zijn zeldzaam. Stralend heeft Maya het met zo'n onverholen enthousiasme over de heerlijke ochtend en over het kindje op haar arm dat Yara's keel van louter liefde wordt dichtgesnoerd. Ze zet de gedachte opzij dat het een tijdelijke aanblik is, omdat het een tijdelijke logeerpartij is. Maya en haar man zijn gekomen om haar als oma het kind te laten meemaken voor ze met zijn drieën teruggaan naar Frankrijk, waar ze wonen.

Daar is ruzie over gemaakt. Meer dan eens. Maya en haar man hebben haar halsstarrigheid verweten. Zij zou toch net zo goed naar Frankrijk kunnen verhuizen, naar haar dochter en kleinzoon. Wat wil ze eigenlijk nog hier, nu, in deze situatie, in dit land? Dat vroegen ze haar, en ze reageerde met uitvluchten. Een nieuw leven? Ik hoor hier – en het kind in principe ook. Bovendien heeft ze de mogelijkheid nooit uitgesloten. Ze acht het zo nu en dan zelfs waarschijnlijk dat ze het huis zal verkopen en meegaat naar Frankrijk, over afzienbare tijd. Maar eerst wil ze alleen deze ene keer zien wat ze nu ziet als ze in de deuropening staat: een fractie van een decennialang gekoesterde droom, de voortzetting van een lijn. Haar dochter en kleinzoon in deze tuin.

En dus glimlacht ze en leunt ze met haar hoofd tegen het hout van de deurpost terwijl Maya zich omdraait en blootsvoets door het gras loopt.

Ze bewondert de manier waarop Maya met het kind omgaat. Die liefdevolle, bijna moeiteloze onverstoorbaarheid, alsof het moederschap haar in het bloed zit. Intuïtief lijkt Maya te weten wat het jongetje nodig heeft, of hij honger heeft of alleen maar vastgehouden en gewiegd wil worden.

Toen ze het jongetje voor het eerst zag, moest ze huilen.

Amin.

Maya had haar de naam genoemd, haar aangekeken en stilletjes op een reactie gewacht. Waarom wilde haar dochter het jongetje per se de naam van zijn grootvader geven? Ze hoopte dat het uit eerbetoon was en niet uit rebellie tegen haar, die haar dochter had opgezadeld met haar eigen droom en haar naar een onbekend land had gestuurd. De afwezige vader. Zij tweeën hadden altijd een heel nauwe band gehad. Zo nauw als je die kunt hebben met een man die zich beetje bij beetje in zichzelf terugtrekt. Ze weet dat ze te streng is. Er is veel wat ze Amin kan verwijten, maar niet dat hij een slechte vader was. Dat zijn dochter niet met een Libanees wilde trouwen, had hij niet Maya, maar haar verweten. Jarenlang. Jaren waarin hij veranderde. Ze heeft Maya nooit over die ruzies verteld. Over de verbittering die er over hem kwam. Maar natuurlijk had ze het gemerkt. 'Ik heb het gevoel dat ik bij jullie laatste bezoek spanning tussen jullie merkte. Ik hoop dat alles in orde is.' Zo schreef ze een keer in een brief.

Dus toen Maya het jongetje voor het eerst in haar armen legde en 'Hij heet Amin' zei, moest Yara huilen en was ze blij dat haar tranen voor meerderlei uitleg vatbaar waren.

's Middags klettert de regen op het dak. De wind giert om het huis. Ze ontwaakt uit een trancetoestand voor het schilderij waaraan ze werkt. Ze luistert. Het huis is leeg. Een vertrouwde stilte. Het gezinnetje is gaan wandelen, wordt nu door de regen verrast. Ze schaamt zich dat ze gezwegen heeft. Ze had niet bevoogdend willen lijken.

Het schilderij. Ze is tevreden, hoewel ze weet dat het haar morgen misschien zinledig of pompeus zal toeschijnen. In elk geval heeft ze weer geschilderd, ze hoopt dat het verlangen daarnaar zal blijven. Ze doet haar schort uit, maakt de penselen schoon, klapt de schilderkist dicht en verlaat het atelier. Als ze de deur dichttrekt, voelt ze zich ineens onprettig. Moet ze Maya vertellen dat ze geschilderd heeft? Ze zou haar vreugde graag delen. Haar zeggen dat er eindelijk weer die verrassing was, die nieuwsgierigheid. Maar ze is bang voor Maya's reactie. Ze vreest dat haar dochter het ten onrechte als het bekende indirecte verwijt zal zien, dat in feite betekent: kijk eens, ik schilder – waarom ben jij ermee gestopt, ondanks je gave?

Als even later de deur openspringt, staat ze bij het fornuis. Het tweetal komt lachend binnenstommelen, druipend van de regen. Hij schudt het water van zijn hoofd, neemt Maya in zijn armen, veegt de druppels van haar wimpers, kust haar op haar voorhoofd. Na jaren kent Yara die man nog niet goed. Hij is stil en zachtmoedig. Forsgebouwd. Donkere ogen, donker haar. Hij zou ook een Libanees kunnen zijn, denkt ze. Dat hij zich zo laat gaan als nu, komt zelden voor. Hier in huis houdt hij zich op de vlakte. Zijn gezicht blijft in de schaduw. Hij weet dat hij hier een vreemde is, dus doet hij er alles aan om niet te storen. Hij is beleefd, geeft antwoord op vragen, stelt tegenvragen, maar ze merkt dat hij haar, de schoonmoeder, niet zonder reserve tegemoet treedt en vraagt zich af wat Maya hem over haar verteld heeft. En of hij het was die haar heeft aangemoedigd het schilderen te laten voor wat het was.

Als Maya haar jas opendoet, komt het kindje tevoorschijn.

'Hallo.'

'Hallo. Het spijt me van de regen.'

'Dat hoeft niet, het was leuk. Wat hebt u gedaan?'

Ze aarzelt. 'Ik heb gekookt.'

Ze heeft de tafel gedekt. Drie borden. Drie glazen. Driemaal bestek. Een ritueel dat haar de afgelopen weken dierbaar is geworden na jaren van alleen-zijn hierboven. Ja, ze zou zich echt kunnen voorstellen mee naar Frankrijk te gaan.

Maya verdwijnt in de badkamer en als ze even later weer naar buiten komt, heeft ze een handdoek om haar natte haar gewonden. Ze staan tegenover elkaar onder het lage plafond. Ten opzichte van haar dochter voelt ze zich oud, onbeholpen, afgetobd.

Maya aarzelt. Ze heeft iets op haar hart en Yara weet allang wat dat is.

'Het spijt me,' zegt Maya, 'ik dacht dat we het erover hadden gehad, maar we wilden vandaag bij wijze van uitzondering in de stad gaan eten.' Ze staat daar, met haar handen in haar zakken, kijkt schuldbewust naar de gedekte tafel.

'O,' zegt Yara, 'dat was ik helemaal vergeten.'

Ze hadden al dagen geleden afgesproken dat – als de situatie in Beiroet rustig zou blijven – ze daar met zijn tweeën heen zouden gaan. Daar is een restaurant waar oude vrienden van Maya bedienen, niet helemaal in de stad, een beetje zuidelijker, een restaurant aan zee, en zij, de teruggekeerde, heeft het er al dagen over. Natuurlijk was Yara het niet vergeten. Ze heeft gekookt, de tafel gedekt en kaarsen aangestoken omdat ze hoopte dat ze zouden blijven; *fatayer balahme, kibbe darwish, foul hammoud, çoban kavurma,* meer dan ze ooit op zouden kunnen. Waar ze op had gehoopt, was een teken van boetedoening, of op zijn minst de bereidheid daartoe – Maya had haar moeder, die ze zo zelden ziet, vóór haar vrienden kunnen laten gaan.

Ze weet dat het zinloos is, dus forceert ze een glimlach en knikt. Maya loopt langs het aanrecht, drukt haar een vluchtige kus op de wang en zegt: '*Maman,* je bent de beste!' Dan rent ze alweer de trap op om zich om te kleden.

Zij blijft achter, kijkt naar de volle schalen. De flakkerende kaarsen. De berg pannen in de gootsteen. Ze voelt aan de plaats waar Maya haar heeft gekust.

'Maman, je bent de beste!'

Ze weet dat ze daar blij om zou moeten zijn. Maar ze kan zich niet verzetten tegen de onzekerheid die haar zo vaak overvalt sinds ze alleen is. Waarom 'maman'? Waarom in het Frans? Is dat niet ook een teken van vervreemding, van distantie? Van het verlies van hun gemeenschappelijke taal? Of is het een subtiele toespeling op de wens die nog steeds in de ruimte hangt, maar al wekenlang – zoals zoveel – onuitgesproken blijft: 'Pak je koffers, maman, verkoop het huis, laat je herinneringen hier en ga met ons mee naar Parijs!' Die onzekerheid is er voortdurend, ligt op de loer. Als die komt, komt ze eerst langzaam, en dan wordt ze zo sterk en neemt ze zo duidelijk vorm aan dat ze voor Yara een levend wezen lijkt.

Nu komen ze samen de trap af. Maya draagt een spijkerbroek en een cognackleurige blouse. Ze vraagt zich af of ze haar dochter een van haar jurken moet aanbieden die boven in de kast hangen. De blauwe misschien, die zou haar fantastisch staan, maar Maya staat alles fantastisch. Op die leeftijd, denkt ze, kun je alles dragen.

Maya heeft het kindje gevoed. Nu ligt het in een reiswiegje te slapen. 'Hij slaapt zeker drie, vier uur door,' zegt ze en ze zet een flesje op tafel. 'Dat is voor later, we zijn snel weer terug.'

Ze kijkt naar het kindje. Het jongetje trekt in zijn slaap met zijn handjes. Voelt hij dat zijn moeder wegloopt? Zal hij wakker worden als ze weggaan? Ze weigert aan haar onrust toe te geven. Maar een paar uur, denkt ze. Ze zal haar teleurstelling verbergen, het tweetal een fijne avond wensen, zich een glas wijn inschenken uit de reeds ontkurkte fles, en dan zal ze gaan eten en later het kindje wiegen en de fles geven.

Ze staan bij de deur, vlak bij het schilderij dat Maya heeft gemaakt, nog maar vijf jaar geleden. Het lijkt een ander leven. Ze letten er niet op, zien alleen elkaar. Hij houdt haar jas voor haar op, ze glipt er glimlachend in. Opeens ziet ze daar zichzelf staan, in het lichaam van haar dochter, jaren jonger, alleen is de gang de foyer van een theater. Ze slikt, dwingt zichzelf tot een glimlachje. De deur gaat open, koude lucht stroomt naar binnen, ze hoort de regen. Vader en moeder werpen haar en het slapende kindje een luchtkus toe en draaien zich om.

Ze zijn al half het huis uit, half in de regen, als Maya zich weer omdraait.

'Tot ziens!' zegt ze, en ze lacht.

Yara weet dat die afscheidsgroet de zo gewenste tegemoetkoming is. Het teken van een oude band dat alleen zij tweeën begrijpen. Een groet aan het verleden, misschien ook het vooruitzicht op een vergevingsgezinde toekomst.

'Tot ziens, tot ziens!'

Yara steekt haar hand op en zwaait terug.

Ze ziet het stel door de regen over het donkere grasveld lopen, de poort openmaken en in de auto stappen.

*

'Wij zijn twee kanten van dezelfde ziel, Amin.'

Dat zei mijn oma tegen me in de nacht na die storm toen ze me voor het eerst over het huis en de kinderjaren van mijn moeder vertelde. Een jaar later, op de dag van Samir Geagea's veroordeling, toen we zwijgend naar de televisiebeelden staarden, had ik op zijn minst een vermoeden wat ze daarmee bedoelde. Jarenlang had ze zich er volledig voor ingezet te voorkomen dat ik net zo zou worden als zij. Nu – na alles wat er gebeurd was – zag ze mij in diepe duisternis afglijden, zag ze al haar falen in mij weerspiegeld. Die duisternis was haar vertrouwd. In een reflex nam ze weer de houding aan die ik uit onze jaren in Duitsland kende. Een houding die vooral volharding was.

Ik zie voor me hoe ze ook in die nacht met mij als zuigeling aan haar zijde die houding aanneemt. Het is ver na middernacht. Ze zit op de keukenstoel, trekt haar benen op, slaat haar armen eromheen en legt haar hoofd op haar knieën. Zo kan ze haar aandacht erbij houden. Ze luistert naar de regen en wacht op het geluid van autobanden op de oprit.

De volgende jaren zal ze telkens weer die houding aannemen. Wat er ook op de loer ligt, het kan zo niet bij haar komen. Die volharding biedt mogelijkheden. Een toekomst blijft denkbaar. Die nacht tussen twee en drie beperkt haar voorstelling van een toekomst zich tot de volgende minuten. Zo meteen. Ze zal hun gelach horen. De deur zal opengaan en...

Het woord 'toekomst' is tijdens die minuten geen woord dat jaren of tientallen jaren betekent. Het bergt niet de voorstelling in zich dat het jongetje dat nog steeds naast haar ligt te slapen en te dromen, ooit, in een ander land, in een andere keuken, in pyjama voor haar zal staan en om zijn ontbijt zal vragen terwijl zij daar weer zo zit, sinds twee uur 's nachts, met opgetrokken benen. Of nog verder: een toekomst waarin ze haar haar zal verven en aan die jongen zal vragen: 'Zou je me op straat herkennen als we elkaar jaren niet hadden gezien?' Omdat ze op een gegeven moment is gaan beseffen hoe oud ze geworden is en dat Maya, als ze echt terug zou komen, haar misschien niet zou herkennen. Het is allemaal nog ondenkbaar. Het is tegen de wetten van de fysica dat een paar uur vierentwintig jaar worden.

Dus wacht ze gewoon maar af.

Ze blijft in die houding zitten.

Ze verliest de controle niet.

Aardverschuiving

De enige knikker die de pot miste, was vergeet-mij-nietjesblauw geweest. Dat herinnerden zich de kinderen – een jongen en een meisje – die de verslaggever ondervroeg. Ze tekenden de boog in de lucht alsof het in slow motion was gebeurd. Ze gaven drie punten aan, op korte afstand van elkaar, voor het moment aan het einde van de boog dat de glazen knikker uit het natte gras omhoog was gekomen, om te laten zien dat de knikker niet was blijven liggen, maar nog drie keer opgesprongen en doorgerold was, de afgrond in. De dagen ervoor had het ongewoon lang en hevig geregend. Er was een aardverschuiving geweest.

Het was duidelijk aan de kinderen te merken dat ze het verhaal niet voor het eerst vertelden: tussen de afzonderlijke woorden lagen nauwelijks denk- of adempauzes, hun gebaren erbij waren vloeiend, alsof ze ingestudeerd waren. Maar de traagheid waarmee ze de baan beschreven en zoals ze telkens weer de kleur van de knikker – zahrat al-wala'a, vergeet-mij-nietjesblauw – ter sprake brachten, deed vermoeden hoe ze hun best deden het einde van het verhaal niet te verklappen, want ze zaten nu eenmaal voor de camera om een verhaal te vertellen dat iedereen wilde horen. Wie goed keek, kon merken dat achter de beheerste toon van de kinderen een innerlijke onrust schuilging. Ze beschreven de kleinste details van die dag, alsof die van groot belang waren voor de afloop: hoe ze eerst door de verlaten boomgaard waren gestruind en in bomen hadden geklommen en dat de knikkers in het leren zakje bij elke beweging hadden gerinkeld. Ze verklaarden dat ze urenlang hadden gespeeld zonder een van de knikkers ook maar een moment uit het oog te verliezen. De beslissende worp leek hun bijzonder belangrijk: ze beschreven de uithaalbeweging en dat ze voor de grap zelfs hadden geprobeerd de windrichting en -kracht te bepalen om goed te kunnen gooien. Zelfs toen de verslaggever ongeduldig op zijn stoel begon te schuiven leken de kinderen nog helemaal daar te zijn, in de boomgaard, voor de afgrond, en maakten ze geen haast om hun verhaal af te sluiten. Bijna alsof vertellen het vermogen bezat dat beslissende ogenblik achteraf te bevriezen, wanneer de knikker nog in de lucht is, op het hoogste punt blijft hangen, omdat dat het moment is voordat de kinderen zich realiseren dat de knikker over de pot heen zal schieten en in de afgrond zal verdwijnen, waardoor ze gedwongen zijn hem te zoeken in het donker van de ongewone rotsspleet die daar is verschenen waar aarde is weggezakt, steeds dieper en dieper, tot ze uiteindelijk op de doden stuiten.

Zekerheid

Canal+, 9 januari 2005, 14.35 uur, commentaarstem bij het nieuws:

In de Oost-Libanese stad Anjar zijn in het weekend in een massagraf de skeletten van minstens achtentwintig mensen gevonden. Zoals het in Beiroet verschijnende dagblad Daily Star *vandaag berichtte, schatten de autoriteiten dat daar meer dan veertig lichamen begraven zijn.*

'Sommige beenderen in het graf liggen er langer dan twintig jaar,' verklaarde de patholoog Fouad Ayoub, die belast is met het onderzoek naar het massagraf dat vrijdag door twee spelende kinderen werd ontdekt.

De vindplaats van de lijken bevindt zich op minder dan een kilometer afstand van de voormalige centrale van de Syrische geheime dienst in Libanon, op terrein dat tijdens de burgeroorlog sinds begin jaren tachtig door Syrische troepen werd gecontroleerd. Volgens Ayoub worden er DNA-proeven genomen van de menselijke resten, die met dat van als vermist opgegeven personen zal worden vergeleken.

Tot nog toe hebben noch Libanese, noch Syrische politici op de vondst gereageerd. Sinds de burgeroorlog, die van 1975 tot 1990 duurde, worden er nog altijd meer dan zeventienduizend mensen vermist.

Het was een miezerige zondag. De wereld op halve snelheid. Geen lawaai op straat, en ook in huis was het stil. Mijn oma deed in de woonkamer een dutje of was net wakker toen het bericht op de televisie werd uitgezonden. Ik hoorde de deken ritselen en de bank kraken. Toen zette ze het geluid harder.

Tegen vier uur diezelfde middag klopte er een vrouw bij ons aan. Ze droeg het witte jack van het Rode Kruis en hield een klembord in haar hand.

Aan de keukentafel zei ze dat we ons gelukkig konden prijzen. Ze zei het zonder gespeeld medeleven en vanzelfsprekend zonder enige vorm van ironie. Ze zei dat maar zeer weinigen ooit zekerheid kregen.

De echo van de herinnering aan een stralende herfstdag: 'Zie je die appelboom daar? Als kind klom ze daar altijd in...'

Dat had mijn oma gezegd toen we samen onder de takken stonden. Waarom, had ik me indertijd afgevraagd, was uitgerekend die herinnering bij haar opgekomen?

'Twee schroeven en een plaatje in haar onderarm, dat was het resultaat.'

Ze had toen even gelachen. Daarna trok ze zich terug, alsof ze te veel had verraden.

*

Het is een vloek van de jeugd dat we op ons veertiende soms net zo wijs zijn als op ons veertigste, alleen ontbreekt het ons aan levenservaring en discretie om van die wijsheid ook gebruik te maken. Dat achter mijn oma's terughoudendheid een diepere waarheid verborgen zat, had ik altijd aangevoeld. Maar we stootten elkaar af, bleven soms wel aan elkaar hangen, maar nooit drong ik tot haar door – en zij niet tot mij. Zo word je niet geboren. Zo word je gemaakt.

'Ik wilde je altijd alleen maar beschermen.'

'Mij beschermen? Waarvoor?'

'Voor een leven zoals ik heb moeten verduren.'

Aannemen dat zwijgen volgende generaties beschermt, is een grote vergissing. Het tegendeel is het geval. Als opvoeders te veel met zichzelf bezig zijn, krijgt het kind geen bescherming. Reacties worden als normaal gezien en niet als bijzonder gedrag in een uitzonderlijke situatie. Het doorgeven van iets beladens geschiedt onbewust en zonder woorden.

Een tijdje geleden volgde ik dus het spoor van mijn oma toen ik de verborgen archieven in dook die sinds het einde van de oorlog waren ontstaan. Niet om mezelf te vinden, maar om meer te weten te komen over de tijd waarin ik was opgegroeid en die ik niet had begrepen. Twee of drie keer in de week ging ik naar Beiroet, stapte in de lift van een appartementencomplex en kwam via een onopvallende deur terecht in het gesmiespel van een genootschap dat zich helemaal wijdde aan het verzamelen van bewijzen.

Zoals ik te weten kwam, had de regering in 1992 onder druk van familieleden en verscheidene mensenrechtenorganisaties 17.414 vermisten aan het totale aantal slachtoffers van de burgeroorlog toegevoegd en gedacht dat daarmee het onderwerp was afgesloten. De moordenaars woonden op de bovenste etages. Mannen als Samir Geagea regeerden het land en probeerden een boek te sluiten dat nog niet eens echt opengeslagen was. Elk streven het lot van de verdwenenen op te helderen was sindsdien in de kiem gesmoord of in bureaucratische moerassen weggezonken.

Op een lentedag, vlak nadat we indertijd in het appartementje in

Oost-Beiroet waren getrokken, moet mijn oma eropuit zijn gegaan om mijn ouders als vermist op te geven. Het was een tijd dat internationale hulporganisaties het land binnenstroomden. Net als de vele families die voor een aantal jaren in ballingschap waren gegaan en die nu terugkwamen, in de hoop antwoorden te vinden. De oorlog was voorbij. Amnestiewetten waren getekend. Graafmachines rukten op en verdreven langzaamaan het gebeurde uit het stadsbeeld. Maar voor het eerst waren er nu officiële lijsten. De verwerking was nog maar net begonnen.

In het archief waren door kamerschermen afgescheiden hoekjes, waarin ik me met stapels ordners terugtrok. Ik had het grootste deel van mijn leven in dit land doorgebracht. Maar pas nu kwam ik meer te weten over de willekeur en gruweldaden uit een uitzonderlijke tijd, waartegen mijn oma me had beschermd door met mij naar Duitsland te vluchten.

Joseph Tawil, 26; 12 februari 1976 | Tegen 9.00 uur tijdens een rookpauze
Jamal Sweid, 20; 18 maart 1980 | Tegen 14.00 uur op de weg naar de luchthaven
Arifa Shamandar, 15; 5 juli 1985 | Tegen 17.00 uur tijdens een wandeling met vrienden
Youssef Ghandour, 52; 13 april 1977 | Tegen 8.30 uur in de buurt van het garagebedrijf van Ali Sherkawi

De mate van willekeur die op straat had geheerst en waardoor zoveel mensen waren verdwenen, was moeilijk te begrijpen. In de ordners stuitte ik op honderden lijsten, zoals de lijsten die ik ooit op mijn wandeling in de Rue Merleau op een muur had ontdekt en had overgeschreven.

Wat ik tussen de stapels ordners, kisten met foto's en microfilmpjes en meters dossiers ook vond, waren geluidsopnamen. De cassettes zagen er vanbuiten volkomen nietszeggend uit. Er stonden alleen jaartallen op. Misschien was het de volledigheid van de verzameling (1994-2010) die me ertoe verleidde ze uit de kast te trekken, en die me het gevoel gaf dat er een duidelijke lijn was.

De jonge vrouw met wie ik af en toe naar het restaurantje in de straat ging, had net dienst. Ze bracht me naar een achtergelegen ruimte die op een verhoorkamer leek: kale muren, een stoel, een tafel met een cassetterecorder en een koptelefoon erbij. Zo kreeg ik voor het eerst meer inzage in de andere kant. Ik zette de opnamen aan, hoorde een jonge vrouw vragen stellen. En de verwanten van verdwenenen vertellen:

Mijn moeder veranderde heel erg nadat mijn broer verdwenen was. Ze maakte jaren later nog te veel eten klaar en dekte elke avond de tafel ook voor hem, alsof hij elk moment de deur door kon komen.

Ik vond indertijd andere moeders die ook op zoek waren naar hun kinderen. We klopten overal aan. We gingen naar de milities, en daar zeiden ze: 'Vergeet dat jullie die kinderen ooit hebben gehad. Ga naar huis! Maak nieuwe kinderen. En als jullie mannen dat niet lukt, kom dan naar ons, dan maken wij ze bij jullie.'

Ik werd moeder en vader tegelijk.

Altijd als de telefoon gaat, denk je: nu is hij het die belt om te zeggen dat hij terugkomt. Zie je op straat een onbekende die op hem lijkt, dan trek je van zijn uiterlijk de jaren af die je hebt gewacht...

In de oorlog was ik vreselijk ongerust over mijn kinderen, maar ik kon geen paspoorten voor hen aanvragen. Ze zeiden dat alleen de vader dat kon. Ik zei dat die vier jaar geleden ontvoerd was, en dat ik daarom juist met de kinderen wilde vluchten. Ze zeiden: 'Breng dan hun grootvader mee. Zo is de wet.'

Weet u, vermisten bestaan niet voor de autoriteiten. Er is geen certificaat, geen document dat bevestigt: je man wordt sinds de oorlog vermist. Als je in deze maatschappij wilt overleven, zit er niets anders op dan hem dood te verklaren, en dat wilde ik niet, ik wilde het heel lang niet, ik heb geprotesteerd, heb het geweigerd en met mezelf geworsteld, en ik heb me geschaamd, ik heb me zo geschaamd omdat ik niet wilde dat hij thuiskwam, ooit, op een dag, als dode man...

Ik heb het recht te weten waar mijn dochter is. Ik wil geen wraak, er is in dit land genoeg wraak geweest. Alleen de waarheid. Ik wil alleen de waarheid weten.

Je man is sinds twaalf jaar verdwenen. Maar je weet niet eens wat je eigen status is. Wat ben je? Weduwe? Niet meer gehuwd? Je weet het niet. Je bent gedwongen je vrouwelijke kant te begraven. Met hem heb ik ook mijn leven als vrouw verloren. Ik heb hard gewerkt in een fabriek, om de kinderen een acceptabele levensstandaard te bieden. Maar ik heb niet het leven geleid dat ik had moeten leiden.

We zeggen: insjallah, op een dag zal hij terugkeren. We zeggen al dertig jaar insjallah.

In 2006, lang voordat ik achter het bestaan van die archieven kwam, was ik na mijn oma's dood nog eenmaal door haar woning gegaan. Het was vreemd om me op die manier in het leven te begeven dat ze had achtergelaten. Bij elke la die ik opentrok, voelde ik me een indringer die in de geheimen van iemand anders snuffelde. Al die voorwerpen die nu, van hun functie beroofd, daar aanwezig waren als museumstukken. Een waterkoker. Een schort. De tandenborstel in de badkamer. Een washandje met zeepresten. Een kam. Een tube haarverf in de spiegelkast. Het waren allegorieën van een eenzaamheid waarin mijn oma kleine beslissingen had genomen: om een kopje thee voor zichzelf te maken, haar tanden te poetsen, zich te wassen, haar haar te kammen of te verven. Noch als kind, noch als volwassene had ik het ooit gewaagd in haar spullen te snuffelen. En hoewel ik me ook nu een indringer voelde, bekeek ik zelfs de meest onbetekenende dingen alsof het relikwieën waren die me, als ik ze maar diepgravend genoeg onderzocht, verhalen konden vertellen of een verborgen waarheid onthullen.

Toen, dat heb ik al verteld, was me opgevallen dat ze geen romans bezat. Ik had dat verklaard vanuit de gedachte dat ze geen gevoel voor fantasie had. Maar nu ik die documenten in het archief las met een fascinatie die aan bezetenheid grensde, werd ik me ervan bewust dat ik aan de weinige non-fictieboeken in haar kast mogelijk niet genoeg aandacht had geschonken. Van Goghs brieven aan zijn broer bijvoorbeeld. Of het fotoboek *Madres de Plaza de Mayo*. Die titel stond, zoals ik nu ontdekte, voor een groep Argentijnse vrouwen wier kinderen en kleinkinderen tijdens de militaire dictatuur onder onopgehelderde omstandigheden verdwenen waren. Voor het presidentiële paleis in Buenos Aires waren ze bijeengekomen om tegen onrecht te protesteren en bestraffing van de schuldigen te eisen. In de documenten in het archief werd die groep steeds weer genoemd als het de auteurs erom ging strategieën en structuren aan de hand te doen die er in landen als Argentinië toe hadden geleid dat er in elk geval symbolische pogingen waren gedaan om de kwestie van de vermisten ook van officiële zijde aan te pakken.

De ontdekkingen die ik deed, waren belangrijk voor me. Ik had mijn oma verloren. Maar tegelijkertijd vond ik haar hier weer terug, in de vele bronnen en details, en nu en dan werd ik overmand door het vreemde gevoel dat ik haar nu pas leerde kennen. Toen de verbanden zich beetje bij beetje samenvoegden tot een beeld, herkende ik ineens overal aanwijzingen voor dat wat me zo lang raadsels hadden geleken. Zwart op wit doken in officiële berichten van Amnesty International of het Rode Kruis namen op van landen waar na gewapende conflicten – in tegenstelling tot Libanon – ofwel waarheidscommissies waren ingesteld ofwel andersoortige pogingen tot opheldering waren ondernomen: Argentinië, Cyprus, Tsjaad, Chili, Guatemala, El Salvador, Nepal.

*

In een van de allerlaatste brieven aan zijn broer Theo maakt Vincent van Gogh gewag van drie schilderijen die hij wil maken. Hij beschrijft 'immense, uitgestrekte korenvelden met een woeste lucht', waarmee hij zijn 'triestheid' en 'extreme eenzaamheid' wil uitdrukken. Die doeken moesten laten zien wat hij niet in woorden kon weergeven.

Ze leest die regels in dat boek en onderstreept ze. Beslist niet om een aanwijzing achter te laten, mocht ik ooit in het dunne boekje gaan zoeken – aan zoiets denkt ze niet. Ze onderstreept de zinnen omdat ze zichzelf erin herkent.

Het is 1994. Het verlangen naar het verre land is eindelijk veranderd in daar zijn. Alles is dichterbij gekomen. Door het open raam dringt bouwkabaal binnen. Beiroet en alle geluiden die ze zo lang heeft gemist. Geluiden van een ontwaken, een nieuw begin. Eindelijk.

Yara zit op de bank en probeert zich op de buitenwereld te concentreren. Volkomen onverwachts werd ze een paar uur eerder weer door onrust overvallen: lichte duizeligheid en het gevoel dat zelfs op weg naar de supermarkt om de hoek kwaadaardige verrassingen wachten. Ze hoopt dat de geluiden goede dingen overbrengen, ze probeert aan het positieve van al die veranderingen te denken, maar de wereld achter het gordijn schijnt haar armzalig en banaal toe. Het is pas middag, maar het wordt tijd dat er aan deze dag een einde komt. Morgen: een nieuw begin, een nieuwe poging. Het is goed, zegt ze tegen zichzelf, verman je. Ze heeft zulke momenten de afgelopen jaren wel duizend keer beleefd en weet: ze hoeft alleen de komende uren te doorstaan, misschien nog de volgende nacht, de volgende ochtend. Vroeg of laat zal de onrust verdwijnen, en in plaats daarvan zal – even plotseling – weer het vertrouwen komen dat alles mogelijk is. Ze komt overeind, legt haar boek weg, knoopt de punten van haar blouse voor haar buik vast, fatsoeneert haar haar en probeert dat vertrouwen nu op te roepen door te bedenken wat ze sinds de verhuizing allemaal voor elkaar heeft gekregen: de jongen is aangemeld op zijn nieuwe school, hij lijkt eindelijk aansluiting te vinden. En ze is naar de achterbuurten aan de rand van de stad gegaan, waar het Rode Kruis zijn tenten heeft opgeslagen. Ze is in de rij wachtenden gaan staan, heeft de namen van haar dochter en schoonzoon op een lijst geschreven, de kleur van hun auto (een donkerblauwe Volvo), datum en tijdstip van hun verdwijning (11 februari 1981, tussen 19.00 en 22.00 uur) en gegevens die zouden kunnen helpen om haar dochter te identificeren, mocht ze niet – en daar gaat ze net als voorheen van uit – ten gevolge van een misverstand bij een barricade gearresteerd zijn en naar een gevangenis in Syrië of Israël zijn overgebracht, waar ze nog steeds wordt vastgehouden, zoals zovele anderen.

Ze doet haar ogen dicht, ademt diep en hoorbaar in en uit. Soms helpt het. Soms gaat in elk geval de duizeligheid even over, worden haar gedachten helderder en ziet ze de wereld niet meer als in een waas. Binnenkort, denkt ze, zal ze het café weer openen. Alles is ondertekend. Er zal weer routine komen, afleiding, gezelschap. Ze zal geduld hebben. Doorgaan. Ze zal de controle houden. Omwille van haarzelf en van de jongen.

Het verbaast haar nu al hoezeer hij op haar lijkt. Niet uiterlijk, het is de vastberadenheid waarmee hij zich in zichzelf kan terugtrekken. Er zijn dagen dat het haar onmogelijk lijkt tot zijn gedachtewereld door te dringen, zich in hem te verplaatsen. En het pijnlijke daaraan is dat ze op die momenten het gevoel heeft in een spiegel te kijken. Hij lijkt geen woorden voor zijn vragen te kunnen vinden. Ze schaamt zich dat dat een opluchting voor haar is.

Als een mens zich in zichzelf heeft teruggetrokken, kun je alleen naar hem kijken. Iemand kan zeggen: 'Ik heb het koud.' Of hij zegt niets en we zien kippenvel op zijn armen of dat hij bibbert. Maar wat als zo iemand niets zegt en we ook niets aan hem zien? Als hij zijn armen onder lange mouwen verbergt en absoluut niets van zichzelf prijsgeeft? Ze kijkt vaak naar Amin. En hij naar haar. Soms zitten ze zelfs hier op de bank, tegen elkaar aan geleund, en blijven toch tussen hier en daar. Maar nooit echt hier. En nooit echt daar.

De wind waait naar binnen. Als het gordijn opbolt en er meer licht in de kamer komt, valt haar blik op de doeken die ze gekocht heeft. Ze staan voor haar tegen de muur geleund. Meteen wordt de duizeligheid sterker. Het stilzwijgende wit van de doeken lijkt een aanklacht. Uren en uren ongebruikte tijd. Ze voelt dat ze wil schilderen, nee, dat wéét ze, maar ze is bang om te beginnen. Ze is ook bang voor het resultaat, de teleurstelling. Stel dat wat er ontstaat haar nietszeggend lijkt? Als het geen recht doet aan de aanleiding? Zal die duizeligheid ooit overgaan? Wanneer is voor het laatst een schilderij van haar gelukt? Nu lacht ze zachtjes in zichzelf en schudt haar hoofd. Nee, nee, die tijd is voorbij. Ze zal de doeken vandaag nog weghalen.

Ze staat op van de bank, loopt naar het raam, schuift de gordijnen opzij. Het licht heeft iets metaalachtigs. Het verkeer op de Damascusstraat is ook hier te horen. De drukte. De stroom gezichten op de trottoirs. Deze stad is vluchtig. Alles en iedereen lijkt in beweging te zijn, ergens voor te vluchten. Mogelijk voor schuldgevoel. Dat is alomtegenwoordig. Die indruk had ze veertig jaar geleden al, toen ze als jong meisje aankwam. Ze had de mondaine façade doorzien en bereidwillig haar ogen dichtgedaan, hoewel de naderende ramp zich al had afgetekend. Toen al sprak men zelden mét, maar des te meer óver elkaar.

Voor haar was het een tijd van blijven ademhalen geweest. Ze had dankbaarheid gevoeld. Het kloppen van de verwachting die inherent is aan een nieuw begin. Wat was het leven toch onberekenbaar. Op een dag stond je in de werveling van een zomerstorm, werd je tegen de muur geslingerd, brak je twee ribben, en het volgende ogenblik, omdat je het lef had gehad iets te veranderen, zat je in de loge van een theater of aan dek van een stoomschip op de Atlantische Oceaan met een trouwring aan je vinger op weg naar New York, naar de lichtjes van Coney Island.

De middaglucht is het tegendeel van fris – tonnen met niet-opgehaald afval verzamelen zich beneden onder het raam en een mengsel van vocht en stof ligt zwaar op elke beweging. Ze ziet vrachtwagens de straat in rijden. Een maar al te vertrouwd beeld. Ze komen van bouwplaatsen en denderen richting zee. Wederopbouw als verdringingsmechanisme. Dat is de stad van de toekomst.

Ze heeft over de commissies in andere landen gehoord. Ook over de pijnlijke processen, de getuigenissen, de teleurstellingen – maar daar hebben ze tenminste moeite gedaan het te begrijpen. In tegenstelling tot hier. Ze kent de wens te vergeten. Ze kent het gevoel van sprakeloosheid, van onmacht. Merkwaardig, denkt ze, je hebt taal nodig om de oorlog te verklaren. Maar je hebt ook taal nodig om op de een of andere manier door te kunnen leven met dat wat je aangericht en ondergaan hebt. In het toneelstuk *De Perzen* van Aischylos roepen de slachtoffers van de zeeslag bij Salamis ertoe op hen te gedenken door over hen te vertellen. Want als over hen wordt gezwegen, verdwijnen de vermisten nogmaals – misschien wel voorgoed. Ze was erg aangedaan door het stuk, eind jaren vijftig in het Grand Théâtre, en nu, zoveel jaar later, kan ze er niet omheen iets profetisch in die enscenering te zien. Maar hoe moet zij, Yara Elmaalouf, over de slachtoffers vertellen, hier, waar niemand er iets over wil horen? Hoe moet zij de slachtoffers, de daders, alle niet-betrokkenen, over iets vertellen wat ze niet eens voor zichzelf, voor haar kleinzoon, in woorden kan vatten?

Ze weet het antwoord.

Schepen die verdwijnen aan de einder voor de kust bij Tripoli – als een wensdroom vastgelegd door de veertienjarige die ze eens was. Haar taal is altijd schilderen geweest. Waarom verzet alles in haar zich daar nu tegen?

'Omdat ik veranderd ben,' zegt ze in de stilte van de kamer.

Ze is een andere vrouw geworden. Dus moet ze anders schilderen dan voorheen. Minder figuratief. Net zo fragmentarisch als ze zich voelt. Sprekend, zonder woorden te gebruiken. Een aanklacht zonder te schreeuwen. Een raadsel.

Ze denkt aan wat ze in Van Goghs brieven heeft gelezen: 'immense, uitgestrekte korenvelden met een woeste lucht. Extreme eenzaamheid'.

Het doek als drager, waarop alles bij elkaar komt.

Ze luistert. De vrachtwagens zijn verdwenen.

Haar duizeligheid, zo merkt ze geïrriteerd, eveneens.

De onthulling van de zijderupsenteler

Er wordt gezegd dat wij de optelsom van onze herinneringen zijn; onze identiteit zou een kunstig geweven tapijt van flarden herinnering zijn. Maar op welke manier worden we gevormd door de dingen die we vergeten zijn, hebben verdrongen of nooit goed hebben begrepen? En hoe vullen we die leemten op?

Met verhalen. Dat is één antwoord.

Het andere luidt: met het laten verstrijken van de tijd.

Net zoals aantekeningen in notitieboekjes – ooit van vraagtekens voorzien – ons achteraf na jaren lachwekkend duidelijk lijken, zo kunnen voorheen verwarrende ervaringen ineens verbazend helder worden.

Dat ervoer ik toen ik enkele keren per week de bandopnamen beluisterde in het archief in Beiroet. Want op een dag hoorde ik op een van die cassettes volkomen onverwachts een stem die me bekend voorkwam.

Ik kon niet met zekerheid zeggen of ik de persoon die sprak ooit had ontmoet. Blijkbaar ging het om een oudere vrouw. Net als bij de andere opnamen het geval was, werd ze door een jongere vrouw ondervraagd. Het interview uit 1996 had zo te horen plaatsgevonden in een grote ruimte, mogelijk in een restaurant of café. Op de achtergrond rammelden borden, klonken gedempte gesprekken, zachte muziek – en ook de vrouw wier stem ik al eens gehoord dacht te hebben, sprak zachtjes. Het opnameapparaat was steeds uitgezet als ze om een pauze had gevraagd, en soms was het een beetje te laat weer aangezet, zodat ik maar een deel van een uitspraak oppikte en de rest erbij moest denken. De opname duurde twee tot drie uur.

Naar bleek had het lot de vrouw dubbel getroffen. Ze miste haar man sinds de massaslachting van Karantina. En haar broer was in het Port District uit een auto gesleurd en ontvoerd. De manier waarop de vrouw over het zoeken en het gemis sprak, leek op die op de opnamen die ik al beluisterd had. Maar af en toe – meestal wanneer de stem van de ondervraagde het begaf of als ze geen woorden voor het herinnerde leek te kunnen vinden – kwam ze in haar beschrijvingen terug op een groepje mensen bij wie ze blijkbaar een tijdlang steun had gevonden.

'Een appartementje in Oost-Beiroet [...], nee, geen activisten. We waren eerder... vrienden. [...] Soms urenlang alleen gepraat en [...] troostend te merken dat ik niet de enige was. [...] Had nooit gedacht dat we met zovelen waren. We hadden een volkomen verschillende achtergrond [...] Ja, inderdaad net een grote familie.'

Als iemand op dat moment de kamer binnen was gekomen en me met de koptelefoon op mijn hoofd had betrapt terwijl ik ondanks het zware onderwerp glimlachend zat te luisteren, wat had die persoon dan wel niet gedacht?

'Net een grote familie...' zei ik zachtjes.

Steeds weer had ik me indertijd afgevraagd waarom Abbas nooit aanwezig was geweest bij die bijeenkomsten bij ons thuis. Het had geleken of hij Nadja, Abu Amar of Umm Jamil had gemeden. Pas op kerstavond hadden ze elkaar leren kennen.

Nu kreeg ik verlaat antwoord. Of beter gezegd: mijn vermoeden werd bevestigd. Abbas had zich simpelweg uit discretie verre van de bijeenkomsten gehouden. De kring rond mijn oma was een groep zoekenden geweest en de zijderupsenteler uit Sidon maakte daar geen deel van uit.

Op zijn kwekerij had hij me verteld dat personages in sprookjes en verhalen hem vooral fascineerden als ze vanuit de schaduw optraden. Elf jaar na ons uitstapje begreep ik dat hij daarmee met name zichzelf had bedoeld. Mijn oma en ik hadden toen net ruziegemaakt. Ik had toevlucht gezocht in mijn woning in Tripoli. En nadat ik twee weken lang geen gehoor had gegeven aan zijn verzoek hem te bellen, had Abbas me uiteindelijk weten op te sporen om zich te onthullen.

*

1966

Amin Elmaalouf draagt nog de kleding van de schoonmaakdienst als hij twee blokken van de Intra Bank in zijn auto stapt. Hij passeert wegblokkades die in allerijl zijn opgeworpen om de protesterende menigte terug te dringen. Maar hij rijdt niet naar het oosten, naar zijn gezin in de bergen. Hij gaat naar het zuiden, richting Sidon.

Al die jaren is het hem beroepsmatig en privé steeds beter vergaan. Maar nu hij beseft dat die gestage stijging waarschijnlijk tot stilstand is gekomen, blijft Amin Elmaalouf kalm en beheerst. Hij is niet meer in paniek geraakt sinds zijn kindertijd toen zijn vaders voetstappen steeds dichter bij de deur van de schuur kwamen. Die ijzeren zelfbeheersing heeft hij door de jaren heen behouden, daardoor heeft hij het zover geschopt. Nog in de bank, in de lift naar beneden, is hem duidelijk geworden wat hem te doen staat. Het familievermogen is breed geïnvesteerd. Het is veilig belegd en kan kleinere verliezen gemakkelijk hebben. En zo niet: ze hebben het huis, ze hebben elkaar en hun dromen, en zo'n gewoon bestaan is ook vervullend genoeg om gelukkig te kunnen zijn, mocht de maatschappelijke glans van het milieu waarin ze verkeerden verbleken en onbereikbaar voor hen worden. Ze hadden soms toch al het gevoel zich op een gemaskerd bal te bevinden.

Amin Elmaalouf glimlacht. De stad. Die voortdurende opwinding. Het zal vast gaan als altijd. Deze toestand zal een paar weken opzien baren en daarna vergeten worden. Er is een deur voor hem dichtgevallen, maar weldra zal er een andere opengaan. Hij zal de komende dagen zijn kantoor leegruimen, een, twee maanden met Yara en Maya op reis gaan en dan een nieuwe baan vinden. Bij de Centrale Bank misschien. Het werd toch al tijd om zich van Yousef Beidas los te maken. Zijn eigen weg te gaan.

Met die gedachten rijdt hij met open dak over de kustweg. Op de bananenplantages staan de boeren voor hun karren. Op het water deinen zeilboten en in de achteruitkijkspiegel worden de flats kleiner. Een gouden oktoberdag.

Geld hebben betekende voor Amin Elmaalouf dat de wereld hem niets hoefde aan te gaan. Zijn ouders hadden nooit geld gehad. Hij was opgegroeid in een tijd van vreemde overheersing. Een tijd waarin de landkaart van het Nabije Oosten door Europeanen was vormgegeven en van nieuwe grenzen voorzien. Hij had een jeugd vol armoede en geweld beleefd. Arm zijn had voor hem betekend: aan de grillen van de wereld overgeleverd zijn. Aan de grillen van zijn vader. Rijkdom had naar zijn idee altijd gelijkgestaan met bescherming. En toen het hem gelukt was een aanzienlijk vermogen te verwerven, had hij nooit geprobeerd een profane vorm van geluk te kopen, maar vooral genoegen genomen met de afwezigheid van ongeluk. En ook al liet hij af en toe die andere kant van zichzelf zien, zijn zwakte voor het theater, lekker eten en wat dies meer zij: rijkdom betekende voor mijn grootvader vooral bescherming, geen vertier. Dat weet ik nu. En die wetenschap is nodig om te begrijpen waarom hij op de dag dat de Intra Bank en zijn vroegere leven instortten, niet eerst naar huis ging, maar naar Sidon.

Hij ging naar zijn vriend Abbas, om hem iets te laten beloven.

*

'Je grootvader kwam tegen de middag aan bij mijn kwekerij. Ik kwam net uit de tenthal toen zijn auto door de poort kwam rijden. Hij droeg geen pak, zoals anders, maar zag eruit als een schoonmaker, daarom herkende ik hem niet meteen.'

Mijn woning in Tripoli was maar klein, en toch leek Abbas erin verloren te gaan. Hij was afgevallen. Zijn huid was bleek, alsof hij wekenlang zijn huis niet uit was geweest, en zijn lichte haar stond warrig af van zijn hoofd.

Hij had in een donker hoekje van de benedengang op me staan wachten.

'Je hebt niet gebeld.'

'Waarom zou ik? Ik wist dat u me wel zou vinden.'

Ik schonk twee glazen vol met leidingwater. Dagenlang had ik de onafgewassen vaat genegeerd. Maar door Abbas' aanwezigheid werd ik me op slag bewust van de wanorde, en ik schaamde me omdat daardoor bleek hoe verloren ik me voelde.

Ik begreep niet waarom Abbas, we waren nog maar net binnen, met dat oude verhaal was begonnen. Maar zolang hij vertelde, zou hij niet naar mij vragen of informeren waarom ik hier woonde. Dus vroeg ik: 'Wat wilde hij toen van u?'

'Een gunst,' zei de zijderupsenteler. Hij bekeek het glas met een korte blik en nam toen een slok. 'Amin kon nog niet weten welke gevolgen het faillissement zou hebben. Maar hij – die zijn leven lang elke stap had gepland – moest voor het eerst hebben gemerkt dat er altijd onvoorziene zaken konden plaatsvinden en dat die ook hem konden treffen. Daarom wilde hij voorzorgsmaatregelen nemen.'

'Voorzorgsmaatregelen,' herhaalde ik, spottender dan bedoeld. 'Voor wie dan? Zijn gezin? Dat klinkt niet als de grootvader over wie me is verteld. De man die er zomaar vandoor is gegaan...'

Abbas boog zijn hoofd. 'Laat me alsjeblieft vertellen. Ik denk dat hij me ook kwam opzoeken omdat ik voor hem een waarschuwend voorbeeld was. De gouden jaren van de zijderupsenteelt waren allang voorbij. Je weet dat de kwekerij alleen door zijn hulp was blijven bestaan. Dankzij hem had ik een deel van het personeel terug kunnen halen. Dankzij hem ging het weer een beetje beter. Maar ik kan me voorstellen dat hij in mij en mijn situatie iets zag wat mogelijk ook voor hem dreigde.' Abbas draaide het waterglas om en om. 'Afhankelijkheid en langzaam verval. Zonder er schuld aan te hebben,' voegde hij eraan toe. 'We waren vrienden. We vertrouwden elkaar. Dus is hij die dag rechtstreeks naar mij gereden. Hij zat in mijn woonkamer en zei: "Abbas, mocht ooit de dag komen dat ik er niet meer ben, beloof me dat je dan voor Yara en de kleine meid zorgt." Hij zei dat heel kalm, zoals je tegen iemand zegt dat je even boodschappen gaat doen. Maar ik merkte duidelijk hoe serieus hij het meende. Toen was hij al gesloten, zelfs tegenover vrienden. Hij weidde niet verder uit. Het nieuws over het faillissement van de bank was nog niet tot Sidon doorgedrongen. Alles wat ik zag, was mijn vriend in de kleren van een schoonmaker die me om een grote gunst vroeg. En ik heb het hem beloofd. Toen stapte hij in zijn auto en reed weg.'

Nog steeds kon ik er geen wijs uit worden. Sinds ik Abbas' bericht had gekregen, verkeerde ik in de veronderstelling dat hij in opdracht van mijn oma naar me op zoek was. Ik was ervan uitgegaan dat hij me tot een gesprek wilde overhalen en dat we daar ruzie over zouden krijgen.

'Zo te zien heb je het nog,' zei hij nu, waarmee hij me uit mijn gedachten haalde. 'Dat is mooi.' Abbas wees naar het schilderij van mijn moeder. Voor het eerst sinds hij binnen was gekomen, zag ik iets van een glimlach op zijn gezicht.

'Het betekent veel voor me,' zei ik zachtjes. 'En ik weet ook wat het voor háár betekende. Maar ik wil het niet teruggeven, voor het geval u daarom hier bent.'

Abbas zei niets. Hij stond daar alleen maar naar het schilderij te kijken.

Een laatste zonnestraal drong als een lemmet tussen de gordijnen door, doorkliefde de kamer en viel op het goud van de lijst.

'Elf jaar geleden kwam u bij mij op mijn kamer,' zei ik. 'Op kerstavond. U zei dat ik ervoor moest zorgen dat er niets met het schilderij gebeurde.'

'Dat kan ik me herinneren.'

'U zei dat mijn hele familie in het schilderij vertegenwoordigd is.

Voor mij klinkt dat nu alsof u mij dezelfde belofte hebt laten doen als die u hem hebt moeten geven.'

Hij beet op zijn lip en knikte. 'En in tegenstelling tot mij heb jij je belofte gehouden. Ik heb Maya's verdwijning niet kunnen beletten.'

'Dat zou niemand gekund hebben.'

'Ik was niet in de stad toen het gebeurde.'

'Daar wil ik niet verder over praten, Abbas.'

'Nou...' Hij haalde diep adem en keek naar het plafond. '...dat ik je dit allemaal vertel, heeft een reden. Je oma veranderde in de jaren daarna. Hoe meer tijd er verstreek zonder dat Amin werk vond, hoe nuttelozer hij zichzelf voelde. Ik was met beiden even goed bevriend en zat tussen twee vuren. Soms kwam hij naar me toe en vertelde hoe benauwd hij zich voelde. En soms kwam Yara naar me toe en zei dat ze er niet langer tegen kon dat Amin zich in zichzelf terugtrok. Ze leken niet meer dezelfde taal te spreken. Een tijdlang wisten ze elkaar nog op de een of andere manier te vinden. Maar toen Maya tegen zijn wil naar Parijs ging, werd het nog moeilijker. Ik geloof dat hij het gevoel had nu ook het laatste te verliezen wat hem lief was...'

'Mijn moeder...'

'Ja. Je grootouders gingen twee keer per jaar naar haar toe. En bij hun tweede reis gaf Maya hun het schilderij. Ik weet zeker dat ze zich tegenover haar goed hebben gehouden. Maar hun dochter voelde fijntjes aan hoe de zaken ervoor stonden.'

Buiten was het inmiddels donker geworden, vanaf de etage onder ons was het schudden van wasmachines te horen. 's Middags was het in enkele wijken tot massaslachtingen gekomen en nu hoorden we op straat soldaten patrouilleren.

1976

Op de afrit van de luchthaven passeert Amin Elmaalouf soldaten. 's Middags zijn er schietpartijen geweest, op straat vormen zich colonnes van legertrucks. Het is een zonnige dag. Meeuwen cirkelen boven de kermis. Spelende kinderen langs de kant van de weg. Dat er oorlog is, merk je alleen aan details. Yara's stem, half gedempt door de rijwind, naast hem op de passagiersplaats. Ze heeft het over de boodschappen die ze nog moeten doen voor ze naar de bergen teruggaan. Die avond hebben ze Abbas voor het eten uitgenodigd.

Ze zijn allebei uitgeput. Niet zozeer door de vermoeienissen van de reis, als wel vanwege de moeite die het hun heeft gekost over te komen als twee mensen die elkaar nog iets te zeggen hebben. Zelfs het verre land heeft hun oude vertrouwdheid niet kunnen laten herleven.

Voor de landing in Beiroet staarde Amin uit het raampje. Naar het nevelige landschap. De grijze huizenzee. De illusie van integriteit. Zakenpartners hebben hem vaak gevraagd of hij Libanon kon uitleggen – ze hadden zoveel gehoord over het Zwitserland van het Nabije Oosten. Hij vertelde dan over de mogelijkheden. Over de schoonheid en de tegenstellingen. De skiliften in de bergen en de jetski's langs de kust, ambachtelijk filigraanwerk en ondernemersgeest. Hij zei dat de Feniciërs in Libanon het geld hadden uitgevonden. Het perfecte begin van gesprekken. 'Hier is eigenlijk alles,' zei hij altijd, 'en zelfs de dingen die ontbreken, zijn goed voor het land – een toezichthoudende autoriteit voor het bankwezen bijvoorbeeld.' Dan werd er op de tafel geklopt en gelachen. Maar het lukte hem nooit de gefragmenteerde samenleving nader te beschrijven. Het broeien onder de oppervlakte. De lichte schokken. Nooit kwam hem over de lippen hoe verkeerd de vergelijking met Zwitserland was, omdat de bevolking nog geen dag echte democratie had mogen beleven. Dus had hij altijd maar 'Dit land is niet te beschrijven' gezegd, zijn glas geheven en verlegen gelachen.

Toen het vliegtuig een beetje scheef hing, zag hij zijn spiegelbeeld in de ruit. Alsof hij tegelijk buiten en binnen was. Zijn jongere ik keek naar de man op leeftijd die hij was geworden. Opstandig schudde hij zijn hoofd. Hij heeft ooit gehoord dat je weet waar je vandaan komt als je weet waar je begraven wilt worden. Hij weet waar hij níét begraven wil worden: hier, in dit vernederde land dat hij niet meer begrijpt. Een blik uit het raam op dat centrum van prostitutie, die gigantische bouwput waarin cement beetje bij beetje elke boom, elk stukje gras opslokt. Waarom zou je hier in 's hemelsnaam iemand in de grond stoppen?

Tijdens hun reis heeft hij er vaak over nagedacht wanneer hij naast de slapende Yara wakker lag. Vroeger wenste hij op zijn reizen altijd zo vlug mogelijk naar huis terug te kunnen gaan. Naar dit land. Naar het huis. Nu verlangt hij vurig naar niets anders dan snel weer weg te kunnen gaan.

's Avonds proosten ze met zijn drieën met wijn op hun terugkeer en rollen ze het schilderij dat Maya hun geschonken heeft voor Abbas op de tafel uit. Ze halen de staande lamp dichterbij om het bij vol licht te kunnen bekijken. Ze staan erbij alsof het een schatkaart is.

'Het is prachtig,' zegt Abbas. 'Als Maya zo doorgaat, wordt ze nog eens de nieuwe Mary Cassatt.'

Amin en Yara lachen een beetje te hard.

Later, wanneer de afwas is gedaan, laat Amin Abbas de lijst zien die hij voor het schilderij heeft laten maken. Trots houdt hij hem in het licht, hij houdt hem voor zich uit en dan lijkt hij zelf een ingelijst portret. Yara kijkt vanaf het aanrecht naar de twee mannen. Ze wekt de indruk dat ze vanaf grote hoogte naar iets raars kijkt, denkt Abbas.

Amin vertelt over Florence. Hij is enthousiast: het lichtspel aan de Ponte Vecchio. De drukte op de Mercato di San Lorenzo. De rust in de Boboli-tuinen. 'Over tuinen gesproken,' zegt Amin en hij pakt zijn oude vriend bij zijn arm. Samen lopen ze de koele herfstnacht in. De schaduw van de appelboom is slechts een vlek in de duisternis. Amin kijkt om naar Yara, die met een glas wijn in de hand bij het keukenraam staat. Dus gaan ze nog een stukje verder.

Wanneer ze vanuit huis niet meer te zien zijn, haalt Amin een sleutel tevoorschijn en legt hem in Abbas' hand.

'"As wordt geen hout meer," zei hij indertijd. Amin had het over zijn huwelijk. Die avond in de tuin sprak hij het idee om weg te gaan voor het eerst openlijk uit.' Abbas keek strak door het raam naar het bakstenen gebouw aan de overkant. 'Ik was verrast hoever hij al was met zijn overdenkingen,' vervolgde hij. 'Hij had besloten het huis op Yara's naam te zetten. Ook wilde hij geld achterlaten, bijna de helft van zijn vermogen. En later maakte hij een aanzienlijk bedrag over naar de rekening van je moeder in Parijs, om haar minder afhankelijk van Yara te maken...'

'Hij kocht zichzelf vrij,' zei ik.

'Dat mag jou als buitenstaander zo toeschijnen, maar ik geloof niet dat hij het zo zag...'

'Hij was een lafaard.'

'Hij was gebroken, Amin. Zoals gezegd stond geld voor hem gelijk aan bescherming. Met dat idee was hij opgegroeid. Hij dacht dat geld zijn gezin kon beschermen, ook als hij er niet meer was.'

'Dat is pervers en laf, Abbas. Geld brengt mijn ouders niet terug. Als hij niet de benen had genomen...'

'Het was zijn overtuiging. En zijn overtuiging was op het laatst nog het enige wat hem niet ontnomen kon worden. Het klinkt misschien pathetisch, maar hij leed. Die avond in de tuin gaf hij me die sleutel en herinnerde me aan de belofte die ik hem had moeten doen.'

'Waar was die sleutel van?'

'Van een kluisje. Hij zei dat het geld dat daar lag een absolute noodreserve was. Dat benadrukte hij meermalen. "Het is voor noodgevallen, Abbas."'

'Wat voor noodgevallen?'

'Dat liet hij open.'

'Dus u moest beslissen?'

Hij knikte.

'Dat had toch geen enkele zin,' zei ik. 'Hij maakte al die plannen, maar zag over het hoofd dat het oorlog was? Er had u zo makkelijk iets kunnen overkomen! Er werd toch gevochten, Abbas, u hebt zelf verteld dat uw bedrijf was bezet.'

'Dat zei ik ook tegen hem, maar hij vond dat ik er dan gewoon voor moest zorgen dat mij niets gebeurde. Meer niet.'

'Dat is gestoord.'

'Dat vond ik ook.' Abbas aarzelde. Er lag hem duidelijk iets op het hart en omdat ik niets zei, sprak hij het uiteindelijk uit: 'Ik wist niet zeker of hij nog wel zichzelf was. Daarom nam ik een besluit.'

'Wie zijn eigen verspilde verleden probeert te benaderen, moet zich gedragen als iemand die graaft.' Met die woorden beschrijft Walter Benjamin de tijd, die eerder uit vele lagen boven elkaar bestaat dan chronologisch verloopt. Net zoals de in het museum verborgen schatten, die ooit ongeacht hun chronologische ordening kriskras opgestapeld en ingemetseld waren voordat wij ze weer naar het daglicht terughaalden, zo kan ook ik in mijn herinnering rondlopen als in een museum en naar de tentoongestelde objecten kijken.

Ik hoef niet diep te graven om bij de dag te komen waarop Abbas voor de eerste keer voor de deur van onze woning in München stond. Ik raakte algauw gewend aan de man die met brede gebaren sprak en het verbazingwekkende vermogen bezat mijn oma op te beuren. Ik herinner me hoe hij zijn handen voor zijn buik verstrengelde wanneer hij in onze fauteuil naar het schilderij zat te kijken, dat toen voor mij gewoon maar een schilderij was.

'Wat een prachtige manier om je te verbergen,' zou hij vijf of zes jaar later in de tenthal op zijn zijderupsenkwekerij zeggen terwijl hij naar de cocons wees die daar voor ons uitgespreid lagen, gesponnen uit een glanzende wirwar van zijde.

Op het moment van de metamorfose ordent het organische materiaal zich tot een nieuwe bestaansvorm. Abbas de zijderupsenteler uit Sidon was Abbas de beheerder van de nalatenschap en geheimbewaarder geworden, die in 2005 in het donker van de kapotte ganglamp op mij had staan wachten. Ik kan me herinneren dat we even later in mijn kamer zaten. 'Daarom nam ik een besluit,' zei hij. Toen haalde hij een knipmes uit zijn broekzak en hij liep naar het schilderij. Met zijn ene hand trok hij het naar voren, met zijn andere stak hij het mes voorzichtig aan de achterkant tussen het doek en de lijst, zodat er een smalle spleet ontstond.

Even later lag de sleutel in mijn hand. Zilverkleurig, onopvallend; op een verfrommelde notitie: kluisnummer en het adres van de Nationale Bank.

Nadat mijn grootvader was vertrokken, had Abbas mijn oma geregeld in haar huis in de bergen bezocht. Hij merkte hoe eenzaam ze was. En hij voelde zich tegelijkertijd overbelast door de verantwoordelijkheid waarmee zijn vriend hem had opgezadeld. Als Yara last kreeg van die angst waarover ze soms vertelde, dan vroeg hij zich af of dat het genoemde noodgeval was. Had ze het geld misschien nodig om haar dochter naar Parijs te kunnen volgen zonder haar geliefde huis te hoeven verkopen? De bezorgdheid dat hij het juiste moment voorbij zou laten gaan, nam Abbas volkomen in beslag. Dus verzon hij een andere oplossing: hij wist hoeveel het *Lied voor hen die worden gemist* voor mijn oma betekende. Waar ze ook heen zou gaan, dat schilderij zou ze altijd meenemen. Haar gehechtheid maakte het tot de best bewaakte plaats die er bestond. Wat Abbas eveneens wist, was hoe weinig waarde ze hechtte aan de lijst, die haar altijd te fors, te pompeus had geleken en die vanuit haar optiek het schilderij beklemde, net zoals Amin Elmaalouf haar de afgelopen jaren had beklemd. 'Het hing daar bij de entree van het huis en ze had het er voortdurend over de lijst ooit te verwisselen,' vertelde Abbas me die avond.

'Daarom hebt u de sleutel erin verstopt?'

'Ja. Het zou dwaas zijn geweest hem langer te houden. En ik dacht dat het slechts een kwestie van tijd was voor ze de lijst zou omwisselen. Dan zou de sleutel haar in handen zijn gevallen, als een soort nalatenschap van Amin. Een verborgen groet. Ze zou zelf hebben kunnen beslissen wanneer ze het geld zou aanspreken en hoe ze het zou besteden.'

'Waarom hebt u het haar niet gewoon gegeven?'

'Ik wilde Amin niet verraden, en ook Yara niet langer misleiden,' antwoordde Abbas. 'Ik voelde me tegenover beiden verplicht.'

In 1981 verdween mijn moeder. En met haar mijn oma's wens ook maar het minste aan het schilderij te veranderen. Want in één klap stonden lijst en schilderij voor alles waar ze ooit van had gehouden en wat nu verloren was. Dus stond een paar weken later, toen ze met mij in een taxi stapte die ons over de bergen naar de luchthaven van Damascus zou brengen, het schilderij op de achterbank tussen ons in...

'Waarom nu?' vroeg ik, zonder mijn blik van de sleutel af te wenden. 'En waarom ik?'

Abbas zuchtte en kneep zijn ogen dicht, alsof hij zijn gedachten bij elkaar probeerde te rapen. 'In Duitsland had Yara niets aan die wetenschap gehad. Maar toen jullie naar Libanon teruggingen, wilde ik jullie over de sleutel vertellen. In Duitsland had ze het vaak gehad over haar droom ooit een café in Beiroet te openen. Maar toen ik haar achternaging, had ze het huis al verkocht. Ze had geen tijd verloren laten gaan. Na alles wat ze daar had moeten meemaken, hoefde ze het niet meer. En ze wilde het verleden bij je vandaan houden...'

'U bedoelt verdoezelen.'

'Nee. Ik heb het over bescherming.' Ineens keek hij me recht in de ogen. 'In elk geval, toen het café onder valse voorwendselen met sluiting werd bedreigd omdat Yara het gewaagd had met haar schilderijen naar vermisten te verwijzen, stond ik voor de tweede keer op het punt het haar te vertellen. Je herinnert je die kerstavond nog wel. Geen van ons wist hoe het verder moest, zo weinig geld was er over. Maar toen, een paar dagen later, haalde ze de schilderijen uit zichzelf weg. En de zaak werd voortgezet alsof er niets gebeurd was.' Abbas' stem werd zachter, alsof hij oude geestverschijningen kon opwekken als hij te hard praatte. 'Dat was toen dat meisje verdween,' zei hij. 'Zahra, nietwaar? Een vreselijke aangelegenheid. Je was er volkomen kapot van.'

'Dus leek het haar het beste gewoon door te gaan en te doen of alles in orde was?'

'Ze wilde een van jouw zorgen wegnemen. Je laten zien dat ze voor je zou blijven zorgen...'

‘Voor mijn gevoel keerde ze zich juist van me af.’

‘Natuurlijk, ze was bang. Dat je je achter een muur verstopte, je zwijgen. Dat herkende ze. Je slechte geweten vrat toen aan je.’

‘Omdat het mijn schuld was.’

‘Je was nieuw in dit land, Amin.’

‘Omdat zíj me hier mee naartoe heeft genomen.’

Daar zei hij niets op.

De wind blies het gordijn opzij, koele lucht stroomde naar binnen. Ik kreeg het koud. Na een korte aarzeling trok ik een stoel bij en ging zitten.

Opeens had ik het gevoel alle voorgaande jaren in een soort halfdroom te hebben doorgebracht: mijn eindexamen (op het nippertje gehaald), een paar tijdelijke baantjes (niet al te best betaald), een bijna voortdurend verblijf in bibliotheken en de boekenwereld (misschien een van de weinige constanten) – dat waren in grove lijnen de mijlpalen die ik sinds die kerst gepasseerd was. Steeds vanuit onze woning in Beiroet met de geladen stilte, waarnaar ik elke avond terugkeerde.

Verbazingwekkend, dacht ik nu, zoals je in zo’n beperkte ruimte het leven met een ander kunt delen en met elkaar kunt praten zonder echt iets te zeggen. En hoe uitputtend het is geen aandacht te schenken aan al die prangende vragen omdat je ze noch stellen, noch voelen wilt.

Abbas stond half naar me toe gewend tegen het kozijn geleund. Het schijnsel van de straatlantaarns verlichtte maar de helft van zijn gezicht. Meteen besefte ik dat ik Jafar jaren geleden in zo’n zelfde licht had gezien. We waren samen in de verlaten flat en toen hij de glanzende granaat in mijn hand legde, werd zijn gezicht door flakkerend licht beschenen, waardoor het in brand leek te staan.

‘Wat is het geheim van de zijderupsenteler?’ had ik jaren geleden in een van mijn notitieboekjes geschreven nadat Abbas het tegenover mijn oma over ‘zakelijke contacten’ had gehad en zich daarbij naar mij omgedraaid had alsof dat woord niet voor mijn oren was bestemd.

Nu nog valt het me zwaar over hem te schrijven zonder hem onrecht aan te doen of hem te willen verheerlijken. In meerdere opzichten heb ik veel aan hem te danken. Bij hem is de verleiding het grootst om hem mooier te maken of opnieuw uit te vinden, simpelweg omdat hij me ook nu eerder als een figuur uit een sprookje toeschijnt. Zelfs voor hen die hem na stonden, was hij nooit helemaal te doorgronden. Zijn sporen leidden naar het donker, waren net zo moeilijk te volgen als de redenen die hem bewogen af en toe uit de schaduw te treden. Wat ik met zekerheid zeggen kan, is dat hij nooit valsspeelde, dat hij altijd loyaal was, ondanks zijn gebreken. En toen ik die avond over Jafar begon, leek hij bijna opgelucht.

Dat was de tweede reden waarom hij me had willen spreken.

1994

'Die jongen met wie Amin omgaat,' zegt Yara, 'daar is iets mee.'

'Hoe bedoel je dat?'

'Ik kan het niet precies zeggen, maar het laat me niet met rust.'

'Amin zoekt alleen maar aansluiting.'

'Hij heeft een onrustig hart, Abbas.'

Ze staan in de keuken. De deur is dicht. Zolang ze weten dat Amin in zijn kamer is, kunnen ze openlijk praten.

Abbas weet wat het volgende is dat Yara zal zeggen voor ze het uitspreekt. Hij kent haar al zo lang. Achtentwintig jaar nadat hij zijn oude vriend iets beloofd heeft, herhaalt die scène zich op een andere plaats.

Hij kijkt naar Yara, die zich vier weken na haar terugkeer nog steeds onzeker beweegt. Ze zoekt iets in de kast wat duidelijk op het aanrecht staat, wil bestek pakken uit de verkeerde la, raakt door de kleinste kleinigheden gefrustreerd. In haar trekken zoekt hij de vrouw die hij meer dan dertig jaar geleden in het Grand Théâtre voor het eerst ontmoette. Yara is nog geen zestig, maar de charme die ze ooit uitstraalde, is jaren geleden verdwenen. In een auto gestapt en nooit teruggekomen. Op momenten als deze ziet hij het breken van zijn belofte weerspiegeld in de mens die zij geworden is.

'Soms,' zegt Yara terwijl ze olijfolie over een schaal met gepureerde aubergine druppelt, 'gaat hij 's ochtends het huis uit en komt hij pas terug als het donker is. Dat kan mijn hart niet verdragen, Abbas. Maar moet ik hem beperkingen opleggen, regels stellen? Dat we hiernaartoe zijn gegaan, is voor Amin al moeilijk genoeg...'

'Hij zoekt zijn plek, dat is te begrijpen.'

'Ik ben bang dat die jongen zal verdwalen – in zowel letterlijke als figuurlijke zin.'

'Ik weet het. Maar waarom laat je hem dan niet zien waar zijn wortels liggen? De bergen, het huis...'

'Die Jafar met wie hij op stap gaat...'

'Ja?'

'Ik zou willen weten wie dat is.'

'Dat is gewoon een klasgenoot. Laat Amin jóúw wortels zien, Yara. Tripoli. Die oude steegjes...'

Ze doet de dop op de fles olijfolie en zet hem terug op het aanrecht. Komt een stapje dichterbij. Dan legt ze haar handen op zijn schouders en zegt: 'Amin heeft geen behoefte aan uitstapjes. Hij heeft behoefte aan bescherming.'

'Er zijn momenten geweest dat we ons bespied waanden,' zei ik.

Abbas knikte. 'Er waren toen veel straatkinderen. Ze woonden in de buurt van de ruïnes...'

'Die hebben we vaak gezien, Jafar en ik. Dus die zijn ons gevolgd en hebben verslag aan u uitgebracht?'

'Tegen een kleine vergoeding, ja.'

'We hebben ons altijd afgevraagd wat u met "zakelijke contacten" kon hebben bedoeld. We dachten zelfs dat het iets met drugs te maken kon hebben...'

Het was de eerste en enige keer dat Abbas moest lachen. Het kwam zo onverwacht, zo hard en spontaan dat ik niet anders kon dan meelachen. En toen waren we allebei zo verrast dat we beduusd zwegen.

Na een tijdje kuchte hij en vroeg: 'Heb je ooit nog iets van Jafar gehoord?'

'Nee.' Ik schudde mijn hoofd. 'Ik weet niet wat er van hem geworden is.'

'Hij betekende veel voor je, hè?'

'Dat kun je wel zeggen.'

Abbas maakte zich langzaam los van het raamkozijn. Hij deed het raam dicht en hurkte neer voor mijn stoel. Ineens waren we heel dicht bij elkaar. Ik keek naar zijn handen. Ze trilden een beetje. Hij balde ze tot vuisten. Opende ze weer. Vouwde ze ten slotte, als voor een gebed.

'Had u daar iets mee te maken?' vroeg ik zachtjes.

Hij boog zijn hoofd.

'Op de dag dat die mevrouw van UNICEF bij jullie kwam om over Zahra te vertellen,' zei hij nu met schorre stem, 'heeft Yara me 's avonds gebeld.'

'Ik geloof dat ik dat heb meegekregen...'

'Ze was volkomen van streek. Ze zei dat die jongen – Jafar – verantwoordelijk was voor wat er gebeurd was. Ze vertelde dat hij Zahra's vader geprovoceerd had. Anders zou die nooit zo kwaad zijn geworden... En toen vroeg ze mij met Jafar te gaan praten, hem ondubbelzinnig duidelijk te maken dat hij uit jouw buurt moest blijven...'

Ik slikte. 'Hun huis was leeg toen ik Jafar wilde opzoeken. Zijn familie moet halsoverkop zijn vertrokken. Wat hebt u in 's hemelsnaam tegen hem gezegd?'

'Niets,' zei Abbas.

'Niets?'

'Ze waren al weg toen ik daar voor de deur stond. Ik hoop dat je me gelooft. Ik heb het de verhuurder gevraagd, maar ook die had geen enkel idee.'

'Mij verging het net zo. Een paar weken eerder hadden we een vreselijke ruzie. Jafar zei dat ik voor hem niemand was...'

'Dat kwam beslist niet door jou. Ik kan je helaas niet zeggen waarom hij op het laatst zo deed. Of waar hij naartoe is gegaan. Maar ik kan je zeggen dat jij net zo belangrijk voor hem was als hij voor jou. Ik moet destijds maar een paar uur te laat geweest zijn.'

'Hoe kunt u dat nou weten?'

Hij aarzelde. 'Omdat dit in jullie brievenbus zat toen ik later bij je oma terugkwam.'

Abbas had de hele tijd zijn jas aangehouden. Nu tastte hij in zijn binnenzak en haalde er een verkreukelde envelop uit.

Op de voorkant stond mijn naam.

Er zat een zwart-witfoto in.

Pas na twee keer kijken zag ik wat erop te zien was. Het was de kermis, gezien vanaf het hoogste punt van het reuzenrad. En alles was als in de beweging bevroren – lichtjes, mensen, allemaal onscherp en bewogen. Op de achterkant had Jafar een berichtje voor me achtergelaten:

Beste Amin,

Het spijt me erg dat ik geen afscheid van je kan nemen. Het heeft niets met jou te maken.
En het spijt me wat er met Zahra gebeurd is. Ik zal haar voor je proberen te vinden.

Jafar

En onder zijn naam had hij een PS geschreven:

Ik denk dat we moeten leren het zonder elkaar te stellen.

Wanneer Abbas op het trottoir voor Yara's huis weer de frisse lucht in stapt, zit de envelop nog steeds in zijn jas. De straten zijn uitgestorven. Hij rijdt niet naar huis. Zijn kwekerij lijkt hem te somber en bedrukkend. Hij laat zijn pick-up staan en slentert doelloos door de straten.

Daarvoor heeft hij Amin op zijn kamer opgezocht. Hij zat met opgetrokken benen op zijn bed. Ingesloten als in een cocon. Het was niet het juiste moment om hem de brief te geven. Ooit, zegt Abbas tegen zichzelf, zal de storm bedaren... En tot die tijd zal ik proberen er voor hem te zijn, zodat hij niet wordt meegesleurd de diepte in, waar je verloren gaat. De jaren daarna zal hij nog vaak de envelop vastpakken. Hij steekt hem bij het aankleden in de achterzak van zijn broek voor hij het huis uit gaat, wanneer hij Amin ophaalt om hem naar zijn werk te brengen dat hij voor hem heeft geregeld. Bij talloze gelegenheden – bij het tandenpoetsen, bij het wachten voor de kassa of een stoplicht – zal hij in gedachten een verklaring formuleren waarom hij Amin die brief nu pas geeft, en bij evenzovele gelegenheden blijft hij zwijgen, omdat het hem ineens zowel aan moed als aan woorden ontbreekt.

'Het is laat geworden,' zei Abbas.

'U moet voorzichtig rijden, vooral 's nachts. De stad is gek geworden.'

Hij glimlachte. Aarzelde. Keek nog een keer rond. 'Dit is geen plek om beter te worden, Amin.'

'Ik weet het.'

'Ik heb je gezegd en gegeven wat ik je wilde zeggen en geven. Wat je met de sleutel doet, is nu aan jou. Nog één ding, Amin: Yara is niet altijd geweest zoals jij haar kent. En ik weet dat je het haar weleens hebt verweten, maar jij was het niet die haar zo tot wanhoop dreef. Het waren de omstandigheden.'

We stonden op. Hij pakte mijn hand en drukte hem even. Ik deed de deur voor hem open, en hij stond al half buiten toen hij zich nog een keer omdraaide.

'Weet je nog welk stuk er in het Grand Théâtre werd gespeeld toen Yara en ik elkaar voor het eerst ontmoetten?'

'*Orpheus en Eurydice*. Dat hebt u me jaren geleden verteld.'

'Ze hield van dat theater,' zei Abbas. 'Daar heeft ze niet alleen Amin leren kennen, maar ook een toevluchtsoord gevonden. Die avond waren we allebei nog niet vertrouwd met de anderen van het gezelschap. Dus praatten we met elkaar. Ze vertelde me hoe onwaarschijnlijk ze de handeling van het stuk vond. *Orpheus en Eurydice*: een man verliest zijn vrouw door de dood; zijn smeekbede brengt de goden ertoe hem in de onderwereld te laten afdalen om haar terug te halen. Onder één voorwaarde: hij mag niet achteromkijken tot ze alle twee terug op aarde zijn. Natuurlijk draait hij zich nog in de onderwereld om en ze sterft opnieuw. Vertwijfeld trekt hij zijn zwaard om zich van het leven te beroven, en de god van de liefde, verzoend door dit bewijs van liefde, wekt Eurydice voor de tweede keer tot leven.'

Abbas glimlachte alsof hij dat moment weer beleefde: het gedrang en gefluister in de foyer, het fonkelen van de kroonluchters en champagneglazen, mijn oma in haar blauwe avondjurk, met een hand op de lichte welving van haar buik, en ze praat zachtjes, om niet de aandacht van de omstanders te trekken.

'Niet de details waren voor haar het probleem,' vervolgde hij. 'Het stoorde Yara niet dat er goden in het stuk verschijnen en naar believen beschikken. Maar zij was pasgetrouwd, net zwanger en had eindelijk het geluk gevonden. En daarom vond ze het lastig te geloven dat iemand die toch enigszins bij zijn verstand was zich inderdaad in de onderwereld zou omdraaien om naar zijn geliefde te kijken, terwijl hij wist wat de consequenties waren. Dat irriteerde haar bijzonder.' Abbas trok de rits van zijn jas dicht en verplaatste zijn gewicht van zijn ene been naar het andere. 'Meer dan dertig jaar later – het was vlak na jullie terugkeer uit Duitsland – toen ik Yara op een dag in jullie woning bezocht, nam ze me apart. De avond ervoor had de eerste ontmoeting met al die mensen plaatsgevonden die net als zij een dierbare misten. En het scheen me toe dat die gesprekken een herinnering bij haar hadden opgeroepen. Ze leek heel ernstig. "Abbas," zei ze, "kun je je nog de avond herinneren dat we *Orpheus en Eurydice* zagen? Ik ben van mening veranderd, ik begrijp het nu beter. Niemand die bij zijn verstand is, zal het riskeren Eurydice zo ondoordacht te verliezen. Maar liefde en gemis kunnen iemand van zijn verstand beroven, nietwaar? Je verliest wat het belangrijkst voor je is omwille van een blik..."'

De thuiskomst

Ik stond op de top van de heuvel en keek naar het huis. De eens blauwe verf op de vensterluiken was in de loop der jaren verbleekt en verweerd. Nog steeds leek de buitenplaats een beetje scheef en krakkemikkig. Maar over de stilte die uit de dalen eromheen opsteeg, lag duidelijk de belofte van iets nieuws.

Het was een paar weken geleden dat Abbas me de sleutel van het kluisje had gegeven. En nog maar een paar dagen geleden dat ik bij Faris en Samira naar het huis geïnformeerd had. Het gesprek had niet lang geduurd. Toen we ophingen, had ik de indruk dat ze weken op mijn telefoontje hadden zitten wachten.

De geur van hars en bladeren hing boven de tuin. De wei was lang niet meer gemaaid, de perken waren overwoekerd en het hout van de schuur was donker en vermolmd door het vocht. Insecten gonsden boven het afgevallen fruit van de appelboom. De middagzon drong door de takken en hulde de tuin in een fluwelen licht.

Toen ik naar het huis liep, stopte ik voor de drempel. Een hagedis zat op het zonbeschenen warme plekje voor de deur.

'Maak je geen zorgen,' zei ik. 'We zullen hier weer iets moois van maken.'

De lucht in huis was muf en schimmelig. Ik liep door de kamers en zette de ramen open. Toen bracht ik mijn weinige spullen naar het midden van de woonkamer. Het *Lied voor hen die worden gemist* zat goed vastgesnoerd in een deken. Ik maakte de touwen los en sloeg de deken open. Ik tilde het voorzichtig op en hing het op de plaats die ik ervoor had uitgekozen.

Een tijdlang bleef ik daar met mijn armen over elkaar staan. Van nu af aan zou het licht van de dagen door deze kamers trekken en tegen het middaguur over de muren strijken. Een beweging als een groet uit de verte.

DERDE STROFE

Een schaduw aan de wieg

In zijn *Naturalis historia* vertelt Plinius de Oudere het verhaal van het begin van de schilderkunst als het verhaal van een jonge vrouw uit Korinthe die de schaduw van haar vertrekkende geliefde op de muur overtrekt om hem voor altijd bij zich te hebben. Ze omlijnt de donkere vlakken die de olielamp op de muur werpt met een stuk houtskool en maakt ze zwart. Het is een poging om iets vast te leggen wat niet vast te leggen valt. Zo staat de angst voor het missen aan de wieg van de kunst.

Van het ene moment op het andere loopt het leven ten einde. In de rusteloze dagen nadat Umm Jamil me in de bergen had opgezocht en me het bericht van mijn oma's dood had overgebracht, vond ik noch de kracht, noch de moed het Canadese nummer dat ze had achtergelaten terug te bellen. En toen ik het vlak na de begrafenis toch eindelijk deed, was Jafar al tien dagen dood.

Ik kon een vlucht naar Ottawa boeken. Na de landing nam ik een taxi, die me in Gatineau bij een pension op de andere rivieroever afzette. Soraya had er een kamer voor mij geboekt. Ze had aangeboden me van het vliegveld af te halen, maar ik wilde niemand tot last zijn. We spraken af later bij haar moeder te gaan eten. Mijn reis had bijna dertig uur geduurd. Ik zette mijn koffertje bij het raam neer, ging met mijn kleren aan op bed liggen en toen het niet lukte om in slaap te komen, verliet ik het pension om een wandeling te maken.

'Je hoeft niet hierheen te komen,' had Soraya aan de telefoon gezegd. De omstandigheden rond Jafars dood had ze kort geschetst. Blijkbaar was hij bij het oversteken van de straat door een auto geschept. Aan de telefoon had ik Soraya's aarzeling gemerkt.

'Hij was nog maar pas in dat huis getrokken,' zei ze. 'Hij had een vriendin, al jaren. Ze hadden het huis samen gekocht. Twee verdiepingen, een veranda, een goede buurt. Er was nog geen telefoonaansluiting. Daarom is hij naar de dichtstbijzijnde telefooncel gerend.'

Het was vreemd geweest Soraya's stem te horen. Ik had alleen het vage gezicht van een tienjarige voor me, dat moeilijk te rijmen was met de lage vrouwenstem die ik hoorde.

'Rabea, de vriendin van Jafar, zei dat ze die avond voor de televisie hadden gezeten en naar het nieuws hadden gekeken. Jafar was ineens opgesprongen en het huis uit gerend. Hij wilde jou bellen, Amin.'

Ik had meteen gezegd dat ik wilde komen. Soraya's verzekering dat dat niet nodig was, had niet erg nadrukkelijk geklonken.

Jafars schaduw. Ik had me zo vaak afgevraagd waar zijn familie naartoe kon zijn verdwenen. Aan Canada had ik ook gedacht. Tenslotte waren er de verhalen geweest over die oom die daar al jarenlang woonde. Maar het was me nooit gelukt een beeld van Jafar in een omgeving als deze uit te tekenen. En ook nu kon ik me niet voorstellen hoe hij zich hier had bewogen over de schone trottoirs waarover ik tijdens mijn slapeloosheid had gewandeld, met rechts van mij een brede rivier, een brug, een park.

's Avonds kwam Soraya me ophalen. Ze stond tegen haar auto geleund toen ik het pension uit kwam. Met het meisje dat ooit bij het open raam op de richel een boek had zitten lezen, had ze uiteraard niets meer gemeen. Ze droeg een spijkerbroek die bij de knieën gescheurd was, een topje en daarover een leren jack. Aan de telefoon had ze rustig, bijna rationeel geklonken. Ze bekeek mij eveneens aandachtig, alsof ze in mijn gezicht sporen zocht van iemand die ze zou moeten kunnen herkennen. Ik wilde haar een hand geven, maar ze omhelsde me.

Jafars moeder stond buiten op de trap toen we op de oprit parkeerden. Ze zag er klein en krom uit; een bedroefde vrouw met kringen om haar ogen en zilvergrijs haar. Ik had haar nooit echt leren kennen. Een keer had ze me vanachter het raam van haar huis een handkus toegeworpen toen ik op straat stond om Jafar op te halen, maar in principe was ze een vreemde voor mij, net als ik voor haar. Aan het dagelijks leven van de familie had ik nooit deelgenomen. Ik was slechts als stem aan de andere kant van de telefoonlijn aanwezig geweest of als iemand die onder het raam had gestaan om naar haar zoon te vragen. Wat was er van mij bij dat gezin bewaard gebleven nadat ze Libanon halsoverkop hadden verlaten? Een verhaal? Had Jafar af en toe nog over me verteld? Of was ik een van zijn geheimen geweest, een in de herinnering van zijn familie weggezakte naam die pas weer aanwezig was toen Jafar hem had geroepen voor hij het huis uit stormde, een slecht verlichte straat op?

Ook zijn moeder omarmde me ter begroeting.

'*Ahlan wa sahlan, ya,* Amin,' zei ze zachtjes. Toen wees ze naar de open deur.

In het huis van Jafars moeder herkende ik de woning waarin mijn oma en ik in Duitsland hadden gewoond en die al die jaren zo spaarzaam ingericht gebleven was. Destijds had ik het als een teken van nederigheid of matigheid beschouwd. Nu weet ik dat zo'n provisorisch leven betekent dat iemand, of een familie, weigert zich thuis te voelen. Het is de vloek van elke eerste generatie bannelingen, die hun oude bestaan achter zich hebben gelaten, dat ze de schaduw van hun vaderland niet zomaar af kunnen leggen. Hier lag hij over de weinige meubels – een van verscheurdheid getuigende mengeling van meegebrachte oosterse voorwerpen en nieuw aangeschafte IKEA-klassiekers. Een ingelijste foto, een luchtopname van Beiroet, hing boven de bank, een blauwe zee en de Duivenrotsen. Zelfs de televisie vertoonde stomme beelden uit het oude vaderland: tegen de achtergrond van een gebombardeerd huis droeg een man het lichaam van een kind op zijn armen, daaronder presenteerde de lichtkrant in Arabisch schrift nieuws over de oorlog.

Terwijl Soraya haar moeder hielp met tafeldekken, stond ik met mijn handen in mijn zakken en probeerde me voor te stellen hoe

Jafar hier als adolescent had gewoond en hoe hij later op bezoek was gekomen. Op de rit hiernaartoe: brede straten, drive-ins, elke paar honderd meter een middelgroot winkelcentrum, een wasstraat, een enorme parkeerplaats, alles ordelijk, alles afgestemd op het doorstromen van het verkeer. Het was misschien aanmatigend, maar ik slaagde er gewoon niet in te geloven dat Jafar met zijn rusteloosheid, zijn bewegingsdrang, hier gelukkig kon zijn geweest. Maar wat wist ik van de man die hij geworden was? Op het dressoir vond ik een foto van hem. Ouder, donkerder. Hij stond op een voetbalveld, blijkbaar in de functie van coach; achter hem hield een jeugdelftal trots een bokaal in de lucht. Ik keek lang naar de foto. Als ik deze Jafar in Libanon op straat was tegengekomen, had ik hem niet herkend.

Iemand raakte mijn schouder aan. Vlak naast me stond een vrouw. Ze was ongeveer van mijn leeftijd. Bruine ogen, schuwe blik.

'Rabea?'

Ze knikte. 'Amin, je bent er.'

Ik betuigde haar mijn deelneming. Ze pakte mijn hand en raakte met haar andere hand mijn wang aan. Toen draaide ze zich om en verdween in de zijkamer.

Tot dat moment had ik niets concreets gevoeld. Er was een soort dofheid geweest, alsof mijn ziel zich nog altijd in Beiroet bevond, alsof alleen mijn lichaam hiernaartoe was gereisd, naar dit decor, dat ook uit een droom had kunnen zijn. Misschien was het de aanblik van die jonge man op de foto geweest, waarop Jafar ineens als mens met een leven waar ik niets van afwist vertegenwoordigd was. Misschien was het het verdriet in dat huis, dat op de kastplanken op de loer leek te liggen en op mij oversprong, of het onverwachte gebaar van vertrouwdheid waarmee Rabea mijn wang had aangeraakt, alsof ik degene was die getroost moest worden en niet zij. Ik huilde toen Soraya de keuken uit kwam. Ze zette de schalen op de tafel en kwam naar me toe.

'Kom mee, Amin,' zei ze en we liepen naar buiten, de kleine tuin in.

Soraya stak een sigaret op, nam een trekje en blies de rook de duisternis in. 'Het is het huis,' zei ze, 'het werkt verstikkend.'

Ik nam haar van opzij op. De manier waarop Soraya haar sigaret vasthield of naar haar mond bracht, hoe ze haar gewicht van het ene naar het andere been verplaatste of een haarlok van haar voorhoofd streek – tot ik begreep dat ik naar sporen van Jafar bij haar zocht. Beschaamd wendde ik me af.

'Het spijt me,' zei ik. Ik doelde op het feit dat ik gehuild had. Ineens leek het me ongepast. Ik had Jafar al twaalf jaar niet meer gezien, had niets van hem gehoord. Maar toen Soraya zonder iets te zeggen mijn hand vastpakte en er een kneepje in gaf, moest ik weer tegen de tranen vechten. Dit huis, begreep ik, was toch heel anders dan dat waarin ik was opgegroeid. Het was een huis waarin je elkaar aanraakte.

De ramen waren verlicht, een dof schijnsel viel op het grasveld. Binnen zag ik Rabea en Jafars moeder naast elkaar bij het aanrecht staan. Ze praatten met elkaar.

Het viel me op dat ze allebei zwart droegen en dat Soraya's kleding daarvan afweek. Ze spreidde haar verdriet niet openlijk tentoon. Ik voelde dat zij en Jafar een hechte band hadden gehad en dat ze zich toch volkomen anders hadden ontwikkeld nadat ze hier voet aan wal hadden gezet. Niets aan Soraya, afgezien van haar huidskleur, wekte nog een Libanese indruk. Ze woonde hier inmiddels twaalf jaar, dus was ze de enige van de familie die het grootste deel van haar leven in dit land had doorgebracht en als ik haar op dat moment naar haar vaderland had gevraagd, zou haar antwoord ongetwijfeld Canada zijn geweest. Rabea daarentegen droeg Libanon in zich. Ze was een kind uit een andere ballingenfamilie en toen ik haar beter leerde kennen, begreep ik dat Jafar zich daarom in haar armen geborgen moest hebben gevoeld.

Soraya leek me die avond een randfiguur, en misschien voelde ik me daarom met haar verbonden. We spraken naderhand niet meer over dat moment en ik geloof niet dat ze besefte hoeveel verdriet ze bij me wegnam toen ze even mijn hand pakte. Misschien was het voor haar ook alleen maar een vriendelijk gebaar. In elk geval weet ik nu dat Rabea en Jafars moeder de weg van woorden gekozen hadden om met hun verdriet om te gaan, terwijl wij die buiten stonden en naar binnen keken de sprakelozen waren.

Van de avondmaaltijd herinner ik me niet veel. Alleen dat er momenten waren dat ik me een vreemde eend in de bijt voelde en momenten waarop ik dacht dat ik deze mensen allemaal heel goed en al heel lang kende. Terwijl Soraya de meeste tijd met gebogen hoofd naast me zat, alsof ze de tafelschikking niet prettig vond, vroeg haar moeder me naar de situatie in Libanon, die ze, zoals ik wist, aandachtig volgde op de Arabische zender. Ik vertelde over mijn huis in de bergen en over de Israëlische vliegtuigen, die ik in de tuin kon horen ronken. Het was een groot geluk voor mij dat ik niet in Beiroet was, zei ze. Omdat ook de luchthaven gebombardeerd was, was ik vanuit Damascus naar Ottawa gevlogen. Bij de Franse ambassade was ik in een bus vol vrouwen en kinderen gestapt, die ons naar het noorden, naar de Syrische grens, had gebracht via de enige route die nog niet gebombardeerd was. Er stond een lange file. Het was 2006, maar net als ten tijde van de burgeroorlog en zovele jaren daarna vluchtte de Libanese bevolking naar de veilige haven Syrië. Mensen stonden met kinderen en koffers langs de kant van de weg in het stof, grenswachten deelden waterflessen en koekjes uit. Na vier uur wachten bij de paspoortcontrole konden we verder door het niemandsland over de grens, en op een gegeven moment: Damascus.

Ik vertelde daar in eerste instantie uitvoerig over, om geen stilte te laten vallen. We kletterden met de borden, grepen met onze handen in de met Arabisch eten gevulde schalen, waaraan bepaalde ingrediënten ontbraken, die daar gewoon niet voorhanden waren, en Jafars moeder knikte terwijl ik verslag deed van mijn reis.

'Je kunt het je vast niet meer herinneren, Soraya, maar bijna al onze buren namen destijds dezelfde weg toen ze tijdens "de gebeurtenissen" uit Beiroet weggingen.'

'Jazeker,' zei Soraya, 'dat herinner ik me nog.'

Jafar was alomtegenwoordig. In wat we zeiden en in wat we niet zeiden, in het waarom dat ik niet uitsprak hoewel het me op de lippen lag – 'Waarom zijn jullie eigenlijk weggegaan?' – of in de korte pauzes die ontstonden als Rabea plotseling ophield met vertellen over het huis waar ze pas kortgeleden naartoe verhuisd waren, of als ze het had over het enthousiasme waarmee Jafar nieuwe dingen leerde en haar daar deelgenoot van maakte, bijvoorbeeld hoe hij hun badkamer in een donkere kamer kon veranderen om filmpjes te ontwikkelen, en ik zag dat Jafars moeder Rabea's arm aanraakte en Soraya naar me keek.

Terwijl Rabea sprak, keek ik steeds weer over haar schouder naar de foto op het dressoir. Jafar was zesentwintig geworden; zijn moeder zei dat hij veel van wat hij zich had voorgenomen had bereikt, alleen trouwen had hij te lang uitgesteld. Het was de enige keer die avond dat ik een licht verwijt uit haar mond hoorde, dat eerder een spijtbetuiging was. Als om te bevestigen wat me allang was opgevallen, vertelde ze ook dat Jafars stiefvader 'niet meer hier' was en pas dagen later lichtte Soraya die vage omschrijving toe door me te vertellen dat haar stiefvader na vijf jaar Canada op zekere dag zijn koffers had gepakt en naar zijn geboorteplaats in Libanon was teruggegaan. Hij was in Gatineau nooit gelukkig geweest, had voortdurend gefoeterd over de eindeloze winters waarin de vorst de wegen openreet en over het voorjaar, wanneer door neerslag en smeltende gletsjersneeuw de Ottawa buiten haar oevers trad, het water de metro in stroomde en bruggen afgesloten moesten worden.

'En je broer? Was hij hier gelukkig?'

'Ik denk dat hij zich hier min of meer veilig voelde en zo gelukkig was als Jafar nu eenmaal kon zijn,' zei Soraya, en ze keek me lang aan.

Ik vroeg me af of ook het belang van de traditie Rabea en Jafar tot elkaar had gebracht, het in stand houden van een Libanese lijn onder de hoede van een Libanese gemeenschap. Zijn moeder had in elk geval, dat was overduidelijk, de jonge vrouw in haar hart gesloten als een eigen dochter, terwijl Soraya, die af en toe Franse woorden als peper over haar zinnen strooide wanneer de Arabische haar niet te binnen wilden schieten, er alles aan leek te doen juist niet als Libanese te worden gezien. Eens, toen ze in mijn armen lag, zei ze dat ze dacht dat ze een slechte dochter was. En zo niet direct een slechte, dan toch minstens een teleurstellende, een bron van verwarring en verdriet.

Het werd laat en er kwam een voorstedelijke stilte over het huis en de straat, terwijl wij er alles aan deden om het gesprek aan de gang te houden. Alsof zich onder ons een donker meer bevond, bewogen we ons bij die eerste avondmaaltijd behoedzaam over dun ijs, erop bedacht de volgende stap niet onberaden te zetten. Maar hoe we ook ons best deden, pauzes in het gesprek en stiltes waren onvermijdelijk. Dan hoorde je alleen het gekras van bestek op borden, het geritsel van servetten, gekuch. Dan zat Jafar tussen ons in, keek ons peinzend aan. Er waren voor ons geen stappen terug in een leven dat we gedeeld hadden. Er was geen weg die we met woorden hadden kunnen begaan om te kijken naar alles wat ons met Jafar verbond. Al wat er was, waren een vroeger en een later, en daartussen lagen twaalf jaar, negenduizend kilometer, een oceaan en een zee.

Rabea en Jafars moeder spraken nog altijd in de tegenwoordige tijd over hem. Hij had zich in zijn vrije tijd aan de fotografie gewijd, terwijl hij in zijn levensonderhoud voorzag door jongeren met een strafblad na hun ontslag uit de gevangenis te begeleiden bij het vinden van de weg terug naar de maatschappij. En steeds weer, als terloops en met een slechts door de hoopvolle ondertoon verraden bedoeling, stelden ze me vragen: 'Wanneer hebben jullie elkaar voor het laatst gesproken? Heeft hij je... iets toevertrouwd?'

De onzekerheid over de omstandigheden rond iemands dood kan een familie verscheuren; dat weet ik maar al te goed. Deze mensen, in wier midden ik me bevond, hadden een verbindende factor verloren. Zo onverwachts dat het niet te begrijpen viel. Ik was gekomen om na al die jaren antwoord op mijn vragen te vinden. Nu zag ik echter in dat ik degene was van wie zij antwoorden hoopten te krijgen. Niet zij, maar ik, de vreemde uit het oude vaderland – de jeugdvriend – was degene die Jafars laatste gedachten had bepaald en hem ertoe had gebracht het huis uit te gaan. Maar waarom?

We namen tegen tien uur afscheid. Het was een zoele Canadese nazomeravond, maar ik rilde toen ik naast Soraya in de auto zat. Het schijnsel van de straatlantaarns verlichtte onze gezichten. Ze vroeg me of ik moe was en hoewel ik dat was, antwoordde ik ontkennend. Ze vroeg of ik Jafars graf wilde zien en hoewel ik het niet zeker wist, zei ik ja.

Op het pad van het kerkhof liepen we naast elkaar. Toen we voor de bloemen stonden die op de verse aarde waren gelegd, liet Soraya me alleen en trok zich terug op een bankje onder een paar bomen.

In rode glaasjes brandden graflichtjes. In een glazen kastje, dat eveneens met bloemen bedekt was, lag een dun boekje. Daarin de schrijfsels van de genodigden. Uit het handschrift van veel bijdragen viel op te maken dat ze van jonge mensen waren. Op een bladzijde stond een citaat van een Libanese dichter, op een andere simpelweg: 'Bedankt voor alles!'

Had dat wat in onze jeugd gebeurd was Jafar tot de mens gemaakt die hij geworden was? Ik wist het niet. Ik zou nooit weten hoezeer hij veranderd was.

Onzeker draaide ik de pen rond tussen mijn vingers. Er ging van alles door mijn hoofd, maar alles leek me of te afstandelijk, of te intiem. Uiteindelijk tekende ik twee poppetjes op een van de laatste bladzijden. Ze zaten op een berg bankbiljetten en hielden pen en papier als wapens voor zich uit. Eronder schreef ik: 'Amin en Jafar van de stam der vlooienmarkt-hakawati' en daarna legde ik het boekje terug.

Min of meer veilig

'Ben je nog wakker?'

'Ja, hoe laat is het?'

'Het is nog nacht. Ik droomde dat ik voor de atlas stond die jij als kind op de muur van je kinderkamer hebt getekend. Het was in Beiroet. De raketten waren geen tekeningen op het behang, maar vlogen voor het raam langs. Ik droomde dat Jafar ergens buiten was, op zoek naar een schuilplaats.'

'Het is maar een droom, Amin. Ga maar weer slapen,' fluisterde Soraya.

Toen ik een paar nachten later niet kon slapen, ging ik vanuit het pension naar een bar direct aan de overkant van de straat, die The Coldroom heette. Op een klein podium zat een gitarist. Terwijl ik aan de toog een drankje bestelde, zag ik Soraya aan de andere kant van de ruimte tegen de muur leunen. Ze draaide een haarlok om haar vinger en sprak met een wat oudere figuur die voor haar stond en die haar elleboog aanraakte. Toen ze mij zag, liet ze hem midden in een zin staan en kwam naar me toe.

'Wie is dat?'

'Niemand. Laten we gaan'.

Was wat er toen gebeurde grensoverschrijding? We waren allebei ergens naar op zoek. Een lichaam, een lied. De geur van een vreemde hals of arm de volgende ochtend. Terwijl het gebeurde – en nog lang daarna – spraken we niet. Alsof als we geen woord zeiden, ook het lichamelijke niet te vatten was.

Later, toen ik in mijn halfslaap mijn arm naar haar uitstak, ontweek ze me als iets wat op de bodem van een rivier ligt en door de stroming wordt bewogen.

'Yeki boed. Yeki naboed.'

'Hè?'

'Dat is Perzisch. Een oude vriend heeft me die woorden geleerd.'

'Het klinkt mooi. Wat betekent het?'

'Dat iets niet tastbaar is.'

Het was een andere nacht.

Soraya stond in de nis van een vensterbank naar buiten te kijken, zonder antwoord te geven.

'Met die woorden beginnen sprookjes,' zei ik.

'Dat zou Jafar mooi hebben gevonden,' zei ze zachtjes, alsof ze de woorden proefde, dan luider: 'Dat zou Jafar mooi hebben gevonden.'

In onze gesprekken doken we in onze jeugd. We liepen tastend door het struikgewas van onze herinnering, gaven elkaar aan wat we in het kreupelhout vonden, om het als een fundament op te stapelen.

Soraya leed onder het besef dat Jafar zich nooit helemaal voor haar had opengesteld. Er zou voor altijd iets onuitgesprokens tussen hen blijven. Hij was een lieve, beschermende broer geweest, maar er was een deel van hem waar nooit licht op had geschenen.

'Vooral in de eerste maanden in Gatineau waren er nachten dat ik Jafar in de kamer naast de mijne hoorde huilen,' zei ze een keer. 'Ik kon niet verstaan wat hij riep, maar even later hoorde ik voetstappen op de gang. Hij deed voorzichtig de deur van mijn kamer open, kwam naar binnen en ging op de rand van mijn bed zitten. Zijn pyjama was nat van het zweet. "Mag ik bij jou slapen?" vroeg hij dan.'

Soraya had iets vluchtigs. Ze bleef nooit de hele nacht. Bij het eerste ochtendgloren schoot ze in haar kleren en glipte de kamer uit. Ze wekte de indruk bang te zijn iets te missen. Ik denk dat ze vreesde voor stilstand. Wat ons bond, was wat we misten. Als planeten trokken we elkaar aan en stootten we elkaar tegelijkertijd af. We wisten allebei dat we machteloos de weidsheid van een donker universum zouden zijn binnengedreven als de baan van de ander ons niet had tegengehouden, en de wetmatigheid van die overeenkomst – we noemden geen van beiden het ooit een relatie – was ons bekend.

Net zoals ze weigerde Libanon als deel van zichzelf te zien, weigerde ze ook met mij over zichzelf en haar verdriet te praten – daarin leken we op elkaar. Maar wanneer Soraya zich verscheurd voelde, viel ook wat ze zei in twee talen uiteen. Soms werd ze zich daar pas na een paar zinnen van bewust; ik vond dat fascinerend. Zij werd er echter wanhopig van, omdat ze het Arabisch zag als iets wat aan haar bleef kleven en waar ze niet van af kon komen.

Als er tussen twee mensen geen taal is, blijft er altijd een kloof, zelfs als geen textiel hun huid scheidt en ze elkaar nog zo stevig omarmen. Elke keer dat we probeerden elkaar met woorden af te leiden om ons van de begeerte te bevrijden, kwamen we uiteindelijk op Jafar uit.

De medewerkers van het nationaal museum hadden me destijds verteld dat de Libanezen door de brand in de bibliotheek het merendeel van hun collectieve geheugen hadden verloren. Praten en nadenken over Jafar was voor mij net als het samenvoegen van de resten van de tot as geworden bladzijden die ik toen van de vloer had opgeraapt. Voor Soraya daarentegen was haar broer de enige deur waardoor ze naar Libanon terug kon gaan, terug wilde gaan. Alsof er daar geen momenten zonder hem geweest waren. En zo kwam op een gegeven moment die nacht dat we naast elkaar lagen en er een overlapping was. Toen ze me over iets vertelde wat ik al wist, en wat toch totaal anders was.

Het begon met een muntje. Soraya had het bij het spelen gevonden, achter de plank waarop haar spaarpot stond. Als een geheimpje lag het tussen de stofvlokken. Aan de beweging waarmee ze haar arm uitstak om het te pakken, moest Soraya later, als volwassen vrouw, altijd denken als iets noodlottigs. Ik geloof dat ze zich niet verantwoordelijk voelde voor de richting waarin de zaken zich verder hadden ontwikkeld, het was meer alsof de herinnering aan het muntje voor haar diende als een ijkpunt dat ze duidelijk kon aanwijzen en waarvan ze kon zeggen: uiterlijk toen begon alles anders te worden. Het was voorjaar 1990. Soraya was zeven, en op een gegeven moment, dat ze niet nader beschreef, slikte ze het muntje per ongeluk in.

Ze vertelde dat haar moeder in eerste instantie had uitgelegd dat het stukje metaal haar lichaam op natuurlijke wijze zou verlaten. Maar later had Soraya buikpijn gekregen en dus waren ze naar het St. Georges-ziekenhuis gereden, voor de zekerheid. Jafar had naast zijn zusje op de achterbank gezeten.

Soraya kan zich de militieleden nog herinneren. Ze kwamen net op het moment dat de verpleegster haar hand vastpakte om haar naar een onderzoekskamer te brengen. Soraya had Beiroet nooit zonder oorlog gekend. In die stad zonder parken en tuinen speelde ze 's middags met andere kinderen op bergen puin en vuilnis. Als koningen troonden ze erop; beneden had ze al vaak jonge mannen op de laadvloer van smerige jeeps gezien, militieleden die in het voorbijgaan naar boven keken maar nooit zwaaiden. Toen, wanneer de deur openknalde, sleepten ze een van hen op een baar over de vloer. Soraya liet de hand van de verpleegster los en deinsde achteruit tegen de muur waar Jafar stond. Hij pakte haar hand en kneep er stevig in. Zolang de scène duurde, liet hij haar niet los. Even later – na dreigementen en gevloek – toen de arts met geheven handen de operatiekamer uit kwam en zijn hoofd schudde, stortten de mannen in de hal voor de ogen van de wachtenden in, vielen elkaar in de armen.

Het was op dat moment dat Jafar de hand van zijn zusje losliet.

Soraya en ik lagen zwijgend in het maanlicht. 'Het verhaal van het verloren oog.' Zo had Jafar zijn verslag genoemd. Ik herinnerde me hoe we die nacht op het platte dak hadden gestaan, met onder ons Beiroet, flikkerend als een sprookjesstad.

'Ik denk,' zei Soraya, 'dat Jafar op dat moment voor het eerst zoiets als solidariteit zag. De verbondenheid van een groep jongens van wie sommigen nauwelijks ouder waren dan hij. Dat moet hem hebben aangetrokken.'

'Ik heb die zwakke kant niet bij hem gemerkt.'

'Omdat je hem op een later tijdstip hebt leren kennen. Het lag allemaal al achter hem.'

Ik draaide me op mijn zij om Soraya aan te kijken.

'Voor die jongens waren we altijd gewaarschuwd,' zei ze. 'Ze golden als gevaarlijk en onberekenbaar, dus gingen we hen uit de weg. Als ze op straat waren, trokken we ons terug. Maar wat we die middag zagen, was een andere kant. Ineens waren ze heel gewone, huilende jongens met vuile overhemden en laarzen, wier enige troost de schouders van de anderen waren.'

Ik keek naar de contouren van haar gezicht in het donker. Met haar golvende haar en de fijne lijntjes die naar haar kin liepen, was Soraya net zo fijngebouwd als haar broer markant geweest was.

Ik schetste haar het verhaal zoals Jafar het me verteld had. De aanval van de milities. De explosie. De rit naar het ziekenhuis. Zijn lichternis: het beeld van zijn zusje op zijn netvlies.

Soraya zweeg een poosje. 'Er was dat koninkrijk aan de Orinoco dat hij voor mij verzon toen we klein waren,' zei ze toen. 'Het was er een van vele. We hadden die atlas, waaruit we de plaatsen kozen waar onze verhalen zich afspeelden. Soms kruisten de wegen van de personages elkaar, alsof het allemaal een vervlochten geheel was. De zebrakoning van de Zambezi kwam bijvoorbeeld eens na een lange reis in het koninkrijk aan de Orinoco; hij was op weg gegaan om redding voor zijn volk te vinden, dat in duisternis leefde. Sinds alle bijen het land hadden verlaten, was er geen was voor kaarsen meer... Jafars verhalen begonnen vaak in de wereld van de fantasie. Er waren hybride wezens, feeën, djinns, toverpaarden, net als in Arabische sprookjes, en op een gegeven moment, naarmate hij langer vertelde, slopen er af en toe dingen uit ons dagelijks leven binnen. Er was een patroon: hoe erger hij vanwege zijn glazen oog gepest werd, hoe preciezer hij aan zijn verhalen schaafde, hij vertelde me oude opnieuw, in lichte variaties, alsof hij iets over het hoofd had gezien, een deur, een poort waar hij doorheen kon glippen om zelf een personage te worden. Zo zie ik het nu tenminste.'

'Ik wist niet dat hij gepest werd. Dat heb ik nooit meegemaakt.'

Soraya legde haar hand op mijn kruin. Een irritant gebaar, als om te zeggen: je begrijpt er niks van, maar het is oké.

'De andere kinderen in onze straat noemden hem hazelworm of cycloop als we buiten speelden. Frankenstein, eenogig monster. Je weet hoe wreed kinderen kunnen zijn. Jafar lachte met hen mee, maar als hij thuis was, sloot hij zich op in zijn kamer en kwam er urenlang niet meer uit.'

Door het open tuimelraam konden we de Ottawa horen ruisen. Het was het enige geluid.

Ik probeerde het ritme van mijn ademhaling op dat van Soraya af te stemmen, maar dat lukte niet.

'Ik heb Jafar nooit zonder glazen oog gekend,' zei ze. 'De dokters hebben zijn oog verwijderd toen hij twee was. Een tumor, een retinoblastoom. Ik weet er niet veel van. Niet erfelijk, een spontane woekering die soms bij kinderen voorkomt. Hij had geluk.'

'Toen wij elkaar leerden kennen, was hij heel anders dan jij hem beschrijft. Hij was als een lichtbaken voor me.'

'Wanneer was dat?'

'In 1994.'

'Dan zat er vier jaar tussen. Hij had in de tussentijd geleerd je zijn ene kant te laten zien en de andere te verbergen.'

'Ik geloof niet dat ik een goede vriend voor hem ben geweest,' zei ik. 'Toen vroeg ik me al af wat hij aan me vond.'

Soraya draaide zich op haar zij. Haar gezicht was dicht bij het mijne, haar adem op mijn wimpers. Voor ze opstond om een staart in haar haar te maken en haar jack aan te schieten, zei ze het volgende op zo'n vreemde toon – een toon van zachte droefenis – dat ik me die tot op de dag van vandaag herinner:

'Ik denk dat Jafar in jou een spiegel zag waarin hij een mogelijke, ongeschonden versie van zichzelf herkende, en dat dreef hem zodra je de klas in kwam langs de anderen heen in jouw armen.'

*

Dagen, weken, maanden gingen voorbij. Vele malen bracht ik mijn kleren naar de wasserij, wachtte tot ze klaar waren en ging terug naar mijn kamer, waar ik mijn koffer pakte, om dan toch niet te vertrekken. Toen het herfst werd, kocht ik een dikkere jas, wandelde onder de geel geworden kruinen van de essen door het Gatineau Park. Het landschap zag eruit alsof het op een bezoek van Claude Monet wachtte om geschilderd te worden. Weerspiegelingen van wolken in het water, licht- en schaduwreflecties boven de weiden, en elke in de verte aangeduide vorm verdwijnend, vervagend achter een veelvoud van kleuren.

Al die tijd volgde ik de wegen die Jafar gevolgd had. En hoe langer ik bleef, hoe meer gesprekken ik voerde in omheinde tuinen, in volle cafés of bij het voetbalveld bij de spoorbrug, des te duidelijker werd het dat dit hier Jafars wereld was geworden. Hij had een heel normaal leven geleid. Hier had hij alledaagsheid en structuur gevonden. Geborgenheid in de beschutting van zijn familie. Maar het was ook een verborgen wereld, halfdoorlatend als een membraan. Alleen de schone schijn van het verleden drong door tot die cel. Vele duizenden kilometers van het vaderland verwijderd leefden de leden van die gemeenschap samen aan de andere oever van de rivier van de hoofdstad en ze volgden de gouden regel die ze meegebracht hadden: niet vergeven, maar zwijgen maakt samenleven mogelijk.

Wat ik ook over Jafar te weten kwam, het werd niet meer dan een rebus, die altijd net begon te veranderen als ik dacht iets concreets te zien. De Jafar die ik gekend had, was verloren gegaan tussen de vouwen van een landkaart waarop de enige zichtbare stad Gatineau in Quebec was, alsof hij nooit een ander leven had gehad.

Ik volgde richtingen die gestrekte armen me wezen en kwam op plaatsen die belangrijk voor hem geweest waren: de Al-Moulouk-bakkerij in de Rue de Duvernay, waar hij, zoals een medewerker me vertelde, af en toe op zaterdagochtend met Rabea had ontbeten. Of het Paul Pelletier Aquatic Centre, waar hij vaak tot vlak voor sluitingstijd een paar baantjes zwom alvorens op de fiets, met zijn sporttas op zijn rug, huiswaarts te gaan. Of het wijkcentrum in de Rue Fabre. Daar kwamen de Libanese immigranten samen, organiseerden ze ontmoetingsfeesten, bazaars of ambachtenmarkten. Er was een bibliotheek met boeken in het Arabisch. En een podium, waarop op een oktoberavond de uitvoering van een schooltoneelstuk plaatsvond. Het was een klas die les had van Rabea; ik zag dat de kinderen achter de eerste rij aan de nieuwsgierige blikken van de toeschouwers werden onttrokken.

Wat die plaatsen gemeen hadden, was de openbaarheid. Alsof de volwassen Jafar zich het prettigst had gevoeld op plekken waar hij gezien kon worden. Als jongen had hij de eenzaamheid van verlaten huizen gezocht. Het universum waarin hij me had geïntroduceerd, behelsde de smalle steegjes van Ashrafiyyah die naar de haven beneden leidden, de onverharde weg bij de Duivenrotsen, de hangar bij het spoor, plaatsen waarvan ik nu geloofde dat hij ze opzocht omdat ze zo lastig bereikbaar waren. Het was eigenaardig. Hoewel het een half leven geleden was, had ik het gevoel de echte Jafar meegemaakt te hebben.

Maar hoe goed hadden we elkaar echt gekend?

Toen ik het wijkcentrum voor het eerst bezocht, bracht Omar, die verantwoordelijk was voor de inhoud van de bibliotheek, me door de ruime entree naar een tijdschriftenrek. Hij bevochtigde zijn vingers aan zijn lippen en liep de stapel tijdschriften door. Toen hij niet vond wat hij zocht, ging hij met mij naar een kleine berging, die hij als archief betitelde. Uit een van de kasten haalde hij een tijdschrift, dat hij me in de hand drukte. Het verscheen eens per maand in het Arabisch, introduceerde personen die zich in de gemeenschap van Gatineau onderscheidden, bevatte een activiteitenagenda, gewoonlijk ook reportages en interviews met mensen die net als voorheen in Libanon of als Libanees in het buitenland iets voor de gemeenschap presteerden. De naam van het tijdschrift was *Al Jisr*. De brug.

'Dit is het augustusnummer. We hebben een in memoriam over Jafar gemaakt,' zei Omar.

Ook in het in memoriam vond ik Jafar niet terug. Hij was op Miraj Kandil gestorven. Op 20 augustus. Een feestdag waarop de Arabische wereld de hemelvaart van de profeet Mohammed herdacht. Beide gebeurtenissen werden in het in memoriam op een voorspelbare doch gevoelloze manier met elkaar verbonden, maar ik kon moeilijk geloven dat het verband met religie Jafar zou zijn bevallen. Herinneringen en anekdotes uit zijn leven werden vermeld, die de schrijver waarschijnlijk van gesprekken met Rabea of Jafars moeder kende en die allemaal beperkt bleven tot zijn tijd in Canada. Zijn verdiensten voor het jongerenwerk werden in het stuk uitvoerig geprezen. Hij was voor de jongeren een baken geweest, zo heette het. Ergens stond dat ze zijn rustige, open manier van doen, de gemoedelijkheid waarmee hij de mensen tegemoet trad, zouden missen.

Rustig. Dat zou hij zijn geweest. Wat betekende dat woord? In het in memoriam had die eigenschap natuurlijk een positieve connotatie. Iemand die 'rustig' was, was sympathiek en prettig in de omgang, had een luisterend oor. Maar ik klampte me aan dat woordje vast alsof het een diepere betekenis had.

Het gaf aan dat er in Jafar een donkere horizon was geweest waar hij niet voorbij kon komen.

'Wat zoek je hier, Amin?'

'Antwoorden,' zei ik.

'Na zoveel jaar? Dat geloof ik niet.' Soraya zat op bed, in de deken gehuld, en ze sprak zonder me aan te kijken. 'Ik denk dat je de nabijheid zoekt van een gemeenschap die je aan je jeugd herinnert. Aan de rand van München. Lang voordat je oma eropuit ging om een koffer voor je te kopen.'

'Ik kan nog niet weggaan. Al die gesprekken die ik hier heb. Ze geven me zo weinig waarvan ik me een voorstelling zou kunnen maken. De Jafar die ik wil begrijpen – echt begrijpen – blijft een schaduw.'

'De mensen wantrouwen je, Amin. Ze denken dat je iets achterhoudt. Je klopt bij hen aan de deur en stelt vragen over Jafar. Daarmee verleng je onze rouwtijd. Waarom?'

Ik stak mijn hand naar Soraya uit. 'Je haar ruikt heerlijk,' zei ik.

Hoe had ik haar of iemand anders moeten uitleggen wat ik voor mezelf niet kon verklaren? Jafar had deel uitgemaakt van mijn eerste zomer in Libanon. Mijn eerste vriend en mijn eerste raadsel, en ik had mijn herinnering aan hem nooit begraven. Ik had die een tijdlang opzijgezet om lucht te krijgen, maar ik was Jafar nooit vergeten. Ik had altijd gehoopt hem op latere leeftijd beter te leren kennen.

Het is aanmatigend me in hem te willen verplaatsen. Daarvan ben ik me bewust. Maar Jafar, dat vermoedde ik toen al, zou altijd een mysterie blijven, en het zou lastig worden om op een andere manier dicht bij hem te komen.

Bij mooi weer verlaat hij 's avonds zijn appartement in de Rue Saint-Antoine en jogt langs de oever van de rivier naar het huis van zijn moeder om haar in de tuin of in het huishouden te helpen. 'In Beiroet,' zegt ze vaak terwijl ze op hun knieën bij het onkruid zitten, met een zwarte emmer naast zich, 'daar gaan zonen pas het huis uit wanneer ze gaan trouwen en verhuizen ze niet naar het andere einde van de stad, maar ze bouwen hun huis aan de overkant of boven op het dak om in de buurt van hun moeder te zijn.' Ze zegt het zachtjes, niet verwijtend, ook al is het misschien wel zo bedoeld.

'Maar we zijn hier niet in Beiroet,' zegt Jafar dan even kalm terug, 'en ik zal altijd bij u in de buurt blijven, dat weet u.'

Wanneer het werk gedaan is, vegen ze hun voeten af op de deurmat en gaan ze naar binnen. Ze zet theewater op, doet er munt in. In de woonkamer vertelt ze hem de nieuwste geruchten uit de buurt waar praatgrage vriendinnen 's middags mee kwamen. 'Aylin, de dochter van Arif,' zo vertelt ze, 'is met een Canadees in een auto op de parkeerplaats van de Cineplex gezien, en die Canadees heeft een donkere huid.' Meestal knikt Jafar dan en hij nipt van zijn thee zonder echt te luisteren. Hij weet hoe belangrijk die momenten voor haar zijn en dat ze niet vertelt om een gesprek te voeren, maar omwille van het vertellen. Zij heeft dit nieuwe leven voor hem mogelijk gemaakt en het ontroert hem dat ze na al die jaren nog steeds bezig is mensen en herinneringen om zich heen te verzamelen, om ook hier een deel van haar oude leven voort te zetten. Of in elk geval de illusie daarvan.

Twee keer per week neemt hij 's ochtends vroeg de trein van Ottawa naar Laval, waar hij bij het station in de bus stapt die hem naar de jeugdgevangenis brengt. Daar houdt hij op maandag en woensdag spreekuur in een kantoortje op de eerste etage van het gebouw met de werkplaats waar de jongeren overdag met hun werk bezig zijn. Door het tralievenster ziet hij hen in werkkleding op de binnenplaats staan. In de loop van de middag kloppen ze een voor een bij hem aan, en hij wijst degenen die binnenkort vrijgelaten worden op mogelijkheden, vraagt naar hun interesses, hun vaardigheden, hun dromen, trekt zijn stoel dichterbij en vertelt ook over zichzelf als adolescent, weet hen, die doorgaans wantrouwig en gesloten zijn, met zijn verhalen te boeien voor hij 's avonds met een van de laatste treinen teruggaat. In die twee uur, terwijl het landschap aan hem voorbijtrekt, voert hij de gespreksnotities in een document in en als er dan nog tijd over is, leest hij een boek of denkt hij aan Rabea, de dochter van Abu Diab.

Op dinsdag en donderdag staat hij in korte broek en T-shirt in de schijnwerpers aan de zijlijn van het voetbalveld om het jeugdelftal te trainen. De teamleden zijn dertien of veertien jaar. In welke richting ze zich zullen ontwikkelen, valt nog niet te bepalen. Er zijn nog honderden mogelijkheden om volwassen te worden, dat fascineert hem. Soms denkt hij dan aan de achtertuinen in Beiroet. Aan de met krijt aangegeven randen van het speelveld, en aan de twee grote keien die volstonden om als doel te dienen. Maar dat komt zelden voor.

De jongens die hij traint, zijn onder de indruk van hem. Hij verheft nooit zijn stem. Hij geeft hun voortdurend het gevoel bij hen te zijn, alleen tegen hen te praten, zachtjes maar beslist. Telkens wanneer er op het veld ten gevolge van een grove overtreding klappen of scheldwoorden worden uitgedeeld, weet hij de betrokkenen ertoe te bewegen elkaar de hand te reiken. Steeds benadrukt hij het belang van de maatschappij. Haar functie als veilige haven. De meeste pupillen behoren tot de tweede generatie immigranten, zijn hier geboren en getogen, met het Canadese landschap voor hun ogen en de verhalen van hun ouders over de sensualiteit van het licht in Libanon in hun hoofd. Sommigen van hen zijn vroeger bij hem op zijn spreekuur geweest. Het verleden van die jongens speelt voor hem geen rol. Ze voelen zich nooit door hem veroordeeld. Ieder van hen heeft ooit een verkeerde beslissing genomen.

Op een herfstavond, wanneer ze – nog in de kennismakingsfase – onder de eettafellamp bij een glas wijn bij elkaar zitten, laat Jafar Rabea zijn camera zien en hij vertelt dat wat hem zo boeit aan fotograferen de mogelijkheid is om de blik van de toeschouwer te richten op wat er zich aan de rand afspeelt. De blik voor wat anderen voor belangrijk houden, kon hij niet delen.

De volgende dag belt hij aan bij Abu Diab om Rabea op te halen. Hij neemt haar mee naar een tentoonstelling in het café dat bij het jongerencentrum bij het sportveld hoort en waar tien foto's te zien zijn. Op die manier vertelt hij Rabea zonder woorden iets over zichzelf.

Met de camera om zijn nek heeft Jafar talloze avonden over straat gezworven, stilletjes als een dief, en wat hij vastlegde, is dat wat niemand mist en wat toch vlug verdwijnt: een waterdruppel op een esdoornblad, van zo dichtbij genomen dat de straat en de lichtjes daarvan erin weerspiegeld worden. Het lege gelddoosje van een dakloze, zijn slaapzak onscherp op de achtergrond. Voetafdrukken aan de oever van de rivier, al overspoeld, half verdwenen.

Al die jaren is hij een gewaardeerd lid van de samenleving, hij levert zijn bijdrage. Alleen met zijn foto's blijft hij een buitenstaander.

Op een dag vraagt Rabea Jafar een foto van hen samen te maken, om in te lijsten en op te hangen. Ze is inmiddels bij hem ingetrokken, in dat eigenlijk te kleine appartement, wat ze alleen heeft gedaan om samen van een huis te kunnen dromen.

Hij zet de tafellamp zo neer dat ze allebei van achteren belicht worden. Wat hij vastlegt, is de schaduw van hun verstrengelde handen op de muur van de woonkamer.

Wanneer je naar de foto kijkt, weet je niet welke hand van Rabea is en welke van Jafar.

Hij was een ander geworden, had zich blijkbaar van alles wat geweest was losgemaakt. Maar waar ik in mijn leven ook heen ging, welke indrukken ik meenam of achterliet, wiens wegen ik kruiste of meed, in de tijd in Gatineau moest ik constateren dat ik mezelf alleen maar had aangepraat dat ik heel ergens anders was. In werkelijkheid was ik altijd daar geweest: in dat smalle steegje in Beiroet op die winterdag dat de hemel boven de huizen donker was en het onweer al in de lucht hing. Indertijd, toen Jafar zei dat ik voor hem niemand was. Voor hij instapte in de auto die ons de weg versperde. Het was de laatste keer dat ik hem zag.

Vanaf dat moment was er altijd die wond geweest; nu erkende ik dat die heel diep was. In plaats van hem te helen had mijn verblijf in Canada die wond opengehouden. Hier was niets meer voor mij.

Toen Jafars moeder inzag dat ik geen antwoord op haar vragen kon geven, nam ze merkbaar afstand. Ze verschuilde zich achter haar verdriet. Alleen Rabea wekte aanvankelijk nog de indruk dat ze mijn nabijheid zocht. Ze zat in een wollen trui tegenover me te luisteren naar mijn verhalen over het jaar 1994, in gedachten verzonken, probeerde de Jafar die ik beschreef af te zetten tegen de man aan wiens zijde ze vijf jaar had doorgebracht. Toen, op een dag, stond er een TE KOOP-bord op het gazon voor hun huis, en vanaf dat moment trok ook zij zich terug.

Begin november viel de eerste sneeuw. In het park waren de bladeren van de essen gevallen. 's Ochtends werd ik wakker van het geschraap van de sneeuwruimers over de stoep en toen ik de koude lucht in stapte, waren de straten grotendeels leeg.

Op een van die winterdagen – ik was negen weken in Gatineau – besloot ik nog één poging te ondernemen om meer over de redenen te weten te komen waarom Jafars familie Libanon had verlaten. En dus bezocht ik voor de laatste keer Jafars oom Kalib, die aan de rand van de stad een uitdragerij had en van wie ik lang had gedacht dat we hem verzonnen hadden.

Veel leden van de Libanese gemeenschap van Gatineau hadden het dankzij hun ondernemersgeest tot redelijke welstand gebracht. Maar de oude Kalib leek er tevreden mee te zijn, gehuld in zijn lange huisjas, met sandalen aan zijn voeten, tussen antieke fotolijstjes, fluwelen stoelen, zilveren vazen en vergulde ladekasten rond te lopen en nu en dan gasten uit de buurt te ontvangen, die op weg naar huis hun hoofd naar binnen staken voor een kletspraatje zonder ooit iets te kopen. Alsof de winkel zich niet aan de hoofdstraat van een stadje in Quebec bevond, maar in een van de kronkelige zijstraatjes van Beiroet.

Met zijn grijze haar, dat ongekamd leek, alsof hij pas was opgestaan, en de manier waarop hij sprak – vaak hield hij na vier of vijf zinnen zo'n lange pauze dat je er nooit zeker van kon zijn of hij verder zou gaan of onverwachts verstomd was – wekte Kalib inderdaad de indruk aan een van Jafars verhalen te zijn ontstegen. Hij had de oudere versie kunnen zijn van alle personages die we op het voorplein van het circus voor hem hadden bedacht: de slaperige kelner aan de bar van het St. Georges Hotel die de grote Peter O'Toole om een handtekening had gevraagd. Of de nu gepensioneerde deskundige op het gebied van verdwenen schilderijen, die in de halfschaduwwereld van de kunstmarkten thuis was geweest en die als jonge man in een antiquariaat die legendarische lijst had gekocht waarin *Het geheim van de jeneverbesstruik* had gezeten.

Toen ik Kalib bij onze eerste kennismaking had verteld over onze verhalen en zijn rol daarin, zei hij schertsend dat ik hem minstens tien procent verschuldigd was van het bedrag dat we op de vlooienmarkt hadden verdiend.

Zo was hij tegenover mij, vriendelijk, grappig. En op sommige dagen stelde ik me voor hoe Jafar en ik hem als jongens hadden bezocht als hij nog in Libanon was geweest en hoe we hem over al die dingen hadden uitgevraagd die in zijn winkel stonden, om inspiratie voor nog meer verhalen op te doen.

Hoewel hij in zijn winkel al die rommel, waaraan een zekere glans kleefde, uitstalde en hoewel hij de indruk wekte dat hij het oude niet kon loslaten, wilde Kalib ook deze keer niet over het verleden van zijn familie praten. Hij was niet onvriendelijk, wees me niet af. Veeleer behandelde hij me met het kalme overwicht van een duidelijk oudere man die de gebeurtenissen in zijn vaderland al lang geleden verwerkt en afgesloten heeft. Tot op de dag van vandaag weet ik niet of hij iets voor me verzweeg of dat hij inderdaad niets wist over de achtergronden die de familie van zijn zus in zijn nabijheid hadden gebracht.

Toen ik op zijn winkeldeur klopte, leek hij verbaasd me te zien. 'Ben je nog hier?' vroeg hij terwijl hij opzijstapte om me binnen te laten. 'Blijf je voorgoed?'

Ik schudde mijn hoofd, stampte een paar keer op de drempel om de sneeuw van mijn schoenen te krijgen en liep naar binnen. 'Nee, ik blijf niet lang meer.'

Kalib huiverde in de tocht. Hij wreef zijn handen en ging me voor de winkel in.

'Hoe gaat het met Soraya?' vroeg hij argeloos. 'Ik heb haar lang niet gezien.'

Ik overwoog of het een strikvraag kon zijn, maar het was zinloos hem iets wijs te maken. Zelfs in de meest gesloten gemeenschap waren er dingen die nooit geheim bleven. 'Ze heeft het druk,' zei ik.

'Hm,' zei hij. 'Ga toch zitten. Koffie?'

'Nee, dank u.'

'En wat brengt je hier?'

Ik besloot er niet omheen te draaien. 'Destijds was er die camera,' zei ik. 'Die herinnerde ik me onlangs. Jafar zei dat het een cadeau van u was.'

Kalib glimlachte onwillekeurig. 'Dat klopt. Eigenlijk was het een cadeau voor zijn moeder, maar zij gebruikte hem niet. Hij heeft het zichzelf allemaal geleerd – diafragma, belichtingstijd, alles wat je weten moet, verbazingwekkend, nietwaar? Heb je zijn expositie in het café gezien? Ik geloof dat die er nog hangt. Hij had er oog voor.'

'Dat weet ik.'

'Maar je bent niet door de sneeuw gekomen om me dat te vertellen.'

'Nee.' Ik aarzelde even. Toen haalde ik de foto tevoorschijn die Jafar op de kermis had gemaakt.

Kalib bekeek hem lang, alsof hij in de onscherpe bewogen lijnen een vertrouwd gezicht zocht. Hij draaide de foto om, las wat Jafar er voor mij opgeschreven had: 'Het spijt me erg dat ik geen afscheid van je kan nemen. Het heeft niets met jou te maken.'

'Jullie waren goede vrienden,' zei hij op een toon die noch constaterend, noch vragend was.

Toen ik Kalib vertelde dat Jafar me de foto als afscheid had willen geven voor hij – halsoverkop naar het scheen – het land verliet, knikte hij traag, alsof hij moe was geworden. Zonder zijn blik van Jafars handschrift af te houden, zei hij: 'Mijn zus belde me midden in de nacht. Ze vroeg me een vlucht voor haar gezin te boeken. Ik vroeg of ze hier vakantie wilden houden. Ze zei: "Nee, we moeten voor altijd blijven." Een paar dagen later haalde ik haar en de kinderen af van het vliegveld.'

'Moeten?'

'Wat?'

'Zei ze echt dat ze voor altijd móéten blijven?'

Hij leunde achterover, leek ineens op zijn hoede. 'Ik weet het niet meer. Het is lang geleden.'

'Heeft ze het dan nooit over de redenen gehad?'

'Je bedoelt, haar redenen om hiernaartoe te gaan?'

'Ja.'

Nu hief Kalib zijn hoofd op en gaf me de foto terug. 'Dat is geweest, Amin.'

Het einde van iets

Door de eeuwen heen hebben kunstenaars zich gewaagd aan variaties op Plinius' oerscène over het begin van de schilderkunst. Joseph-Benoît Suvée bleef voor het tafereel dicht bij het verhaal, bij Giorgio Vasari daarentegen ontbreekt de vrouw uit Korinthe; haar geliefde is alleen wanneer hij zijn schaduw op de muur overtrekt. Maar in hun boodschap lijken ze op elkaar: de kunst is te danken aan de werkelijkheid, ook al is ze niet werkelijk. Zoals de schaduw uit de mens voortkomt zonder ooit die mens te zijn.

Voorjaar 1990

Yeki boed. Yeki naboed.

Ze noemen hem Leeuwenjong, Schaduwgeest, Ibn Rambo – zoon van Rambo. Ze geven hem de titel magiër, kattenoog, verzamelaar. Ze proberen hem met gevlei over te halen: 'Ons staat een grote taak te wachten,' zeggen ze, 'en we hebben nog kracht voor jaren.' Hun handen zijn koud en vochtig van het zweet, hun armen dun als dor hout wanneer ze hem omhelzen. Ze kussen zijn ogen. 'Jij bent een deel van ons,' zeggen ze. 'Samen met jou staan we sterker.'

De jonge mannen in de kaki uniformen die het insigne van de militie op hun schouder dragen, met een patroongordel erover en een geweer met afgezaagde loop, ze staan voor Jafar en druppelen hem en de andere kinderen het gif van hun taal in het oor. Ze zeggen: 'Jij bent ons oog in de duisternis. Jij bent onze trots, onze zoeker. Wij zullen over je daden verhalen.'

Het daglicht dringt door een getralied raam. Buiten het lawaai van de stad. De kinderen staan zwijgend tegen de muur. Jafar kijkt de jongens aan, ziet hun ongeschoren gezichten. In al hun bewegingen herkent hij de zelfverzekerdheid die hij zo bewondert. Buiten deze muren zou geen van hen ook maar naar hem kijken, laat staan met hem praten, maar hij heeft het idee dat hij de afgelopen twintig minuten al veranderd is, alsof hij alleen al door het binnengaan van dit gebouw zichtbaarder is geworden.

Hij hoort het: de andere kinderen krijgen net zulke namen, worden met dezelfde woorden gevleid. Maar voor hem hebben de zinnen een heel bijzondere klank: zo klinkt waardering. Zo klinkt vriendschap.

Hij is tien. De burgeroorlog is vijf jaar ouder.

Net als alle kinderen in de stad, ongeacht aan welke kant van de grens ze wonen, heeft hij de leerschool van 'de gebeurtenissen' doorlopen. Hij heeft geleerd wat er te leren valt. Bijvoorbeeld dat de gang tijdens de bombardementen de veiligste plek in huis is, vanwege de 'dragende muren'. Hij leert ook hoe projectielen klinken wanneer ze vanuit de bergen de wijk naderen, hoe het klinkt wanneer ze vanuit de wijk worden afgevuurd en wat er dan gedaan moet worden. Uit de folders die op school zijn verspreid, weet hij dat het belangrijk is voor een flink aantal vloeren en plafonds tussen jezelf en de hemel te zorgen, want het is onwaarschijnlijk dat een raket meer dan drie etages doorboort. Ook heeft hij geleerd dat het belangrijk is bij regen alles buiten neer te zetten wat kan dienen om water op te vangen: borden, schalen, potten, pannen, omdat er dagenlang geen water komt wanneer je de kraan openzet of het toilet wilt doorspoelen. Als er beddenlakens in de stegen hangen, betekent dat: een scherpschutter verschuilt zich op een van de daken. Dan is de boodschap dat je de straat volgens een bepaalde choreografie moet oversteken: bukken, rennen, staan blijven.

Hij had zich voorgenomen alles wat hij weet op te dreunen als ze hem zouden testen.

Het is een paar weken geleden dat Jafar die jongens in het ziekenhuis zag. Zelfs op dat moment van zwakte leken ze sterk. Sindsdien had hij vaak aan hen gedacht. Die ochtend hebben ze in het partijkantoor zijn naam in een schrift genoteerd. Niemand lachte toen hij binnenkwam. Niemand zei: 'Ga naar huis, je bent te jong, en wat wil je hier in 's hemelsnaam, met maar één oog?' Niemand had hem willen testen.

Nu staat hij naast de andere kinderen in dat vertrek, waar geen kunstlicht is. De lucht is muf en bedorven. Ze krijgen broodjes kip en water. Kinderen met lang haar krijgen een hoofdband. De oudere jongens die tegenover hen staan, dragen hun modderige laarzen vol trots en hebben namen van strip- en westernhelden. Ze noemen elkaar John Wayne, Sniper, Doctor Doom of Little Boy en Fat Man, omdat de twee atoombommen zo heetten. De folklore van de revolutie en de tentoongespreide nonchalance verbergen hun uitputting.

Ze lopen voor de rij heen en weer. Ze zeggen: 'Wij zijn de militie. Wij staan in ons recht. Daar getuigen onze namen van. We heten Ziad, Mounir, Jafar, Samir, nooit zullen we Mohammed, Ali of Hassan heten. Dat zijn moslims. Wij voeren een bevrijdingsoorlog tegen de islam, tegen de Palestijnen en Syriërs die ons land bezetten en het van ons willen afpakken.'

De kinderen knikken, ook al begrijpen ze er niets van. Ze krijgen een zilveren kettinkje omgehangen met een kruisje eraan.

Zo wordt Jafar een zoeker.

Voor de straat- en huisgevechten zijn hij en de anderen te jong, voor het graven van schuttersputten niet sterk genoeg. Jongens zoals hij komen in aanmerking voor andere bezigheden, op bepaalde dagen. Hij slaapt daarom niet bij de anderen in het hoofdkwartier – een verwoest theater dat ze veroverd en bezet hebben – maar gaat 's avonds terug naar huis.

Het voelt alsof hij twee levens heeft. 's Ochtends gaat hij naar school, als die open is, hij zit in de les op gammele bankjes voor kapotte ramen, luistert naar het gewauwel van de leraren, staat in de pauzes afzijdig van zijn klasgenoten; 's middags gaat hij naar het partijkantoor, waar hij en de anderen op sofa's rondhangen en op radioberichten wachten. Daar zitten ze dan, wijdbeens, kaartspelend, rokend, net als de groten die ze bewonderen; niemand spreekt de hoop uit dat het radiotoestel blijft zwijgen, niemand geeft zich bloot.

Wanneer het apparaat dan kraakt en knettert, wanneer het bericht komt dat er in een bepaald deel van de stad een gevecht voorbij is, een straat is veroverd, het koninkrijk uitgebreid, springen ze op, verdringen zich op de laadvloer van een vrachtwagen en worden naar de locatie gebracht.

De militie gebruikt de kinderen. Ze kruipen door de walm ingestorte huizen in, verzamelen wapens en munitie die de vijand heeft achtergelaten. Antitankgeweren, kisten met mijnen, Russische PKC-patronen, M-16, G-3, FALS, B-7-granaten; soms kan Jafar door alle rook en roet niets zien, maar aan de hand van de vorm kan hij het voorwerp identificeren, er de naam aan geven die er bij hem is in gehamerd.

Hoe meer hij naar buiten draagt, hoe luider het gejuich. Hoe hoger hij zich in de ruïnes waagt, hoe groter de waardering. Op die momenten voelt hij geen angst. En als hij die wel voelt, is het eerder een stimulans dan een belemmering. Nog niet zo lang geleden bestond zijn angst uit de vrees buitengesloten, afgewezen en uitgelachen te worden. Nu is angst een belofte. Daarachter liggen de omhelzingen van de anderen, de warmte van hun woorden, hun applaus. Als hij de angst tenminste overwint.

Zijn behendigheid blijft niet verborgen. Jafars naam doet de ronde, klimt langs de bevelsstructuur omhoog. De manier waarop hij zich door de rokende puinhopen beweegt, zich aan muren vasthoudt, de duisternis in klimt, dertig meter boven de grond, dat heeft haast niemand van hen ooit zo gezien.

Op de terugweg zitten ze op de buitgemaakte kisten en kloppen hem op de schouder als een ploeggenoot die een belangrijk doelpunt heeft gemaakt. Dat heeft hij vaak gezien in de achtertuinen wanneer hij toekeek terwijl de anderen voetbalden. Het is een nieuw gevoel om trots op zichzelf te zijn.

Iemand was er. En iemand was er niet.

Voor de andere kinderen is Jafar een schaduw die doorgaat waar zij in eerste instantie aarzelen en dan omkeren. Omdat de vloer knarst. Omdat muren niet meer staan waar ze zouden moeten staan. Omdat voor hen ineens gaten opdoemen die naar veel etages lager leiden. En wanneer ze allang weer bij de anderen op de straat staan, met armen en gezicht onder het stof, zien ze hem over de daken wandelen, onaangedaan door de rukwind.

Algauw daarna leidt iemand hem rond in het Grand Théâtre, of wat daarvan over is. Hij heeft de verhalen gehoord. In een verleden dat hij niet kent, was dat een belangrijke plek. Nu is het een groezelige bioscoop met vlekkerige stoelen in de buurt van de Groene Lijn, het is het sacrosancte centrum van de militie. In de eens prachtige zaal zitten jonge mannen met open gulp naar het doek te staren. En waar ooit de foyer was, pronken de jongeren met hun met bloed bevlekte overhemden. Ze dikken hun heldendaden aan, zo vaak dat ze zich alleen nog een fractie van de waarheid herinneren. Jafar loopt tussen hen door, draagt de ketting die ze hem gegeven hebben goed zichtbaar op zijn overhemd.

Niemand zegt: 'Ga naar huis.' Niemand jaagt hem weg.

'Leeuwenjong,' zeggen ze, 'kom eens hier, wat is er met je oog?'

Hij staat in de kring en vertelt hun de waarheid.

'Nee,' zeggen ze en ze schudden hun hoofd, 'je moet een beter verhaal hebben. Eentje dat bij je faam past.'

Zo gaat de zomer voorbij. Geruchten doen de ronde. Het Syrische leger, zo wordt gezegd, bereidt in Baabda een slotoffensief voor, het doel zou het presidentiële paleis zijn, waar generaal Michel Aoun zich verschuilt. Valt het paleis, dan is de oorlog voorbij. Valt het paleis, dan hebben de Syriërs gewonnen.

In september wordt Jafar van zoeker verkenner. Het is een promotie, al is het hem niet aan te zien. Als hij op een dag het hoofdkwartier in komt, gebieden ze hem zijn kleren uit te trekken. Ze geven hem lompen, smeren roet op zijn armen en benen en in zijn gezicht en rond zijn ontbrekende oog. Ze vetten zijn haar in met olie uit een sardineblikje en geven hem een adres.

De stad is grotendeels uitgestorven, de straten zijn onverlicht. Jafar loopt ongehinderd langs Syrische soldaten die tegen hun tank leunen. Hij loopt tussen hun stellingen door, sleept met zijn linkerbeen, zijn rechterarm houdt hij gebogen.

'Hebt u iets te eten?' vraagt hij. 'Misschien een stukje chocola?'

Ze schudden hun hoofd. 'Ga dat maar ergens anders vragen,' zeggen ze en ze jagen hem weg. 'Die verdomde straatkinderen.'

In zijn vermomming is hij weer de onzichtbare geworden. Maar nu voelt het als een kracht. In het hoofdkwartier zullen ze hem later voor de nieuwelingen zetten en zeggen: 'Dit is de jongen over wie iedereen het heeft. Hij kan allerlei rollen aannemen.' Steentjes boren zich in zijn voetzolen. Rechts van hem doemen puinhopen op waarboven nog rook kringelt. Iemand schiet een sigarettenpeuk tegen zijn voorhoofd en snauwt dat hij zich uit de voeten moet maken.

'Pardon,' mompelt Jafar.

Hij prent zich alles in: om hoeveel mannen het gaat. Waar zich verschansingen bevinden, waar wachtposten, waar scherpschutters staan. Hoeveel ingangen het gebouw heeft. Waar de slaapplaatsen en pauzeruimtes zijn en waar ze de munitie opslaan.

'Je ruikt naar vis,' zegt Soraya op een avond wanneer hij thuiskomt.

'Ik heb in zee gezwommen,' verklaart Jafar. 'Als je bij de oude vuurtoren aan de boulevard tussen twee rotsen door duikt, kom je via een geheime poort onder water aan de monding van de Usumacinta. Ik heb rivierkrokodillen gezien en me als vis gecamoufleerd om aan ze te ontkomen.'

'En wat heb je bij de Usumacinta gedaan?'

'Chocola voor je gehaald,' zegt hij lachend en hij geeft haar een reep.

'Vertel eens,' zegt Soraya.

'Eerst ga je onder de douche,' zegt zijn moeder.

Wanneer Jafar op een dag in oktober in het theater komt, is het uitgestorven. Hij loopt door de zalen, roept namen, maar zijn geroep gaat verloren. Overal ligt afval op de vloer, verkreukelde uniformen, scherven. Ook de ondergrondse gangen zijn leeg; de voormalige kleedkamers, die als kantoor werden gebruikt, zijn leeggehaald, documenten vernietigd. De grote zaal op de benedenverdieping ligt er verlaten bij. Verward gaat Jafar terug naar de foyer, duwt de toegangsdeur open en loopt naar buiten.

Voor de huizen ziet hij gezinnen ongehinderd de Damascusstraat oversteken. Hij probeert ze te waarschuwen. Ze lachen, roepen iets naar hem wat hij niet verstaat. Hij verstaat de woorden, maar niet de betekenis.

'De Groene Lijn is open.'

Verlamd ziet hij hoe de mensen de grens naar het westelijke deel over gaan. Hij gaat in dekking, drukt zich tegen de muur van een huis, doet zijn oog dicht – een oeroude reflex – maar het schot blijft uit, er gebeurt niets.

'Het paleis is gevallen,' hoort hij de mensen zeggen, 'de generaal is gevlucht. In een tank! Hij is weggeslopen als een geslagen hond en houdt zich schuil op de Franse ambassade.'

's Avonds zijn de straten zo vol als ze nog nooit geweest zijn. De lucht trilt van de opgewonden stemmen. Kinderen lopen met grote ogen aan de hand van hun ouders. Jafar zit op de trap voor de ingang van het theater, met zijn kin op zijn handen, en wacht tot er iemand terugkomt. Iemand die het hem allemaal kan uitleggen.

Op een bepaald moment verloopt het leven nog volgens het gewone patroon. Dan, van het ene moment op het andere, is het ineens vrede. Weken verstrijken waarin hij steeds het huis verlaat en naar het Grand Théâtre gaat in de hoop een bekende tegen te komen. Maar er verschijnt niemand. Het gebouw blijft leeg. Weken waarin hij steeds weer door de vertrekken gaat, laden opentrekt en naar aanwijzingen zoekt, een bericht dat ze voor hem achtergelaten zouden kunnen hebben. 'Moesten vlug verhuizen. Je kunt ons hier vinden,' en een adres.

Dan duwt hij op een dag de deur naar de foyer open en wordt hij aangestaard door tientallen journalisten. Ze hebben dossierkasten en bureaus naar binnen gesleept en zijn laatste toevluchtsoord bezet, er hun hoofdkwartier van gemaakt om verslag uit te brengen over de Groene Lijn.

Jafars verwarring is grenzeloos. Hij verlangt ernaar terug te keren in de gemeenschap waarin hij zich gewaardeerd voelde. Hij begrijpt de vreugde over de ommekeer niet. Voor hem is die zoiets als fantoompijn, alsof hij ledematen mist. Elke stap door de wijk voelt als het einde van iets. De stad is ineens twee keer zo groot en beangstigt hem. Er ontstaan doorgangen waar vroeger bakstenen muren stonden. Het is alsof de nieuwe, voor hem onbekende wegen al zijn kameraden hebben opgeslokt. Dat moet het zijn, of ze mijden hem. Beide ideeën zijn onverdraaglijk. Het is alsof het Beiroet dat hij gekend heeft, is opgelost, alsof het zijn omtrek heeft verloren en zich op onnatuurlijke wijze heeft uitgebreid, over elke bekende grens heen.

Thuis vertelt Soraya over school. Een vrouw uit Parijs is daar geweest om met de kinderen wat spelletjes te doen, ze mochten tekeningen maken.

'Bij jullie ook?' vroeg ze.

Jafar knikt. Maar hij is helemaal niet op school geweest, al een paar dagen niet. Omdat hij er niet tegen kan dat ze doen alsof alles in orde is. Omdat zijn klasgenoten hem mijden.

's Ochtends zit hij met de familie aan de eettafel, pakt het lunchpakket aan dat zijn moeder hem geeft, stopt het in zijn rugzak en gaat met zijn zusje het huis uit. Hij loopt een eindje met Soraya mee, verzint dan een uitvlucht en gaat terug naar de Groene Lijn zonder ooit de grens naar het andere stadsdeel te overschrijden.

Waar kort daarvoor nog wegversperringen waren, staan nu journalisten voor de muren van de huizen, waarop onkruid woekert. Ze staan daar en zeggen: 'Hier groeit iets samen.' Ze wenken oudere bewoners. Die zeggen: 'Als we de stad eenmaal hebben herbouwd, zal ze er net als vroeger uitzien.' Maar wat betekent dat? Geen kind van de leeftijd van Jafar heeft de stad ooit anders gekend.

Het gaat maar door. Overal zijn er nieuwe controleposten. Soldaten wenken auto's door. Jafar buigt zijn hoofd, steekt zijn handen in zijn zakken en versnelt zijn pas terwijl de Syrische vlag boven hem wappert.

'S Avonds gaat hij niet naar huis. Er is een gebouw dat hij zich herinnert. De flat staat op een heuvel in de wijk. Wanneer hij de deur naar het dak openduwt en naar buiten stapt, grijpt de wind hem bij zijn kraag. Hij is nog nooit hierboven op een van de hoogste punten van Ashrafiyyah geweest. De daken van de omliggende panden kent hij als zijn broekzak, maar hier op dit dak komen zou tot voor kort zelfmoord zijn geweest, zo onbeschut is de plek, als een adelaarsnest in een boom zonder bladeren. Hij trekt zijn schoenen uit om beter te kunnen voelen of de ondergrond meegeeft. Elke beweging wordt veelvuldig beproefd. Hij tast met zijn tenen naar voren tot waar de afgrond begint. Hij gaat zitten. Wat een uitzicht, het beneemt hem de adem. Van hieraf is de Groene Lijn niet te zien. De stad ziet eruit alsof ze nooit in tweeën verdeeld is geweest. Voor het eerst kan hij zo ver kijken. Hij ziet geen verschil. De verboden gebieden zien er niet anders uit dan deze wijk. Een paar minaretten, dat wel, maar dezelfde kooivormige woontorens met watertanks op het dak, hetzelfde warme licht achter de ramen, dezelfde zee erachter en heel in de verte: de schaduw van een reuzenrad.

Terwijl Jafar over de huizen heen kijkt, grijpt hij naar zijn hals. Hij trekt het zilveren kettinkje over zijn hoofd. Vanaf zijn handpalm laat hij het om zijn wijsvinger glijden, tot helemaal naar voren. Hij steekt zijn hand uit. Laat het kettinkje boven de afgrond bungelen. De wind moet beslissen.

Er was eens een tijd, en er was geen tijd.

*

'Jullie verhalenvertellers,' zei Soraya, 'jullie kunnen het oude niet met rust laten. Niets is heilig voor jullie.'

Ik zweeg. Ik kon haar niet aankijken.

'Wist je dat ze ons in de schoolboeken "de verloren generatie" noemen?'

'Ja,' zei ik, 'daar heb ik over gelezen.'

'Hoe we ons ook over de aardbol verspreiden, overal zit iemand op ons te wachten. Er wonen meer Libanezen in den vreemde dan in het thuisland, is dat niet idioot? Het is onvermijdelijk dat we elkaar overal op de wereld tegenkomen, op straat, in een bar; om in gesprek te komen vragen we elkaar hoe ons leven eruitzag ten tijde van die of die aanslag die in onze jeugd is gepleegd en die ongemerkt een stempel op ons heeft gedrukt. Wat we ook doen, Amin, het land zit in ons.'

Dichte sneeuw stoof kolkend rond. Mijn rolkoffer lag op de vloer. Verder naar voren zag ik de lichtjes van de stationshal.

'Je kunt me komen opzoeken,' zei ik. 'Ooit. Als je wilt.'

'Het zou kunnen,' zei ze.

'Natuurlijk. Wanneer je maar wilt.'

Soraya schudde haar hoofd. 'Het zou kunnen, wat je over Jafar vertelde.'

Ik knikte. Ik wist dat ze me niet verder tegemoet zou komen. Niet op dat moment.

De sneeuw smolt op onze jassen toen we de stationshal binnenkwamen. Op het aankondigingsbord vergewiste ik me ervan wanneer de trein naar de luchthaven ging. We hadden nog wat tijd. We kochten koffie in grote bekers, waaraan we onze handen warmden. Ik vroeg Soraya naar haar plannen. Ze wilde op de avondschool alsnog haar middelbareschooldiploma halen, zei ze. En dan misschien gaan studeren.

Ze sloeg de mensen in de hal gade terwijl ze sprak. Rode gezichten van de kou. Telkens hield ze pauzes, alsof de intercomberichten iets aangaven wat ze me nog over zichzelf kon vertellen om de tijd te overbruggen. We keken van een afstand naar mensen die aankwamen en afscheid namen, alsof we daar zelf geen deel van uitmaakten. We raakten elkaar niet aan. We beseften dat wat we elkaar aan troost te bieden hadden, was opgebruikt. Hadden we schuldgevoelens? Voor een deel, ja. Dat zeg ik nu, nadat ik daar lang over heb kunnen nadenken. Ik had me in het leven van deze familie gemengd alsof daar altijd al een plaats voor mij was ingeruimd. En toen ik eruit verdween, nam ik alle waarschijnlijkheden mee en ik liet niets achter. Ook dat voelden we terwijl we daar stonden.

'Al die koffers,' zei Soraya. Meer niet. Alsof ze zich er op dat moment van bewust werd hoeveel levens zich op deze plek van A naar B begaven. Alsof ze in gedachten Gatineau in en weer uit ging. Alsof ze de mogelijkheden om te vertrekken peilde.

'Ik moet ervandoor,' zei ik, 'de trein.'

Ze bleef bovenaan de roltrap staan toen ik naar het spoor afdaalde. Er was een korte omhelzing geweest. Alsof alleen vluchtigheid kon verhinderen dat er iets bleef hangen.

Een zandkorrel

2011

Dit verhaal had op verschillende manieren kunnen beginnen. Op verschillende plaatsen, op verschillende tijden. Want zo gaat het met herinneringen, nietwaar? We kiezen bepaalde momenten uit die ons zijn bijgebleven, leggen verbanden tussen mensen en gebeurtenissen, zetten alles op een rijtje, bekijken het als een foto en zeggen: zo was het. Alsof alles volgens een bepaald plan is gegaan.

Saber Mounir placht te zeggen dat toeval het leven verward en onvoorspelbaar maakt, zodat we soms het gevoel hebben ons in een wervelstorm te bevinden. 'Maar de verteller, Amin, heeft aan een zandkorrel genoeg om een geweldig verhaal te maken.' Hij zei dat in die nacht in het huis van de onbekende man toen de storm buiten tegen de vensterluiken sloeg. Hoelang is dat wel niet geleden?

Een hand neemt een mantel in ontvangst in een van oudsher gerenommeerd theater. Een tekenaar arceert een schaduw op een velletje papier zonder te weten wat hij daarmee in gang zet. Twee jongens bieden elkaar houvast op natte rotsen aan de kust. Een van hen schrijft een verhaal voor een meisje. Allemaal wegwijzers die naar iets anders wijzen. Allemaal beginnetjes van iets. Zelfs het einde is een begin. Daarom had ik net zo goed met dit beeld kunnen beginnen: neerdwarrelende as in een straat met brandende huizen, en die straat is geen straat meer maar een wereld.

Een zomerdag. Het verkeer is tot stilstand gekomen. Mensen stappen uit hun auto, kijken op naar een zwarte hemel waarin rook uit gebarsten ramen opstijgt. Ze pakken hun mobiele telefoon. Hun foto's verspreiden zich over het net: *#Lebanon #prayforbeirut #arab-spring*.

De foto is een paar weken oud, maar de brandgeur is nog niet vervlogen. Hij hangt in de lucht als een gerucht, laat zich niet verdrijven. Telkens weer zetten kleine branden de stad in brand. Barricades worden opgericht. Wind jaagt krantenpagina's door de straten. Ze blijven op het puin boven op de auto's hangen. Met vetgedrukte letters verhalen ze van wrevel en vergelding. Decennialang onderdrukte woede. Schuilplaatsen voor vluchtelingen staan al in brand. De andere kant neemt al wraak. Het heeft niet lang geduurd.

Waren de twee doden de reden? Best mogelijk. En zo niet de reden, dan toch de vonk die ervoor nodig was. Het waren geen doodskisten, maar eenvoudige houten kisten waarin de lijken werden gelegd. Een stoet mensen keek toe hoe ze in een ambulance werden geladen, die zonder zwaailicht wegreed.

Het had op straat en in de sociale media razendsnel de ronde gedaan: er waren skeletten van twee mensen gevonden. Midden in Beiroet, bij het slopen van een ingestort huis. In een stad met deze geschiedenis was dat niet ongewoon. Zoiets gebeurde bij het vorderen van de wederopbouw. Vaak vertoonden de stoffelijke resten van de doden sporen van projectielen of ander geweld. Ook deze twee – een man en een vrouw – waren zo'n dertig jaar geleden tijdens de burgeroorlog omgekomen. Maar het ongewone was: ze lagen innig verstrengeld.

Er was maar een paar uur voor nodig of ook dat detail deed de ronde. Hun dood werd een romantische tragiek toegedicht, de houding waarin ze gevonden waren, werd in de media effectief tot een metafoor gestileerd: twee naamloze onschuldigen die in hun overgave aan elkaar het oorlogsgeweld hebben overleefd. Hun omhelzing als eenheidssymbool van een gespleten stad, een heel land waarin nog altijd tienduizenden werden vermist.

'De verliefden van Beiroet', zo werden ze op het internet en in de boulevardpers genoemd. Men had hen in alle rust kunnen bergen en onderzoeken. Dan waren ze misschien geïdentificeerd en had iemand eindelijk zekerheid gekregen. Alles had buiten de openbaarheid zijn loop kunnen nemen, ware er niet dat bijzondere moment geweest waarop ze gevonden werden: voorjaar 2011, een tijd van onlusten.

De hele wereld keek naar het Nabije Oosten. En wij in Libanon staarden gebiologeerd naar Syrië. In Aleppo, Homs en Damascus liet Bashar al-Assad het leger op demonstranten schieten – slechts twee uur rijden van Beiroet. De sfeer in de stad was geladen. Tunesië, Egypte, Libië, Jordanië. De opstanden waren dichterbij gekomen. Al Jazeera zond onophoudelijk nieuwsberichten de wereld in, ze stonden ook te flikkeren op tv-toestellen in bars en restaurants in Beiroet, op de meest afgelegen plaatsen zagen we beelden van demonstraties die omsloegen in geweld. Luchtopnamen van mensenstromen die hun omsingelde land ontvluchtten om hun toevlucht te zoeken. Om hun toevlucht bij ons te zoeken – in Libanon. De omgekeerde wereld, een keerpunt: voor het eerst in de geschiedenis vluchtten Syriërs in groten getale naar ons land.

Ik weet nog dat ik zes jaar eerder op de heuvels van Tripoli had staan kijken hoe Syrische tanks over de grote weg en uiteindelijk over de grens terug waren gereden. Nu kwamen de Syriërs weer. Families, vrouwen en kinderen – niet het leger – en toch, in de ogen van veel Libanezen golden ze nog altijd als onderdrukkers.

Hier, waar men alleen extremen kent – zowel wat euforie als wat geweld betreft – was er in die tijd alleen nog behoefte aan een gerucht dat duizendvoudig gedeeld en verspreid kon worden. Iemand zei dat op de vindplaats van de verliefden vroeger een gebouw had gestaan. Het Syrische leger had het tijdens de oorlog voor verhoren gebruikt; mensen waren daar binnengebracht en er nooit meer uit gekomen. De doden zouden slechts twee van vele spoorloos verdwenenen zijn waarvoor de Syriërs verantwoordelijk werden gehouden.

Dagelijks komen er honderden over de bergen. Er ontstaan tentenkampen aan de grens en voor de steden. Noodonderkomens van hout en plastic. En sinds een paar weken staan sommige ervan in brand.

De omwentelingen van de afgelopen maanden schokten de wereld. Toch zijn de opstanden niets anders dan een herhaling van de geschiedenis. Al in de jaren vijftig en zestig spraken waarnemers van de Arabische revolutie, ook toen stortten oude stelsels in; in een reeks systeemwisselingen kwamen militairen aan de macht die zichzelf als hervormers zagen: in 1952 in Egypte, in 1958 in Irak, in 1962 in Jemen, in 1963 in Syrië, in 1969 in Libië. Ze hadden nog maar net de plaats van hun voorgangers ingenomen of ze vestigden een militair bewind, verrijkten zichzelf en hun clans en onderdrukten en bespotten het volk. Het zijn diezelfde autocraten die nu door jonge mensen die nooit andere heersers gekend hebben, uit hun macht worden ontzet en hun paleizen uit worden gejaagd. Het zijn dezelfde mechanismen, alleen de actuele omstandigheden zijn anders.

Ook Beiroet blijft in beweging. De stad onttrekt zich aan elke vorm van vastlegging, blijft een Utopia dat verwoest wordt en zichzelf opnieuw uitvindt. Met stoïcijnse berusting wist men het verleden uit. Na mijn terugkeer uit Canada waren grote delen van Beiroet na de drieëndertigdaagse oorlog met Israël verwoest. Alle optimisme was vervlogen. Maar slechts drie jaar later verkoos *The New York Times* de metropool tot stad van het jaar, tot toevluchtsoord voor censuurbeue kunstenaars en schrijvers, voor homoseksuelen, nachtbrakers en strandliefhebbers. De hotels zaten vol, de stad leek eindelijk aan te sluiten bij de gouden tijd zoals die waarvan ouderen getuigen wanneer ze aan hun tafel onder de olijfbomen vertellen over Elizabeth Taylor en Ava Gardner.

Af en toe kijk ik vanaf mijn bureau langs de appelboom het weidse landschap in. Op mijn wandelingen zie ik zwermen vogels hun cirkels trekken. Het loopt tegen september, het is oogsttijd.

Walid komt nog steeds met zijn pick-up uit de stad naar ons in de bergen. Zo tref ik eenmaal per week mijn buren bij de grote kruising wanneer we uit alle windstreken met lege tassen en kruiwagens komen aanzetten. Hij is zichtbaar grijs geworden aan de slapen, maar net zo robuust als vijf jaar geleden. Noch zijn lichaam, noch zijn stem heeft aan kracht ingeboet. Terwijl we ons om Walid heen verzamelen, staat hij op het laadvlak, geeft ons de waar aan en becommentarieert het nieuws op de radio.

'De rellen,' zegt hij, 'zullen nog lang duren.'

Het zijn die cyclussen die onveranderd blijven. En die me het gevoel geven dat alles – in het groot en in het klein – op een gegeven moment naar het uitgangspunt terugkeert. Het is een gevoel dat nu pas tot me begint door te dringen; misschien heb ik het hier vooral daarom opgetekend, omdat ik het nog beter wil begrijpen.

In zekere zin is ook deze tekst een 'Lied voor hen die worden gemist'. Voor hen die hem nooit zullen lezen, hoewel ik hem geschreven heb met het idee dat ze het op een dag zouden kunnen doen. Alsof het mogelijk is hun over elke afstand toe te roepen dat ik er ben en dat ik hen mis. En ja, natuurlijk weet ik hoe dwaas het is in dat alles een zin te zoeken en dat ik de patronen en verwijzingen misschien alleen zie omdat ik er te lang naar heb zitten turen. Naar de bladzijden van mijn notitieboekjes bijvoorbeeld, waarop ik als jongen uitputtend en gedetailleerd beschreef welke boeken ik las, hoe het licht op straat was, hoe ik me voelde, wie wat tegen me zei en op welke toon, en daartussendoor gestrooid: krabbels, schetsen, steekwoorden, lijstjes.

Zo nu en dan ontstaat daardoor de indruk van een sluitend geheel. Maar natuurlijk weet ik dat dat een wensdroom is. En net zoals het schilderij van mijn moeder een wensdroom laat zien die het tegelijkertijd openbaart en verbergt, zo zullen ook hier op veel plaatsen kleine penseelstreken zijn die bedekken wat niet uit te drukken valt – de kloof tussen waarheid en onwaarheid waarin verborgen zit wat Saber Mounir 'het verlorene' noemde, wat vertellen nooit kan terugbrengen. Ik weet niet of mijn oma me destijds naar het museum stuurde om ongestoord haar bijeenkomsten te kunnen houden of omdat haar gewoon de woorden ontbraken om me uit te leggen dat ik het verleden moest begrijpen als iets wat zich omzichtig laat opsporen om het heden beter te begrijpen. Ik ben in elk geval nooit opgehouden met zoeken. Haar atelier heb ik als een soort archief ingericht. Een klein museum van de herinnering. Ik heb steunbalken aan de muren bevestigd en planken op maat gezaagd waarop stapels notitieboekjes liggen, daarnaast een doos met de brieven van mijn moeder aan haar moeder en vele kopieën van materiaal en dossiers die ik de afgelopen jaren in de archieven van Beiroet heb verzameld. Ook Jafars foto vanaf het hoogste punt van het reuzenrad op de kermis. Al die dingen die kleine verhalen vertellen. En ook een eigen verhaal: mijn tekst voor Zahra. Of beter gezegd: het verkreukelde origineel, dat ik voor ik het overschreef en aan haar nichtje in Mala'ab al-Baladi overdroeg wekenlang bij me had gedragen.

In elk einde zit een begin verscholen – zo'n oneliner die boven foto's van zonsondergangen wordt geschreven en op Facebook gedeeld. Een aforisme dat we graag beamen omdat het ons ons eigen lot laat begrijpen als iets wat een kans in zich draagt. Overal komen we die wonderbaarlijk simpele wijsheden tegen, die allemaal naar hetzelfde verwijzen – dat wie zijn hart volgt de weg naar het geluk zal vinden. 'Dans in de confettiregen. Strooi glitters in de wereld. Schrijf je eigen sprookje.' Maar wat als je een hart hebt dat je ertoe verleidt in dat schitteren iets te zien wat je angst aanjaagt – bijvoorbeeld het spiegelbeeld van een jongen die muren om zich heen optrekt zodra hij zich bedreigd voelt? Een hart dat onrustig is. Zodat je je in sprookjes meer aangetrokken voelt tot figuren die geluk wantrouwen, een hart dat je elke minuut aanspoort terug te kijken, want misschien, ja, misschien heb je toch iets over het hoofd gezien.

Jafars dood was het einde van onze gezamenlijke geschiedenis. Iets wat zo definitief voelde dat het me bijna verscheurde. En toen ik in 2006 in Gatineau op het perron mijn koffer in de trein tilde, had ik er niet van durven dromen dat in dit einde ook een begin kon schuilen.

Maanden na mijn terugkeer in Libanon schreef ik een brief aan Soraya. Ik stuurde een paar foto's van het huis mee waaraan de voortgang van mijn renovatiewerk was af te lezen: de vensterluiken, eerst geschuurd, dan blauw geverfd; het dak, eerst vol gaten, dan gerepareerd; zelfs een foto van mijn moeders schilderij sloot ik bij, maar ik verzweeg de titel om geen verkeerd signaal af te geven. In zekere zin schreef ik Soraya vanuit schuldgevoel. Van de spaarzame aanwijzingen die onze nachten samen hadden onthuld, had ik een luchtkasteel gebouwd. Het was een huis met veel kamers, maar het bood nauwelijks bescherming, elke stap liet een vragende echo na. En de grootste kamer was nog altijd leeg en liet zich niet afsluiten: waarom had Jafar me willen bellen?

Soraya's antwoord kwam een paar weken later. Eerst maakte ze me met een knipoog attent op een baanbrekende technische vernieuwing met de naam e-mail, ook al had ze mijn mailadres allang. Toch schreef ze die brief. In haar handschrift vond ik de rusteloosheid terug waarmee haar bewegingen zelfs in haar slaap gepaard gingen. Ze was begonnen met de avondschool om alsnog haar middelbareschooldiploma te halen, schreef ze. Rabea had het huis kunnen verkopen en was voorlopig bij haar ouders ingetrokken. Een foto van het Gatineau Park was bijgevoegd.

Mettertijd werd onze briefwisseling weliswaar minder frequent, maar het contact werd nooit verbroken. Minstens eenmaal per jaar, rond Jafars sterfdag, schreven we elkaar en vertelden we over ons leven op die aan nonchalance grenzende toon die je aanslaat wanneer je je verplicht voelt te schrijven terwijl je intussen een ander onderwerp vermijdt. Ongevraagd verzweeg ze dingen voor me. Ze vertelde over de studie waaraan ze nu, na het schoolexamen, wilde beginnen, over de laatste dooiperiode met geblokkeerde bruggen of over een museumbezoek, maar nooit had ze het over een vriend of levensgezel en op mijn vraag naar het welbevinden van haar moeder ging ze maar zijdelings in.

Ik daarentegen vertelde over Beiroet met al zijn gektes, hoewel de stad me allang vertrouwder was geworden, om Soraya in haar bedenkingen te sterken. Maar ik had het nooit over mijn ritten via de haarspeldbochten naar de stad om lange periodes zonder daglicht door te brengen in leeszalen van bibliotheken of onderzoek te doen in die eerdergenoemde archieven, waar ik in de verslagen met uitspraken van voormalige militieleden analogieën met Jafars verleden ontdekte.

Toen, kortgeleden, vroeg Soraya me in een brief naar de verliefden van Beiroet. Het nieuws was wereldwijd opgepakt. Het had zich van een kort bericht in de kleinere dagbladen ontwikkeld tot een internethype die gebruikers op alle continenten aanleiding gaf het bericht te delen en zelfs hun profielfoto's uit te wisselen. Ik had verwacht dat Soraya zich daar vrolijk om zou maken. Niet om de twee doden, maar om de Libanese gewoonte het allemaal te overdrijven. Maar ze leek merkwaardig aangedaan door het verhaal. Ze vroeg zich zelfs af of ze het stel gekend kon hebben. Het leek of het verhaal iets in haar had geopend.

> *Op de Canadese televisie zeggen ze dat de ongeregeldheden in de omliggende landen geen invloed hebben op Libanon. Enerzijds omdat het politieke systeem niet autocratisch is, anderzijds omdat de herinneringen aan de burgeroorlog nog te vers zijn. Ze noemen Algerije ter vergelijking. Hoe denk jij daarover?*

Dit schreef ze tussen de vondst van de twee doden en de dag waarop de huizen in brand stonden. In haar ontreddering vermeldde ze ook het feit dat Jafar dit jaar vijf jaar dood was. Daar had ik ook al aan gedacht.

Ik las Soraya's brief in de tuin, stopte hem terug in de envelop en bleef nog een poosje zitten. Ik besloot haar ditmaal niet met een brief te antwoorden. In mijn archiefkamer lag tussen alle documenten iets wat ik in plaats daarvan wilde sturen en wat bij haar in betere handen was.

Het kostte Soraya moeite het Libanese in haar te onderdrukken. Die moeite openbaarde zich op veel punten; haar rusteloosheid was er slechts een symptoom van.

'Weet je dat ze ons "de verloren generatie" noemen?'

Ze voelde zich nog altijd een deel van deze gemeenschap. Zag haar eigen lot van ontworteling nu duizendmaal weerspiegeld. Uit haar brief sprak een hernieuwde nieuwsgierigheid. Voor het eerst leek ze bereid hierover van gedachten te wisselen. Dus stond ik op, liep de keuken door en de trap af naar mijn archief, waar naast alle andere herinneringen ook het stripboek van de tekenaar lag dat ik aan het begin van het jaar na zijn lezing had gekocht en dat hij met twee woorden gesigneerd had: 'Voor Jafar.' Younes Abboud had vanuit zijn verre ballingschapsoord teruggekeken. Hij had zichzelf vragen gesteld over zijn land van herkomst, net als Soraya nu. In tegenstelling tot mij hadden ze allebei die uitzonderlijke tijd meegemaakt. Ik pakte dus het stripboek, maar wat daarbij van de bovenste plank voor mijn voeten viel, was het exemplaar van *Al Jisr* dat ik vijf jaar terug uit Gatineau had meegebracht. Ik raapte het op. Rechtsboven stond het nummer van de uitgave: 08/2006. Ik had het tijdschrift nooit helemaal gelezen. Maar weggooien was ook niet aan de orde geweest, want het in memoriam van Jafar stond erin. Ik nam allebei, het stripboek en het tijdschrift, mee naar buiten. Het laatste liet ik op de tuintafel liggen toen ik de strip in een envelop stopte, die ik aan Soraya adresseerde. Pas de volgende ochtend bladerde ik het tijdschrift door.

Het blad begon met een welkomstwoord van de voorzitter van de gemeente, Hakim; zijn digitale handtekening stond onderaan. Op de activiteitenkalender ontdekte ik de aankondiging van het toneelstuk dat Rabea's klas had opgevoerd. Verder de vermelding van een Arabische kookcursus in de keuken van het gemeentehuis, evenals van een vlooienmarkt in de hal. Daarna kwam het in memoriam met daaronder de foto van Jafar waarop hij op het voetbalveld bij zijn juichende elftal stond.

Voor het eerst bladerde ik het door. Als gemeentelid van de maand werd op de volgende bladzijde een vrouw met de naam Nawal Hamdan geportretteerd, die alle vrouwelijke medeburgers uit Gatineau en Ottawa als tolk terzijde stond als ze de taal van het land niet machtig waren. Daarna kwam de twee pagina's brede reclame van een plaatselijke meubelwinkel. En toen stuitte ik uiteindelijk op het interview.

Ik besefte het niet meteen. Wat ik voelde, was irritatie, een trekkend gevoel in de maagstreek. Alsof ik ergens iets belangrijks had laten liggen zonder te weten wat en hoe. Het interview viel onder de rubriek 'Libanezen in het buitenland'. In de inleiding stond:

Wij Libanezen zijn op de hele wereld thuis. In onze reeks interviews stellen we mensen aan u voor die ver van hun vaderland iets geweldigs hebben gepresteerd. Vandaag: de vrouwenrechtenactiviste Sahar Sabia, die een halfjaar geleden het eerste vrouwenhuis in Damascus opende. Vrouwen die slachtoffer van geweld en onderdrukking zijn geworden, vinden daar een toevluchtsoord. Bekend voor een groter publiek werd mevrouw Sabia voor het eerst door de uitzending van een documentaire op Al Jazeera een paar weken geleden.

Steeds onrustiger schoof ik op mijn stoel heen en weer. Ik nam een slok koffie en bekeek de pagina opnieuw. Het trekkende gevoel in mijn buik werd sterker. Ik nam nog een slok en zette het kopje neer. De tafel had diepe groeven. Hij was verbleekt door het weer. Ik zou hem moeten schuren en oliën. Dat gebeurt met meubels die te lang in de zon staan; het hout wordt ruw, je moet het regelmatig onderhouden. Ik dwong mezelf opnieuw te kijken. Het was de foto van de vrouw onder het interview die me zo nerveus maakte. Weer las ik de inleiding. Woord voor woord, alsof ik iets cruciaals over het hoofd had gezien. Toen, met het vreemde gevoel dat ik me in twee dromen tegelijk bevond, stond ik op.

Binnen pakte ik het telefoonboek uit de kast, vond daarin het telefoonnummer van de redactie van Al Jazeera in Beiroet en hoefde niet lang te wachten.

'Een kopie bestellen is geen probleem. Maar er zijn kosten aan verbonden. Wanneer is die documentaire uitgezonden?' De stem aan de andere kant van de lijn klonk ongeïnteresseerd.

'Dat weet ik niet precies. Ergens in 2006, in de zomer.'

Ik hoorde een toetsenbord klikken. Toen: 'Hm. Juli? Augustus? Kunt u het meer specificeren?'

Ik aarzelde. Zelfs toen ik het uitsprak, klonk het belachelijk: 'Het zou op Miraj Kandil kunnen zijn geweest.'

Terwijl de koplampen van mijn auto de bochten in de weg verlichtten, probeerde ik in weerwil van alle onwaarschijnlijkheden mijn vermoeden te bezien in het licht van wat ik wist. Ik trommelde met mijn vingers op het stuur. Mijn hartslag was te snel. Steevast moest ik afremmen om niet van de weg te raken. Er was dat fotootje van die vrouw onder het interview. Zwart-wit en niet goed ontwikkeld. Er was een naam die me maar al te vertrouwd was. En er was een mogelijk overlappende datum. Niets dan opstuivende zandkorrels.

Het was bijna middernacht toen ik uit Beiroet terugkwam. Ik parkeerde de auto op de oprit. Naast me op de passagiersstoel lag een VHS-cassette; op de achterbank een videorecorder.

*

Het eerste beeld: een lichtblauw vergeet-mij-nietje in close-up voor een muur.

Eén, twee seconden verstrijken. In die tijd hoor je kinderen, die blijkbaar aan het spelen zijn.

Een commentator zegt: 'Het is een oase van rust midden in Damascus.'

De camera komt in beweging, rijdt langs de muur. Een ijzeren poort verschijnt in beeld. Die gaat langzaam naar binnen open.

'Degene voor wie deze poort opengaat, is voorlopig veilig.'

Kinderen in de binnentuin. De camera zwenkt naar links. In de schaduw van knoestige bomen zitten kleine groepjes vrouwen.

'Ondanks alle tegenwerking heeft Sahar Sabia dit huis geopend. Sindsdien gaat er geen nacht voorbij waarin niet alle kamers bezet zijn.'

De camera zwenkt naar rechts. De kinderen houden op met spelen. Ze verzamelen zich rond een jonge vrouw die met gevouwen handen onder een luifel staat.

De camera rijdt naar haar toe.

*

Soms verlies je de grond onder je voeten en val je toch niet in een afgrond, maar in een eronder gelegen gang, en aan het einde daarvan stuit je op iets vertrouwds.

'Houd je van spookhuizen?'

'Gaat wel. En jij?'

Ze hadden me nooit iets verteld. Tot op dit moment had ik nooit geweten hoe groot de schade was die ik had aangericht. Als adolescent ben je eigenzinnig en voortdurend uit op zelfbehoud. Ik had nooit naar haar gezocht. Ik had mezelf voortdurend wijsgemaakt dat het goed was dat deel van de geschiedenis af te kappen, had mezelf wijsgemaakt dat het te pijnlijk was. Maar om eerlijk te zijn was ik vooral bang geweest voor wat ik had kunnen ontdekken.

Het televisiescherm straalde in het donker. Nieuwsgierig keek ze in de camera. Alsof ze erop wachtte dat ik na al die jaren iets tegen haar zou zeggen. Ik was als verlamd. Zij was het. En zij was het niet. Ik herkende haar aan haar blik, aan de lichte tint van haar huid, de archipel van pigmentvlekjes. Maar tegelijkertijd verdoezelde de onwaarschijnlijkheid elk detail en het was alsof mijn huis op dat moment een ruimte was waarin tijd niet bestond of veeleer naar alle richtingen geopend was, zodat alles tegelijk gebeurde.

Pas achteraf beseffen we op een gegeven moment hoezeer we op onze jeugdjaren en de mensen met wie we ze doorbrachten gesteld waren, zo wordt gezegd. Hoelang had ik wel niet teruggekeken? Maar daarbij had ik meestal achter een zelf opgetrokken muur gezeten. De door iedereen verlatene, zoals ik mezelf had gezien – die had nooit bestaan. Wat er wel was geweest, was een verantwoordelijkheid die ik niet had genomen.

Nu pas begreep ik de samenhang. Ik zag in dat ik hardnekkig naar de verkeerde tijdstippen en de verkeerde plaatsen was teruggegaan. De overdonderende dag in het steegje toen Jafars oude makkers zich voor ons hadden opgesteld, was een veel te laat uitgangspunt voor mijn analyse geweest. Vol zelfmedelijden en gekrenkt had ik me al die jaren afgevraagd waarom Jafar toen had gedaan alsof hij me niet kende en waarom die koude kant van hem me daarvoor nooit was opgevallen. Geen moment had ik het echter geriskeerd me af te vragen waarom hij het nodig had gevonden zich zo van mij te distantiëren en naar de schoot van die groep terug te vluchten toen hij – nu werd het me ineens duidelijk – zich mogelijk bedreigd voelde door de vele arrestaties in de stad, de processen.

Had hij me misschien nooit meegenomen naar de gammele daken van de stad om indruk op me te maken, maar omdat hij op zoek was naar iemand die hem bij zijn lurven zou grijpen en hem ervan zou weerhouden zich op zulk gevaarlijk terrein te begeven? Naar iemand voor wie hij iets betekende?

'Maak je geen zorgen, dat was de camera obscura,' was steevast zijn antwoord geweest op momenten dat hij zich schaamde voor angst of zwakte waardoor hij was overvallen.

'Het is in orde. Zo voel ik me voortdurend. Als je wilt, vertel me dan over je angsten.' Zoiets heb ik nooit tegen hem gezegd.

Lang heb ik mezelf wijsgemaakt dat wie ik nu ben, is voortgekomen uit wat er toen is gebeurd. Maar misschien ben ik tegenwoordig alleen maar degene die ik in de kern altijd ben geweest. Hoezeer was Jafar teleurgesteld door mijn zwijgen? Had ik niet – lang voor het punt dat hij zich van me afwendde om bij die jongens in de auto te stappen – bij talloze gelegenheden moeten vragen waarom hij in 's hemelsnaam het adres van de tekenaar wilde hebben? Welke oude contacten hij daarvoor moest inzetten? Wat was de tegenprestatie?

Nu zag ik alles weer: de kleine branden. Medeplichtigen die in de jaren na de oorlog bewijsmateriaal vernietigden. De oranje zindering aan de horizon toen de hallen bij de spoorbanen brandden. Een haastig vertrek in de dagen daarna.

De draagwijdte van sommige gebeurtenissen besef je vaak pas na jaren. En wat het in dit geval zo erg maakte, was dat er alleen waarschijnlijkheden waren; voor zekerheden was het allang te laat.

Ik staarde de vrouw op de televisie aan. Om onder te duiken had Zahra blijkbaar de naam van het meisje uit mijn verhaal aangenomen. Sahar. Dat kon een aanklacht of vergiffenis betekenen. In elk geval hielp haar nieuwe identiteit haar om onopgemerkt te blijven. Maar hoe eenvoudig was het niet geweest om Jafar te vinden? 'Hij woont in Gatineau, in Quebec, heeft een grote rommelwinkel.'

Je komt aan het einde van een verhaal. Als je geluk hebt, laat het je lang genoeg tijd om je af te vragen: welke fouten heb ik nog meer begaan?

Hoe had Jafars leven eruitgezien nadat hij was vertrokken? Ik was op de hoogte van sommige van zijn verplichtingen, rituelen, relaties. Maar wat had hij gevoeld? Wat had hem vreugde geschonken, wat had hem angst aangejaagd? Mijn vermoeden is dat hij in zijn laatste jaren in Gatineau had gedaan alsof hij zich in het nieuwe land moeiteloos kon bevrijden van alles wat achter hem lag – een tijd waarin hij zich weer vermomd had omdat hij niemand vertrouwde en geloofde nooit helemaal veilig te zijn.

We zijn twee kanten van dezelfde ziel, Jafar, zou ik tegen hem kunnen zeggen.

*

Hij voelt Rabea's hoofd op zijn schouder. Als ze zich opricht en zich naar hem toe keert, ziet hij in haar ogen het televisiescherm weerspiegeld.

'Wil je nog iets drinken?'

Hij knikt.

Ze stroopt de deken van haar benen, staat op en loopt de kamer uit. Het huis is nog bijna helemaal leeg. De meeste meubels zijn nog steeds niet geleverd, elke stap, elk woord galmt.

Hij hoort hoe Rabea in de keuken de kraan aanzet en de kast opendoet. Hij richt zich weer op de televisie.

De commentaarstem zegt: 'Je moet haar geschiedenis kennen om te begrijpen hoeveel dit project voor haar betekent. Sahar heeft ons dat verhaal verteld.'

Als Rabea met twee glazen in haar handen in de woonkamer terugkomt, zit Jafar op de vloer, nog maar een armlengte van het scherm af.

Geamuseerd vraagt ze wat hij daar doet.

Hij hoort haar niet.

Ik weet nu wat hij denkt. Ik weet naar welk beeld hij kijkt als hij opspringt en lacht: vervaagde lijnen van een kermis op de afdruk die hij bewaard en in de woonkamer opgehangen heeft. De achterkant is leeg. Maar op het origineel heeft hij als jongen een belofte geschreven:

Ik zal haar voor je proberen te vinden.

Sahar Sabia 05.43
laat me je schrijven over een ochtend in juli.
toen ik daarnet wakker werd, was die herinnering er ineens.
en met die herinnering de behoefte jou erover te vertellen.

Sahar Sabia 05.45
op messenger staat onder jouw zwart gemarkeerde naam in lichtgrijs:
4 uur geleden actief.

waarschijnlijk ben je nog niet wakker.

Sahar Sabia 05.49
ik weet niet waarom dit oude verhaal me weer te binnen schiet. misschien omdat je me gisteren over je huis met de verwilderde tuin vertelde, misschien moest ik daarom aan ons huis in jouaiya denken.

mijn ouders waren met mijn broer naar de kleermaker in tyros gegaan. hij moest een pak hebben, een zwart pak. de dagen ervoor was ik ziek, een verkoudheid, midden in de zomer, en dus zeiden ze tegen me dat ik in mijn kamer moest wachten tot ze terugkwamen.
de stilte in huis was heerlijk, vol beloften.
ik was toen tien.

Sahar Sabia 05.53
ik herinner me plassen van licht op de tegels, ik liep eroverheen naar

de kamer van mijn broer, zachtjes, om de huishoudster niet te wekken. die sliep in het kamertje naast de keuken.

ze kwam uit sri lanka, ze heette kumari.

voor de kast van mijn broer kleedde ik me uit. ik schoot zijn korte broek aan, zijn T-shirt, alles slingerde rond op de vloer.
toen ging ik voor de spiegel staan. het was de eerste keer dat ik mezelf in jongenskleren zag.

ik vond mezelf mooi. ik voelde me bijzonder. geen meisje dat ik kende, had zich ooit zo gekleed.

Sahar Sabia 06.04
toen ik een meisje was, werd me wijsgemaakt dat ik en mijn seksegenoten in gevaar verkeerden. we golden als bedreigde wezens. in geen geval mochten we ons zelfstandig bewegen. indertijd waren dat regels die ik naleefde, pas later werd ik me van die vrijheidsbeperking bewust.

tegenover ons werd het beeld gecreëerd van een wereld die gewelddadig was, en ons bedreigd-zijn bedreigde onze familie. op een leeftijd dat we spelenderwijs zouden moeten opgroeien, droegen we de verantwoordelijkheid voor zoiets abstracts als eer. we waren tegelijk gevaarlijk en in gevaar.

ik ging zo op in de aanblik van mijn spiegelbeeld dat ik het kraken van de vloer eerst niet hoorde. toen ik me omdraaide, zag ik kumari in de deuropening staan. ik schrok. ik was bang dat ze me zou verraden.

maar ze glimlachte slechts en legde haar vinger op haar donkere lippen.

Amin Elmaalouf 09.23
Ben je er?

Amin Elmaalouf 09.49
Ik wacht wel.

Sahar Sabia 09.52
in de ontbijtzaal zitten de vrouwen op me te wachten.
ik kan nu even niet.

Amin Elmaalouf 12.21
Gisteravond was ik in de stad. De laatste tijd ga ik daar vaak heen, voor het eerst sinds lang heeft Beiroet iets aantrekkelijks voor me. Iets aan die protesten fascineert me.

Aanvankelijk stonden onderkomens van gevluchte Syriërs in brand. Alles leek op de welbekende manier te gaan. Maar inmiddels staat het plein voor de Al-Amin-moskee vol mensen uit alle lagen van de bevolking en van alle religies. Ze demonstreren voor tolerantie en tegen de corrupte regering, de oude elites, ze eisen dat die zich terugtrekken. 'Iedereen betekent iedereen,' roepen ze.

Knokploegen, aanhangers van de politieke partijen, komen op brommers naar hen toe, proberen hen te intimideren, maar de menigte wijkt niet.

Amin Elmaalouf 12.34
In mijn kroniek vind je een foto van de ingang van een bar. Hij is van gisteravond en wat donker uitgevallen, maar het rode neonbord is goed te zien. In die bar staat sinds kort een podium, en daarop staan een microfoon en een stoel.

Sahar Sabia 12.35
als je het me een paar maanden terug had gevraagd, amin, had ik gezegd: de arabische wereld is wat de afstanden betreft oneindig groot, en zo oneindig klein wat ideeën betreft. ze zijn er en ze zijn er niet, in elk geval niet als een samenhangend geheel, en indien wel, dan alleen als idee van misleide nationalisten of in de visie van het westen, dat het niet de moeite waard vindt duidelijker onderscheid te maken. het enige wat ons bindt, zijn een gemeenschappelijke taal en binnenlands falen. onze wereld wordt gekenmerkt door afzonderlijke clans, door etnische en religieuze groeperingen. die kennen niets anders dan de heiligheid van hun wetten, beroepen zich op nooit vernieuwde structuren, en daar middenin: een jeugd die wil uitbreken omdat ze ontdekt heeft dat de hele wereld maar een muisklik verwijderd is.

Amin Elmaalouf 12.39
Maar er is iets in beweging gekomen.

Sahar Sabia 12.40
ja, er is beweging in tunis, in cairo, in tripoli, en ook hier in damascus. miljoenen gaan de straat op. de opstand is niet ideologisch, er zijn geen leiders, geen bazen, er is niet eens een plan. alleen vertwijfeling. we staan zij aan zij en zeggen: *kifaya*! het is genoeg geweest!

onze waardigheid is niet meer te koop.

Sahar Sabia 12.42
die oude baarden, die – door het westen met alle egards behandeld – macht hebben uitgeoefend en misdaden hebben begaan, zullen moeten erkennen dat het een fout was om de woede van de jeugd niet serieus te nemen.

Amin Elmaalouf 12.43
Gisteren vertelde je over de vrees van je vader.

Sahar Sabia 15.24
tegenwoordig zie ik hem als een tragisch figuur.

Sahar Sabia 21.08
alle vragen zijn beantwoord, alle kamerdeuren gesloten. avondrust. toen ik eerder begon te schrijven, waren er achter jouw naam drie puntjes te zien die kwamen en verdwenen. je was ergens over begonnen en wilde iets uitleggen. wat wilde je me over die bar vertellen?

Amin Elmaalouf 21.12
Dat die een kant van de kentering laat zien.

Amin Elmaalouf 21.16
Ook gisteren zat hij vol met jonge mensen. Ik was heel laat, het duurde lang voor ik een parkeerplaats in de buurt kon vinden en toen ik eindelijk binnenkwam, was de kassa al gesloten en was er alleen helemaal achterin nog plaats. Om het podium te kunnen zien moest ik op mijn tenen gaan staan. Achter de toog klonk glasgerinkel in de spoelbak, af en toe hoorde je iemand kuchen, maar verder was er vooral de stilte na een applaus. Bij de microfoon stond een jonge vrouw. Ze zocht steeds oogcontact met het publiek. Terwijl ze sprak, hield ze een blaadje in haar hand, maar dat leek ze vooral nodig te hebben voor het geval dat ze zou gaan haperen; ze keek er zo goed als niet op, maar sprak voor de vuist weg.

Sahar Sabia 21.18
je vertelde me over de oude hakawati.

Amin Elmaalouf 21.22
Hun kunst gold als uitgestorven, nu keert ze terug – met nieuwe onderwerpen. Nu zijn het jonge mannen en vrouwen. Ze spreken op podiums voor publiek over het leven, over liefde tussen homo's of les-

biennes, over politiek, misbruik en de rol van de vrouw in onze maatschappij. Ze zijn bijdehand of kwaad, ze klagen aan.

Amin Elmaalouf 21.25
Die jonge vrouw op het podium deed me aan jou denken.

Sahar Sabia 03.39
ik kan niet slapen.

Amin Elmaalouf 03.43
Ik ben er.
Er was een beweging in het blauwwitte licht dat de monitor van mijn computer op de muur naast mijn bed werpt. Ik zag het terwijl ik op mijn zij lag. Zo wist ik dat je me geschreven had.

Sahar Sabia 03.45
je weet: ik ben indertijd naar een klooster gebracht.

Sahar Sabia 03.46
een vrouw die voor UNICEF werkte, bracht me eerst vanuit jouaiya naar een huis in beiroet, waar ik twee dagen later, midden in de nacht, door een non werd opgehaald.

Sahar Sabia 03.47
daarna woonde ik in een tehuis met dertien andere jonge vrouwen. zes van hen waren jonge moeders, ze hadden hun kind tegen de wil van de familie gekregen; er woonden ook een geestelijk gehandicapte vrouw en vier vrouwen die verkracht waren en die gevlucht waren omdat men hen wilde dwingen met de dader te trouwen om de schande die ze hadden veroorzaakt te beperken.

Sahar Sabia 03.49
de woonruimte was klein maar gezellig. er was een woonkeuken. chris-

tinnen en moslima's woonden daar samen, de nonnen hadden hun eigen woongedeelte.

als we niet konden slapen, vertelden de nonnen ons verhalen.

Amin Elmaalouf 03.50
Waar gingen die over?

Sahar Sabia 03.52
je hebt vast wel van de rivier de lethe gehoord.
de nonnen vertelden ons op een nacht dat de oude grieken geloofden dat de lethe door het dodenrijk stroomde. de zielen moesten daar van het water drinken, zodat ze zich hun voorgaande leven niet meer herinnerden, de nonnen benadrukten dat dat niet hetzelfde was als vergeten. wie vergeet, zeiden ze, kan zich iets ooit weer gaan herinneren, maar het water van de lethe zorgde ervoor dat elke herinnering onherroepelijk werd uitgewist.

Amin Elmaalouf 04.01
Er is een beek bij mijn huis. Die stroomt ook onder de aarde door, voor een deel. Jaren geleden heb ik er een bootje van papier in gezet. Ik had op de boeg jouw naam geschreven.

Sahar Sabia 04.57
daarnet heb ik een video voor jou op internet gezet. je vindt hem op mijn prikbord, de instellingen zijn zo gewijzigd dat alleen jij hem kunt zien.

Sahar Sabia 05.04
op het eerste gezicht zal hij eruitzien als een van de honderden video's die vanuit syrië worden doorgestuurd en hier op facebook duizenden keren worden gedeeld. de opname is onscherp, ik heb hem haastig moeten maken. wat je ziet, is het plein voor de omajjadenmoskee. je hebt daar vast wel van gehoord, het is een prachtig gebouw, daar ligt

het gebeente van johannes de doper. het beeld is een beetje donker, op de gezichten van de mensen kun je de schaduw van de zuilen zien. ik heb die video gemaakt toen daar vijf dagen geleden gedemonstreerd werd. ik had vlak voordat de schoten vielen mijn mobiel aangezet. je zult het wel zien. ik moest rennen met de anderen. als het beeld te donker is, kun je doorspoelen naar minuut 03.13, toen stond ik in een zijstraat en heb ik me omgedraaid en de uit elkaar stuivende menigte gefilmd. maar daar gaat het me niet om.

op de video is, vlak voordat hij ophoudt, in het stukje achter de muur het dak van mijn tehuis te herkennen. achter het middelste raam kun je mijn kamer zien.

Amin Elmaalouf 05.11
Ik zie hem.

Amin Elmaalouf 06.14
Daarnet waren er beelden uit Libië. Demonstranten hebben de Abu Salim-gevangenis bestormd. De bewakers waren allang gevlogen. De opstandelingen baanden zich een weg door de gangen zonder op grote weerstand te stuiten. Achter de stalen deuren vonden ze mensen die tientallen jaren geleden op straat waren verdwenen en sindsdien werden vermist.

Sahar Sabia 08.46
zoiets is ook hier in syrië denkbaar.

Amin Elmaalouf 08.49
Dat weet ik.

Amin Elmaalouf 08.51
Maar het is al zomer. Het begin van de opstanden ligt al negen maanden achter ons. En nog steeds noemen ze het de 'Arabische Lente',

alsof we met een omwenteling te maken hebben die zich in een paar maanden zal hebben voltrokken.

Sahar Sabia 09.05
uiterlijk december, wordt hier gezegd, zal syrië zijn bevrijd.
ik kan hier een tijdje niet zijn.

Sahar Sabia 20.49
die vrouw op het podium over wie je gisteren vertelde: die doet me aan sjeherazade denken. de jonge vrouw uit duizend-en-een-nacht. in de leeszaal van dit tehuis staat een exemplaar. soms zie ik een moeder die hier onderdak heeft gevonden met haar kind en het boek op schoot erin bladeren.

Sahar Sabia 20.51
ik ken sjeherazade al lang.

Sahar Sabia 20.53
toen ik nog een meisje was, werd er soms over duizend-en-een-nacht gesproken. als het gesprek op dat boek kwam, zeiden de mannen dat sjeherazade een laffe vrouw was die zich tot slavin van de koning maakte om haar hachje te redden. de vrouwen in de verhalen die ze hem vertelde, zouden de wortel van alle kwaad zijn. ze zouden vreselijk lelijk zijn, met grijs haar, een grote neus, gerimpelde wangen en een verrot gebit, en ze zouden zo doortrapt zijn dat hun daden geliefden uit elkaar dreven en zelfs koningen ten val brachten.

de vrouwen aan onze tafel knikten dan en zeiden zachtjes dat ze zo de koning bevestigde in zijn wereldbeeld, de hoer.

Sahar Sabia 21.04
toen ik het boek later las, besefte ik dat niemand van mijn familie het helemaal kon hebben gelezen. ze kenden alleen de verhalen aan het

begin. misschien hadden ze het echter ook wel helemaal gelezen en verzwegen ze de rest bewust voor ons. het beeld van vrouwen dat sjeherazade in haar latere verhalen schetst, had weinig te maken met het beeld van de achterbakse echtbreeksters en haremmeisjes die zich aan de mannen onderwerpen. in verscheidene episodes komen strijdsters voor die in het gevecht tegen mannen opgewassen zijn; in het verhaal over hasan van basra, de goudsmid, voeren vrouwen zelfs hele legers aan. maar meestal gebruiken ze woorden en listen om te rebelleren tegen tirannieke vaders, echtgenoten en koningen, en het verbaast me dat vrijwel niemand het daarover heeft.

Amin Elmaalouf 21.13
Ze gebruikte haar talent om zichzelf, haar kinderen en de vrouwen van de stad te redden.

Sahar Sabia 21.14
ja.

Sahar Sabia 21.18
ben je ooit in syrië geweest?

Amin Elmaalouf 21.21
Eén keer, op de luchthaven van Damascus.

Sahar Sabia 21.26
je zou hier moeten rondreizen.
het is prachtig.

Sahar Sabia 21.27
in mei, voor de grote hitte, wanneer alles bloeit, is het op zijn mooist.

Sahar Sabia 21.39
ik ben hier op mijn zestiende gekomen. eerst woonde ik bij een gezin

in de oude stad, later verhuisden we naar een huis op jebel qasioun. als je damascus bezichtigt, amin, moet je die berg op gaan, die eenzaam in het noorden oprijst. de stad breidt zich over zijn helling uit. helemaal bovenaan wonen de allerarmsten, die hebben het mooiste uitzicht, maar verder niets. daar kun je de hartelijkheid van de mensen het best ervaren, hun warmte. beneden staan de huizen van de rijken achter hoge lemen muren. vanuit ons huis kon ik zien hoe damascus veranderde toen bashar al-assad de macht van zijn vader overnam; toen hij de openstelling van het land beloofde. vroeger waren de lichten in de stad witte plekken, nu schijnen daarbeneden de reclameborden van de internetcafés in neonkleuren.

alleen bij daglicht zag alles er verder hetzelfde uit. bij zonsopkomst werden de problemen weer zichtbaar, de armoede, de nauwelijks aanwezige mogelijkheden, vanwaaruit onze dromen en verwachtingen tot in de hemel groeiden omdat er anders te weinig plaats was in damascus, maar ook overal elders. ik herinner me een meisje dat sulaika heette, we zaten in dezelfde klas. een tijdlang droomden we ervan een popband op te richten en oefenden we in haar kamer met dansen. wanneer we met de bus naar school gingen, kwam van de minaretten in de oude stad de roep van de muezzin naar ons toe, maar wij deden sulaika's oortjes in en luisterden naar beyoncé. wanneer de buschauffeur een blik in de spiegel wierp, bogen we ons hoofd en bewogen onze lippen, zodat het leek of we aan het bidden waren; in werkelijkheid zongen we de teksten mee. dat waren kleine protestacties. na school verloren we elkaar uit het oog. ik geloof dat ik een paar weken geleden sulaika's foto op de muur met vermisten heb gezien.

we spraken al voor de revolutie over onrecht en het verlangen naar vrijheid, maar nooit in cafés of in het openbaar, waar de geheime dienst ogen en oren heeft, alleen tijdens uitstapjes naar het platteland, en zelfs daar alleen fluisterend.

Sahar Sabia 21.46
dat is nu aan het veranderen.

Amin Elmaalouf 21.48
Ik ken dat alleen uit verhalen.

Sahar Sabia 21.49
het is allemaal waar.
ik heb aleppo gezien, amin, de historische citadel, de klokkentoren, de oude stad. je hebt me over jouw zomer in het nationaal museum verteld, over de standbeelden, de mozaïeken – wacht maar tot je palmyra hebt gezien... als je door de hadrianuspoort bent gegaan, over de boulevard en via de tempel van nebu naar het grote toneel van het amfitheater, zul je baalbek in libanon zo zijn vergeten.
ik zal je een paar links sturen waar je het allemaal mee kunt vinden.

Amin Elmaalouf 04.13
Ik kan niet slapen.

Sahar Sabia 04.31
ik ben er.

Amin Elmaalouf 04.38
Ik weet niet wat voor antwoord ik moet geven.

Sahar Sabia 04.58
mamihlapinatapai.

Sahar Sabia 05.06
vier jaar geleden leerde ik bij het boodschappen doen op de soek al-hamidya een zweedse erasmusstudente kennen. ze vroeg me de weg naar het azim-paleis. we raakten in gesprek en hebben, hoewel ze weer in malmö woont, nog altijd contact. indertijd studeerde ze linguïstiek

aan de universiteit van damascus. ze heet wilma, dat woord heb ik van haar.

Amin Elmaalouf 05.08
Wat betekent het?

Sahar Sabia 05.09
het komt uit de taal van de yagán, de inheemse bevolking van vuurland. de kern van het woord is *ihlapi*, het betekent dat iemand niet weet wat het volgende is dat hij moet doen.
de woordstam zit ingebed tussen een voorvoegsel en twee achtervoegsels die aan elkaar gerelateerd zijn.

Amin Elmaalouf 05.12
Ik heb het daarnet hardop uitgesproken: mamihlapinatapai.

Sahar Sabia 05.14
ja. mamihlapinatapai.

Sahar Sabia 05.15
het woord vat een hele wereld samen: twee mensen kijken elkaar aan, en beiden wensen dat de ander de moed opbrengt om als eerste iets te zeggen.

Amin Elmaalouf 05.15
En geen van beiden weet die moed op te brengen.

Opmerking achteraf

Deze roman is fictie, maar binnen dat fictieve kader is gebruikgemaakt van historische feiten en personen. De amnestiewet 84/91 (Law 84) verleent tot op de dag van vandaag de verantwoordelijke personen immuniteit voor misdaden die tijdens de burgeroorlog zijn begaan.

De inspanningen van naasten om het lot van vermisten op te helderen hadden tot nu toe geen resultaat. Weliswaar is er in 2000 een commissie ingesteld die dit onderwerp moest gaan aanpakken, maar vijf leden van die commissie maakten deel uit van het veiligheidsapparaat van de regering. Na drie maanden deden ze in een bilateraal bericht de aanbeveling alle vermisten dood te verklaren. Kort daarna kwamen vierenvijftig van die doodverklaarden uit Syrische gevangenissen terug. Het was een blamage. Verder vermeldde het bericht in een summiere alinea het bestaan van drie massagraven die zich in Beiroet bevonden. Er werd gezegd dat ze niet geopend konden worden omdat er nieuwe gebouwen op stonden. Afgezien daarvan zouden veel doden in de oorlog na gevechten in zee zijn gegooid.

Een tweede commissie, in 2001 in het leven geroepen, bracht verdwenen personen onder de aandacht die nog in leven zouden kunnen zijn, maar verlangde van de familie bewijs dat degenen die volgens hen vermist waren nog leefden.

Een derde, in 2005 benoemde commissie publiceerde aanvankelijk helemaal geen bericht. Zowel de naasten als hun advocaten werden van alle zittingen uitgesloten.

In november 2018 konden de naasten een etappezege boeken toen er een wet werd uitgevaardigd die de juridische erkenning van vermisten betekende en voorziet in de instelling van een onafhankelijke nationale commissie. Die commissie is bij de voltooiing van deze roman (november 2019) nog niet met haar werkzaamheden begonnen.

Samir Geagea kreeg in 2005 na de aftocht van het Syrische leger amnestie en werd na elf jaar hechtenis vrijgelaten. Tegenwoordig is hij voorzitter van de rechtsgeoriënteerde christelijke partij Forces Libanaises. Generaal Michel Aoun, die tot hij in 1990 naar Frankrijk vluchtte tegen zowel Geagea als de Syriërs een bloedige zogenaamde 'bevrijdingsoorlog' voerde, is sinds 2016 president van Libanon.

Het officiële aantal verdwenen personen is vastgesteld op 17.415. Decennia na het einde van de burgeroorlog blijft de onopgehelderde kwestie van de vermisten tot op heden een obstakel op de weg naar verwerking, gerechtigheid en langdurige vrede.

Ik bedank

Mijn vrouw Kathleen voor haar voortdurende steun, aanmoedigingen en vertrouwen bij vlagen van twijfel. Dank ook aan mijn ouders dat ze me op mijn weg hebben begeleid. Mijn agent Markus Michalek bedank ik voor zijn vriendelijke raad en voor het feit dat hij niet van mijn zijde week, en het team van AVA International voor hun inzet. Mijn grote dank geldt ook voor mijn redacteur Andreas Paschedag voor het installeren van vangrails wanneer ik uit de bocht dreigde te vliegen, voor de vele wijze raad, het geven van houvast en ondersteuning; daarvoor wil ik eveneens het hele team van Berlin Verlag en Felicitas von Lovenberg bedanken. Ook wil ik de Vrijstaat Beieren bedanken, die het werken aan deze roman met een beurs heeft gesteund. Het idee voor dit boek is door de jaren heen sterk veranderd, maar de basis ervan is ontstaan in Genzano di Roma, en ik bedank Andrea en Roman Hocke voor hun gastvrijheid. Grote dank komt ook Samh Youssef en Majd Al Ali toe, die me in hun verhalen meenamen naar Damascus en Aleppo en het dagelijkse gezinsleven ten tijde van de Syrische burgeroorlog voor mij dichterbij brachten; delen van wat Zahra Amin in de epiloog vertelt, evenals details die Jafar als jongen tijdens de burgeroorlog in Beiroet waarneemt, heb ik aan hun beschrijvingen te danken. Wat het verhaal van Zahra betreft, waren ook de gesprekken met Friederike Weltzien een grote hulp, omdat zij als dominee in de evangelische gemeenschap in Beiroet met vergelijkbare gevallen te maken heeft gehad en daar heeft meegewerkt aan het opzetten van het netwerk 'Samen tegen geweld'. En ik bedank iedereen die me bij kleinere of grotere vragen met raad terzijde heeft gestaan: de medewerkers van documentatiecentrum UMAM in Beiroet voor het inzien van hun archieven, Etrit Hasler, wiens encyclopedische kennis over stripboeken heel dicht bij superkracht komt, Jorinde Bayer voor de wijkplaats in Kattendijke, Olga en Babís voor het toevluchtsoord in Athene, Hasune El-Choly voor zijn gedichten, net als Shida Bazyar, Senthuran Varatharajah, Sandra Hoffmann, Daniel Speck, Fabian Lay, Matthias Eisenschmid en Dana Saba voor de ondersteuning.

*

Wat het onderwerp van de vermisten betreft, sta ik in het krijt bij een reeks uitstekende publicaties: Iolanda Jaquemets 'Fighting Amnesia: Ways to Uncover the Truth about Lebanon's Missing' (*International Journal of Transitional Justice*, New York, 2009), 'Enforced Disappearences in Lebanon: A Nation's Unyieling Legacy' van Lynn Maalouf (*Act for the Disappeared*, Beiroet, 2009), 'Space of Hope for Lebanon's Missing: Promoting Transitional Justice through a Digital Memorial' van Erik van Ommering en Reem el Soussi (*Conflict and Society*, New York, dl. 3, ed. 1 juni 2017), *The Power of Remembrance. Political Parties, Memory and Learning about the Past in Lebanon* van Mara Albrecht en Bassel Akar (Notre Dame University, april 2016), 'Truth at Any Cost? Law's Power to Name Argentina's Disappeared Grandchildren' van Maria Rae (*Oñati Socio-Legal Series*, vol. 7, no. 2, 2017) alsook het essay 'Liminality and Missing Persons: Encountering the Missing in Postwar Bosnia-Herzegovina' van Laura Huttunen (*Conflict and Society*, New York, dl. 2, ed. 1, juni 2016).

De citaten van de familie van vermisten die Amin als geluidsopname hoort, zijn originele citaten die ik uit het Engels heb vertaald. Christalla Yakinthous heeft de gesprekken met deze vrouwen gevoerd; de uitspraken staan in haar verslag *Living with the Shadows of the Past – The Impact of Disappearence on Wives of the Missing in Lebanon* (International Center for Transitional Justice, New York, 2015). Ook de uitspraken die Amin in zijn notitieboekje noteert, zijn originele citaten die ik in het Duits heb vertaald. Ze zijn te vinden in de serie video's *Testimonies of*

Change, waarin voormalige militieleden over hun beweegredenen praten (http://fightersforpeace.org). Bovendien was met betrekking tot de dagelijkse gang van zaken voor jonge militieleden Yussef Bazzi's rapport *Yassir Arafat sah mich an und lächelte* (Berlijn 200) zowel behulpzaam als stimulerend.

Voor het onderwerp Arabische Lente vond ik nuttige informatie in de volgende boeken: *Zerbrochene Länder. Wie die arabische Welt aus den Fügen geriet* van Scott Anderson (Berlijn, 2017), *Das ende des Nahen Ostens, wie wir ihn kennen*, een essay van Volker Perthes (Berlijn, 2015), en, eveneens van Volker Perthes, *Der Aufstand. Die arabische Revolution und ihre Folgen* (München, 2011), evenals Julia Gerlachs *Wir wollen Freiheit! Der Aufstand der arabischen Jugend* (Freiburg i. Br., 2011) en Tahar Ben Jellouns *Arabischer Frühlung. Vom Wiedererlangen der arabischen Würde* (Berlijn, 2011).

De titel van het gedicht van Schiller dat Amin voor zijn oma voordraagt, luidt 'Die Erwartung'. Sidi Mahrez' 'Klaagzang om Carthago', die ik de jonge actrice in de mond heb gelegd, en is te vinden in *Das antike Libyen. Vergessene Stätten des romischen Imperiums* van Antonio Di Vita, Ginette Di Vita-Evrard, et al. (Keulen, 1999). De door Amin genoemde passage over schrijven als een vorm van verzet is gebaseerd op Mario Vargas Llosa's *Aan een jonge romanschrijver* (Meulenhoff Boekerij, Amsterdam 1999). De twee romans die Amin in het hoofdstuk 'Zahrat al-wala'a' citeert, zijn Joseph Conrads *De schaduwgrens* (vertaling M.G. Binnendijk-Pauw, zonder jaar) en Charles Dickens' *In Londen en Parijs* (Het Spectrum Utrecht/Antwerpen, 1952). Aan Alexander Najjars rapport *Die Schule des Krieges* (Berlijn, 2001) heb ik het idee te danken dat de basis vormde voor het verhaal over Jafars oog, net zoals ik de stelopdracht 'Herinneringen, pas op, gevaar!' aan dit rapport te danken heb. Het idee dat vertellen het verlorene toegankelijk kan maken, is ook te vinden in Judith Schalansky's *Verzeichnis einiger Verluste* (Berlijn, 2018)' haar verhaal 'Sapphos LIebeslieder' heeft Amin aangemoedigd om van verbrande teksten gedichten te maken. De aanduiding van

Beiroet als 'blauwbloedige bastaard' uit de mond van boekhandelaar Khalil komt van de journalist Erich Follath; hij gebruikt dat predicaat onder meer in zijn artikel 'Herzlich, Ihre Hisbollah' (*Spiegel Online*, 25 juli 2013). Met betrekking tot het faillissement van de Intra Bank heb ik twee artikelen geraadpleegd: 'Geheimer Kredit', verschenen op 24 oktober 1966 in *Der Spiegel* (4/1966) en 'Am heißen Geld verbrannt', geschreven door Kurt Wend in *Die Zeit* van 28 oktober 1966. Het bericht over de ontdekking van een massagraf in Anjar heb ik gebaseerd op een echt bericht dat Christop Sydow op 5 december 2005 in het onlinetijdschrift *dis:orient* publiceerde. Nuttige informatie over Canaletto's versies van de werkelijkheid vond ik in Werner Busch' artikel 'Die wahrheit des Capricco – die Lüge der Vedute' (in: *Das Capriccio als Kunstprinzip*, Milaan, 1966). Abbas' anekdote over de enscenering van *Orpheus en Euryidice* is geïnspireerd door een passage in Julian Barnes' *Lebensstufen* (Keulen, 2014). De passage over het in de gaten houden van jonge vrouwen in Libanon en de vermelding van het tijdschriftartikel over de eerwraakmoord in het hoofdstuk 'Nergens een dwaallicht' zijn gebaseerd op twee passages uit Friederike Weltziens rapport *Warum musstest du sterben, Fidaa?* (Freiburg i. Br., 2008). Meer ideeën met betrekking tot de rol van de vrouw in Libanon vond ik in Etel Adnans novelle *Sitt Marie-Rose* (Wereldvenster NOVIB, 1980).